“十二五”國家重點圖書出版規劃項目
2011—2020年國家古籍整理出版規劃重點項目
國家古籍整理出版專項經費資助項目

海外中文古籍總目
漢籍合璧目録編

〔美〕傅玉波（Victoria Fu Doll）編

A Catalog of Pre-1911 Chinese Language Materials in the East Asian Collections of the University of Kansas Libraries

美國堪薩斯大學東亞圖書館中文古籍目録

中華書局

圖書在版編目(CIP)數據

美國堪薩斯大學東亞圖書館中文古籍目録/(美)傅玉波編. —北京:中華書局,2024.10
(海外中文古籍總目)
ISBN 978-7-101-16550-0

Ⅰ.美… Ⅱ.傅… Ⅲ.院校圖書館-古籍-中文圖書-圖書館目録-美國 Ⅳ.Z838

中國國家版本館 CIP 數據核字(2024)第 030733 號

書　　名	美國堪薩斯大學東亞圖書館中文古籍目録
編　　者	〔美〕傅玉波
叢 書 名	海外中文古籍總目
特邀審稿	李國慶
責任編輯	李梅君
裝幀設計	劉　麗
責任印製	管　斌
出版發行	中華書局 (北京市豐臺區太平橋西里 38 號　100073) http://www.zhbc.com.cn E-mail:zhbc@zhbc.com.cn
印　　刷	天津裕同印刷有限公司
版　　次	2024 年 10 月第 1 版 2024 年 10 月第 1 次印刷
規　　格	開本/787×1092 毫米　1/16 印張 29¼　字數 484 千字
國際書號	ISBN 978-7-101-16550-0
定　　價	600.00 元

海外中文古籍總目·總序

中華文明悠久燦爛，數千年來留下了極爲豐富的典籍文獻。這些典籍文獻滋養了中華民族的成長和發展，也廣泛地傳播到世界各地，不僅對周邊民族産生了深刻影響，更對世界文明的融合發展做出了卓越貢獻。可以説，中華民族創造的輝煌文化，不僅是中華文明的重要組成部分，更是全人類共同的文化遺産，需要我們共同保護、傳承、研究和利用。而要進行這一工作，首先需要對存世典籍文獻進行全面地調查清理，編纂綜合反映古典文獻流傳和存藏情况的總目録。

由全國古籍整理出版規劃領導小組（簡稱“古籍小組”）主持編纂、歷時十七年最終完成的《中國古籍總目》就是這樣一部古籍總目録。它“全面反映了中國（大陸及港澳臺地區）主要圖書館及部分海外圖書館現存中國漢文古籍的品種、版本及收藏現狀”，著録了約二十萬種中國古籍及主要版本，是迄今爲止對中國古籍流傳與存藏狀況的最全面最重要的總結。但是，限於當時的條件，《中國古籍總目》對於中國大陸地區以外的中文古籍的調查、搜集工作，“尚處於起步階段”，僅僅著録了“港澳臺地區及日本、韓國、北美、西歐等地圖書館收藏的中國古籍稀見品種”（《中國古籍總目·前言》），並没有全面反映世界各國各地區存藏中國古籍的完整狀況。

對於流傳到海外的中國古籍的搜集和整理，始終是我國學界魂牽夢繞、屢興未竟的事業。清末以來幾代學人迭次到海外訪書，以書目提要、書影、書録等方式將部分收藏情況介紹到國内。但他們憑個人一己之力，所訪古籍終爲有限。改革開放以來，黨和政府對此極爲重視。早在1981年，黨中央就明確提出“散失國外的古籍資料，也要通過各種辦法争取弄回來或複製回來”（中共中央《關於整理我國古籍的指示》，1981年9月17日）。其時“文革”結束不久，百業待興，這一高瞻遠矚的指示還僅得到部分落實，難以規模性地全面展開。如今，隨着改革開放事業的快速發展，國際間文化交流愈加密切，尤其是《中國古籍總目》的完成和中華古籍保護計劃的實施，爲落實這一指示提供了堅實的基礎，可以説，各項條件已經總體具備。在全球範圍内調查搜集中國古籍、編纂完整反映中國古籍流傳存藏現狀的總目録，爲中國文化的傳承、研究提供基礎性數據，已經成爲黨和政府以及學術界、出版界的共識。

據學界的初步調研，海外所藏中國古籍數量十分豐富，總規模超過三百萬册件，而尤以亞洲、北美洲、歐洲收藏最富，南美洲、大洋洲、非洲也有少量存藏。海外豐富的中國古籍藏量以及珍善本的大量存在，爲《海外中文古籍總目》的編纂提供了良好的基礎。而且，海外收藏中國古籍的機構有的已經編製了館藏中國古籍善本目録、特藏目録或聯合目録，關於海外中國古籍的提要、書志、叙録等文章專著也不斷涌現，對於編纂工作無疑具有很高的參考價值。然而，目前不少海外圖書館中國古籍的存藏、整理、編目等情况却不容樂觀。絶大多數圖書館中文館員數量極其有限，無力系統整理館藏中文古籍；有的甚至没有中文館員；有的中國古籍衹能被長期封存，處於自然消耗之中，更遑論保護修復。啓動《海外中文古籍總目》項目，已經刻不容緩。

長期以來，我們一直關注着海外中國古籍的整理編目與出版工作。2009年《中國古籍總目》項目甫告竣工，在古籍小組辦公室的領導下，編纂出版《海外所藏中國古籍總目》的計劃便被提上日程，並得到中共中央宣傳部、新聞出版總署的高度重視，被列入《"十二五"國家重點圖書出版規劃》《2011—2020年國家古籍整理出版規劃》。經過細緻的調研考察和方案研討，在"十三五"期間，項目正式定名爲《海外中文古籍總目》，並被列爲"十三五"古籍整理出版工作的五大重點工作之一。中華書局爲此組織了專業團隊，專門負責這一工作。

《海外中文古籍總目》是《中國古籍總目》的延續與擴展，旨在通過團結中國國内和世界各地相關領域的專家學者，組成編纂團隊，吸收最新研究成果進行編目，以全面反映海外文獻收藏單位現存中文古籍的品種、版本及收藏現狀。在工作方法與編纂體例上，《海外中文古籍總目》與傳統的總目編纂有着明顯的區别和創新。我們根據前期的調研結果，結合各海外藏書機構的情况和意見，借鑒中華古籍保護工程的有益經驗，確定了"先分館編輯出版，待時機成熟後再行統合"的整體思路。同時，《海外中文古籍總目》在分類體系、著録標準、書影采集等方面都與全國古籍普查登記工作高度接軌，確保能够編纂出一部海内外標準統一、體例一致、著録規範、内容詳盡的古籍總目。

編纂《海外中文古籍總目》，可以基本摸清中國大陸以外地區的中文古籍存藏情況，爲全世界各領域的研究者提供基礎的數據檢索途徑，爲系統準確的古籍整理出版工作提供可靠依據，爲中國與相關各國的文化交流活動提供新的切入點和立足點。同時，我們也應該認識到，中國的古籍資源既是中國的，也是世界的，整理和保護這些珍貴的人類文明遺産，是每一個人的共同責任和使命。

2017年1月，中共中央辦公廳、國務院辦公廳印發了《關於實施中華優秀傳統文化傳承發展工程的意見》，其中明確提出"堅持交流互鑒、開放包容，積極參與世界文化的對話交流，不斷豐富和發展中華文化"的基本原則，並將"實施國家古籍保護工程，加强中華文化典籍整理編纂出版工作"列爲重點任務之一。遥想當年，在兵燹戰亂之中，前輩學人不惜生命捍衛先人留下的典籍。而今，生逢中華民族實現民族復興的偉大時代，我們有責任有義務完成這一幾代學人的宏願。我們將努力溝通協調各方力量，群策群力，與海内外各藏書機構、學界同仁一起，踏踏實實、有條不紊地將《海外中文古籍總目》這一項目繼續開展下去，儘快完成這樣一個動態的、開放的、富於合作精神的項目，使之早日嘉惠學林。

中華書局編輯部

2017年2月

《漢籍合璧目録編》總序

書籍是人類文明的重要載體，中華古籍是中華傳統文化的重要載體和表現形式，是國際漢學研究的重要文獻資料。中華古籍所承載的思想文化是人類知識體系的重要組成部分，對於現代社會仍然具有無可替代的價值。然而，中華古籍分散存藏於世界各地的現狀，給研究工作帶來了客觀的障礙，也在很大程度上限制了其學術作用的發揮。

全球漢籍合璧工程（以下簡稱“合璧工程”）的主要任務是對境外存藏中華古籍資源進行調查摸底，並兼顧其他中華古文獻信息的收集；對境外存藏、境内缺失的中華古籍進行遴選，並以數字化複製或影印的方式實現再生性回歸；加强對境外中華古籍的整理出版、學術研究，建立境外中華古籍數據庫，實現合璧工程成果面向國内外的公益使用，向公衆揭示中華古籍藴含的深厚文化内涵。

合璧工程的一項重要工作，就是在目驗原書的基礎上爲境外所藏中華古籍編撰目録。有些境外藏書機構已經爲其所藏中華古籍編寫過目録，但在著録内容和著録格式方面，與中國大陸現行的古籍目録體系有所不同，需要進一步完善規範。還有很多境外藏書機構一直没有爲其所藏中華古籍編寫過目録，需要儘快完成編目工作。

現在，在中國大陸的專業人員和境外專業人員的共同努力下，境外中華古籍的第一批館藏目録正在次第完成，我們將其納入以《漢籍合璧目録編》爲總名的叢書中，陸續出版，以饗讀者。

《漢籍合璧目録編》編委會

2021年3月

目　録

前　言

記得是在2007年亞洲研究協會年會，東亞圖書館學會的一個會外討論上，北美俄亥俄州立大學李國慶教授提議編纂"北美地區大學中國古籍目録"。李教授希望北美地區的中小型東亞館可以緊跟其他圖書館的古籍編目工作，系統整理並出版館藏古籍目録。

美國堪薩斯大學（以下簡稱"堪大"）東亞圖書館藏古籍目録的整理工作於2008年啓動。由於此後東亞辦公區域重新規劃調整，古籍圖書隨即轉移到特藏館地下室，編目工作一度被擱置一旁。2015年，終於重拾停滯經年的編纂工作。然而，因存放古籍的特藏館與東亞辦公區域相距較遠，且部分已編目古籍藏於另一校區的密集藏書庫，致使來回搬運及調閱古籍成爲了編目工作的手續之一，這在一定程度上影響了編目的效率。當然，編纂工作進程緩慢的主要原因還在於大部分古籍没有原始的編目。雖然有多數古籍已經陸續收録在"在綫計算機圖書館中心"（Online Computer Library Center, OCLC）的"全球編目網"（WorldCat）裏，但仍有大約四分之一古籍在編目時完全找不到相同款目，這些就必須做原始編目。編目過程中，鑒定没有牌記的古籍是其中最耗時的一個步驟。這些没有牌記的古籍，或是單獨成册的，或是殘本，或是手抄本，都得經過一番驗證。編目工作所依據的古籍書目資源繁多，但其中最常用的有《中國古籍善本總目》，中國國家圖書館的"中華古籍資源庫"，臺灣"中央圖書館"的"古籍聯合目録"及"古籍影像檢索"資料庫，"中國哲學書電子化計劃"，哈佛燕京圖書館、普林斯頓大學、香港中文大學、日本京都大學等單位所編古籍書目及數據庫。以上參考目録爲研究工作的順利開展予以便利，但少數的古籍也不得不藉助明清刻本書影來進行鑒定。版本鑒定往往需要查閱乃至研究大量的文獻資料，雖然難度大、耗時長，卻是編目工作中饒有趣味且收穫最大的。

堪大古籍大多購於20世紀40到60年代。主要來源包括美國漢學家理查德·魯道夫（Dr. Richard C. Rudolf, 1909—2003）、德國漢學家布魯諾·辛德勒（Dr. Bruno Shindler, 1882—1964）及美國日本藝術史專家哈羅德·菲利普·斯特恩（Harold Philip Stern, 1922—1977）的藏書。辛德勒在20世紀初於德國萊比錫上學時，受到著名漢學家孔好古（August Conrady, 1864—1925）的影響開始學習漢學。孔好古係中國語言學家林語堂的老師。林語堂曾於1921年慕名前往萊比錫求學，並完成其博士論文。辛德勒曾於1912年到中國做研究，並且幫助建立上海猶太人社區。1923年，他在萊比錫創立《亞洲專業》（Asia Major）期刊。該刊資助和鼓勵多位漢學家出版專著，後來成爲德國極負盛名的亞洲研究期刊之一。辛德勒藏書中有少部分鈐有“孔好古印”，或係得自於其恩師的饋贈。和刻本多來源於美國日本藝術史學家斯特恩的個人藏書。他是美國國家畫廊史密森尼博物館弗里爾美術館（Freerer Gallery, Smithsonian Museum）日本藝術館第一任館長。和刻本之外，本館還藏有許多斯特恩所藏江户時期浮世繪版刻古籍，本目録未予著録。

本校特藏館所藏年代最早的兩部中文善本，一部是宋紹興三十二年（1162）刻《大般若波羅蜜多經》第四百六十三卷，另一部是抄寫於十四世紀中期高麗時代的《華嚴經》第四十五卷。這卷高麗寫經曾經在2003年冬至2004年春在美國三藩市的亞洲博物館與其他來自亞洲、歐洲及美國等35個國家和地區的高麗時代藝術品藏品一起展出。兩部經書係由堪大特藏館在20世紀50年代初向美國漢學家魯道夫購得。魯道夫曾任美國加州大學洛杉磯分校東方語言系系主任，並幫助建立洛杉磯分校的東亞圖書館館藏，他曾於1948至1949年在中國乃至東亞搜購藏書。當時堪大圖書館館長爲羅伯特·戈登·沃斯珀（Robert Gordon Vosper, 1913—1994）。沃斯珀曾任職於加州大學洛杉磯分校圖書館，與魯道夫相識。爲充實堪大新成立的特藏館，沃斯珀鼓勵採購許多古籍包括以上兩部珍本。

沃斯珀曾擔任美國圖書館協會（American Libraries Association）主席（1965—1966），並於1985年獲得美國圖書館協會頒發的約瑟夫·利平科特傑出圖書館員獎（Joseph W. Lippincott Award for Outstanding Librarianship）。同時，他被該協會評選爲20世紀100位最具影響力的館員之一。作爲美國圖書館界的一位重要領導者，他享有極高的聲譽。他非常重視學術研究型圖書館的館藏建設和發展。沃斯珀任職堪大期間，爲拓展和豐富堪大總圖書館館藏作出了積極的貢獻。他於1953年創立了堪大圖書館的特藏組，並且鼓勵收購許多有價值的私人特藏。爲豐富藏書，他鼓勵區域研究學者協助購置海外圖書資料。而這一方式，也正是北美許多東亞圖書館初期拓展館藏的其中一個途徑。

提到堪大東亞館藏的早期發展，堪大校長富蘭克林·大衛·墨菲（Franklin David Murphy, 1916—1994）也功不可没。正是在他的支持下，沃斯珀纔得以在館長之任上大展拳腳。檔案顯示，兩人曾就圖書館館藏建設及業務發展等有過多次學術互動，並形成了諸多共識。墨菲校長不僅從政策上予以大力支持，有時爲争取時間，還自掏腰包讓學者們購買海外珍貴資料。1960年，墨菲轉任加州大學洛杉磯分校校長（1960—1968），沃斯珀也於翌年受邀回到洛杉磯分校擔任圖書館館長。

1964年，堪大東亞圖書館正式成立，盧國邦（Karl Lo）先生出任東亞圖書館第一任館長。盧先生最初受僱負責堪大總圖書館交换贈送組業務。1960年初，他被任命爲東亞圖書藏書發展與編目負責人。此後，他致力於擴展館藏，充分發揮東亞館藏在東亞研究和教學中的輔助作用，不遺餘力地爲東亞研究中心的學者們提供教學與學術研究的幫助。1968年，盧先生離開堪大，前往華盛頓州華盛頓大學東亞圖書館擔任館長。

一個圖書館豐富的館藏，絶非一朝一夕之功，而是一代代學人的智慧結晶。堪大東亞館藏的建立和發展，離不開沃斯珀、墨菲、盧國邦等一批具有遠見卓識的業内精英和領導者的鼎力支持。這些館藏，不僅是經典著作的彙集與存放，更重要的是，她以物化的形態，超越時空的畛域，講述著生命之真諦，賡續著歷史的文脈。

編此目録期間，感慨前人曾手執同様書卷，或窗下研習，或案前把玩。古籍版刻的刀法與筆鋒、墨色與眉批、紙色與書香，讓筆者體會到每一部古籍均爲今古心靈交互的載體。古籍上載録的收藏者的筆記（包括英文或德文筆記）、藏書鈐印以及眉批，講述著一部部古書的生命歷程和歷史際遇，也講述著古籍作者、刻工，讀者、收藏者等的故事。如此，古籍編目早已超越編目工作本身的意義，而演化爲跨越時空的文脈傳承之旅、跨越國界的文化之旅。

相比於其他大型東亞館藏，堪大東亞館藏書量相對較少，所藏古籍大半爲清刻本（包括幾部清抄本）。乾隆六十年（1795）前的善本古籍有39部，包括32部漢籍（其中1部宋刻本和8部明刻本）、4部日本漢籍和3部朝鮮漢籍（其中1部明萬曆八年銅活字本和1部前文提及的高麗寫經）。在過去幾年編目過程中，將近50種古籍在“全球編目網”（WorldCat）裏未找到相同的版本。作爲“北美地區大學中國古籍目録”計劃的一部分，希望堪大的古籍目録與其他北美大學古籍目録一起，在推進全球古籍版本的研究和館藏學術交流上能貢獻一份綿薄之力。

最後，我要感謝堪大圖書館館長、副館長、特色館藏與國際藏書組各位領導長期以來對本目録予以的幫助和支持。感謝同仁俄亥俄州立大學李國慶教授在編目過程中的鼎力協助。2017年李國慶教授來訪並評鑒古籍目録編目情況，在目録編纂、目録校對修改、鈐印鑒别等方面給予多方指導，從而有效提高了我們的編目效率。感謝歷年來幾位項目研究生的參與，特别是博物館學專修的張穎芝（Ying-Chih Chang）女士，在整理古籍書目資料建檔初期給予許多建議。在此也感謝我的家人對這個“馬拉松項目”給予的鼓勵。

堪薩斯大學東亞圖書館傅玉波

2020年初稿

2023年定稿

編　例

一、本書目共收録堪薩斯大學東亞圖書館所藏清宣統三年（1911）以前的中文古籍179種183部。其中經部27種，史部56種，子部37種，集部32種，類叢部14種，新學類2種，附録日本漢籍11種，朝鮮漢籍4種。

二、書目按經部、史部、子部、集部、類叢部、新學類及其下屬類目分類編排。類目設置及條目排序參照《全國古籍普查登記手册》之《漢文古籍分類表》和《漢文古籍目録分類款目組織規則》。鑒於著録數量不多，標目僅列"部"及"類"，以下不再細分屬目名。

三、書目按書名項、著者項、版本項、稽核項、版式項、附注項、藏印項順序著録，後加編者按語。叢書、合刻本、彙印書列出子目。

1.書名項：包括書名及卷次。書名一般以卷端所題爲據。卷次包括卷數、卷首、卷末、附録等。殘本在書名項著録原書卷數，在按語中標明現存卷數及卷次。

2.著者項：包括朝代（國别）、著者姓名、並列著者姓名及著作方式。一般著録本名，主要據書中所署，書中無署且無考者缺省。著者姓名取通用名字，一般不取字號、别稱。若正文卷端所題字號别稱未能查知其真實姓名者，則在著者項前加"題"字。清以前的著者，著録朝代名；域外著者，著録國名。

3.版本項：包括刻印或抄寫時代、地域、版刻類型等。年份確切者括注公元紀年，干支紀年轉换爲相應的朝代年號紀年；年代不詳者，則著録某朝或某朝某代間抄本、刻本。

4.稽核項：著録册數、函數，館藏無函者則不著録函數。

5.版式項：著録行格、字數、書口、邊欄、魚尾、版框尺寸、版心文字等情況。叢書版式據所收第一條子目首卷、首葉版式著録。

6.附注項：著録内封、牌記頁、卷端等内容，大多僅記録原書所載文字内容。

7.藏印項：著録書中現有藏書家、名人學者所鈐書印，以反映其流傳情況。藏印文字不能識别者以“□”代之。

8.按語：著録古籍存缺卷信息，以及編者考證所得信息。

四、款目左上角爲本書目檢索順序號，右上角爲館藏索書號。

五、書目一般採用規範繁體字。

六、書目後附書名索引和著者名索引，按筆畫順序編排。

七、爲體現古籍原貌，每部書均選出若干書影，一般選擇内封、牌記和卷端，原書無上述頁面者，提供其他書頁以供讀者觀覽。

經部

叢編類

001.十三經注　〔清〕萬青銓重校　

清咸豐二年（1852）星子干氏稽古樓刻巾箱本　一百二十册十三函

半框高10.8釐米，寬8釐米，四周雙邊。每半葉8行17字。版心白口，單黑魚尾，上鐫子目書名，中鐫卷次及篇名，下鐫葉碼及“稽古樓”。

内封題“十三經注，咸豐二年仲春，潯陽萬青銓重較”。

子目：

周易九卷　〔三國魏〕王弼注　〔晋〕韓康伯補注

尚書六卷　〔漢〕孔安國傳

毛詩注二十卷附詩譜一卷　〔漢〕毛亨傳　〔漢〕鄭玄箋並撰詩譜

周禮六卷　〔漢〕鄭玄注

儀禮十七卷　〔漢〕鄭玄注

禮記十卷　〔漢〕鄭玄注

春秋左傳注六十卷　〔晋〕杜預注

春秋公羊傳十二卷附考一卷　〔漢〕何休注　〔明〕閔齊伋裁注並撰考

春秋穀梁傳十二卷附考一卷　〔晋〕范甯集解　〔明〕閔齊伋裁注並撰考

孝經一卷　〔唐〕玄宗李隆基注

大學一卷古本大學一卷　〔漢〕鄭玄注　〔宋〕朱熹章句

中庸一卷　〔漢〕鄭玄注　〔宋〕朱熹集注

論語十卷　〔魏〕何晏集解　〔宋〕朱熹集注

孟子七卷　〔漢〕趙岐注　〔宋〕朱熹集注

爾雅十一卷　〔晋〕郭璞注

咸豐二年仲春

十三經註

潯陽萬青銓重較

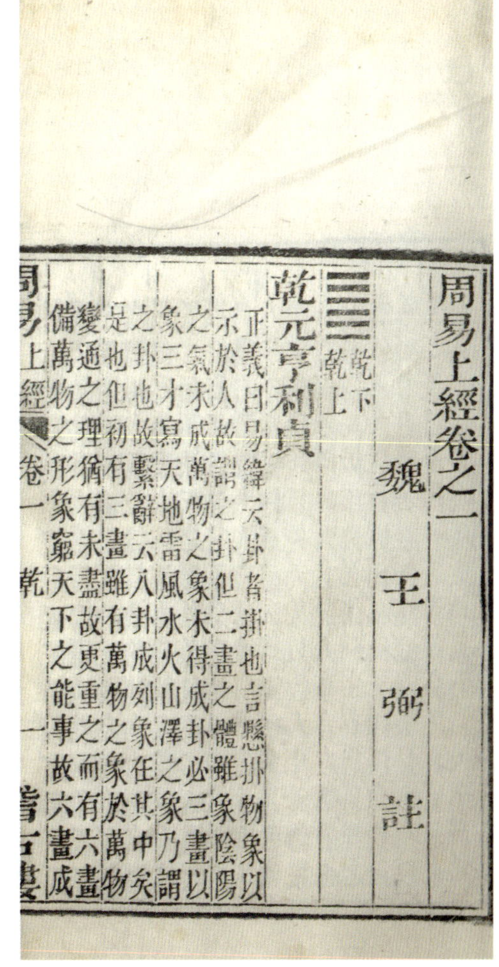

周易上經卷之一

魏 王弼 註

☰☰ 乾下乾上

乾元亨利貞

正義曰易緯云卦者掛也言懸掛物象以示於人故謂之卦但二畫之體雖象陰陽之氣未成萬物之象未得成卦必三畫以象三才寫天地雷風水火山澤之象乃謂之卦也故繫辭云八卦成列象在其中矣是也但初有三畫雖有萬物之象於萬物變通之理猶有未盡故更重之而有六畫備萬物之形象窮天下之能事故六畫成

周易上經 卷一 乾 一

002.宋本十三經注疏四百十六卷附校勘記 〔清〕阮元校勘 895.108 Sh609 1887
清光緒十三年(1887)脈望仙館石印本 三十二册四函

内封題“宋本十三經注疏附校勘記”。牌記題“光緒丁亥脈望仙館石印”。

卷首依次有“序”,署“光緒十三年秋八月上澣常熟楊泗孫爲脈望仙館主人序”;“重刻宋板注疏總目録”,署“太子少保光禄大夫江西巡撫兼提督揚州阮元謹記”。

子目:

第一册

周易兼義九卷附經典釋文一卷附周易注疏校勘記九卷附周易釋文校勘記一卷 〔三國魏〕王弼、〔晋〕韓康伯注 〔唐〕孔穎達疏 〔唐〕陸德明音義 〔清〕阮元編 〔清〕盧宣旬摘録

第二、三册

附釋音尚書注疏二十卷附尚書注疏校勘記二十卷 〔漢〕孔安國傳 〔唐〕孔穎達疏 〔唐〕陸德明音義 〔清〕阮元編 〔清〕盧宣旬摘録

第四至七册

附釋音毛詩注疏二十卷附毛詩注疏校勘記二十卷附詩譜序 〔漢〕毛亨傳 〔漢〕鄭玄箋 〔唐〕孔穎達疏 〔唐〕陸德明音義 〔清〕阮元編 〔清〕盧宣旬摘録

第八至十册

附釋音周禮注疏四十二卷附周禮注疏校勘記四十二卷 〔漢〕鄭玄注 〔唐〕賈公彦疏 〔唐〕陸德明音義 〔清〕阮元編 〔清〕盧宣旬摘録

第十一至十三册

儀禮注疏五十卷附儀禮注疏校勘記五十卷 〔漢〕鄭玄注 〔唐〕賈公彦疏 〔唐〕陸德明音義 〔清〕阮元編 〔清〕盧宣旬摘録

第十四至十九册

附釋音禮記注疏六十三卷附禮記注疏校勘記六十三卷 〔漢〕鄭玄注 〔唐〕孔穎達疏 〔唐〕陸德明音義 〔清〕阮元編 〔清〕盧宣旬摘録

第二十至二十五册

附釋音春秋左傳注疏六十卷附春秋左傳注疏校勘記六十卷 〔晋〕杜預集

解　〔唐〕孔穎達疏　〔唐〕陸德明音義　〔清〕阮元編　〔清〕盧宣旬摘録

第二十六、二十七册

監本附音春秋公羊注疏二十八卷附公羊注疏序一卷附公羊注疏校勘記二十八卷附校勘記序一卷　〔漢〕何休解詁　〔唐〕徐彦疏　〔唐〕陸德明音義　〔清〕阮元編　〔清〕盧宣旬摘録

第二十八册

監本附音春秋穀梁注疏二十卷附穀梁注疏序一卷附春秋穀梁注疏校勘記二十卷附校勘記序一卷　〔晋〕范甯集解　〔唐〕楊士勛疏　〔唐〕陸德明音義　〔清〕阮元編　〔清〕盧宣旬摘録

第二十九册

論語注疏解經二十卷附論語注疏序一卷附論語注疏校勘記二十卷附校勘記序一卷　〔三國魏〕何晏集解　〔宋〕邢昺疏　〔清〕阮元編　〔清〕盧宣旬摘録

孝經注疏九卷附孝經注疏序一卷附御製序一卷附孝經注疏校勘記九卷附校勘記序一卷　〔唐〕玄宗李隆基注　〔宋〕邢昺疏　〔清〕阮元編　〔清〕盧宣旬摘録

第三十册

爾雅注疏十卷附爾雅注疏校勘記十卷〔晋〕郭璞注　〔宋〕邢昺疏　〔唐〕陸德明音義　〔清〕阮元編　〔清〕盧宣旬摘録

第三十一、三十二册

孟子注疏解經十四卷附題辭解一卷附孟子注疏校勘記十四卷　〔漢〕趙岐注〔宋〕孫奭疏　〔清〕阮元編　〔清〕盧宣旬摘録

第三十二册

十三經注疏校勘記識語四卷　〔清〕汪文臺撰

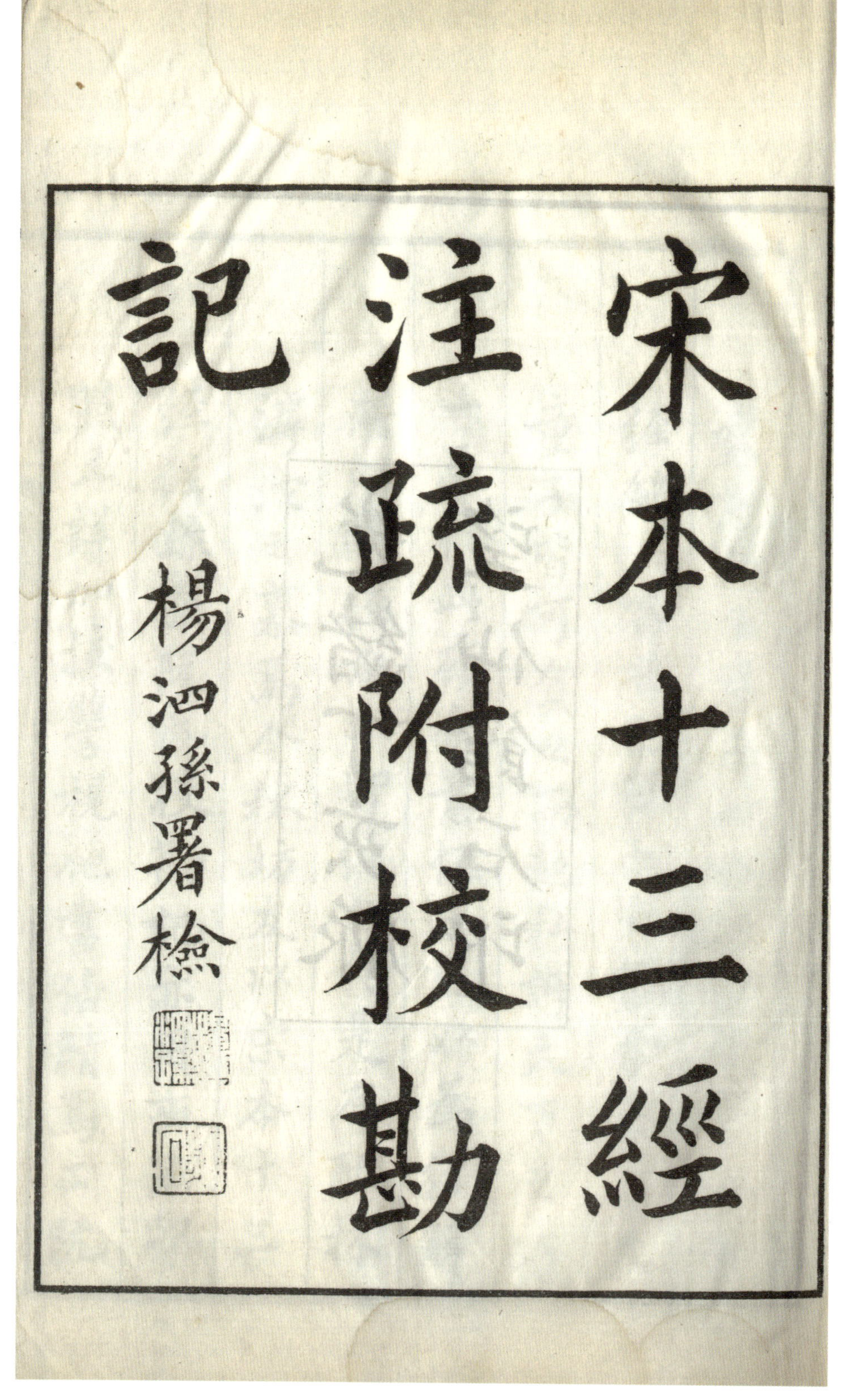
宋本十三經
注疏附校勘
記
楊泗孫署檢

理約寡而制衆變而能通仍恐鄙才短見意未周盡謹與朝散大夫行大學博士臣馬嘉運守大學助教臣趙乾叶等對共參議詳其可否至十六年又奉勑與前修疏人及給事郎守四門博士上騎都尉臣蘇德融等對勑使趙弘智覆更詳審爲之正義凡十有四卷庶望上裨聖道下益將來故序其大略附之卷首爾

周易正義卷第一

自此下分爲八段

第一論易之三名　第二論重卦之人　第三論三代易名　第四論卦辭爻辭誰作

第五論分上下二篇　第六論夫子十翼　第七論傳易之人　第八論誰加經字

第一論易之三名

正義曰夫易者變化之總名改換之殊稱自天地開闢陰陽運行寒暑迭來日月更出孚萌庶類亭毒羣品新新不停生生相續莫非資變化之力換代之功然變化運行在陰陽二氣故聖人初畫八卦設剛柔兩畫象二氣也布以三位象三才也謂之爲易取變化之義旣義摠變化而獨以易爲名者易緯乾鑿度云易一名而含三義所謂易也變易也不易也又云易者其德也光明四通簡易立節天以爛明日月星辰布設張列通精無門藏神無穴不煩不擾澹泊不失此其易也變易者其氣也天地不變不能通氣五行迭終四時更廢君臣取象變節相移能消者息必專者敗此其變易也不易者其位也天在上地在下君南面臣北面父坐子伏此其不易也鄭玄依此義作易贊及易論云易一名而含三義易簡一也變易二也不易三也故繫辭云乾坤其易之緼邪又云易之門戶邪又云夫乾確然示人易矣夫坤隤然示人簡矣易則易知簡則易從此言其易簡之法則也又云爲道也屢遷變動不居周流六虛上下無常剛柔相易不可爲典要唯變所適此言順時變易出入移動者也又云天尊地卑乾坤定矣卑高以陳貴賤位矣動靜有常剛柔斷矣此言其張設布列不易者也崔覲劉貞簡等並用此義云易者謂生生之德有易

003.皇清經解一千四百零八卷 〔清〕阮元輯 895.108 H86 1861

清咸豐十一年（1861）廣東學海堂補刻本 三百六十册六十函

半框高18.6釐米，寬13.7釐米，左右雙邊。每半葉11行24字，小字雙行同。版心白口，單黑魚尾，上鎸書名，中鎸卷次及篇名，下鎸葉碼及“庚申補刊”。

内封題“皇清經解”。卷端題“皇清經解，學海堂”。

卷首依次有“皇清經解序”，署“道光九年九月廣東督糧道前翰林院檢討新建夏修恕謹記”；“皇清經解總目”；“皇清經解續刻目録”；“皇清經解補刻後序”，署“頭品頂戴兵部尚書都察院右都御史總督廣東廣西地方軍務兼理糧餉善化勞崇光撰”。卷首末署“咸豐十一年補刊皇清經解在事銜名”。

鈐印：“今關天彭之印”。

子目：

第一册

左傳杜解補正三卷 〔清〕顧炎武撰

第二册

音論一卷 〔清〕顧炎武撰

易音三卷 〔清〕顧炎武撰

第三册

詩本音十卷 〔清〕顧炎武撰

第四册

日知録二卷 〔清〕顧炎武撰

第五至七册

四書釋地一卷續一卷又續一卷三續一卷 〔清〕閻若璩撰

第七册

孟子生卒年月考一卷 〔清〕閻若璩撰

潛邱札記二卷 〔清〕閻若璩撰

第八至十六册

禹貢錐指二十卷例略一卷圖一卷 〔清〕胡渭撰

第十七册

學禮質疑二卷　〔清〕萬斯大撰

第十八册

學春秋隨筆十卷　〔清〕萬斯大撰

第十九至二十六册

毛詩稽古編三十卷　〔清〕陳啓源撰

第二十七至三十册

仲氏易三十卷　〔清〕毛奇齡撰

第三十一至三十七册

春秋毛氏傳三十六卷　〔清〕毛奇齡撰

第三十八册

春秋簡書刊誤二卷　〔清〕毛奇齡撰

春秋屬辭比事記四卷　〔清〕毛奇齡撰

第三十九、四十册

經問十四卷補一卷　〔清〕毛奇齡撰

第四十一册

論語稽求篇七卷　〔清〕毛奇齡撰

第四十二册

四書賸言四卷補二卷　〔清〕毛奇齡撰

詩説三卷附録一卷　〔清〕惠周惕撰

第四十三册

湛園札記一卷　〔清〕姜宸英撰

第四十三至四十七册

經義雜記十卷　〔清〕臧琳撰

第四十八册

解春集二卷　〔清〕馮景撰

尚書地理今釋一卷　〔清〕蔣廷錫撰

第四十九册

易説六卷　〔清〕惠士奇撰

第五十至五十三册

禮説十四卷　〔清〕惠士奇撰

第五十四至五十八册

春秋説十五卷　〔清〕惠士奇撰

第五十九册

白田草堂存稿一卷　〔清〕王懋竑撰

第五十九、六十册

周禮疑義舉要七卷　〔清〕江永撰

第六十册

深衣考誤一卷　〔清〕江永撰

第六十一册

春秋地理考實四卷　〔清〕江永撰

第六十二册

群經補義五卷　〔清〕江永撰

第六十三至六十五册

鄉黨圖考十卷　〔清〕江永撰

第六十六至六十八册

儀禮章句十七卷　〔清〕吴廷華撰

第六十九至七十三册

觀象授時十四卷　〔清〕秦蕙田撰

第七十四、七十五册

經史問答七卷　〔清〕全祖望撰

第七十五册

質疑一卷　〔清〕杭世駿撰

第七十六、七十七册

注疏考證六卷　〔清〕齊召南撰

　尚書注疏考證一卷

　禮記注疏考證一卷

　春秋左傳注疏考證二卷

春秋公羊傳注疏考證一卷

春秋穀梁傳注疏考證一卷

第七十八册

周官禄田考三卷　〔清〕沈彤撰

第七十九册

尚書小疏一卷　〔清〕沈彤撰

儀禮小疏八卷　〔清〕沈彤撰

第八十册

春秋左傳小疏一卷　〔清〕沈彤撰

果堂集一卷　〔清〕沈彤撰

第八十一至八十五册

周易述二十一卷　〔清〕惠棟撰

第八十六册

古文尚書考二卷　〔清〕惠棟撰

第八十六、八十七册

春秋左傳補注六卷　〔清〕惠棟撰

第八十八、八十九册

九經古義十六卷　〔清〕惠棟撰

第九十至九十二册

春秋正辭十一卷春秋舉例一卷春秋要指一卷　〔清〕莊存與撰

第九十二册

鍾山札記一卷　〔清〕盧文弨撰

龍城札記一卷　〔清〕盧文弨撰

第九十三至九十八册

尚書集注音疏十三卷尚書經師系表一卷　〔清〕江聲撰

第九十九至一百十三册

尚書後案三十一卷　〔清〕王鳴盛撰

第一百十四册

周禮軍賦説四卷　〔清〕王鳴盛撰

第一百十五册

十駕齋養新録三卷餘録一卷　〔清〕錢大昕撰

第一百十六、一百十七册

潛研堂文集六卷　〔清〕錢大昕撰

第一百十八至一百二十三册

四書考異三十六卷　〔清〕翟灝撰

第一百二十四、一百二十五册

尚書釋天六卷　〔清〕盛百二撰

第一百二十六册

讀書脞録二卷續編二卷　〔清〕孫志祖撰

第一百二十六至一百二十九册

弁服釋例八卷　〔清〕任大椿撰

第一百二十九册

釋繒一卷　〔清〕任大椿撰

第一百三十至一百三十四册

爾雅正義二十卷　〔清〕邵晋涵撰

第一百三十五册

宗法小記一卷　〔清〕程瑶田撰

第一百三十五至一百三十七册

儀禮喪服文足徵記十卷　〔清〕程瑶田撰

第一百三十七册

釋宫小記一卷　〔清〕程瑶田撰

第一百三十八、一百三十九册

考工創物小記四卷　〔清〕程瑶田撰

第一百四十册

磬折古義一卷　〔清〕程瑶田撰

溝洫疆理小記一卷　〔清〕程瑶田撰

第一百四十、一百四十一册

禹貢三江考三卷　〔清〕程瑶田撰

第一百四十一册

水地小記一卷　〔清〕程瑶田撰

解字小記一卷　〔清〕程瑶田撰

聲律小記一卷　〔清〕程瑶田撰

第一百四十二册

九穀考四卷　〔清〕程瑶田撰

第一百四十三册

釋草小記一卷　〔清〕程瑶田撰

釋蟲小記一卷　〔清〕程瑶田撰

第一百四十三、一百四十四册

禮箋三卷　〔清〕金榜撰

第一百四十五册

毛鄭詩考正四卷　〔清〕戴震撰

杲溪詩經補注二卷　〔清〕戴震撰

第一百四十六册

考工記圖二卷　〔清〕戴震撰

第一百四十七册

戴東原集二卷　〔清〕戴震撰

第一百四十八至一百五十四册

古文尚書撰異三十二卷　〔清〕段玉裁撰

第一百五十五至一百五十七册

毛詩故訓傳三十卷　〔清〕段玉裁訂

第一百五十八册

詩經小學四卷　〔清〕段玉裁撰

第一百五十九、一百六十册

周禮漢讀考六卷　〔清〕段玉裁撰

第一百六十册

儀禮漢讀考一卷　〔清〕段玉裁撰

第一百六十一至一百七十五册

説文解字注十五卷　〔清〕段玉裁撰

第一百七十六册

六書音均表五卷　〔清〕段玉裁撰

第一百七十七、一百七十八册

經韻樓集六卷　〔清〕段玉裁撰

第一百七十九至一百八十六册

廣雅疏證十卷　〔清〕王念孫撰　〔清〕王引之述

第一百八十六册

讀書雜志二卷　〔清〕王念孫撰

第一百八十七至一百九十册

春秋公羊通義十二卷叙一卷　〔清〕孔廣森撰

第一百九十一册

禮學卮言六卷　〔清〕孔廣森撰

第一百九十二、一百九十三册

大戴禮記補注十三卷　〔清〕孔廣森撰

第一百九十四册

經學卮言六卷　〔清〕孔廣森撰

第一百九十五册

溉亭述古録二卷　〔清〕錢塘撰

第一百九十五、一百九十六册

群經識小八卷　〔清〕李惇撰

第一百九十七册

經讀考異八卷　〔清〕武億撰

第一百九十八至二百二册

尚書今古文注疏三十九卷　〔清〕孫星衍撰

第二百二册

問字堂集一卷　〔清〕孫星衍撰

第二百三、二百四册

儀禮釋官九卷 〔清〕胡匡衷撰

第二百五至二百九册

禮經釋例十三卷 〔清〕凌廷堪撰

第二百九册

校禮堂文集一卷 〔清〕凌廷堪撰

第二百十册

劉氏遺書一卷 〔清〕劉台拱撰

述學二卷 〔清〕汪中撰

經義知新記一卷 〔清〕汪中撰

第二百十一册

大戴禮記正誤一卷 〔清〕汪中撰

曾子注釋四卷 〔清〕阮元撰

第二百十二至二百六十册

十三經注疏校勘記二百四十八卷 〔清〕阮元撰

周易校勘記九卷略例校勘記一卷釋文校勘記一卷

尚書校勘記二十卷釋文校勘記二卷

毛詩校勘記七卷釋文校勘記三卷

周禮校勘記十二卷釋文校勘記二卷

儀禮校勘記十七卷釋文校勘記一卷

禮記校勘記六十三卷釋文校勘記四卷

春秋左傳校勘記三十六卷釋文校勘記六卷

春秋公羊傳校勘記十一卷釋文校勘記一卷

春秋穀梁傳校勘記十二卷釋文校勘記一卷

論語校勘記十卷釋文校勘記一卷

孝經校勘記三卷釋文校勘記一卷

爾雅校勘記六卷釋文校勘記二卷

孟子校勘記十四卷音義校勘記二卷

第二百六十、二百六十一册

考工記車制圖解二卷　〔清〕阮元撰

第二百六十一册

積古齋鐘鼎彝器款識二卷　〔清〕阮元撰

第二百六十二、二百六十三册

疇人傳九卷　〔清〕阮元撰

第二百六十三至二百六十五册

揅經室集七卷　〔清〕阮元撰

第二百六十五册

撫本禮記鄭注考異二卷　〔清〕張敦仁撰

第二百六十五、二百六十六册

易章句十二卷　〔清〕焦循撰

第二百六十七至二百七十二册

易通釋二十卷　〔清〕焦循撰

第二百七十三册

易圖略八卷　〔清〕焦循撰

第二百七十四至二百八十二册

孟子正義三十卷　〔清〕焦循撰

第二百八十三册

周易補疏二卷　〔清〕焦循撰

尚書補疏二卷　〔清〕焦循撰

第二百八十四册

毛詩補疏五卷　〔清〕焦循撰

禮記補疏三卷　〔清〕焦循撰

第二百八十五、二百八十六册

春秋左傳補疏五卷　〔清〕焦循撰

第二百八十六册

論語補疏二卷　〔清〕焦循撰

第二百八十七册

周易述補四卷　〔清〕江藩撰

第二百八十八、二百八十九册

拜經日記八卷　〔清〕臧庸撰

第二百九十册

拜經文集一卷　〔清〕臧庸撰

瞥記一卷　〔清〕梁玉繩撰

第二百九十一至三百四册

經義述聞二十八卷　〔清〕王引之撰

第三百五、三百六册

經傳釋詞十卷　〔清〕王引之撰

第三百七至三百九册

周易虞氏義九卷　〔清〕張惠言撰

第三百九册

周易虞氏消息二卷　〔清〕張惠言撰

第三百十册

虞氏易禮二卷　〔清〕張惠言撰

周易鄭氏義二卷　〔清〕張惠言撰

周易荀氏九家義一卷　〔清〕張惠言撰

第三百十一册、三百十二册

易義别録十四卷　〔清〕張惠言撰

第三百十三至三百十五册

五經異義疏證三卷　〔清〕陳壽祺撰

第三百十六册

左海經辨二卷　〔清〕陳壽祺撰

第三百十七册

左海文集二卷　〔清〕陳壽祺撰

第三百十八册

鑒止水齋集二卷　〔清〕許宗彦撰

第三百十九至三百二十四册

爾雅義疏十九卷 〔清〕郝懿行撰

第三百二十五册

春秋左傳補注三卷 〔清〕馬宗璉撰

第三百二十六至三百二十八册

春秋公羊經何氏釋例十卷 〔清〕劉逢禄撰

第三百二十九册

公羊春秋何氏解詁箋一卷 〔清〕劉逢禄撰

發墨守評一卷 〔清〕劉逢禄撰

穀梁廢疾申何二卷 〔清〕劉逢禄撰

第三百三十册

左氏春秋考證二卷 〔清〕劉逢禄撰

箴膏肓評一卷 〔清〕劉逢禄撰

論語述何二卷 〔清〕劉逢禄撰

第三百三十一册

燕寢考三卷 〔清〕胡培翬撰

研六室雜著一卷 〔清〕胡培翬撰

第三百三十二、三百三十三册

春秋異文箋十三卷 〔清〕趙坦撰

第三百三十三册

寶甓齋札記一卷 〔清〕趙坦撰

寶甓齋文集一卷 〔清〕趙坦撰

第三百三十四册

夏小正疏義四卷附釋音一卷異字記一卷 〔清〕洪震煊撰

秋槎雜記一卷 〔清〕劉履恂撰

第三百三十五册

吾亦廬稿四卷 〔清〕崔應榴撰

論語偶記一卷 〔清〕方觀旭撰

第三百三十六册

經書算學天文考一卷　〔清〕陳懋齡撰

四書釋地辨證二卷　〔清〕宋翔鳳撰

第三百三十七至三百四十一册

毛詩紬義二十四卷　〔清〕李黼平撰

第三百四十二册

公羊禮説一卷　〔清〕凌曙撰

第三百四十二、三百四十三册

禮説四卷　〔清〕凌曙撰

孝經義疏一卷　〔清〕阮福撰

第三百四十四册

經傳考證八卷　〔清〕朱彬撰

第三百四十五册

甓齋遺稿一卷　〔清〕劉玉麐撰

説緯一卷　〔清〕王崧撰

第三百四十六至三百五十六册

經義叢鈔三十卷　〔清〕嚴杰輯

續刻

第三百五十七册

國朝石經考異一卷　〔清〕馮登府撰

第三百五十八册

漢石經考異一卷　〔清〕馮登府撰

魏石經考異一卷　〔清〕馮登府撰

唐石經考異一卷　〔清〕馮登府撰

第三百五十九册

蜀石經考異一卷　〔清〕馮登府撰

北宋石經考異一卷　〔清〕馮登府撰

第三百六十册

三家詩異文疏證二卷　〔清〕馮登府撰

皇清經解

皇清經解卷一　　學海堂

左傳杜解補正

崑山顧處士炎武著

北史言周樂遜著春秋序義通賈服說發杜氏違今杜氏單行而賈服之書不傳矣吳之先達邵氏寶有左觿百五十餘條又陸氏粲有左傳附注傅氏遜本之爲辨誤一書今多取之參以鄙見名曰補正凡三卷若經文大義左氏不能盡得而公穀得之公穀不能盡得而啖趙及宋儒得之者則別記之於書而此不具也

隱元年莊公寤生驚姜氏　解寐寤而莊公已生恐無此事應劭風俗通曰兒墮地能開目視者爲寤生

不如早爲之所　解使得其所宜改云言及今制之

004.皇清經解續編一千四百三十卷　〔清〕王先謙輯

清光緒十四年(1888)江陰南菁書院刻本　三百二十册三十八函

半框高18.1釐米，寬13.8釐米，左右雙邊。每半葉11行24字。版心白口，單黑魚尾，上鎸書名，中鎸卷次及篇名，下鎸葉碼。

内封題“皇清經解續編”。卷端題“皇清經解續編，南菁書院”。

卷首依次有“皇清經解續編序”，署“賜進士出身前翰林院編修國子監祭酒提督江蘇全省學政臣王先謙謹撰”，署“光緒十四年歲次戊子夏六月”；“奏摺”；“銜名”；“皇清經解續編目録”。

鈐印：“嗜古齋王氏藏書印”“今關天彭之印”。

子目：

九經誤字一卷　〔清〕顧炎武撰

周易稗疏四卷　〔清〕王夫之撰

詩經稗疏四卷　〔清〕王夫之撰

春秋稗疏二卷　〔清〕王夫之撰

四書稗疏三卷　〔清〕王夫之撰

春秋占筮書三卷　〔清〕毛奇齡撰

續詩傳鳥名三卷　〔清〕毛奇齡撰

白鷺洲主客説詩一卷　〔清〕毛奇齡撰

郊社禘祫問一卷　〔清〕毛奇齡撰

大小宗通繹一卷　〔清〕毛奇齡撰

孝經問一卷　〔清〕毛奇齡撰

禮記偶箋三卷　〔清〕萬斯大撰

尚書古文疏證九卷　〔清〕閻若璩撰

易圖明辨十卷　〔清〕胡渭撰

春秋長曆十卷　〔清〕陳厚耀撰

儀禮釋宫增注一卷　〔清〕江永撰

儀禮釋例一卷　〔清〕江永撰

禮記訓義擇言八卷　〔清〕江永撰

春秋大事表六十六卷輿圖一卷首一卷　〔清〕顧棟高撰

天子肆獻祼饋食禮纂二卷　〔清〕任啓運撰

朝廟宫室考並圖一卷附田賦考　〔清〕任啓運撰

易例二卷　〔清〕惠棟撰

易漢學八卷　〔清〕惠棟撰

明堂大道録八卷　〔清〕惠棟撰

禘説二卷　〔清〕惠棟撰

晚書訂疑三卷　〔清〕程廷祚撰

卦氣解一卷　〔清〕莊存與撰

周官記五卷　〔清〕莊存與撰

周官説二卷　〔清〕莊存與撰

周官説補三卷　〔清〕莊存與撰

儀禮管見十七卷　〔清〕褚寅亮撰

爾雅補郭二卷　〔清〕翟灝撰

鄭氏儀禮目録校證一卷　〔清〕胡匡衷撰

深衣釋例三卷　〔清〕任大椿撰

詩聲類十二卷　〔清〕孔廣森撰

詩聲分例一卷　〔清〕孔廣森撰

經傳小記一卷　〔清〕劉台拱撰

國語補校一卷　〔清〕劉台拱撰

逸周書雜志四卷　〔清〕王念孫撰

爾雅古義二卷　〔清〕錢坫撰

爾雅釋地四篇注一卷　〔清〕錢坫撰

車制考一卷　〔清〕錢坫撰

群經義證八卷　〔清〕武億撰

釋服二卷　〔清〕宋綿初撰

孟子四考四卷　〔清〕周廣業撰

　孟子逸文考一卷

孟子異本考一卷

孟子古注考一卷

孟子出處時地考一卷

毛詩考證四卷 〔清〕莊述祖撰

毛詩周頌口義三卷 〔清〕莊述祖撰

五經小學述二卷 〔清〕莊述祖撰

詩書古訓十卷 〔清〕阮元撰

春秋左傳詁二十卷 〔清〕洪亮吉撰

左通補釋三十二卷 〔清〕梁履繩撰

周易述補五卷 〔清〕李林松撰

易圖條辨一卷 〔清〕張惠言撰

虞氏易事二卷 〔清〕張惠言撰

虞氏易言二卷 〔清〕張惠言撰

虞氏易候一卷 〔清〕張惠言撰

儀禮圖六卷 〔清〕張惠言撰

讀儀禮記二卷 〔清〕張惠言撰

書序述聞一卷 〔清〕劉逢禄撰

尚書今古文集解三十卷 〔清〕劉逢禄撰

尚書今古文集解校勘記一卷 〔清〕劉葆楨、劉翰藻撰

卦本圖考一卷 〔清〕胡秉虔撰

尚書大傳輯校三卷 〔清〕陳壽祺撰

禹貢鄭注釋二卷 〔清〕焦循撰

群經宫室圖二卷 〔清〕焦循撰

隸經文四卷 〔清〕江藩撰

説文聲類十六卷聲類出入表一卷 〔清〕嚴可均撰

周易考異二卷 〔清〕宋翔鳳撰

尚書略説二卷 〔清〕宋翔鳳撰

尚書譜一卷 〔清〕宋翔鳳撰

大學古義説二卷 〔清〕宋翔鳳撰

論語説義十卷　〔清〕宋翔鳳撰
孟子趙注補正六卷　〔清〕宋翔鳳撰
小爾雅訓纂六卷　〔清〕宋翔鳳撰
過庭録五卷　〔清〕宋翔鳳撰
毛詩傳箋通釋三十二卷　〔清〕馬瑞辰撰
毛詩後箋三十卷　〔清〕胡承珙撰　〔清〕陳奐補
儀禮古今文疏義十七卷　〔清〕胡承珙撰
讀書叢録一卷　〔清〕洪頤煊撰
爾雅匡名二十卷　〔清〕嚴元照撰
周官故書考四卷　〔清〕徐養原撰
儀禮古今文異同疏證五卷　〔清〕徐養原撰
論語魯讀考一卷　〔清〕徐養原撰
頑石廬經説十卷　〔清〕徐養原撰
周禮學二卷　〔清〕王聘珍撰
儀禮學一卷　〔清〕王聘珍撰
易經異文釋六卷　〔清〕李富孫撰
詩經異文釋十六卷　〔清〕李富孫撰
春秋左傳異文釋十卷　〔清〕李富孫撰
春秋公羊傳異文釋一卷　〔清〕李富孫撰
春秋穀梁傳異文釋一卷　〔清〕李富孫撰
夏小正分箋四卷　〔清〕黄模撰
夏小正異義二卷　〔清〕黄模撰
春秋左氏古義六卷　〔清〕臧壽恭撰
春秋左氏傳補注十二卷　〔清〕沈欽韓撰
春秋左氏傳地名補注十二卷　〔清〕沈欽韓撰
儀禮經注疏正譌十七卷　〔清〕金曰追撰
周易虞氏略例一卷　〔清〕李鋭撰
論語孔注辨僞二卷　〔清〕沈濤撰
國語發正二十一卷　〔清〕汪遠孫撰

説文諧聲譜九卷　〔清〕張成孫撰

春秋穀梁傳時月日書法釋例四卷　〔清〕許桂林撰

求古録禮説十五卷補遺一卷　〔清〕金鶚撰

鄉黨正義一卷　〔清〕金鶚撰

説文解字音均表十七卷首一卷　〔清〕江沅撰

儀禮正義四十卷　〔清〕胡培翬撰　〔清〕楊大堉補

禘祫問答一卷　〔清〕胡培翬撰

實事求是齋經義二卷　〔清〕朱大韶撰

十三經詁答問六卷　〔清〕馮登府撰

左傳舊疏考正八卷　〔清〕劉文淇撰

春秋朔閏異同二卷　〔清〕羅士琳撰

春秋左傳賈服注輯述二十卷　〔清〕李貽德撰

喪禮經傳約一卷　〔清〕吴卓信撰

詩毛氏傳疏三十卷　〔清〕陳奂撰

釋毛詩音四卷　〔清〕陳奂撰

毛詩説一卷　〔清〕陳奂撰

毛詩傳義類一卷　〔清〕陳奂撰

鄭氏箋考徵一卷　〔清〕陳奂撰

公羊逸禮考徵一卷　〔清〕陳奂撰

周禮注疏小箋五卷　〔清〕曾釗撰

大戴禮注補十三卷附録一卷　〔清〕汪照撰

癸巳類稿六卷　〔清〕俞正燮撰

癸巳存稿四卷　〔清〕俞正燮撰

尚書餘論一卷　〔清〕丁晏撰

禹貢錐指正誤一卷　〔清〕丁晏撰

詩譜考正一卷　〔清〕丁晏撰

孝經徵文一卷　〔清〕丁晏撰

齊詩翼氏學四卷　〔清〕迮鶴壽撰

公羊禮疏十一卷　〔清〕凌曙撰

公羊問答二卷　〔清〕凌曙撰
春秋繁露注十七卷　〔清〕凌曙撰
周易姚氏學十六卷　〔清〕姚配中撰
春秋公羊傳曆譜十一卷　〔清〕包慎言撰
論語古注集箋二十卷　〔清〕潘維城撰
虞氏易消息圖説一卷　〔清〕胡祥麟撰
大誓答問一卷　〔清〕龔自珍撰
春秋決事比一卷　〔清〕龔自珍撰
輪輿私箋二卷附圖一卷　〔清〕鄭珍撰　〔清〕鄭知同繪圖
儀禮私箋八卷　〔清〕鄭珍撰
巢經巢經説一卷　〔清〕鄭珍撰
禹貢圖一卷　〔清〕陳澧撰
東塾讀書記十卷　〔清〕陳澧撰
春秋古經説二卷　〔清〕侯康撰
穀梁禮證二卷　〔清〕侯康撰
説文聲讀表七卷　〔清〕苗夔撰
學禮管釋十八卷　〔清〕夏炘撰
開有益齋經説五卷　〔清〕朱緒曾撰
穀梁大義述三十卷　〔清〕柳興恩撰
春秋釋一卷　〔清〕黄式三撰
考工記考辨八卷　〔清〕王宗涑撰
逸周書集訓校釋十卷逸文一卷　〔清〕朱右曾撰
詩地理徵七卷　〔清〕朱右曾撰
喪服會通説四卷　〔清〕吴嘉賓撰
讀儀禮録一卷　〔清〕曾國藩撰
論語正義二十四卷附録一卷　〔清〕劉寶楠撰　〔清〕劉恭冕述
釋穀四卷　〔清〕劉寶楠撰
今文尚書經説考三十八卷首一卷　〔清〕陳喬樅撰
尚書歐陽夏侯遺説考一卷　〔清〕陳喬樅撰

三家詩遺説考四十九卷　〔清〕陳壽祺撰　〔清〕陳喬樅述

　魯詩遺説考二十卷

　齊詩遺説考十二卷

　韓詩遺説考十七卷

毛詩鄭箋改字説四卷　〔清〕陳喬樅撰

詩經四家異文考五卷　〔清〕陳喬樅撰

齊詩翼氏學疏證二卷　〔清〕陳喬樅撰

禮堂經説二卷　〔清〕陳喬樅撰

禮記鄭讀考六卷　〔清〕陳壽祺撰　〔清〕陳喬樅述

爾雅經注集證三卷　〔清〕龍啓瑞撰

公羊義疏七十六卷　〔清〕陳立撰

白虎通疏證十二卷　〔清〕陳立撰

禮經通論一卷　〔清〕邵懿辰撰

周易爻辰申鄭義一卷　〔清〕何秋濤撰

禹貢鄭氏略例一卷　〔清〕何秋濤撰

書古微十二卷　〔清〕魏源撰

詩古微十七卷　〔清〕魏源撰

讀書偶識十卷附一卷　〔清〕鄒漢勛撰

劉貴陽經説一卷　〔清〕劉書年撰

穀梁補注二十四卷首一卷　〔清〕鍾文烝撰

周易舊疏考正一卷　〔清〕劉毓崧撰

尚書舊疏考正一卷　〔清〕劉毓崧撰

讀易漢學私記一卷　〔清〕陳壽熊撰

孟子音義考證二卷　〔清〕蔣仁榮撰

達齋叢説一卷　〔清〕俞樾撰

周易互體徵一卷　〔清〕俞樾撰

九族考一卷　〔清〕俞樾撰

詩名物證古一卷　〔清〕俞樾撰

士昏禮對席圖一卷　〔清〕俞樾撰

禮記異文箋一卷　〔清〕俞樾撰

禮記鄭讀考一卷　〔清〕俞樾撰

玉佩考一卷　〔清〕俞樾撰

鄭君駁正三禮考一卷　〔清〕俞樾撰

春秋名字解詁補義一卷　〔清〕俞樾撰

論語鄭義一卷　〔清〕俞樾撰

續論語駢枝一卷　〔清〕俞樾撰

群經平議三十五卷　〔清〕俞樾撰

　周易平議二卷

　尚書平議四卷

　周書平議一卷

　毛詩平議四卷

　周禮平議二卷

　考工記世室重屋明堂考一卷

　儀禮平議二卷

　大戴禮記平議二卷

　小戴禮記平議四卷

　春秋公羊傳平議一卷

　春秋穀梁傳平議一卷

　春秋左傳平議三卷

　春秋外傳國語平議二卷

　論語平議二卷

　孟子平議二卷

　爾雅平議一卷

古書疑義舉例七卷　〔清〕俞樾撰

禹貢説一卷　〔清〕倪文蔚撰

周易釋爻例一卷　〔清〕成蓉鏡撰

尚書曆譜二卷　〔清〕成蓉鏡撰

禹貢班義述三卷　〔清〕成蓉鏡撰

春秋日南至譜一卷　〔清〕成蓉鏡撰

何休注訓論語述一卷　〔清〕劉恭冕撰

禮記天算釋一卷　〔清〕孔廣牧撰

先聖生卒年月日考二卷　〔清〕孔廣牧撰

禮説略三卷　〔清〕黄以周撰

經説略二卷　〔清〕黄以周撰

漢孳室文鈔二卷　〔清〕陶方琦撰

昏禮重别論對駁義二卷　〔清〕劉壽曾撰

隸經賸義一卷　〔清〕林兆豐撰

毛詩譜一卷　〔漢〕鄭玄撰　〔清〕胡元儀輯

駁春秋名字解詁一卷　〔清〕胡元玉撰

經述三卷　〔清〕林頤山撰

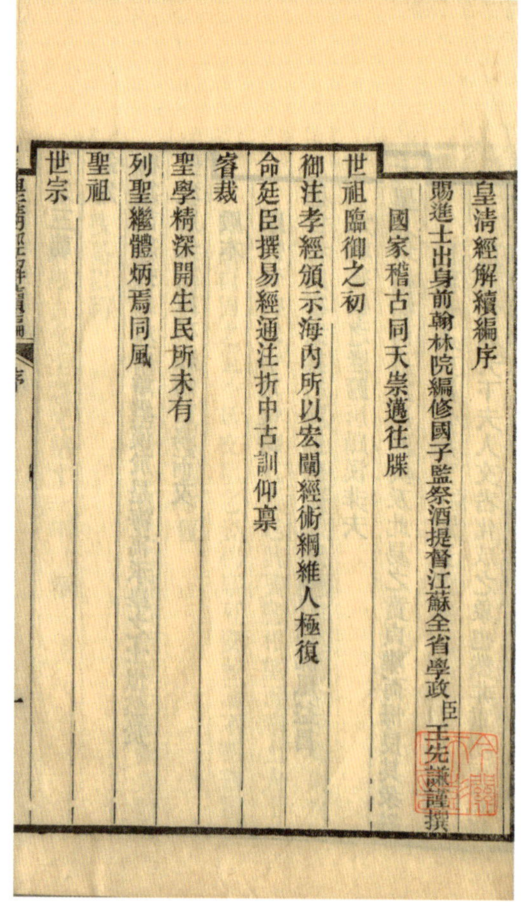

皇清經解續編序

賜進士出身前翰林院編修國子監祭酒提督江蘇全省學政臣王先謙謹撰

國家稽古同天崇邁往牒

世祖臨御之初

御注孝經頒示海內所以宏闡經術綱維人極復

命廷臣撰易經通注折中古訓仰稟

睿裁

聖學精深開生民所未有

列聖繼體炳焉同風

聖祖

世宗

皇清經解續編卷一　　南菁書院

九經誤字　　崑山顧炎武甯人著

今天下九經之本以國子監所刻者爲據而其中譌脱實多又周禮儀禮公羊穀梁二傳旣不列於學官其學殆廢而儀禮則更無他本可讐其譌脱尤甚於諸經若士子各專一經而下邑窮儒不能皆得監本止習書肆流傳之本則又往往異於監本無怪乎經術之不通人材之日下也已余至關中見唐石壁九經復得舊時摹本讀之雖不無踳駮而有足以正今監本之誤者列之以告後學亦庶乎離經之一助云東吳顧炎武

易

書　類

005.書經六卷　〔宋〕蔡沈集傳　PL2466.Z6 1805

清嘉慶十年（1805）揚州鮑氏樗園刻本　四册一函

半框高20.9釐米，寬14.8釐米，四周單邊。每半葉9行17字，小字雙行同。版心白口，無魚尾，上鎸書名及篇名，下鎸卷次及葉碼。

内封題“書經，嘉慶十年冬至刊版，寧化伊秉綬題”。卷端題“書經”。

卷首依次有“書經集傳序”，署“嘉定己巳三月既望武夷蔡沈序”；“書經篇目”。卷六末有小字刊記“樗園客隱檢校，江寧王景桓董工”。

按：樗園乃清代揚州鮑氏家園，位於廣儲門内。此書屬揚州鮑氏所刻《五經四書讀本》之零種。

書經卷之一

虞書

虞舜氏因以爲有天下之號也書凡五篇堯典雖紀唐堯之事然本虞史所作故曰虞書其舜典以下夏史所作當曰夏書春秋傳亦多引爲夏書此云虞書或以爲孔子所定也

堯典

堯唐帝名說文曰典從册在丌上尊閣之也此篇以簡册載堯之事故名曰堯典後世以其所載之事可爲常法故又訓爲常也今文古文皆有

曰若稽古帝堯曰放勳欽明文思安安允恭克讓光被四表格于上下

曰粵越通古文作粵曰若者發語辭

006.讀書叢説六卷　〔元〕許謙撰　〔清〕胡鳳丹校　895.18 Sh91h 1872

清同治十一年（1872）退補齋刻金華叢書本　二册一函

半框高24釐米，寬15.5釐米，四周雙邊。每半葉9行20字，小字雙行同。版心白口，單黑魚尾，中鎸卷次、書名及葉碼，下鎸“退補齋”。

内封題“讀書叢説六卷，金華叢書”。牌記題“退補齋開雕”。卷端題“讀書叢説，元許謙撰，郡後學胡鳳丹月樵校梓”。

卷首依次有“讀書叢説序”，署“同治十一年壬申秋八月永康後學胡鳳丹月樵甫謹序”；“讀書叢説目録”。

鈐印：“哲如陳慶保藏書”。

讀書叢說卷之一 按四庫書目云三卷五卷六卷原缺十四頁

元許謙撰　郡後學胡鳳丹月樵校梓

書五十八篇

今文三十三篇 伏生所傳凡二十八篇而以舜典合於堯典益稷合於皋陶謨盤庚三篇合爲一康王之誥合於顧命因古文出後方别出此五篇故成三十三篇

虞書四 伏生爲二篇

堯典 舜典 復出 皋陶謨

益稷

007.欽定書經傳説彙纂二十一卷首二卷書序一卷　〔清〕王項齡等奉敕纂

清雍正八年(1730)武英殿刻本　二十四册二函

半框高21.3釐米，寬16.2釐米，四周雙邊，無界欄。每半葉8行經18字傳22字，小字雙行同。版心白口，單黑魚尾，上鎸書名，中鎸卷次及篇名，下鎸葉碼。

卷端題“欽定書經傳説彙纂”。

卷首上下二卷依次有“御製書經傳説彙纂序”，署“雍正八年仲春十二日都察院左副都御史臣王圖炳奉敕敬書”；“雍正八年三月十四日奉旨開列欽定書經傳説彙纂總裁校對分修校刊諸臣職名”；“欽定書經傳説彙纂目録”。卷末有“書序”，署“欽定書經傳説彙纂書序全”。

鈐印：“國子監八學官書”、滿漢文“國子監印”、“吴正裕號”。

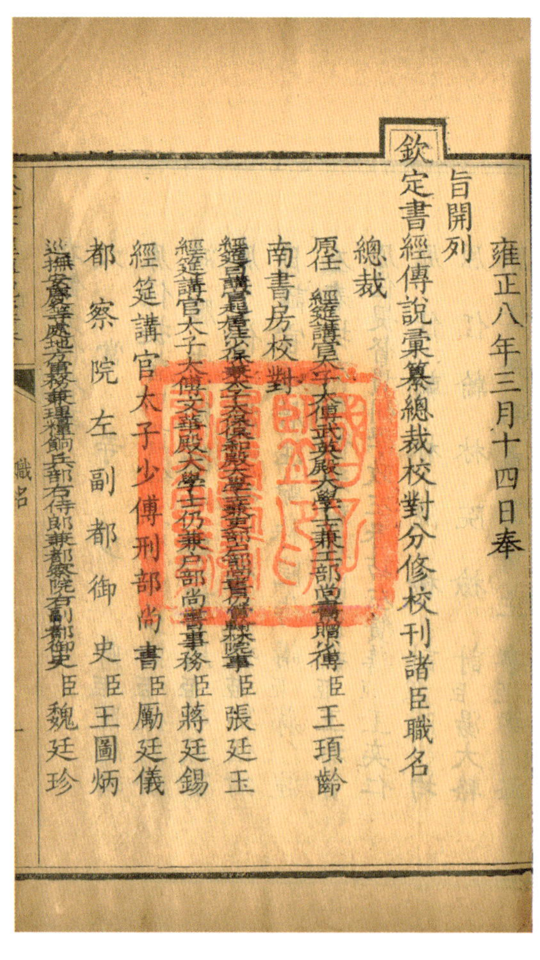

欽定書經傳說彙纂卷第一

虞書

【集傳】虞舜氏因以爲有天下之號也書凡五篇陸氏德明曰虞書凡十六篇十一篇亡堯典雖紀唐堯之事然本虞史所作故曰虞書其舜典以下夏史所作當曰夏書春秋傳亦多引爲夏書此云虞書或以爲孔子所定也

【集說】孔氏穎達曰莊八年左傳云夏書曰皋陶邁種德僖二十四年左傳引夏書曰地平天成二十七年引夏書賦納以言襄二十六年引夏書曰與其殺不辜寧失不經皆在大禹謨皐陶謨當云虞書而

008.尚書箋三十卷（殘）　〔清〕王闓運撰　

清光緒三十二年（1906）刻湘綺樓全書本　一册一函

半框高19釐米，寬13釐米，四周雙邊。每半葉8行17字，小字雙行同。版心白口，雙黑魚尾，中鐫書名、篇名及葉碼。

卷三卷端題“尚書，王氏集注並箋”。

按：館藏存卷三至卷九。

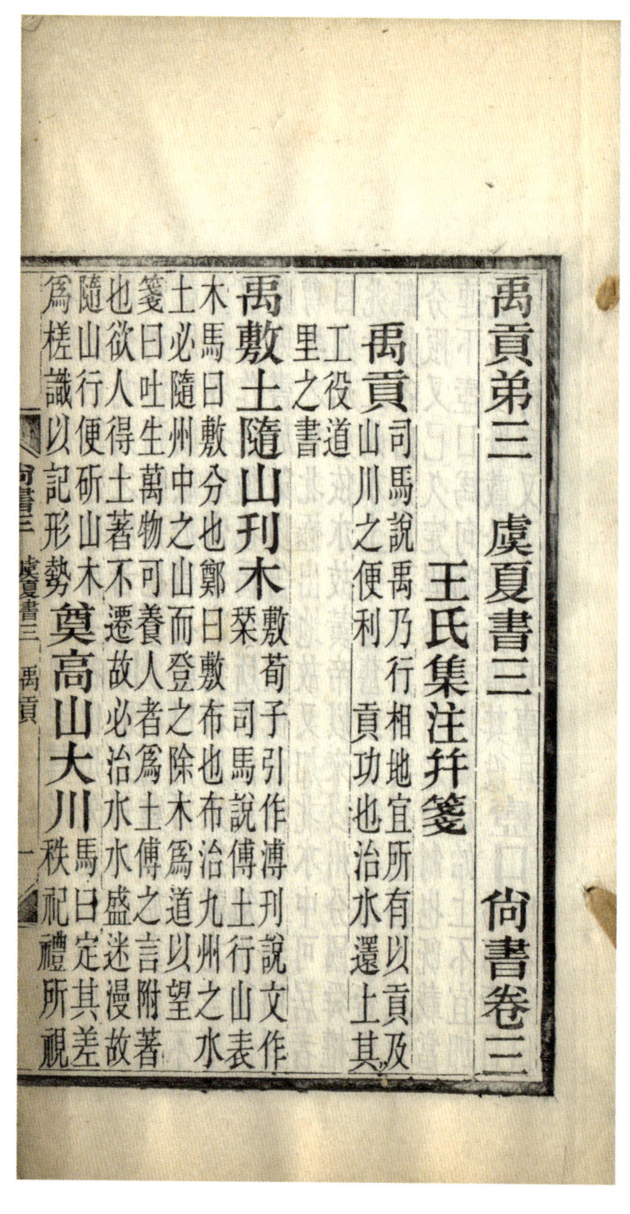

禹貢弟三　虞夏書三　尚書卷三

王氏集注幷箋

禹貢 司馬說禹乃行相地宜所有以貢及山川之便利貢功也治水還上其工役道里之書

禹敷土隨山刊木 敷荀子引作溥刊說文作栞司馬說傳土行山表木馬曰敷分也鄭曰敷布也布治九州之水土必隨州中之山而登之除木爲道以望箋曰吐生萬物可養人者爲土傅之言附著也欲人得土著不遷故必治水水盛迷漫故隨山行便斫山木爲槎識以記形勢 奠高山大川 馬曰定其差秩祀禮所覛

尚書三　虞夏書三　禹貢　一

又義不得立罪合于一箋曰言殷子孫無可立者多瘠罔紹紹東

晉本作紹箋曰多祇也言此時求正王位祇自瘠削其宗枝無可紹統者言發出往之

無益商今其有災我興受其敗說文引敗作退箋曰變殷言

商者據殷京言之若王室有災由外來我王子當起受其禍敗商其淪喪我

罔爲僕詔僕東晉本作臣僕箋曰說文僕古文作𦊔淪亦當爲侖詔亦當爲

紹今商王無倫理自絕于天祖我無爲更臣附紹繼之言从者非先守官則以身殉暴君

是惡黨佞臣王子出箋曰設兩端言之迪我舊云馬曰云言也

箋曰迪進道也舊云微子所謂故告也言出亡合于義乃進道于我所言古人之禮刻

009.禹貢錐指二十卷略例圖一卷　〔清〕胡渭撰　DS707.Y77 1705

清康熙四十四年(1705)漱六軒刻本　十册一函

半框高18.8釐米，寬15釐米，左右雙邊。每半葉11行21字，小字雙行字數不等。版心白口，單黑魚尾，中鎸書名及卷次，下鎸葉碼及“漱六軒”。

内封題“禹貢錐指，康熙乙酉孟夏，草莽臣胡渭恭進”。卷端題“禹貢錐指，德清胡渭學”。

卷首依次有李序，署“經筵講官禮部尚書吉水李振裕撰”；徐秉義序；胡會恩記恩；“禹貢錐指略例”，署“康熙辛巳夏五德清胡渭元名渭生字朏明一字東樵敬述於河舟次”。

鈐印：“A.CONRADY孔好古印”。

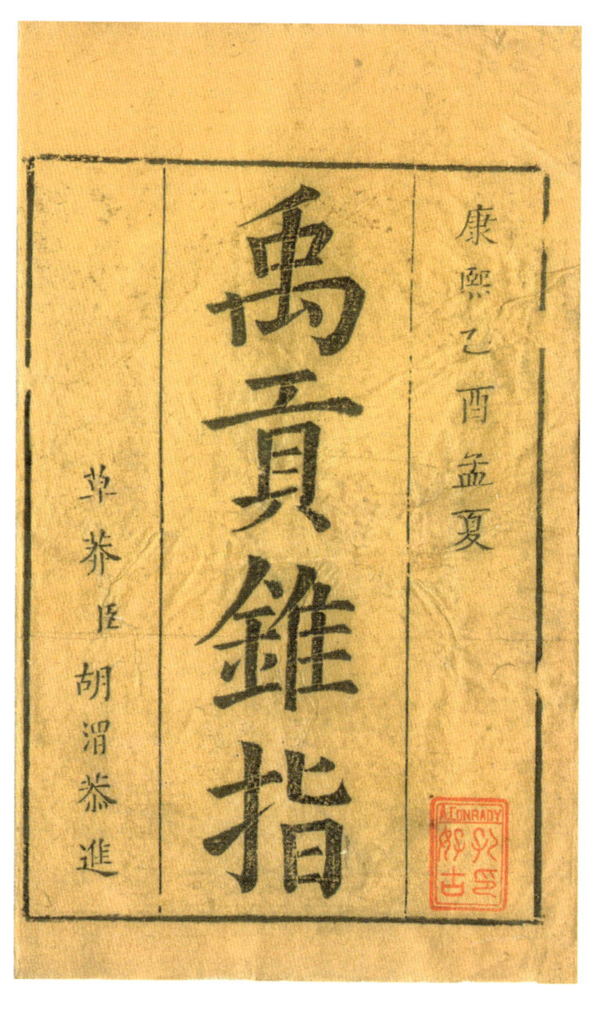

禹貢錐指卷第一　　德清胡渭學

禹貢

孔氏安國傳曰禹制九州貢法孔氏穎達正義曰此篇史述時事非應對言語當是水土既治史即錄此篇又曰貢賦之法其來久矣治水之後更復改新言此篇貢法是禹所制非禹始爲貢也又曰賦者自上稅下之名治田出穀經定其差等謂之厥賦貢者從下獻上之稱以所出之穀市其土地所生以獻謂之厥貢錐用賦物亦不盡也又有全不用賦物隨地所有採取以爲貢者此之所貢即與周禮九貢不殊但彼分之爲九耳其賦與九賦

詩　類

010.詩經體注大全合參八卷　〔宋〕朱熹集傳　〔清〕高朝瓔参定　〔清〕沈世楷輯　PL2466.Z7 S45 1711

清康熙五十年(1711)聚錦堂刻本　一册一函

半框高22.5釐米，寬14.7釐米，四周單邊。上下兩欄，上爲注下爲正文。注每半葉10行26字，正文每半葉9行17字，小字雙行同。版心白口，無魚尾。注欄上鎸“詩經體注”，正文欄上鎸“詩經”，中鎸卷次，下鎸葉碼。

内封題“聚錦堂詩經體注”。卷端題“詩經體注大全合參，錢塘高朝瓔介石定；門人沈世楷崑輪輯，沈存仁子元參；男景屺子瞻商，景陳子錫校”。

卷首依次有“詩經體注序”，署“康熙辛卯秋七月既望錢塘學人高朝瓔自叙”；“詩經傳序”，署“淳熙四年丁酉冬十月戊子新安朱熹書”。

詩經體註大全合參

錢塘高朝瓔介石定　門人沈世楷崑輪輯　沈存仁子元參

男广景岵子瞻　商广景陳子錫校

國風

朱子曰男女相與咏歌以言其情行人振木鐸徇路采之何休云男年六十女年五十無子者官衣食之使采詩也邑移於國國以聞于天子。

詩之名風厥有三義一繫乎上天有八風以宣其氣人資五土以命其性故五方異性自卑殊風記所謂命太師陳詩以觀民風者此也一繫乎上風俗有隆污由於政教有純疵其漸漬披拂往往入人于不覺如風之動物自然感于謠咏而成聲也一繫乎體列國各有政教則亦各有[illegible]然其體自一學者誠能即音律之間以求其意超言詞之上以會其歸如風之爲物輕揚和婉託物而不著于物也。

二南發起宮闈而後漸及天下其所言皆正故爲正風至列國之詩男女亂倫而邶鄘衛鄭之風變君臣失道而王風變畋遊荒淫而齊國之風變儉嗇褊急而魏國之風變唐風變爲憂傷秦風變爲武勇陳風變爲淫遊歌舞檜曹之風變爲亂極思治豳周家故

詩經卷之一

國風一　國者諸侯所封之域而風者民俗歌謠之詩也謂之風者以其被上之化以有言而其言又足以感人如物因風之動以有聲而其聲又足以動物也是以諸侯采之以貢於天子天子受之而列於樂官於以考其俗尚之美惡而知其政治之得失焉舊說二南爲正風所以用之閨門鄉黨邦國而化天下也十三國爲變風則亦領在樂官以時存肄備觀省而垂監戒耳合之凡十五國云

周南一之一　周國名南南方諸侯之國也周國本在禹貢雍州境內岐山之陽后稷十三世孫古公亶父始居其地傳子王季歷至孫文王昌辟國寖廣於是徙都于豐而分岐周故地以爲周公旦召公奭之采邑且使周公

011.廣州俗話詩經解義四卷　〔清〕麥仕治編　

清末廣州文寶閣鉛印本　四册一函

封面題“廣州俗話詩經解義”。卷端題“南海麥仕治先生廣州俗話詩經解義”。

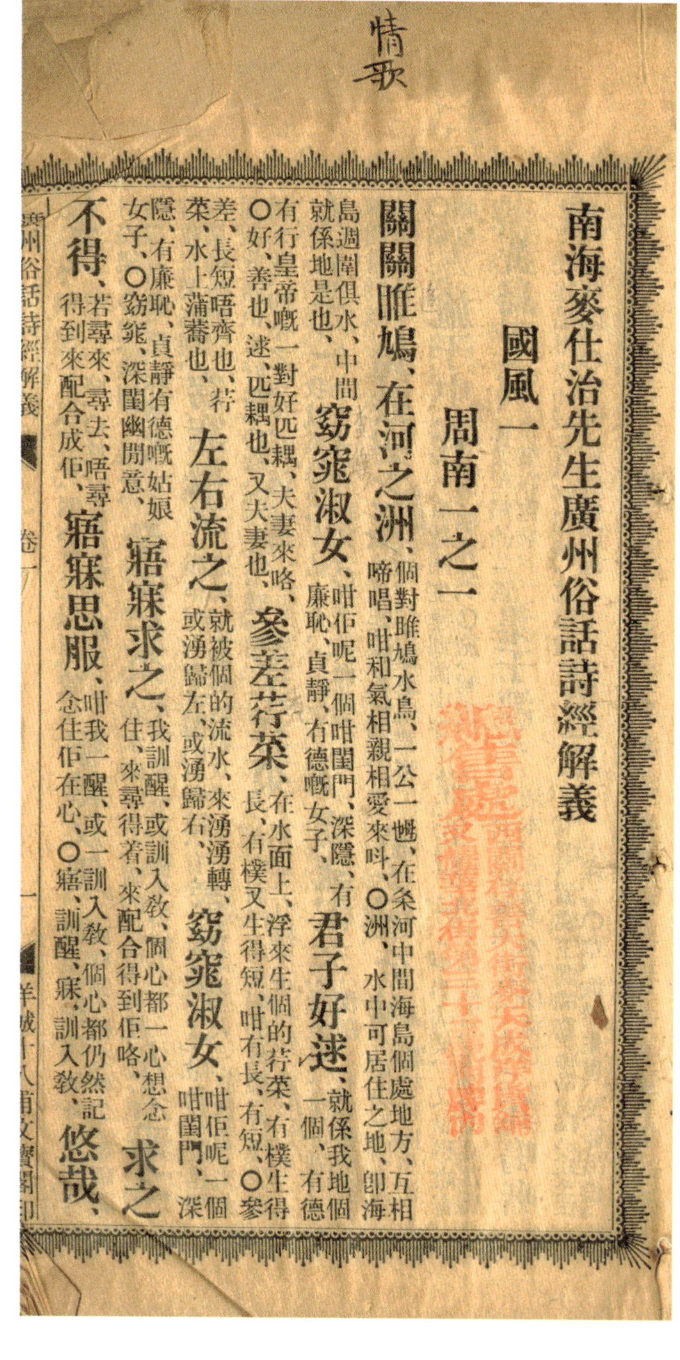
情歌

南海麥仕治先生廣州俗話詩經解義

國風一

周南一之一

關關雎鳩、在河之洲、個對雎鳩水鳥、一公一乸、在条河中間海島個處地方、互相啼唱、咁和氣相親相愛來吗、○洲、水中可居住之地、卽海島週圍俱水、中間就係地是也、窈窕淑女、咁佢呢一個咁閨門、深隱、有廉恥、貞靜、有德嘅女子、君子好逑、就係我地個一個、有德有行皇帝嘅一對好匹耦、夫妻來咯、○好、善也、逑、匹耦也、又夫妻也、參差荇菜、在水面上、浮來生個的荇菜、有樸生得長、有樸又生得短、咁有長、有短、○參差、長短唔齊也、荇菜、水上蒲蓄也、左右流之、就被個的流水、來湧湧轉、或湧歸左、或湧歸右、窈窕淑女、咁佢呢一個咁閨門、深隱、有廉恥、貞靜有德嘅姑娘女子、○窈窕、深閨幽閒意、寤寐求之、我訓醒、或訓入教、個心都一心想念住、來尋得着、來配合得到佢咯、求之不得、若尋來、尋去、唔尋得到來配合成佢、寤寐思服、咁我一醒、或一訓入教、個心都仍然記念住佢在心、○寤、訓醒、寐、訓入教、悠哉、

廣州俗話詩經解義　卷一　一　羊城十八甫文寶閣印

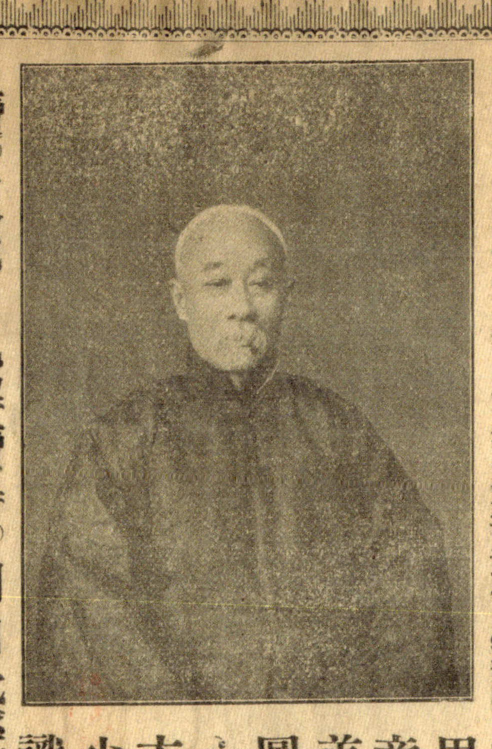

白話。解發明白。兼用淺字。將讀法。音於深字傍邊。在於卷尾末篇。俾幼年孩童初學讀之。可一目瞭然。不費毫釐心思。便能卽自曉讀曉解其意。而一旦豁然貫通。豈不美哉。解法雖屬尋常。大意圖其易於啓發愚蒙學者之心智而已。故不怕貽笑大方。將此詩經書出版。庶冀少年婦女男子。教育得稍識箇字者。若手攬此書展讀。便能自己解讀得。明白此經書中之趣味耳。學者不可以其淺俗。而忽之也。是爲序。

南海師山麥仕治謹識

儀禮類

012.儀禮正義四十卷　〔清〕胡培翬撰　

清咸豐二年（1852）蘇州湯晋苑局刻本　二十册二函

半框高17.5釐米，寬13.4釐米，左右雙邊。每半葉10行22字，小字雙行同。版心白口，單黑魚尾，上鎸書名，中鎸卷次及卷名，下鎸葉碼。

内封題“儀禮正義”。卷端題“儀禮正義，鄭氏注，績溪胡培翬學”。

卷首依次有“校刊儀禮正義序”，署“咸豐壬子九月沔陽陸建瀛序”；“儀禮正義序”，署“道光己酉十月順德羅惇衍椒生氏撰”；“儀禮正義目録”，目録終刻“蘇州湯晋苑局刊印”。

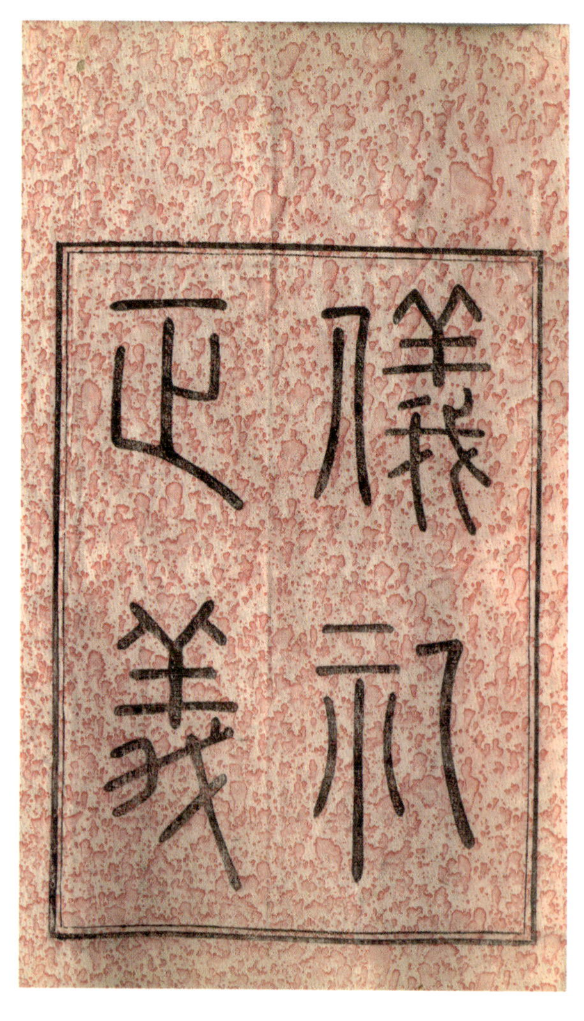

儀禮正義卷一

鄭氏注

績溪胡培翬學

士冠禮第一

鄭目錄云童子任職居士位年二十而冠主人玄冠朝服則是仕於諸侯天子之士朝服皮弁素積古者四民世事士之子恆爲士冠禮於五禮屬嘉禮大小戴及別錄此皆第一【疏】正義曰儀徵大學士阮公撰十三經注疏校勘記於儀禮尤詳其自序云鄭氏學古今文最爲詳覈語助多寡靡不悉紀今校是經亭詳無略用鄭氏家法也培翬擬正義一遵其說詳載各本經注異同其宋嚴州單注本爲宋本之最佳者現已重刻行世悉據錄焉○校勘記云自鄭目錄云至此皆第一毛及陳閩監本俱列疏前今案則是仕於諸侯天子之士近注士鍾重刻單疏本無仕字誤朱氏儀禮經傳通解陳鳳梧單注本及各本俱有陸氏德明經典釋文以天子二字加於諸侯之上非朱子嘗辨之又云溫本亦誤冠禮於五禮屬嘉禮臧鏞堂目錄本冠下無禮字各本有此皆第一各本同通解作皆此爲第一今俱從各本○鄭目錄者鄭氏康成所作別爲

禮記類

013.禮記集說十卷　〔元〕陳澔集說　

清同治三年（1864）緯文堂刻芥子園重訂本　十册一函

半框高19.2釐米，寬12.8釐米，左右雙邊。每半葉9行18字，小字雙行同。欄上有批注正韻集解。版心白口，無魚尾，上鎸“禮記”及小題，下鎸葉碼及卷次。

内封題“芥子園重訂監本禮記，同治甲子年新鐫，遵依洪武正韻，雙門底緯文堂藏板”。卷端題“禮記，陳澔集說”。

卷首依次有“禮記集説序”，署“至治壬戌良月既望後學東彙澤陳澔序”；“禮記篇目”。

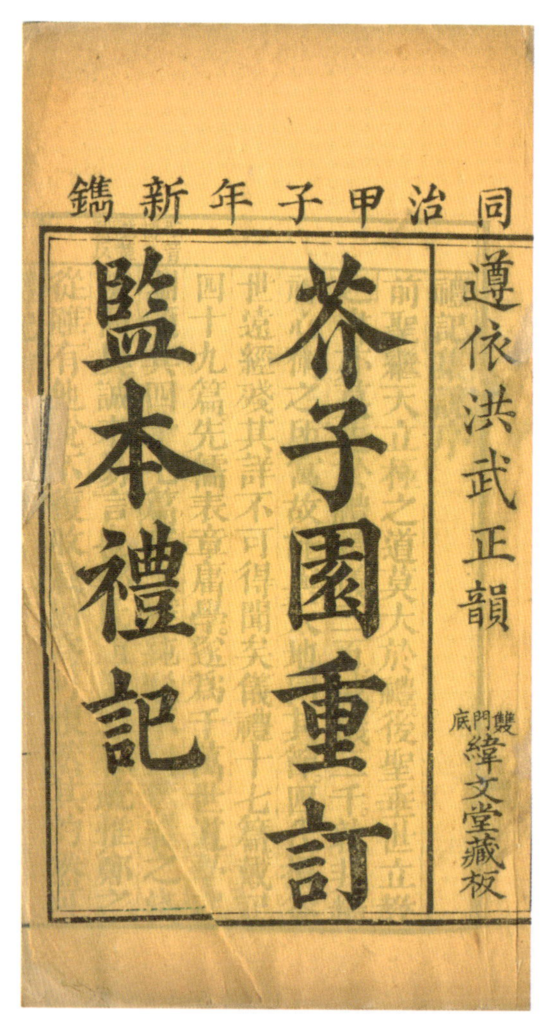
同治甲子年新鐫
遵依洪武正韻
芥子園重訂
監本禮記
雙門底緯文堂藏板

禮記卷之一　陳澔集說

曲禮上第一

經曰。曲禮三千。言節目之委曲其多如是也。此即古禮經之篇名。後人以編簡多。故分爲上下○張子曰。物我兩盡。自曲禮入

曲禮曰毋不敬儼若思安定辭安民哉

毋禁止辭○朱子曰。首章言君子修身其要在此三者而其效是以安民。乃禮之本。故以冠篇○范氏曰經禮三百。曲禮三千。可以一言蔽之曰毋不敬○程子曰。心定者其言安以舒。不定者其辭輕以疾○劉氏曰。篇首三句。如曾子所謂君子所貴乎道者三。而籩豆之事則有司存之意蓋先立乎其大者也。毋不敬則動容貌斯遠暴慢矣。儼若思。則正顏

014.**禮記集説十卷**　〔元〕陳澔集説　

清同治五年（1866）金陵書局刻本　十册一函

半框高17.4釐米，寬14.2釐米，左右雙邊。每半葉9行17字，小字雙行同。版心白口，單黑魚尾，上鎸“禮記”，中鎸卷次及篇名，下鎸葉碼。

内封題“禮記陳氏集説”。牌記題“同治五年六月金陵書局開雕”。卷端題“禮記”。

卷首依次有“禮記集説序”，署“至治壬戌良月既望後學東彙澤陳澔序”；“禮記篇目”。

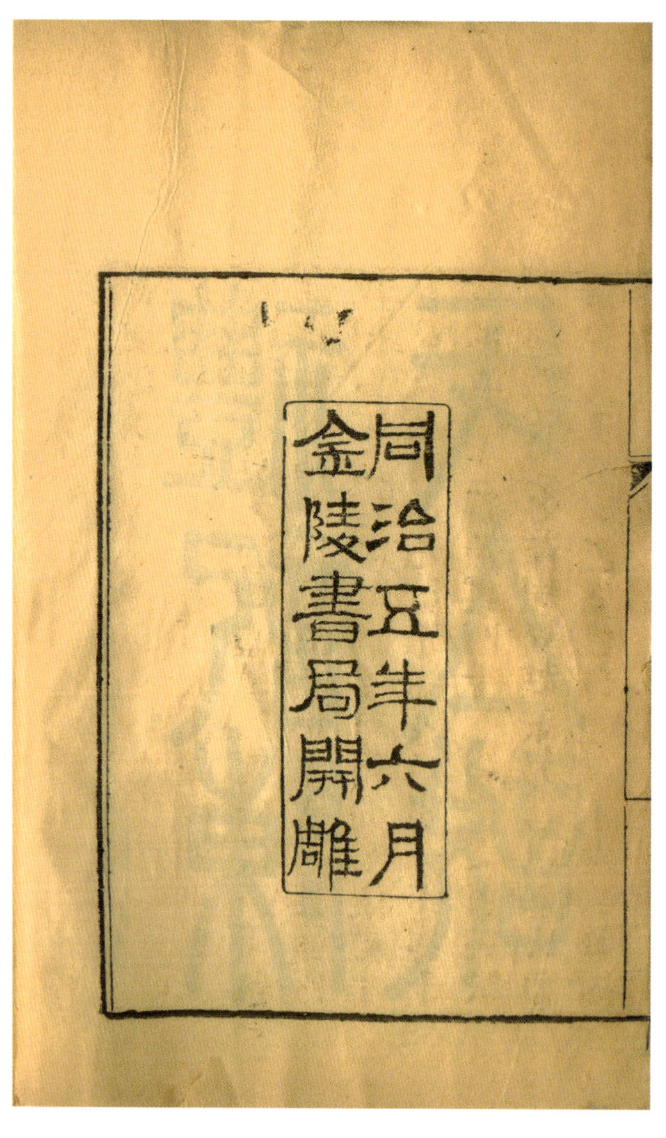

禮記卷一

曲禮上第一

經曰曲禮三千言節目之委曲其多如是也此即古禮經之篇名後人以編簡多故分爲上下○張子曰物我兩盡自曲禮入

曲禮曰毋不敬儼若思安定辭安民哉毋禁止辭○朱子曰首章言君子修身其要在此三者而其效足以安民乃禮之本故以冠篇○范氏曰經禮三百曲禮三千可以一言以蔽之曰毋不敬○程子曰心定者其言安以舒不定者其辭輕以疾○劉氏曰篇首三句如曾子所謂君子所貴乎道者三而籩豆之事則有司存之意蓋先立乎其大者也毋不敬則動容貌斯遠暴慢矣儼若思則正顏色斯近信

春秋左傳類

015.春秋左傳杜林合注五十卷 〔晋〕杜預注 〔宋〕林堯叟補注 〔唐〕陸德明音義 〔明〕鍾惺等評點 PL2470.Z6 C543

清光緒間南京李光明莊刻本 十六册二函

半框高16.7釐米，寬13.3釐米，左右雙邊，眉欄鎸評。每半葉10行20字，小字雙行同。版心白口，單黑魚尾，上鎸“左傳”，中鎸卷次及篇名，下鎸葉碼及“李光明家”。

内封題“狀元閣爵記印左傳杜林”。卷端題“春秋左傳，晋杜預元凱、宋林堯叟唐翁注釋，唐陸元朗德明音義，明鍾惺伯敬、孫鑛月峰、韓范友一評點”。

卷首依次有“春秋左傳序”，署“晋杜預元凱撰”；“春秋左傳綱目”，署“宋林堯叟唐翁著”；“春秋列國圖説”，署“宋眉山蘇軾子瞻著”；“春秋題要”。

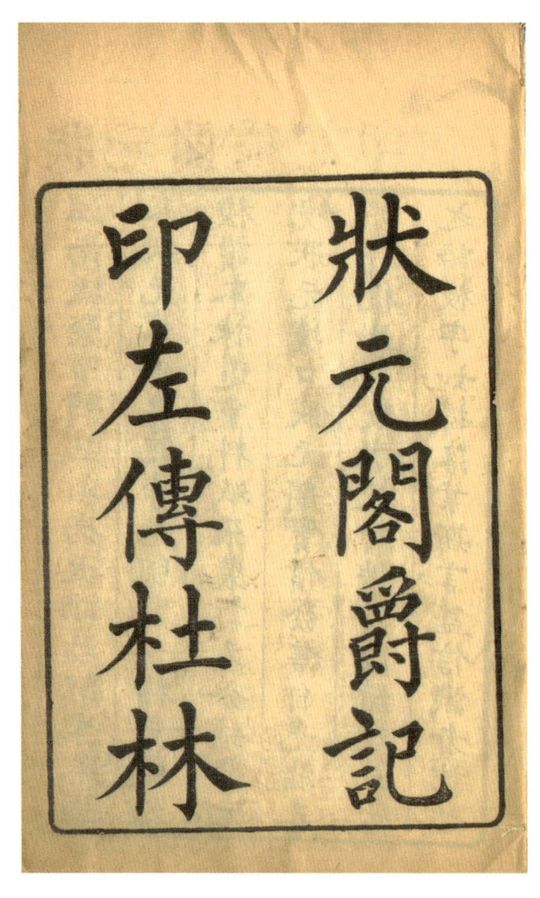

春秋左傳卷之一

晉 杜　預元凱　　　　鍾　惺伯敬

宋 林堯叟唐翁 註釋　　明 孫　鑛月峰 評點

唐 陸元朗德明 音義　　韓　范友一

隱公一　公名息姑。魯惠公之子。姬姓。侯爵。自周公子伯禽始受封。傳世二十三。而至隱公。攝主國事。謚法不尸其位曰隱。

周　文武開基。始都豐鎬。幽厲板蕩。平王東遷洛陽。盡舉故都而棄之。秦所謂東周也。于是王室微弱。至平王四十九年而入春秋。魯隱公三年。平王崩。桓王立。

鄭　姬姓。伯爵。自桓公始受封。周厲王之子。宣王之弟也。傳世武公。莊公。莊公元年。封弟段于京。二十二年。克段于鄢。入春秋。

春秋公羊傳類

016.春秋公羊傳十一卷　〔漢〕何休注　〔唐〕陸德明音義

清光緒十二年(1886)湖北官書處重刻本　四册一函

半框高19.5釐米,寬14.5釐米,四周雙邊。每半葉9行17字,小字雙行同。版心白口,單黑魚尾,上鐫書名,中鐫卷次及篇名,下鐫葉碼。

内封題“公羊傳”。牌記題“光緒十二年冬月湖北官書處重刊”。卷端題“春秋公羊傳,漢何休學,唐陸德明音義”。

卷首依次有“春秋公羊傳序”,署“漢司空掾任城樊何休序”;“凡例”;“春秋公羊傳目録”。

鈐印:“A.CONRADY孔好古印”。

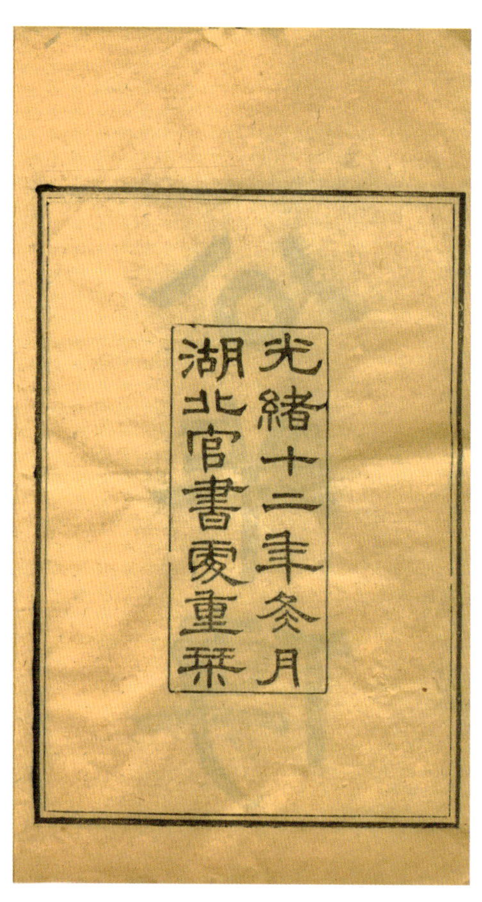

春秋公羊傳卷一

漢何休學　唐陸德明音義

隱公

元年春王正月正音征又音政後放此。**元年者何**諸据疑問所不知故曰者何**君之始年也**以常錄卽位知君之始年君魯侯隱公也年者十二月之總號春秋書十二月稱年是也變一爲元元者氣也無形以起有形以分造起天地天地之始也故上無所繫而使春繫之也不言公言君之始年者王者諸侯皆稱君所以通其義於王者惟王者然後改元立號春秋託新王受命於魯故因以錄卽位明王者當繼天奉元養成萬物**春者何**獨在王上故執不知問**歲之始**

春秋穀梁傳類

017.春秋穀梁傳十二卷　〔晋〕范甯集解　〔唐〕陸德明音義

清光緒十二年（1886）湖北官書處重刻本　四册一函

半框高19.5釐米，寬14.5釐米，四周雙邊。每半葉9行17字，小字雙行同。版心白口，單黑魚尾，上鎸書名，中鎸卷次及篇名，下鎸葉碼。

内封題“穀梁傳”。牌記題“光緒十二年冬月湖北官書處重刊”。卷端題“春秋穀梁傳，晋范甯集解，唐陸德明音義”。

卷首依次有“春秋穀梁傳序”，署“晋范甯撰”；“凡例”；“春秋穀梁傳目録”。

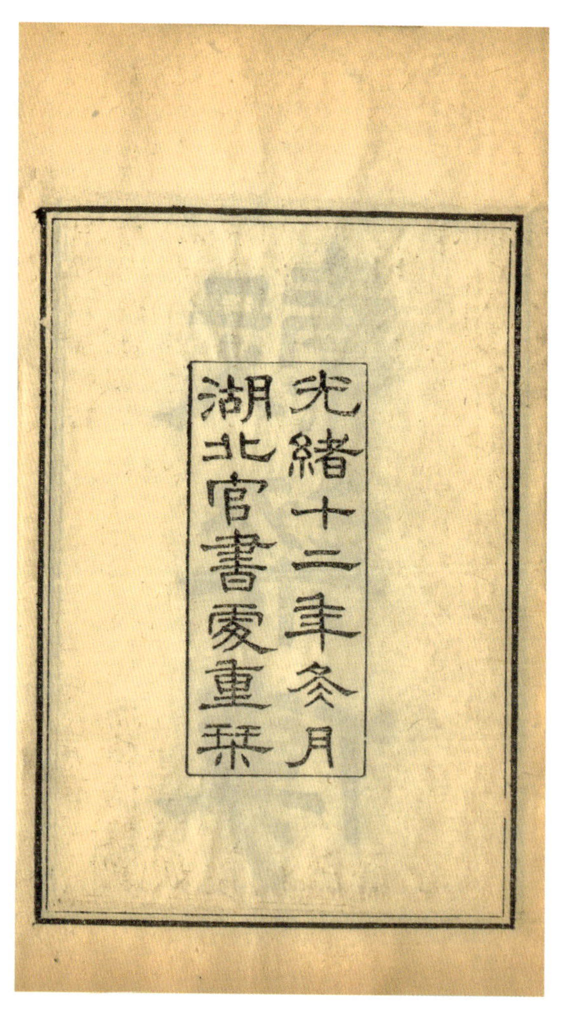

春秋穀梁傳卷一

晉范甯集解　唐陸德明音義

隱公〇隱公名息姑惠公之子周文王八世孫平王四十九年即位

元年春王正月隱公之始年周王之正月也杜預曰凡人君即位欲其體元以居正故不言一年一月也〇正音征又如字後皆放此雖無事必舉正月謹始也謹君即位之始公何以不言即位據文公言即位成公志也成隱讓桓之志焉成之言君之不取爲公也言隱意不取爲魯君也公君也上言君下言公互辭〇焉於虔反君之不取爲公何也將以讓桓也讓桓正乎曰不

春秋總義類

018.欽定春秋傳説彙纂三十八卷首二卷　〔清〕王掞等奉敕撰

清光緒十四年(1888)江南書局刻本　二十册二函

半框高18.6釐米，寬14釐米，左右雙邊。每半葉11行24字，小字雙行同。版心白口，單黑魚尾，上鎸書名，中鎸卷次及小題，下鎸葉碼。

内封題“欽定春秋傳説彙纂”。牌記題“光緒戊子年十月户部公刊於江南書局”。卷端題“欽定春秋傳説彙纂”。

卷首依次有“御製序”，署“康熙六十年夏六月朔”；“欽定春秋傳説彙纂總裁校對分修校刊諸臣職名”；“引用姓氏”；“欽定春秋傳説彙纂目録”。

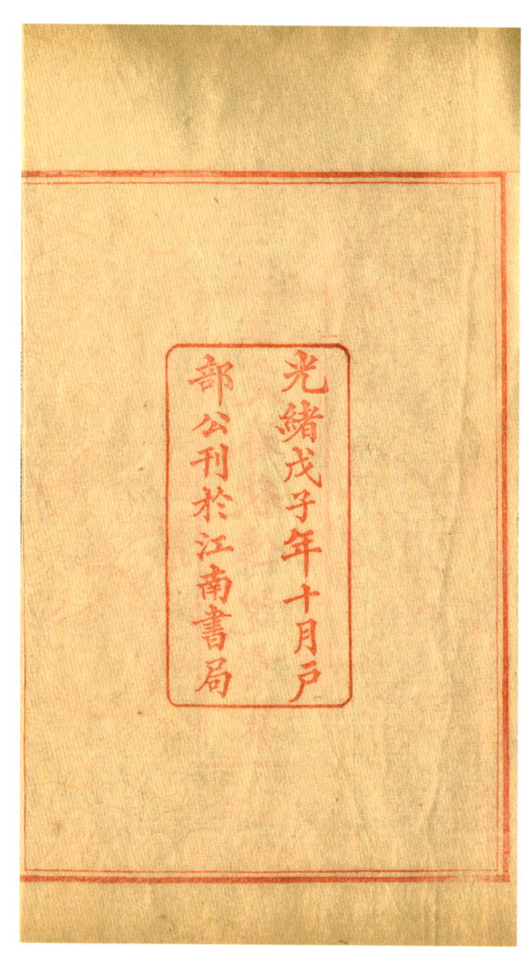

欽定春秋傳說彙纂卷第一

集說 杜氏預曰：春秋者，魯史記之名也。記事者以事繫日，以日繫月，以月繫時，以時繫年，所以紀遠近、别同異也。故史之所記，必表年以首事。年有四時，故錯舉以爲所記之名也。徐氏彥曰：三統歷云：春爲陽中，萬物以生；秋爲陰中，萬物以成。故名春秋。又春秋說云：始於春，終於秋。春爲生物之始，秋爲成物之終，故曰春秋。而舊說云：哀十四年春西狩獲麟，作春秋，九月書成，以其春作秋成，故云春秋也者，非也。莊七年經云：星霣如雨。傳云：不修春秋曰：雨星不及地尺而復。君子修之曰：星霣如雨。則是孔子未修之時，已名春秋矣。

案 孟子言春秋天子之事也，蓋謂春秋本諸侯之史，其時列邦僭亂，名分混淆，而史體乖舛。夫子因而修之，其名秩則一裁以武成班爵之舊，其行事則一律以周公制禮之初，故曰春秋天子之事者，猶曰天子之史云爾。說者不察，而以爲夫子行南面之權，則近於夸矣。又董仲舒述夫子之言曰：我欲託之空言，不若見諸行事之深切著明也。蓋謂凡著書者，言理則虛，徵事則實，故雖言理義以垂訓，不如借二百餘年行事，使是非得失皆著見於此爾。說者以爲春秋是夫子之行事，非空言比，亦似非本意。

小學類

019.説文解字十五卷標目一卷　〔漢〕許慎撰　〔宋〕徐鉉等校定

PL1281.H8 1700z

清翻刻汲古閣本　六册一函

半框高20.4釐米，寬15.6釐米，左右雙邊。每半葉7行，行字不等。版心白口，單黑魚尾，中鎸"説文"及卷次，下鎸葉碼。

内封題"説文真本，北宋本校刊，汲古閣藏板"。卷端題"説文解字，漢太尉祭酒許慎記，銀青光禄大夫守右散騎常侍上柱國東海縣開國子食邑五百户臣徐鉉等奉敕校定"。

卷首有"説文解字標目，銀青光禄大夫守右散騎常侍上柱國東海縣開國子食邑五百户臣徐鉉等奉敕校定"。卷十五下第十四葉末刻"後學毛晋從宋本校刊，男扆再校"。

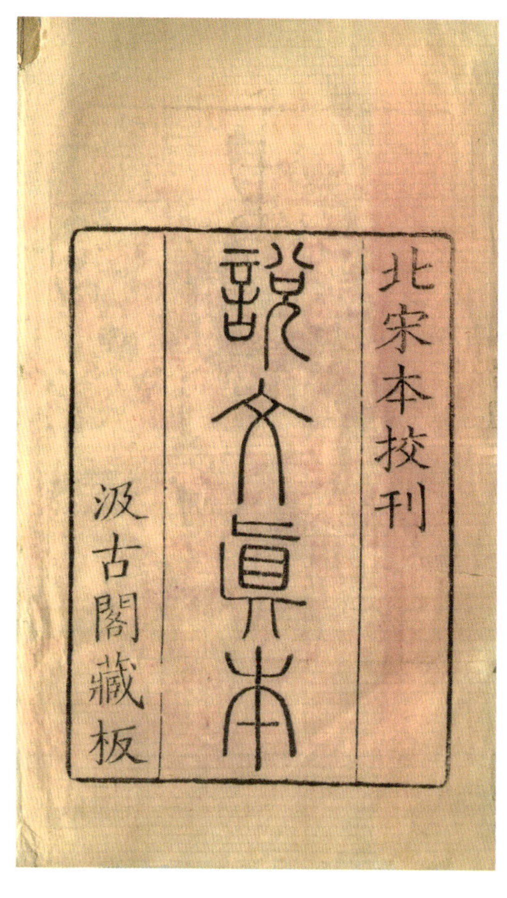

說文解字弟一上　漢太尉祭酒許慎記

銀青光禄大夫守右散騎常侍上柱國東海縣開國子食邑五百户徐鉉等奉

敕校定

十四部　六百七十二文　重八十

凡萬六百三十九字

文三十一新附

一惟初太始道立於一造分天地化成

020.説文解字注三十卷附六書音均表二卷　〔清〕段玉裁注

PL1281 .H8 1867

清同治六至十一年（1867—1872）蘇州保息局補刻本　十六册三函

半框高19釐米，寬13.7釐米，左右雙邊。每半葉9行22字，小字雙行同。版心白口，單黑魚尾，中鎸卷次，下鎸葉碼。

内封題“補刻段氏説文解字注”。牌記題“同治六年七月補刊於蘇州保息局”。卷端題“説文解字，金壇段玉裁注”。第一篇下，末署“元和顧廣圻校字”。

卷首依次有“説文解字注序”，署“嘉慶戊辰五月高郵王念孫序”；“説文解字注分卷目録”，署“同治十一年冬錢塘吴宗麟識”。卷末依次有“説文解字注後叙”，署“嘉慶十有九年秋八月親炙學者江沅謹拜叙於閩浙節署”；“跋”，署“乙亥三月受業長洲陳焕拜手敬書”；“説文解字讀序”，署“乾隆五十有一年中秋前三日杭東里人盧文弨書於鐘山講舍之須友堂”；“説文部目分韻”。

鈐印：“三井家編纂室藏書”。

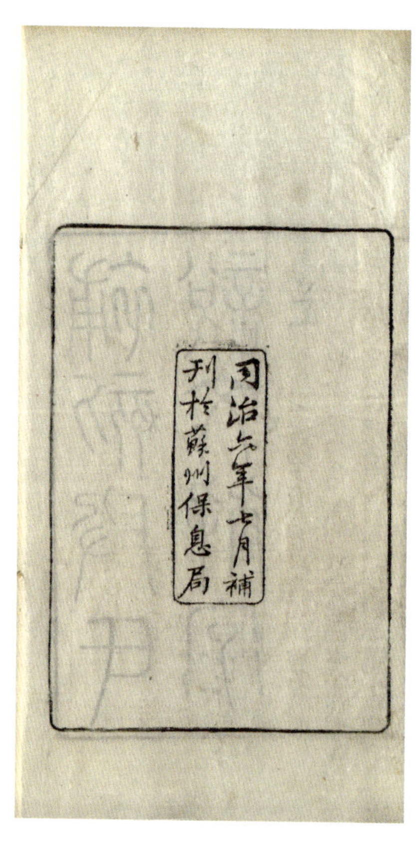

說文解字第一篇上

金壇段玉裁注

一　惟初大極道立於一造分天地化成萬物漢書曰元元本本數始於一凡一之屬皆从一一之形於六書爲指事凡云凡某之屬皆从某者自序所謂分別部居不相襍廁也爾雅方言所以發明轉注假借倉頡訓纂滂熹及凡將急就元尚飛龍聖皇諸篇僅以四言七言成文皆不言字形原委以字形爲書俾學者因形以考音與義實始於許功莫大焉於悉切古音第十二部○凡注言一部二部以至十七部者謂古韵也玉裁作六書音均表識古韵凡十七部自倉頡造字時至唐虞三代秦漢以及許叔重造說文曰某聲曰讀若某者皆條理合一不紊故既用徐鉉切音矣而又某字志之曰古音第幾部又恐學者未見六書音均之書不知其所謂乃於說文十五篇之後附六書音均表五篇俾形聲相表裏因耑推究於古形

021.說文釋例二十卷附補正　〔清〕王筠撰　

清光緒十三年（1887）上海積山書局石印本　六册一函

内封題“說文釋例”。牌記題“光緒十弍年九月上海積山書局石印”。卷端題“說文釋例，安邱王筠貫山學”。

卷首依次有“序”，署“道光丁酉七月三日安邱王筠菉友自序”；“說文釋例目録”。

鈐印：“怡源字號”“希樸齋校坊”。

光緒十弍年九月
上海積山書局石印

說文釋例卷一

安邱王筠貫山學

六書總說

漢書藝文志曰六書謂象形象事象意象聲轉注假借造字之本也顏注曰象形謂畫成其物隨體詰屈日月是也象事即指事也謂視而可識察而見意上下是也象意即會意也謂比類合誼以見指撝武信是也象聲即形聲謂以事爲名取譬相成江河是也轉注謂建類一首同意相受考老是也假借謂本無其字依聲託事令長是也文字之義總歸六書故曰立字之本也

筠案六書次第似班書首象形爲是通志曰六書也者象形爲本（字會意形聲識爲總起若象形指事各立門戶相對相當不可分本末特以虛實論之則先事後耳似不可言爲本物亦有會意字林歷之類是也似不可單承指事）形不可象（似當云無形可象）則屬諸事事不可指則屬諸意意不可會則屬諸聲聲則無不諧矣五不足而後假借生焉（不言轉注者上文云諧聲別出爲轉注案誤以轉注幷入形聲中故不及）許君首指事似不可解楊錫觀曰文字之作因事而起其說似未確余弟範曰說文開卷即列一上兩部故先之也余笑曰一畫開天無所不統矣然是說仍未確姑存之

造字之本此句未允說見後

022.六書通十卷 〔明〕閔齊伋撰 〔清〕畢宏述篆訂 〔清〕閔章、程昌煒校

AC149.S786 1795

清末刻本 五册一函

半框高21.4釐米，寬15.4釐米，四周雙邊。每半葉8行12字，小字雙行24字。版心白口，無魚尾，上鎸書名，中鎸韻部及聲部，下鎸卷次及葉碼。

内封題“六書通”。卷端題“六書通，海鹽畢宏述既明篆訂，苕溪閔章含貞、程昌煒赤文同校”。

卷首依次有“序”，署“康熙五十九年歲次庚子清和之望海鹽畢宏述既明氏識”；“程序”，署“康熙庚子清和月穀旦苕溪程昌煒赤文氏識”；“張序”，署“康熙五十九年歲次庚子四月之望襄平張涵題”；“原序”，署“順治辛丑仲冬五湖閔齊伋寓五父記時年八十有二”；“凡例”；“附徵刻小啓”，署“襄平張涵具”；“題辭”，署“乾隆六十年歲在旃蒙單閼皋月南彙吴省蘭題”。

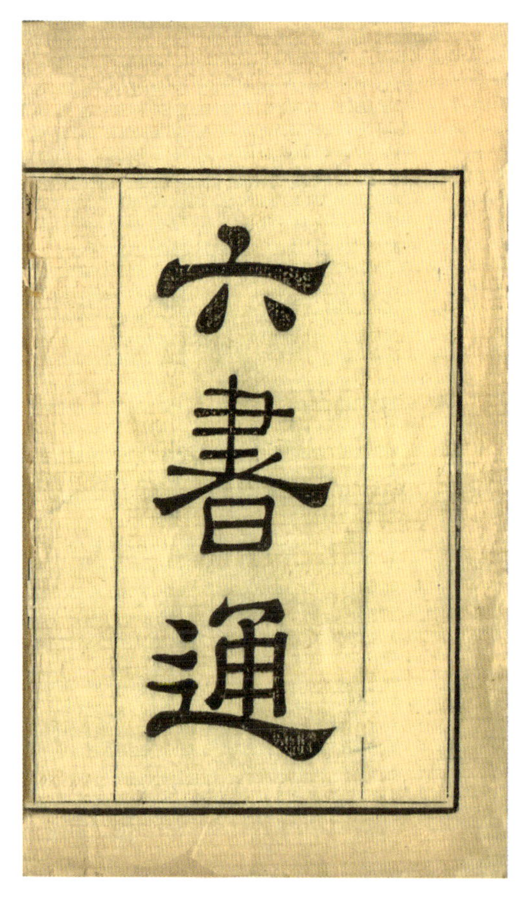

六書通　上平聲上第一

海鹽畢宏述旣明篆訂　苕溪閔章含貞
程昌煒赤文同校

一東

〔東〕東 建首動也从木官溥說从日在木中得紅切 東古文 東古孝經 東穆公鼎

東印藪隴東太守章 東東方賢 東東里忠 東東季 東朱脩能印書

〔附通〕涷說文水出發鳩山入於河德紅切 棟極也多貢切 鶇闕〇六書統云周币也作曹切〇閔氏詮

次日篆說文之無變者三千餘字今各以類附於得

變者於以通其變焉他書不與也以後免說文二字

〔冬〕冬說文四時盡也都宗切 冬古文 冬石經 冬碧落碑 冬存乂

023.康熙字典十二集附補遺一卷備考一卷 〔清〕張玉書等纂修

清道光七年（1827）重刻本　三十二册五函

半框高12.8釐米，寬9.5釐米，四周雙邊，無界欄。每半葉8行12字，小字雙行24字。版心白口，雙黑魚尾，上鎸書名，中左鎸“道光七年奉旨重刊”，中右鎸集名、部首、筆畫及葉碼等。

内封題“御製康熙字典”。牌記題“道光七年重刊”。卷端題“康熙字典”。

卷首依次有康熙五十五年陳邦彦“御製康熙字典序”；康熙四十九年“上諭”；“道光七年重刊原奏”；“道光七年奉旨重刊字典諸臣職名”；“康熙字典凡例”；“康熙字典總目”；“康熙字典檢字”；“康熙字典辨似”；“康熙字典等韻”。

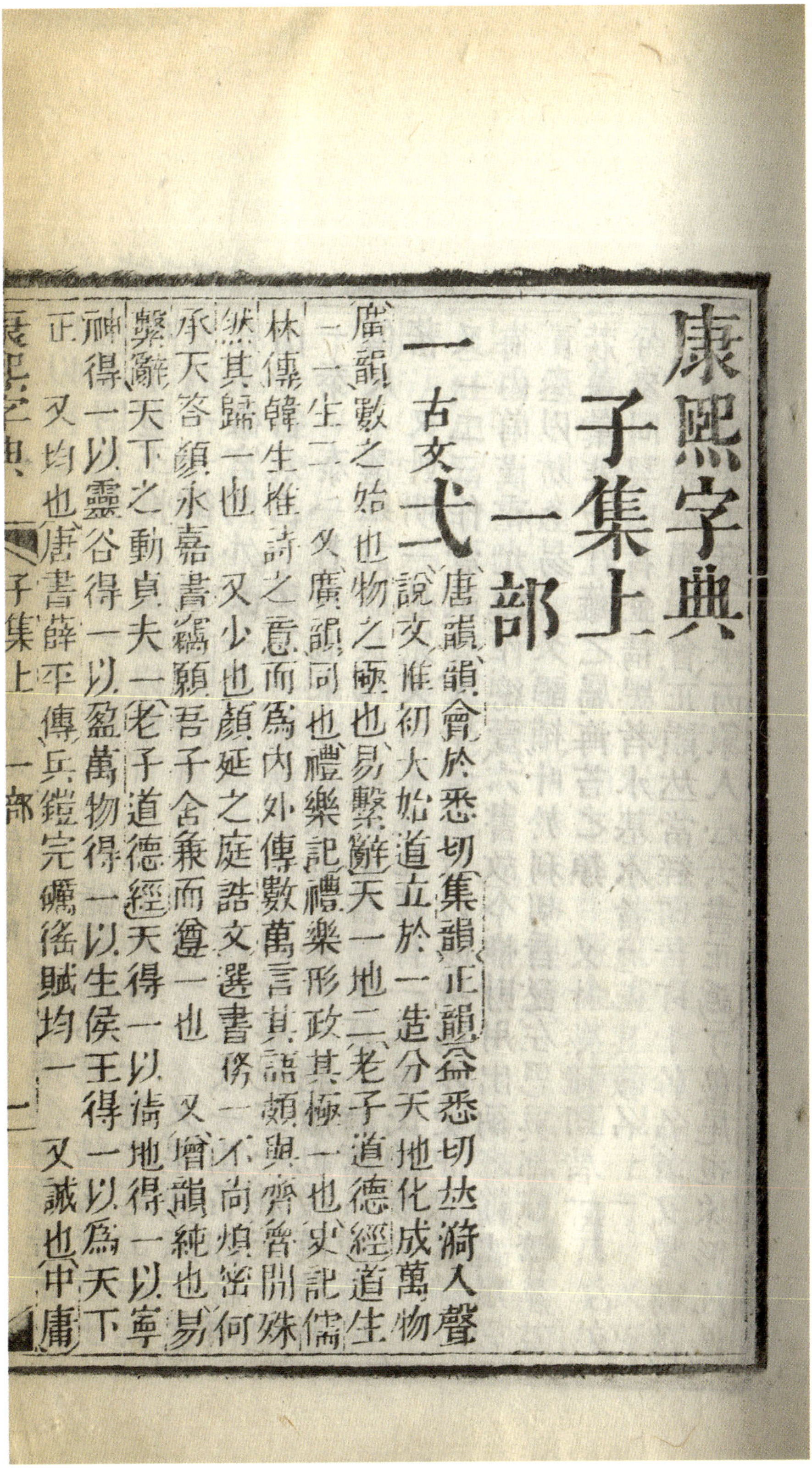

康熙字典

子集上

一部

一 古文弌 唐韻韻會於悉切集韻正韻益悉切𠀤漪入聲 說文惟初大始道立於一造分天地化成萬物 廣韻數之始也物之極也易繫辭天一地二老子道德經道生一一生二 又廣韻同也禮樂記禮樂形政其極一也史記儒林傳韓生推詩之意而爲內外傳數萬言其語頗與齊魯閒殊然其歸一也 又少也顏延之庭誥文選書務一不尚煩密何承天荅顏永嘉書竊願吾子舍兼而遵一也 又增韻純也易繫辭天下之動貞夫一老子道德經天得一以淸地得一以寧神得一以靈谷得一以盈萬物得一以生侯王得一以爲天下正 又均也唐書薛平傳兵鎧完礪徭賦均一 又誠也中庸

康熙字典　子集上　一部　一

024.康熙字典十二集　〔清〕張玉書等纂修　

清光緒二十二年（1896）上海點石齋石印本　一册

内封題“康熙字典”。牌記題“光緒二十二年歲在丙申孟夏四月上海點石齋石印”。卷端題“康熙字典”。

卷首依次有康熙五十五年陳邦彦“御製康熙字典序”；“康熙字典凡例”；“康熙字典總目”；“康熙字典等韻”。

光緒二十二年歲
在丙申孟夏四月
上海點石齋石印

一

康熙字典

子集上

一部

子集上　一部　一畫

一 古文弌 【唐韻】【韻會】於悉切【集韻】【正韻】益悉切𠀤漪入聲　【說文】惟初大始道立於一造分天地化成萬物　【廣韻】數之始也物之極也又同也少也初也【增韻】均也又純也　【易·繫辭】天下之動貞夫一者也【老子·道德經】天得一以淸地得一以寧神得一以靈谷得一以盈萬物得一以生侯王得一以爲天下正　又誠也【中庸】所以行之者一也　又【星經】天一星在紫微宮門外太一星在天一南半度　又太一山名卽終南山一名太乙　又三一【前漢·郊祀志】以太牢祀三一【註】天一地一泰一泰一者天地未分元氣也　又尺一部版也【後漢·陳蕃傳】尺一選舉【註】版長尺一以寫詔書　又百一詩篇名魏應璩著

子集上　一部　二畫

又姓明一炫宗又三字姓北魏有一那婁氏後改婁氏　又叶於利切音懿【左思·吳都賦】藿蒳豆蔻薑彙非一江蘺之屬海苔之類　又叶弦雞切音兮【參同契】白者金精黑者水基水者道樞其數名一　又一二三作壹貳叁【大學】壹是皆以修身爲本【六書故】今惟財用出納之簿書用壹貳叁以防姦易

丁 古文个 【唐韻】【集韻】【韻會】【正韻】𠀤當經切音玎十幹名【爾雅·釋天】歲在丁曰彊圉月在丁曰圉【晉書·天文志】老人星在弧矢南一曰南極常以春分之旦見於丙秋分之夕入於丁見則治平天子壽昌　又【禮·月令】仲春之月上丁命樂正習舞釋菜　又【唐書·禮樂志】仲春仲秋釋奠於文宣王皆以上丁　又秦時力士名五丁【張祜詩】五丁扶造化一柱正乾坤　又六丁神名【道書】陽官六甲陰官六丁謂六甲中丁神也　又【爾雅·釋詁】丁當也【註】相當値【詩·大雅】寧丁我躬　又民丁【唐書·食貨志】租庸調之法以人丁爲本　又授田十畝歲輸粟二斛謂之租丁　又零丁或作伶仃失志貌【晉書·李密傳】零丁孤苦至於成立　又彼此相囑曰丁寧【後漢·郞顗傳】丁寧再三留神於此俗作叮嚀　又丁寧鉦也【左傳·宣四年】楚伯棼射王汰輈及鼓跗著於丁寧　又丁東聲也凡玉珮鐵馬聲皆曰丁當東二音古通　又丁丁【水經注】泗水又東南流丁溪水注之　又【爾雅·釋魚】魚枕謂之丁【註】枕在魚頭骨中形似篆書丁字　又丁子科斗也初生如丁有尾【莊子·天下篇】丁子有尾　又姓本姜姓齊太公子伋爲丁公因以命氏　又【逸書·諡法】述義不克曰丁　又叶都陽切音當【韓愈·贈張籍詩】相見不復期零落甘所丁嬌兒未絕乳念之不能忘　又【廣韻】【集韻】【韻會】𠀤中莖切音朾【詩·小雅】伐木丁丁【註】伐木聲相應也　【說文】夏時萬物皆丁實丁承丙象人心【六書正譌】丁蠆尾也象形凡造物必以金木爲丁附著之因聲借爲丙丁字【唐書·張弘靖傳】汝輩挽兩石弓不如識一丁字【正字通】續世說一丁作一个因篆文个與丁相似傳寫譌作丁

丂 【玉篇】苦道切【唐韻】【集韻】苦浩切𠀤音考【說文】氣欲舒出ㄅ上礙於一也　又【玉篇】古文亐字又古文巧字互見二部一畫工部二畫

𠀀 【玉篇】【集韻】𠀤呵本字【說文】反丂也讀若呵【六書正譌】氣舒也丂之轉注【精蘊】氣出而易也反丂見意重之爲大笑聲借諡怒聲皆動於聲氣也

七 【唐韻】親吉切【集韻】【韻會】【正韻】戚悉切𠀤音桼少陽數也【書·舜典】在璿璣玉衡以齊七政【註】七政日月五星也【詩·唐風】豈曰無衣七兮【註】侯伯七命車服皆以七爲節　又詞家以七名篇雖八首問對凡七七者問對之別名始枚乘七發後傅毅七激崔駰七依張衡七辯張協七命總之凡十餘家　又三七藥名【本草綱目】葉左三右四故名一說本名山桼　又姓明七希賢　【說文】七陽之正也从一微陰从中衺出也或曰七通作柒桼漆

增 丄 【集韻】上古作丄註詳二畫

丅 【字彙補】古文下字註詳二畫

二 万 【廣韻】【集韻】【韻會】𠀤同萬　又三字姓西魏有柱國万紐于謹　又【廣韻】莫北切【集韻】密北切万俟複姓俟音其今讀木其北齊特進万俟普

丈 【唐韻】直兩切【集韻】【韻會】雉兩切【正韻】呈兩切𠀤長上聲十尺曰丈【前漢·律歷志】十分爲寸十寸爲尺十尺爲丈十丈爲引　又【左傳·昭三十二年】以令役於諸侯屬役賦丈【疏】屬聚下役課賦尺丈　又【哀元年】廣丈高倍【註】壘厚一丈高二丈　又【禮·曲禮】若非飲食之客則布席席閒函丈【註】函容也　又長老之稱【易·師卦】師貞丈人吉　又朋友尊稱【長編】富鄭公稱范文正公曰范十二丈　又釋氏所居曰方丈【杜甫詩】方丈渾連水　又【杜甫詩】百丈牽來上瀨船【註】百丈牽船筏也　【說文】从又持十俗加點非【正譌】丈借爲扶行之杖老人持杖故曰丈人別作杖通

子集上　一部　三畫

三 古文弎 【唐韻】【集韻】【韻會】蘇甘切【正韻】蘇監切𠀤颯平聲【說文】三天地人之道也謂以陽之一合陰之二次第重之其數三也【老子·道德經】一生二二生三三生萬物【史記·律書】數始於一終於十成於三　又【周禮·冬官考工記】凡兵無過三其身　又【左傳·昭七年】士文伯曰政不可不愼務三而已一擇人二因民三從時　又【晉語】民生於三事之如一　又【周語】人三爲衆女三爲粲獸三爲羣　又姓明三成志又漢複姓屈原之後有三閭氏三飯氏三州孝子之後有三州氏　又【類篇】【韻會】𠀤蘇暫切【晉語】三思三復　又通參【博雅】參三也【周禮·冬官考工記】參分其股圍【前漢·刑法志】秦造參夷之誅𠀤與三同　又叶疏簪切音森【詩·召南】摽有梅其實三兮叶今

上 古文丄𠄞 【廣韻】【集韻】【韻會】【正韻】𠀤時亮切商去聲在上之上對下之稱崇也尊也【易·乾文言】本乎天者親上　又【廣韻】君也太上極尊之稱【蔡邕·獨斷】上者尊位所在但言上不敢言尊號　又上日朔日也【書·舜典】正月上日【註】孔氏曰上日朔日也葉氏曰上旬之日曾氏曰如上戊上辛上丁之類　又上官複姓　又【唐韻】時掌切【集韻】【韻會】【正韻】是掌切𠀤商上聲登也升也自下而上也【禮·曲禮】拾級聚足連步以上【易·需象】雲上于天　又進也【前漢·東方朔傳】朔上三千奏牘　又與尙通【詩·魏風】上愼旃哉【前漢·賈誼傳】上親上齒上賢上貴　又【[illegible]】大下者審所上　又叶辰羊切音常【王褒·九懷】臨淵兮汪洋顧林兮忽荒修予兮桂衣騎霓兮忽上　又叶時刃切音愼【王徽·觀海詩】照本苟不昧在末理知瑩忽乘搏角勢起騰淦雀ㄥ　又叶矢忍切音審【郭璞·遊仙詩】翹首望太淸朝雲無增景雖欲思陵化龍津未易上【說文】上高也指事時掌切○按字有動靜音諸韻皆以上聲是掌切爲升上之上屬動去聲時亮切爲本在物上之上屬靜今詳說文上聲上字高也是指物而言則本在物上之上亦作上聲矣依諸韻分動靜音爲是後倣此

下 古文丅𠄟 【唐韻】胡雅切【集韻】【韻會】【正韻】亥雅切𠀤遐上聲在下之下對上之稱【易·乾文言】本乎地者親下　又【說文】底也【玉篇】後也又賤也　又【儀禮·士相見禮】始見于君執摯至下【鄭註】下謂君所【賈疏】不言所而言下者凡臣視袷已下故言下也　又【集韻】【韻會】𠀤亥駕切遐去聲【正韻】降也自上而下也【易·屯象】以貴下賤【詩序】君能下下　又【爾雅·釋訓】下落也【邢疏】下者自上而落也草木曰落　又去也【周禮·夏官司士】歲登下其損益之數　又叶後五切音戶【詩·召南】于以奠之宗室牖下與女叶吳棫曰毛詩下字一十有七陸德明皆此讀【陳第·古音考】與戶同　又叶胡佐切音賀【曹丕·寡婦賦】風至兮淸厲陰雲曀兮雨未下伏枕兮忘寐逮乎朝兮起坐

丌 【集韻】其古作丌【說文】下基也薦物之丌象形　又姓唐丌實丌士能餘詳八部六畫

增 丒 【集韻】丑古作　丑註詳四畫

三 不 古文𠀚 【韻會】【正韻】𠀤逋沒切補入聲不然也

025.康熙字典十二集附補遺一卷備考一卷 〔清〕張玉書等纂修

PL1420 .K35 1827

清末翻刻道光七年(1827)重刻本　四十册八函

半框高19.5釐米，寬14釐米，四周雙邊，無界欄。每半葉8行12字，小字雙行24字。版心白口，單黑魚尾。上鎸書名，中鎸集名、部首、筆畫及葉碼等。

卷端題“康熙字典”。

卷首依次有康熙五十五年陳邦彦“御製康熙字典序”；康熙四十九年“上諭”；“道光七年重刊原奏”；“道光七年奉旨重刊字典諸臣職名”；“康熙字典凡例”；“康熙字典總目”；“康熙字典檢字”；“康熙字典辨似”；“康熙字典等韻”。

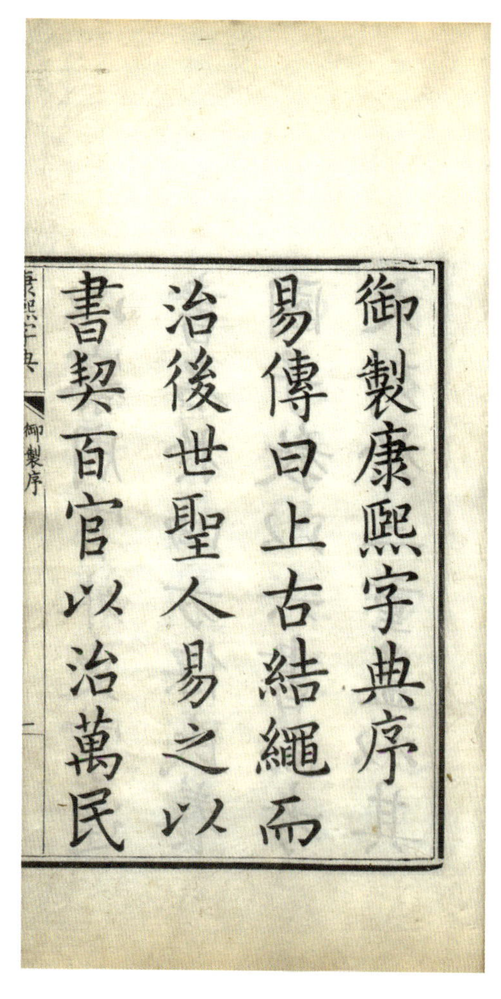
御製康熙字典序
易傳曰上古結繩而
治後世聖人易之以
書契百官以治萬民

康熙字典　御製序　一

康熙字典

子集上

一部

一 古文弌 唐韻韻會於悉切集韻正韻益悉切𠀤漪入聲 說文惟初大始道立於一造分天地化成萬物 廣韻數之始也物之極也易繫辭天一地二老子道德經道生一一生二 又廣韻同也禮樂記禮樂刑政其極一也史記儒林傳韓生推詩之意而爲內外傳數萬言其語頗與齊魯閒殊然其歸一也 又少也顏延之庭誥文選書務一不尚煩密何承天答顏永嘉書竊願吾子舍兼而遵一也 又增韻純也易繫辭天下之動貞夫一老子道德經天得一以清地得一以寧神得一以靈谷得一以盈萬物得一以生侯王得一以爲天下正 又均也唐書薛平傳兵鎧完礪徭賦均一 又誠也中庸

026.康熙字典撮要不分卷　（英國）湛約翰撰　〔清〕王揚安譯

清光緒四年（1878）廣東倫敦教會刻本　三册改裝爲一册

半框高25釐米，寬15.3釐米，四周雙邊，無界欄。每半葉行數、字數不等。版心白口，單黑魚尾，上鐫書名，中鐫部首，下鐫葉碼。

内封題“康熙字典撮要，光緒四年，廣東倫敦教會藏板”。卷端題“康熙字典撮要，英國湛約翰創著，南海王揚安述釋”。

卷首依次有“書法”；“聲母總目”；“檢字”；“康熙字典撮要總音表”；“凡例”；“韻府通表”；“總音表”；“發口字四表”；“北音通韻表”；“正音通韻表”；“南音通韻表”；“續凡例”。

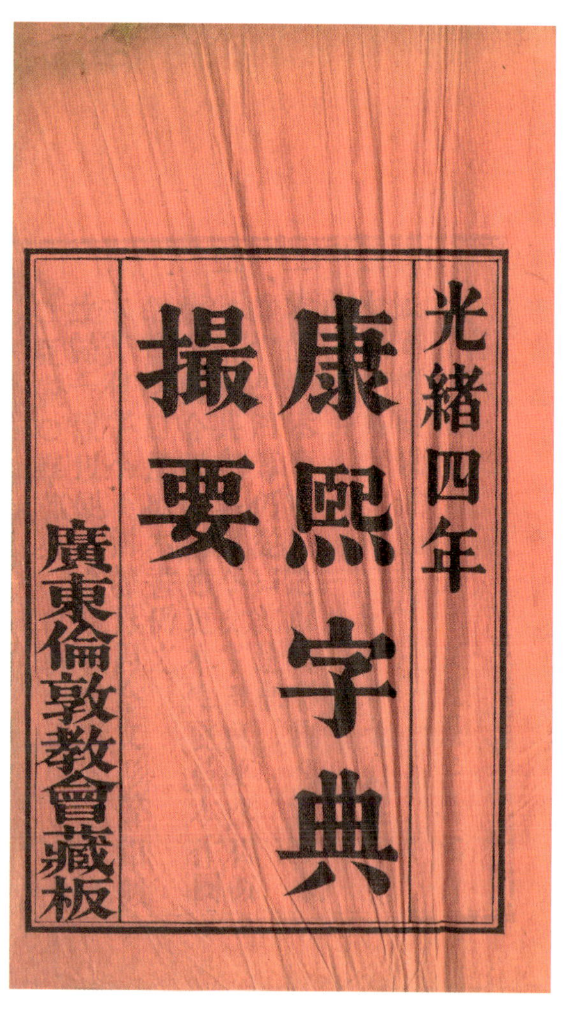
光緒四年
康熙字典
撮要
廣東倫敦教會藏板

康熙字典撮要

一部

英國湛約翰創著
南海王揚安述譯

一 一弋 英七 數之始也同也又少也純也均也又誠也正也又尺丨詔版也又太丨山名天丨星名又姓

丁 亭 丁 丁丁 蠆尾也又十幹名又男丨又零 又姓 知庚 伐木聲相應也 名 丁矴 以釘丨物也

玎 丁丁 知庚 玉聲也

⿰𧾷丁 丁丁 同行 抽庚 行遲貌 知庚 脚細長也 抽征 跉丨行不正也

灯 丁丁 烈火也 丁登 俗燈字

酊 丁頂 酩 丨醉也

耵 丁頂 天丁丨 聹耳垢也

也又正定 書籍曰訂

⿱竹亭 丁矴 竹器

不遂志也 同頂 丨濘泥淖也

⿰彳丁 ⿰彳丁 丁丁 徐丨 獨行貌

奵 丁丁 女名 丁頂 嫇丨 自持貌 天殄 好貌

靪 丁丁 丁頂 丁矴 同頂 補履下也

嵿 丁頂 山名

矴 丁矴 同碇 錘舟石也

飣 ⿰月丁 丁矴 貯食

碠 丁矴 石亭

汀 天丁 冰貌

釘 丁丁 鍊餅黃金又鈴 丨矛名又鐵丨又國

叮 丁丁 丨嚀 囑付也

疔 丁丁 病創 又紅絲丨

⿰阝丁 丁丁 丘名

頂 ⿰丁首 丁頂 顛也又 丨顙頭上也

⿰氵頂 丁頂 水貌

訂 ⿰丁刂 丁矴 天頂 同丁 同頂 天丁 平議

⿰米丁 丁矴 米餌

汀 天丁 同丁 平也水岸 也又州名 天矴 丨瀅

庁 天丁 平也

027.欽定同文韻統六卷 〔清〕允禄等奉敕撰 D499

清宣統二年（1910）理藩部仿殿板重刻本 五册一函

半框高20釐米，寬13.7釐米，四周雙邊。每半葉9行20字，小字雙行同。版心白口，單黑魚尾，上鐫書名，中鐫卷次及篇名，下鐫葉碼。

内封題“欽定同文韻統，宣統歲次庚戌，本署藏板”。牌記題“理藩部仿殿板重刊”。目録端題“欽定同文韻統”。

鈐印：“豫生”。

天竺字母說

粤稽象教之興。原於天竺。（即厄訥特珂克）大藏一十二部。聲輪宏轉。徧滿寰區。惟昔釋迦。敷座談經。現身說法。廣宣妙義。辨析微言。一則爲諸大弟子闡發圓明。一則以提醒衆生。解脫纏縛。遂使迷津克渡。彼岸同登。原未嘗立定門法。以何語言文字設爲教品。但就其依因現示色身所著之處。竺土大衆同曉之語言聲韻。爲之唱說。固已聖慈廣被。妙化宏敷。其間義以音宣。音由呼出。音呼相繫。韻切從生。天竺字母。有自來矣。韻

史部

紀傳類

028.史記一百三十卷 〔漢〕司馬遷撰 〔南朝宋〕裴駰集解 〔唐〕司馬貞索隱 〔唐〕張守節正義 〔明〕徐孚遠、陳子龍測議 DS741.3.S68

明崇禎間聚錦堂刻本 二十四册三函

半框高20釐米，寬14.3釐米，左右雙邊，眉欄鎸評。每半葉9行20字，小字雙行同。版心白口，單白魚尾，上鎸書名，中鎸卷次及篇名，下鎸葉碼。

内封題“史記，陳卧子先生測議，聚錦堂梓行”。卷端題“史記，華亭徐孚遠、陳子龍測議”。

卷首依次有徐孚遠“序”，“凡例”；司馬貞“史記索隱序”，“史記索隱後序”，“補史記序”；裴駰“史記集解叙”；張守節“史記正義序”。

鈐印：“六朝松石主人”。

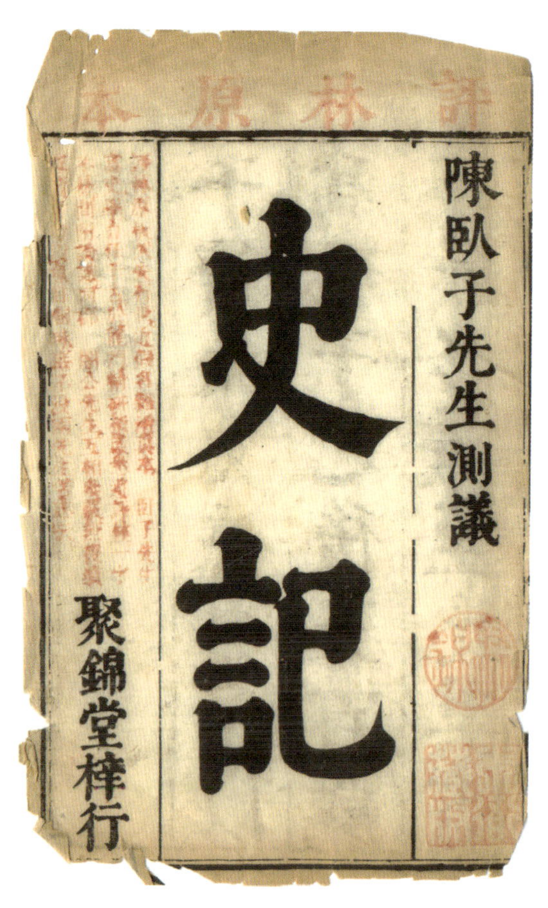

曆順之日泰興滅學而宗譜不立及漢司馬遷修史紀上述黃帝下迄麟趾採世本世系而作帝紀採周譜國語而作周家古

史記卷之一

華亭 徐孚遠 陳子龍 測議

五帝本紀第一

裴駰曰凡是徐氏義稱徐姓名以別之餘者悉是駰註解并集衆家義

柯維騏曰五帝之名見於孔子家語及大戴禮其說有二其一孔子答季康子以伏犧配木神農配火黃帝配土少昊配金顓頊配水此言數聖人革命改號取法於五行之帝非五帝之定名也其一則孔子所答宰予五帝德曰黃帝曰顓頊曰帝嚳曰堯曰舜太史公所述五帝紀是也厥後皇甫謐作帝王代紀蘇子由作古史鄭樵作通志並祖孔安國以

029.後漢書一百三十卷 〔南朝宋〕范曄撰 〔唐〕李賢注 〔南朝梁〕劉昭補注 〔明〕毛鳳苞審定 DS748 .P24

清初據明崇禎十六年（1643）虞山毛氏汲古閣本重刻本 三十二册三函

半框高21.5釐米，寬15釐米，左右雙邊。每半葉12行25字，小字雙行字數不等。版心白口，單黑魚尾，每卷首尾兩葉版心中鐫"汲古閣毛氏正本"，其餘版心中鐫書名及卷次，下鐫葉碼。有朱墨圈點。

内封題"後漢書"。牌記題"琴川毛氏汲古閣藏"。卷端題"後漢書，唐章懷太子賢注"。

按：目録首行題"范曄後漢書凡九十八篇總一百三十卷"，次行題"十帝紀一十二卷，唐章懷太子賢注"，三行題"八志三十卷，劉昭補注"，四行題"八十列傳八十八卷，唐章懷太子賢注"。後葉書"皇明崇禎十有六年歲在尚章葉洽病月上巳琴川毛氏開雕"。各卷末有木記"琴川毛鳳苞氏審定宋本"。

光武帝紀第一上　後漢書一上

唐章懷太子賢注

世祖光武皇帝諱秀字文叔（禮祖有功而宗有德光武中興故廟稱世祖謚法能紹前業曰光克定禍亂曰武伏侯古今注曰秀之字曰茂伯仲叔季兄弟之次長兄伯升次仲故字文叔焉）南陽蔡陽人（南陽郡今鄧州縣也蔡陽縣故城在今隨州棗陽縣西南）高祖九世之孫也出自景帝生長沙定王發（長沙郡今潭州縣也）發生春陵節侯買（春陵鄉名本屬零陵泠道縣在今永州唐興縣北元帝時徙南陽仍號春陵故城今在隨州棗陽縣東事具宗室四王傳）買生鬱林太守外（鬱林郡今榔州縣前書曰郡守秦官秩二千石景帝更名太守）外生鉅鹿都尉回（鉅鹿郡今邢州縣也前書曰都尉本郡尉秦官也掌佐守典武職秩比二千石景帝更名都尉）回生南頓令欽（南頓縣屬汝南郡故城在今陳州項城縣西前書曰令長皆秦官也萬戶已上為令秩千石至六百石不滿萬戶為長秩五百石至三百石）欽生光武光武年九歲而孤養於叔父良身長七尺三寸美須眉大口隆準日角（隆高也許負云鼻頭為準鄭玄尚書中候注云日角謂庭中骨起狀如日）性勤於稼穡（種曰稼斂曰穡）而兄伯升好俠養士常非笑光武事田業比之高祖兄仲（仲郃陽侯喜也能為產業見前書）王莽天鳳中（王莽建國六年改為天鳳）迺之長安受尚書略通大義（東觀記曰受尚書於中大夫廬江許子威資用乏與同舍生韓

030.晋書一百三十卷音義三卷 〔唐〕房玄齡等撰 〔唐〕何超音義

DS735.A2 E6 1871

清同治十年（1871）金陵書局翻刻汲古閣本 二十册四函

半框高21.5釐米，寬15.2釐米，左右雙邊。每半葉12行25字，小字雙行同。版心白口，單黑魚尾，每卷首尾兩葉版心中鎸“汲古閣毛氏正本”，其餘版心中鎸書名及卷次，下鎸葉碼。

内封題“晋書”。牌記題“同治十年十一月金陵書局印行”。

卷首依次有“修晋書詔”，署“貞觀二十年閏二月”；“晋書總目”；“晋書目録”，署“唐太宗文皇帝御撰”。每卷末有木記，題“金陵書局仿汲古閣本刊”。附《晋書音義》三卷，前有“晋書音義序”，署“弘農楊正衡撰”。全書末注“以元本校南監本重刊”。

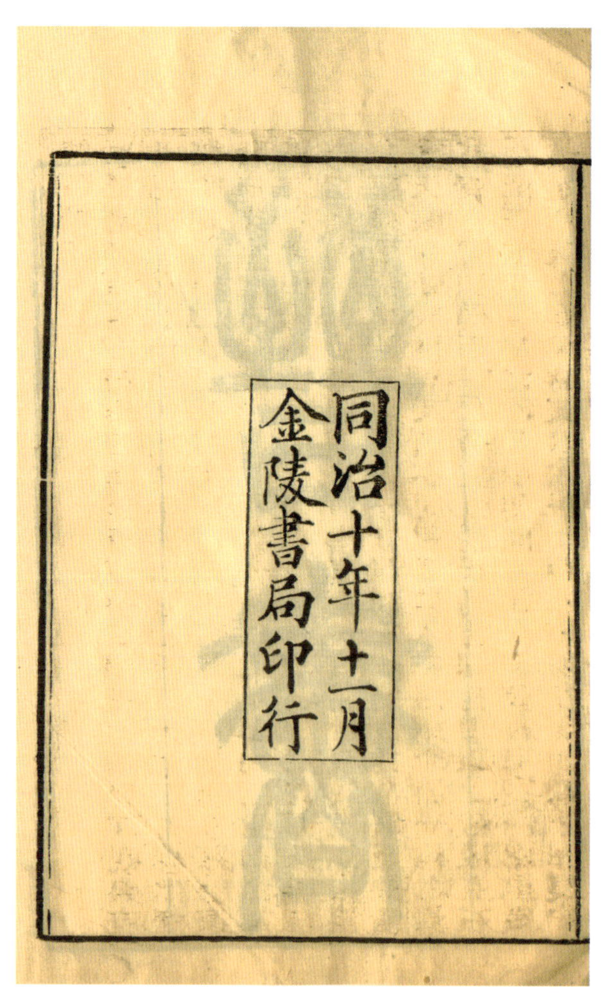

晉書一

帝紀第一

宣帝

宣皇帝諱懿字仲達河內溫縣孝敬里人姓司馬氏其先出自帝高陽之子重黎爲夏官祝融歷唐虞夏商世序其職及周以夏官爲司馬其後程伯休父周宣王時以世官克平徐方錫以官族因而爲氏楚漢閒司馬卬爲趙將與諸侯伐秦秦亡立爲殷王都河內漢以其地爲郡子孫遂家焉自卬八世生征西將軍鈞字叔平鈞生豫章太守量字公度量生潁川太守儁字元異儁生京兆尹防字建公帝卽防之第二子也少有奇節聰朗多大略博學洽聞伏膺儒教漢末大亂常慨然有憂天下心南郡太守同郡楊俊名知人見帝未弱冠以爲非常之器尚書清河崔琰與帝兄朗善亦

031.宋書一百卷　〔南朝梁〕沈約撰　951.008 P15 1872

清同治十一年（1872）金陵書局翻刻汲古閣本　十六册四函

半框高21.1釐米，寬15.1釐米，左右雙邊。每半葉12行25字，小字雙行同。版心白口，單黑魚尾，每卷首尾兩葉版心中鎸“汲古閣毛氏正本”，其餘版心中鎸書名及卷次，下鎸葉碼。

内封題“宋書”。牌記題“同治十弌年冬十月金陵書局印行”。卷端題“宋書”。

卷首有“宋書總目”，題“沈約宋書凡七十七篇總一百卷”；“宋書目録”。每卷末有木記，題“金陵書局仿汲古閣本刊”。

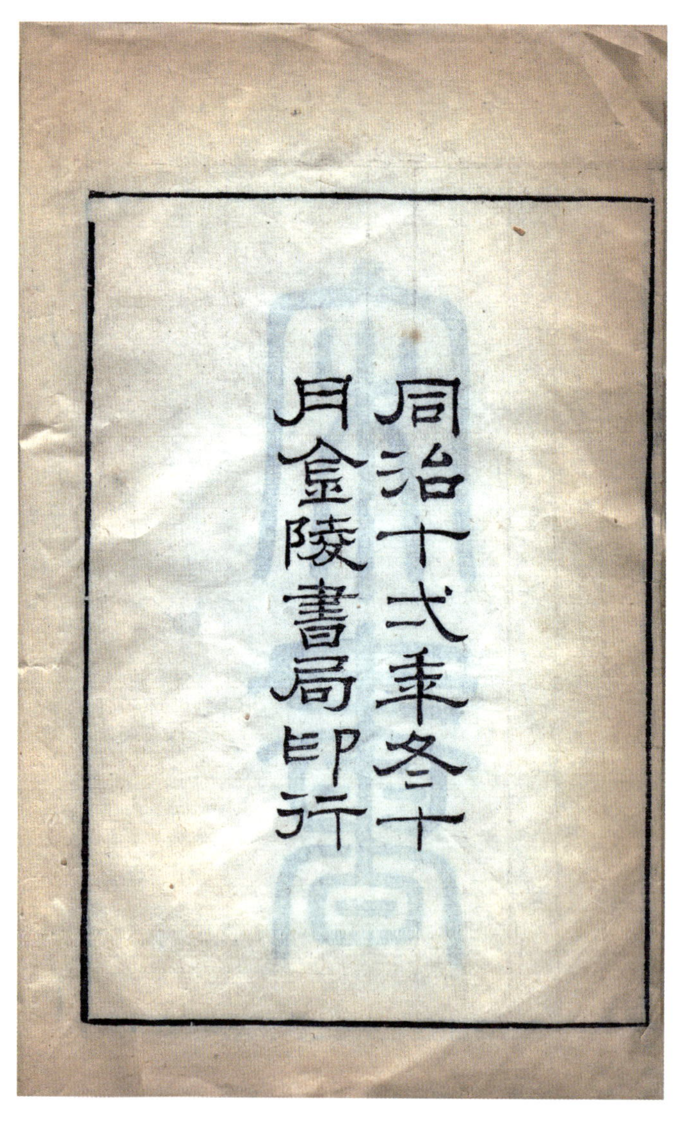

宋書卷一

本紀第一

武帝上

高祖武皇帝諱裕字德輿小名寄奴彭城縣綏里人漢高帝弟楚元王交之後也交生紅懿侯富富生宗正辟彊辟彊生陽城繆侯德德生陽城節侯安民安民生陽城釐侯慶忌慶忌生陽城肅侯岑岑生宗正平平生東武城令某某生東萊太守景景生明經洽洽生博士弘弘生琅邪都尉悝悝生魏定襄太守某某生邪城令亮亮生晉北平太守膺膺生相國掾熙熙生開封令旭孫旭孫生混始過江居晉陵郡丹徒縣之京口里官至武原令混生東安太守靖靖生郡功曹翹是爲皇考高祖以晉哀帝興寧元年歲次癸亥三月壬寅夜生及長身長七尺六寸風骨奇特家貧有大志不

032.魏書一百十四卷 〔北齊〕魏收撰 DS748.5.W44 1873

清同治十一年（1872）金陵書局翻刻汲古閣本 二十册四函

半框高21.7釐米，寬15.5釐米，左右雙邊。每半葉12行25字。版心白口，單黑魚尾，每卷首尾兩葉版心中鎸"汲古閣毛氏正本"，其餘版心中鎸書名及卷次，下鎸葉碼。

内封題"魏書"。牌記題"同治十弍年冬十月金陵書局印行"。卷端題"魏書"。卷首有"魏書目録"，題"魏收撰"。每卷末有木記，題"金陵書局仿汲古閣本刊"。

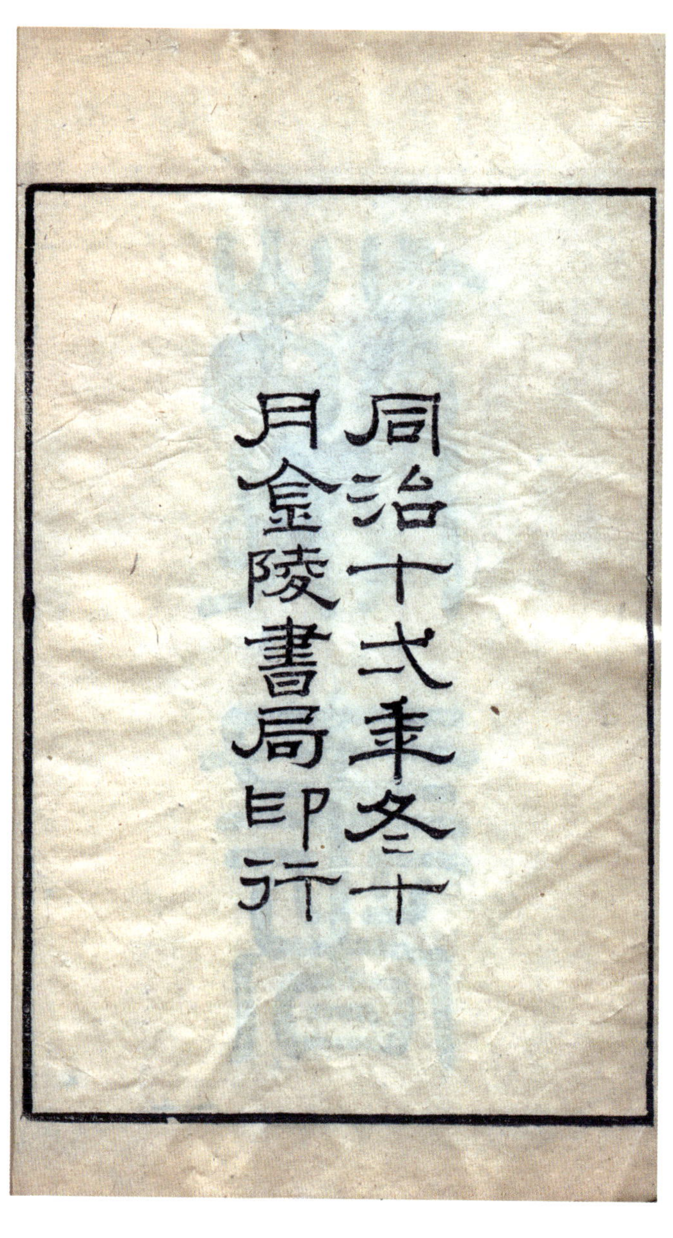

魏書卷一

序紀第一

昔黃帝有子二十五人或內列諸華或外分荒服昌意少子受封北土國有大鮮卑山因以爲號其後世爲君長統幽都之北廣漠之野畜牧遷徙射獵爲業淳樸爲俗簡易爲化不爲文字刻木紀契而已世事遠近人相傳授如史官之紀錄焉黃帝以土德王北俗謂土爲托謂后爲跋故以爲氏其裔始均入仕堯世逐女魃於弱水之北民賴其勤帝舜嘉之命爲田祖爰歷三代以及秦漢獯鬻獫狁山戎匈奴之屬累代殘暴作害中州而始均之裔不交南夏是以載籍無聞焉積六十七世至成皇帝諱毛立聰明武略遠近所推統國三十六大姓九十九威振北方莫不率服崩

節皇帝諱貸立崩

033.隋書八十五卷附考證 〔唐〕魏徵等撰 DS749.2.S845 1871

清同治十年（1871）淮南書局翻刻汲古閣本 十二册一函

半框高21釐米，寬15釐米，左右雙邊。每半葉12行25字，小字雙行同。版心白口，單黑魚尾，每卷首尾兩葉版心中鎸"汲古閣毛氏正本"，其餘版心中鎸書名及卷次，下鎸葉碼。

内封題"隋書"。牌記題"同治辛未四月淮南書局刊成"。卷端題"隋書，特進臣魏徵上"。

卷首有"隋書目録"，每卷後有該卷考證。多卷末有"揚州書局仿汲古閣本刊"木記。

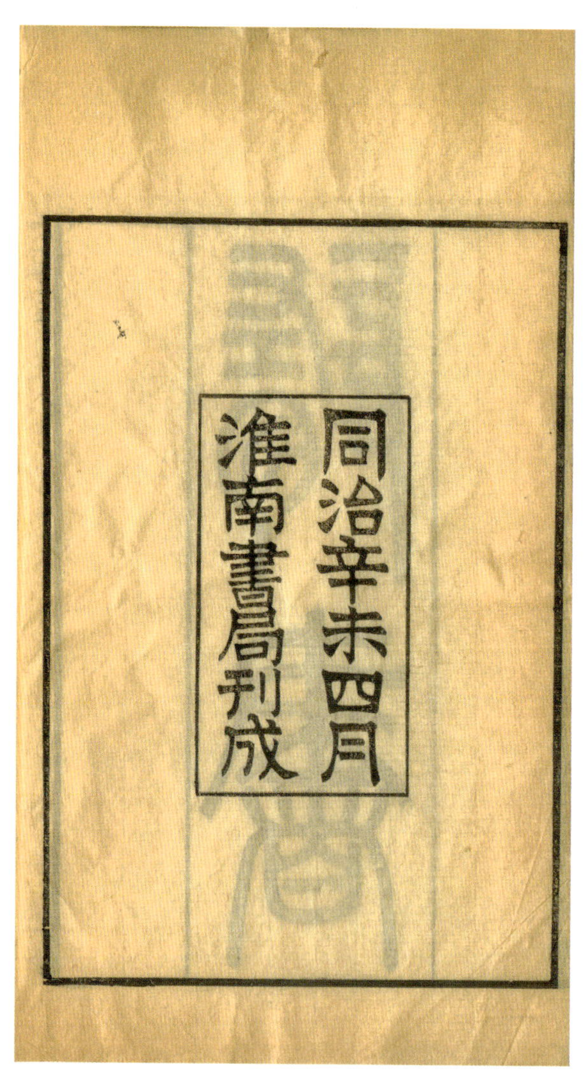

隋書卷一

帝紀第一　　特進臣魏　徵上

高祖上

高祖文皇帝姓楊氏諱堅弘農郡華陰人也漢太尉震八代孫鉉仕燕爲北平太守鉉生元壽後魏代爲武川鎮司馬子孫因家焉元壽生太原太守惠嘏嘏生平原太守烈烈生寧遠將軍禎禎生忠忠即皇考也皇考從周太祖起義關西賜姓普六茹氏位至柱國大司空隋國公薨贈太保謚曰桓皇妣呂氏以大統七年六月癸丑夜生高祖於馮翊般若寺紫氣充庭有尼來自河東謂皇妣曰此兒所從來甚異不可於俗間處之尼將高祖舍於別館躬自撫養皇妣嘗抱高祖忽見頭上角出徧體鱗起皇妣大駭墜高祖於地尼自外入見曰已驚我兒致令晚得天下爲人龍頷額上有

034.元史譯文證補三十卷　〔清〕洪鈞撰　950.2 H894Y 1897

清光緒二十三年（1897）元和陸氏鉛印本　四册一函

内封題“元史譯文證補”。牌記題“光緒丁酉季秋刊竣”。卷端題“元史譯文證補，兵部左侍郎總理各國事務衙門行走加三級臣洪鈞撰”。

卷首依次有“元史譯文證補序”，署“光緒二十三年歲在丁酉冬十月元和陸潤庠拜序”；“引用西域書目”；“元史譯文證補目録”。

按：原缺卷七、卷八、卷十三、卷十六至十七、卷十九至二十一、卷二十五、卷二十八。

光緒丁酉
季秋刊竣

太祖本紀譯證上

元成宗時西域宗王合贊命拉施特修史敘述太祖事迹頗詳西人多纂著書采輯其說閒有去取又多羼入元史轉掩廬山眞面俄人哀忒蠻書自謂專本拉施特然仍時時羼雜他說其人文理鄙俚譯述多誤但宜節取未足深憑最後乃得俄人貝勒津之書則誠墨守拉施特其自序謂逐句逐段繙譯無陵躐無改易廬山眞面一旦豁然拉施特自謂親見本朝譜牒史策依據成書今以元史親征錄元祕史較之則尤與親征錄符合用知親征錄實由脫必赤顏譯出當日金匱副本必然頒及宗藩否則夷夏異文東西異地何以不謀而合若此至其中軼事異聞往往不見他書惟見祕史人名地名部族名又足證祕史音譯之眞而祕史異於元史者亦足證其紀敘之失惟西域之師所載事實爲自來華書所未見當係脫必赤顏極其簡略而憲宗時西域人志費尼已有著述拉施特取以補入也然記事可以加詳編年不敢立異故拉施特書內年分與元史親征錄相同而多纂所記西域之師則多本志費尼年分遂與史錄不合又以證邱長春西游記所云辛巳歲帝將兵追算端汗至印度壬午班師爲得實也元史疏簡親征錄加詳而訛奪過多幾難句讀祕史最完善然征伐大事錯謬牽併錢詹事謂論次太祖事迹當於祕史折衷今得此書是非同異皆可證明乃知詹事所言非篤論矣拉施特書屢經傳抄不免奪誤又經重譯抑恐差池繙述不敢文人名地名部族名不輕改音皆懼失眞也

元史譯文證補一

兵部左侍郎總理各國事務衙門行走加三級臣洪鈞撰

自來突而屈各族以及蒙兀爾

西人稱突而克詢之土耳其使臣則曰突而屈爲突厥之本音土耳其卽突厥遺種也蒙古本稱蒙兀見舊唐書室韋傳洪皓松漠紀聞引之朔漠方言尾音有爾字宜輕讀卽祕史蒙文之忙豁勒詳蒙古考突厥轄部最廣元世突厥已久滅而西域史猶列蒙古於突厥族類中從其朔也耶律鑄雙溪醉隱集屢言突厥取和林詩注引唐開元闕特勤碑謂諸突厥部之遺俗猶呼其可汗之子弟爲特勤特謹孛也涿邪山詩注突厥諸部遺族至今亦呼其磧鹵爲朱邪紅叱撥贊序諸突

035.明史三百三十二卷 〔清〕張廷玉等奉敕修 DS753 .M57 1892

清光緒十八年(1892)武林竹簡齋石印本 二十四册四函

内封題“明史”。牌記題“光緒壬辰年武林竹簡齋石印”。卷端題“明史,總裁官總理事務經筵講官少保兼太子太保保和殿大學士兼管吏部户部尚書事加六級張廷玉等奉敕修”。

卷首依次有“目録”;“職名”;“進表”。

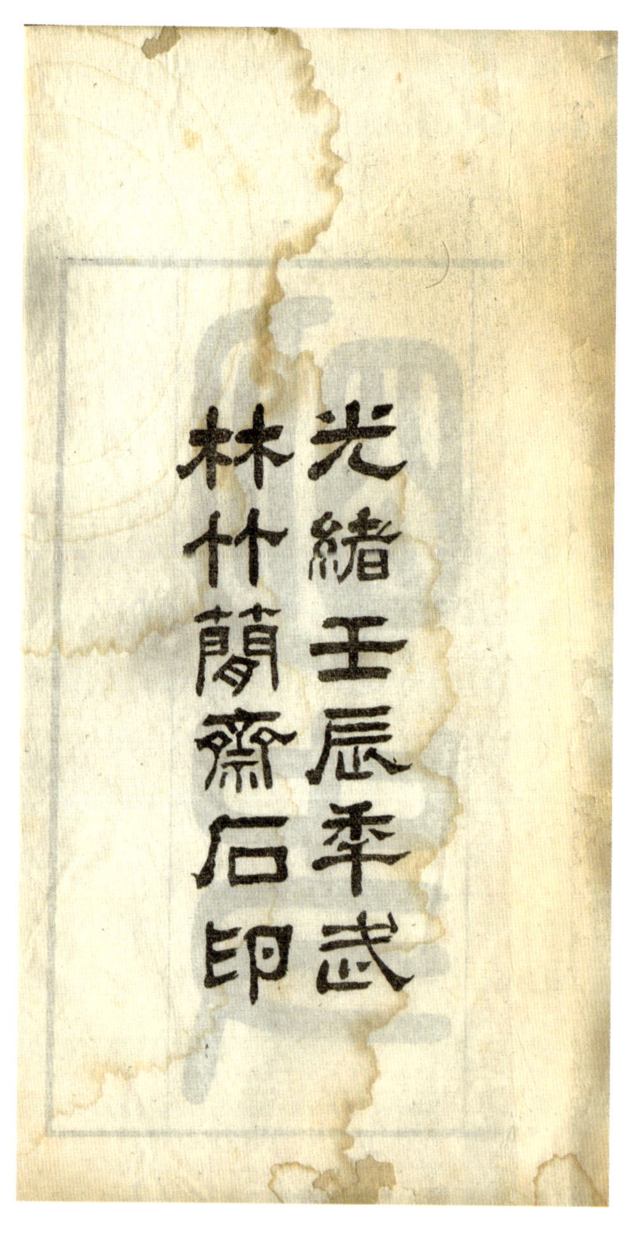
光緒壬辰年武
林竹簡齋石印

明史卷一　本紀第一

總裁官總理事務經筵講官少保兼太子太保保和殿大學士兼管吏部戶部尚書事加六級張廷玉等奉

敕修

太祖

太祖開天行道肇紀立極大聖至神仁文義武俊德成功高皇帝諱元璋字國瑞姓朱氏先世家沛徙句容再徙泗州父世珍始徙濠州之鍾離生四子太祖其季也母陳氏方娠夢神授藥一丸置掌中有光吞之寤口餘香氣及產紅光滿室自是夜數有光起鄰里望見驚以爲火輒奔救至則無有比長姿貌雄傑奇骨貫頂志意廓然人莫能測至正四年旱蝗大饑疫太祖時年十七父母兄相繼歿貧不克葬里人劉繼祖與之地乃克葬即鳳陽陵也太祖孤無所依乃入皇覺寺爲僧逾月遊食合肥道病二紫衣人與俱護視甚至病已失所在凡歷光固汝潁諸州三年復還寺當是時元政不綱盜賊四起劉福通奉韓山童假宋後起潁徐壽輝僭帝號起蘄李二彭大趙均用起徐衆各數萬並置將帥殺吏侵略郡縣而方國珍已先起海上他盜擁兵據地寇掠甚衆天下大亂十二年春二月定遠人郭子興與其黨孫德崖等起兵濠州元將徹里不花憚不敢攻而日俘良民以邀賞太祖時年二十四謀避兵卜於神去留皆不吉乃曰得毋當舉大事乎卜之吉大喜遂以閏三月甲戌朔入濠見子興子興奇其狀貌留爲親兵戰輒勝遂妻以所撫馬公女即高皇后也子興與德崖齟齬太祖屢調護之秋九月元兵復徐州李二走死彭大趙均用奔濠德崖等納之子興禮大而易均用均用怨之德崖遂與謀伺子興出執而械諸孫氏將殺之太祖方在淮北聞難馳至訴於彭大大怒呼兵以行太祖亦甲而擁盾發屋出子興破械使人負以歸遂免是冬元將賈魯圍濠太祖與子興力拒之十三年春賈魯死圍解太祖收里中兵得七百人子興喜署爲鎮撫時彭趙所部暴橫子興弱太祖度無足與共事乃以兵屬他將獨與徐達湯和費聚等南略定遠計降驢牌寨民兵三千與俱東夜襲元將張知院於橫澗山收其卒二萬道遇定遠人李善長與語大悅遂與俱攻滁州下之是年張士誠據高郵自稱誠王十四年冬十月元丞相脫脫大敗士

乾隆四年校刊

紀事本末類

036.西夏紀事本末三十六卷首二卷　〔清〕張鑑撰　

清光緒十一年（1885）金陵刻本　四册一函

半框高20釐米，寬14.6釐米，左右雙邊。每半葉12行25字，小字雙行同。版心黑口，無魚尾，中鐫卷次及葉碼。

内封題“西夏紀事本末三十六卷”。牌記題“光緒乙酉刻於金陵”。卷端題“西夏紀事本末，烏程張鑑春治甫著”。

卷首依次有“序”，署“賜進士及第經筵講官禮部左侍郎南書房翰林安徽督學使者嘉定徐郙叙”；“西夏紀事本末目”；“西夏紀事年表”，署“烏程張鑑春治甫著”；卷首下有“西夏堡寨，見范文正公集並地圖二”，“歷代疆理節略，馬端臨，地理通志，震澤沈華植增輯本”，署“烏程汪日楨校寫”。

鈐印：“今關天彭之印”。

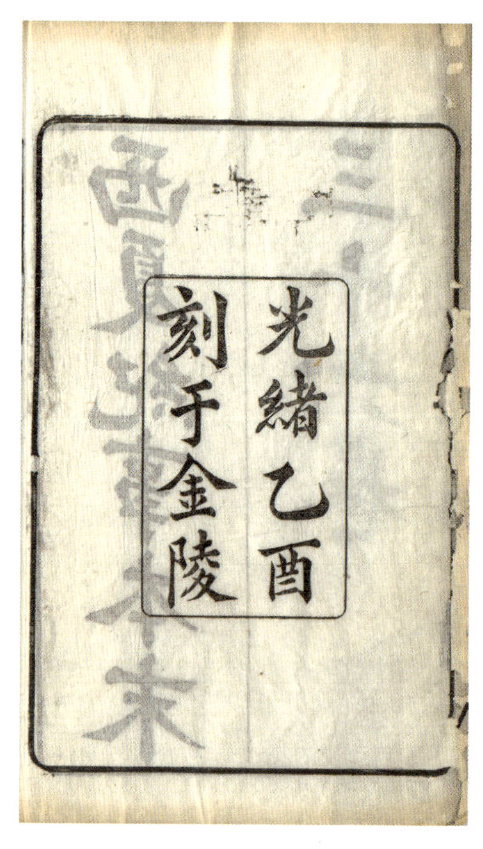

西夏紀事本末卷之一

烏程張鑑春治甫著

得姓始末

西夏本魏拓跋氏之後其地則赫連國也當唐僖宗時遠祖拓跋思恭爲夏州偏將以中和元年與太原節度使鄭從讜討黃巢有功受賜姓曰李又與河中節度使王重榮義武軍節度使王處存鄜延節度使李孝章爲朔方軍節度使分京城四面都統拜夏州節度使世有銀夏綏宥靜五州之地思恭卒以其弟思諫爲節度使自唐末天下大亂興元鳳翔邠寧鄜坊河中同華諸州之兵四面並起而交爭獨靈夏未嘗爲唐患亦無大功故其世次功過不顯梁開平三年思諫卒軍中立其子彝昌爲留後尋起復正授旄鉞拜節度使明年其將高宗益作亂殺彝昌時有李仁福者爲蕃

雜史類

037.國語二十一卷戰國策十卷 〔吴〕韋昭解 〔宋〕宋庠補音 （戰國策）〔宋〕鮑彪注 〔元〕吴師道重校 DS747.2.W33 1762

清乾隆二十七年（1762）文盛堂重刻本 六册一函

半框高20釐米，寬14釐米，四周單邊。每半葉10行21字，小字雙行同。版心白口，單黑魚尾，上鎸書名，中鎸卷次，下鎸葉碼。

首葉題“國語國策合注，南宋鮑彪原本，文盛堂藏板”。《國語》内封題“國語注解，高陵韋弘嗣解，文盛堂藏板”。牌記題“乾隆壬午重刊”。卷端題“國語，吴高陵亭侯韋昭解，宋鄭國公宋庠補音，明侍御史蜀張一鯤、楚李時成閲，虞部郎豫章郭子章、選部郎東粵周光鎬校”。

卷首依次有“國語解叙”，署“韋昭”；“國語叙録”，署“後學巴郡張一鯤撰”；“校補國語凡”。

《戰國策》内封題“戰國策注，東陽吴師道重校，文盛堂藏板”。牌記題“乾隆壬午重刊”。卷端題“戰國策，縉雲鮑彪校注，東陽吴師道重校”。

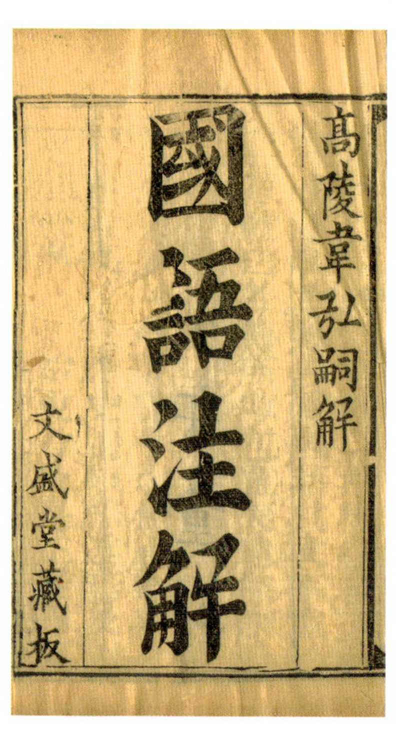
高陵韋弘嗣解
國語注解
文盛堂藏板

國語第一

吳高陵亭侯　韋昭解　宋鄭國公　宋庠補音

明侍御史　蜀張一鯤　楚李時成　閱　虞部郎豫章郭子章　選部郎東粤周光鎬　校

周語上　杜預世族譜云黃帝之苗裔姬姓后稷之後封於邰及衰稷子不窋失職竄於西戎至十二代孫曰大王爲狄適遷岐至孫文王受命武王克殷而有天下至幽王爲犬戎所殺平王東遷乃居王城今按舊音每國之前特於國名下序其世系始末甚詳他皆倣此

穆王將征犬戎　穆王周康王之孫昭王之子穆王滿也征正也上討下之稱犬戎西戎之別名也在荒服

祭公謀父諫曰不可　〔祭〕莊界切〔父〕音甫按經史唯父如字其餘凡涉地名人名皆音甫○祭畿內之國周公之後爲王卿士謀父字也傳曰凡蔣邢茅胙祭周公之胤也○〔傳〕桂戀切後凡傳曰之傳並同〔蔣〕將丈切〔胙〕才故切〔胤〕引信切

先王耀德不觀兵　耀明也觀示也明德

東陽吳師道重校

戰國策注

文盛堂藏板

戰國策卷第一

縉雲鮑彪校注

東陽吳師道重校

西周

漢志河南洛陽穀城平陰偃師鞏緱氏皆周地也正曰按大事記周貞定王二十八年考王初立封其弟揭於河南是爲河南桓公河南即郟鄏武王遷九鼎周公營以爲都是爲王城洛陽周公所營下都以遷頑民是爲成周平王東遷定都王城王子朝之亂敬王徙都成周至是考王以王城故地封桓公焉平王東遷之後所謂西周者豐鎬也東周者東都也威烈王以後所謂西周者河南也東周者洛陽也何以稱河南爲西周自洛陽下都視王城則在西也何以稱洛陽爲東周自河南王城視下都則在東也河南桓公卒子威公立威公卒子惠公立考王十五年河南惠公復自封其少子班於鞏以奉王號東周没亦謚惠是時東西周雖未分治河南惠公既號奉王者爲東周

038.靖康傳信録三卷建炎進退志四卷建炎時政記三卷　〔宋〕李綱撰

清光緒十年(1884)南陵徐氏小檀欒室刻隨盦徐氏叢書本　二册一函

半框高17.2釐米，寬12.2釐米，左右雙邊。每半葉9行22字。版心白口，單黑魚尾，上鎸書名，中鎸卷次及葉碼，下鎸“邵武徐氏刊”。

内封題“宋李忠定公靖康傳信録三卷建炎進退志四卷建炎時政記三卷”。牌記題“光緒甲申春三月邵武徐氏開雕”。卷端分别題“靖康傳信録，宋邵武李綱伯紀著，後學同里徐幹小勿校刊”“建炎進退志，宋邵武李綱伯紀著，後學同里徐幹小勿校刊”“建炎時政記，宋邵武李綱伯紀著，後學同里徐幹小勿校刊”。

《靖康傳信録》卷首依次有李綱“序”；“附録”，署“崇禎元年戊辰上元日毗陵後學鄭鄤敬題”。《建炎時政記》卷首有“序”，署“臣干冒天威無任惶懼戰越之至臣綱昧死頓首頓首謹序”。書衣墨筆分别題“李忠定公别集，徐氏叢書初刻十二”；“李忠定公别集，徐氏叢書初刻十三”。

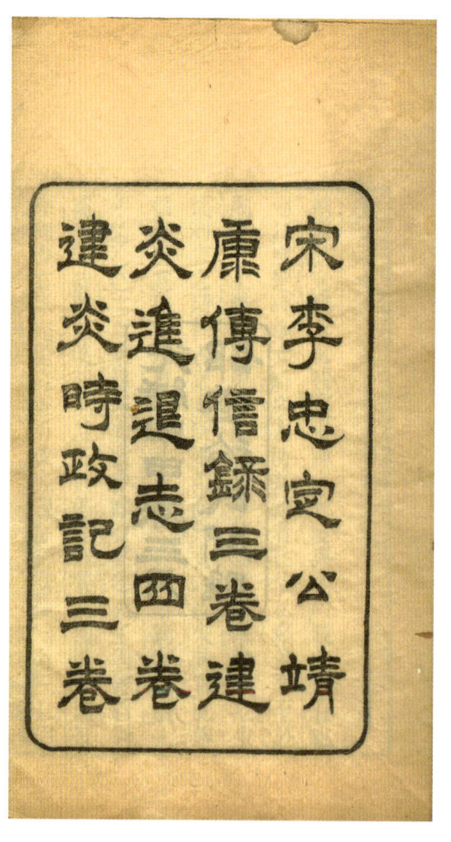
宋李忠定公靖
康傳信録三卷建
炎進退志四卷
建炎時政記三卷

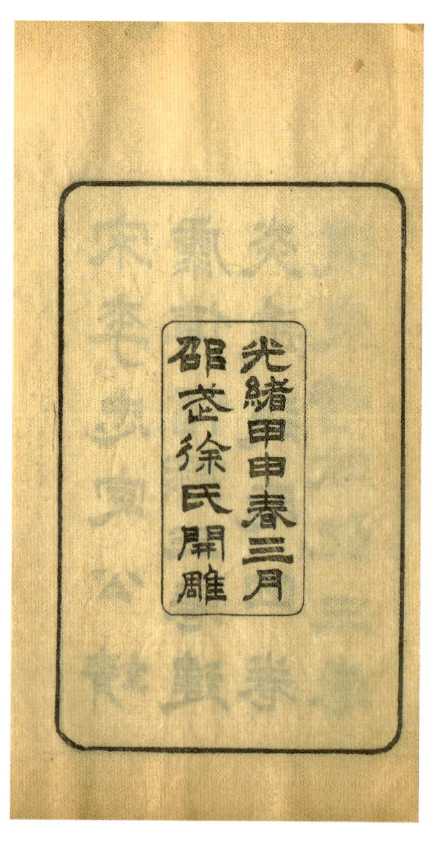
光緒甲申春三月
邵武徐氏開雕

靖康傳信錄卷上

宋邵武李　綱伯紀著

後學同里徐　榦小勿校刊

宣和七年冬金人敗盟分兵兩道入寇其一以戎子斡离不爲帥寇燕山郭藥師叛燕山諸郡皆陷遂犯河北其一以國相粘罕爲帥寇河東李嗣本叛忻代失守遂圍太原邊報狎至朝廷震懼不復議戰守惟日謀避狄之計然其事尚秘外廷未聞也至十二月中旬間賊馬逼近始遣李鄴借給事中奉使講和降詔罪已召天下勤王之師且命

建炎進退志卷一

宋邵武李　綱伯紀著

後學同里徐　榦小勿校刊

靖康元年秋余罷知樞密院事河北河東路宣撫使除觀文殿學士知揚州以言者落職提舉杭州洞霄宫責授保静軍節度副使建昌軍安置尋移雲安二年春行次長沙蒙恩復舊官除資政殿大學士領開封府事時金寇再犯闕都城圍閉道路阻絶久之聞命即率湖南勤王之師入援王室以四月初啟行自巴陵乘舟泛江五月初次繁昌

建炎進退志　卷一　一　邵武徐氏刊

建炎時政記卷上 起建炎元年六月一日止十二月

宋邵武李　綱伯紀著

後學同里徐　榦小勿校刊

六月初一日臣自資政殿大學士領開封府事蒙恩除尚書右僕射兼中書侍郎以是日到南京行在有旨宣召臣當晚赴內閣起居敘致謝恩訖力具奏陳材能淺薄不敢當除命乞改授其人以慰輿望上不允臣復奏曰臣未到行在數十里間御史中丞顏岐封示論臣章疏大意謂張邦昌爲金人所喜更宜增重其禮臣爲金人之所不喜宜

039.明季北略二十四卷　〔清〕計六奇撰　

清光緒十三年（1887）上海圖書集成印書局石印本　六册一函

内封題“明季北略”。牌記題“光緒十三年秋九月上海圖書集成印書局印”。卷端題“明季北略，錫山計六奇用賓氏編輯”。

卷首依次有“自序”，署“康熙十年辛亥季冬八日乙酉無錫計六奇題於社峰王氏之書齋”；“明季北略總目録”，署“錫山計六奇用賓編輯”。

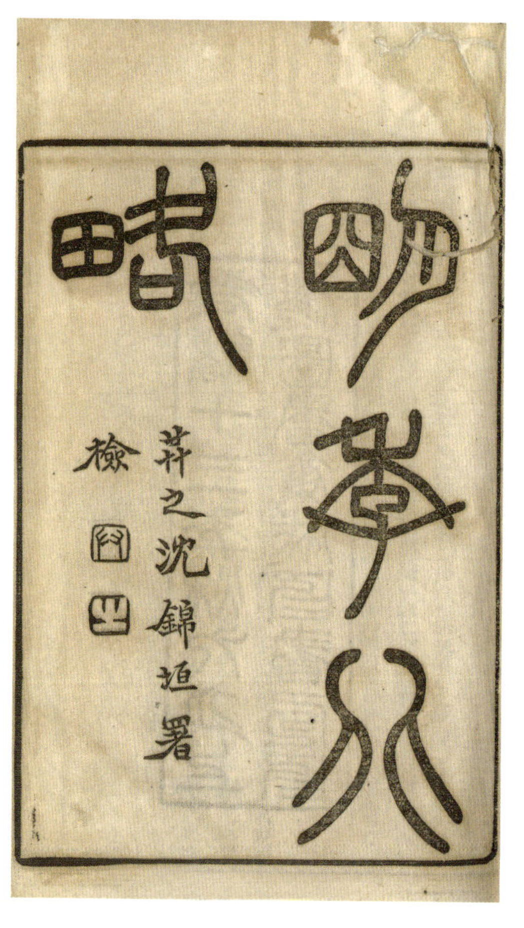

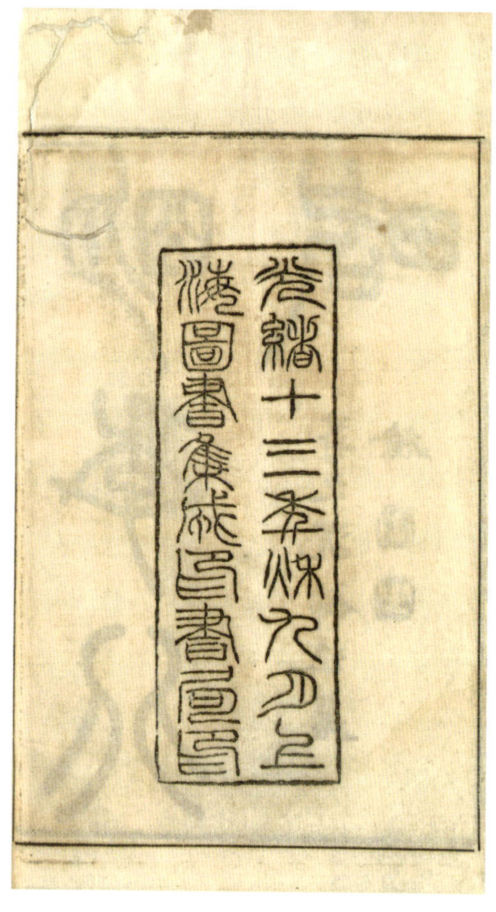

明季北略卷之一

錫山計六奇用賓氏編輯

大清朝建元

萬歷四十四年丙辰　大清朝建元天命指中國爲南朝黄衣稱朕是爲　太祖然是時猶稱後金後改大清　太祖登極凡十一年至天啟六年丙寅八月初十日止

附記　康熙三年孟夏四日先君子曰予壯年時有華道士云江右張真人北都建醮伏壇久之見天上諸神俱不在惟關聖一人守天門而已真人問諸神安在聖曰今新天子出世諸神下界擁護矣真人曰聖何不往聖曰我受明朝厚恩故不去時神宗季年天下猶疑如不信其說至是始驗是時災異略載于紀異中而猶有一二可誌者猶憶萬歷四十二年甲寅三月二十六日午時訛傳倭至城野狂奔浙直皆同時無錫老稚以爭入城而蹂躪死者甚衆四野見有赤身披髮奔者頃之杳然至今故老猶謂陰兵亂也異已四十四年正月初三南京天雨紅雪與唐貞元二年京師雨赤雪同貞元德宗年號也四月京師大雷電雷火五月江西大水六月甲子夜京師異常風變聲若轟雷刮倒正陽門外牌坊天之示警爲何如矣而上於萬幾概置不理宰相方從哲徒以循默苟容而

040.湘軍記二十卷 〔清〕王定安撰

清光緒十五年(1889)江南書局刻本 十二册一函

半框高18.1釐米,寬13.2釐米,四周雙邊。每半葉9行22字。版心白口,單黑魚尾,上鎸書名,中鎸卷次,下鎸葉碼。

内封題"湘軍記"。牌記題"光緒己丑仲秋江南書局刊板"。卷端題"湘軍記,東湖王定安撰"。

卷首依次有"湘軍記叙",署"光緒十五年歲在己丑十月,太子太保一等威毅伯兩江總督湘鄉曾國荃撰";"自叙";"目録",署"東湖黃學濂、武昌范德培校字"。卷末有"東湖黃學濂校字"或"武昌范德培校字"。

鈐印:"人鏡雲彦父""道光癸未年人""江福楏號莆臣别號問宜審定金石書畫印信"。

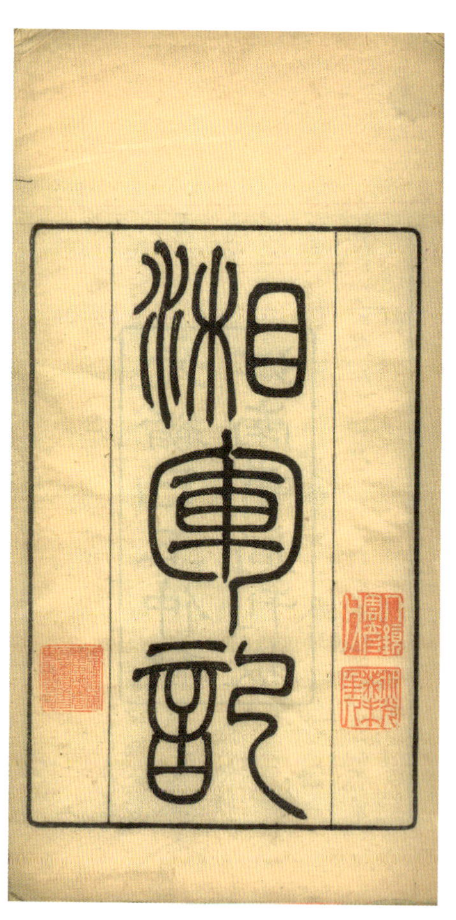

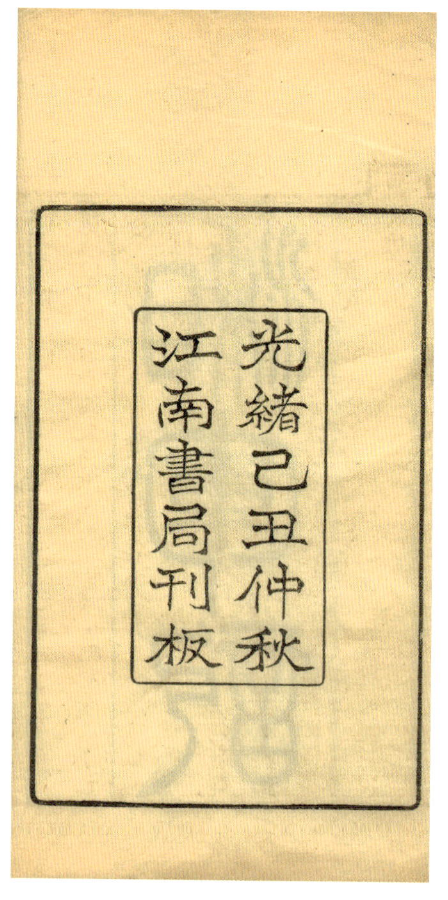

湘軍記卷一

東湖王定安撰

粤湘戰守篇

湖南隸古荆州其鎮衡山其澤雲夢雲夢洞庭也三代時棄在蠻夷及楚之强拓地五千里與中國爭衡其國都自丹陽而郢而陳而壽春距洞庭日遼遠沅湘汨羅號卑溼以處遷謫秦取百粤爲郡縣湖南始屬內地長沙亦瀟湘之間一都會也南入嶺西接黔中苗猺獞獠種族錯居山谷閼與編氓伍其謠俗習纖約耐勤劬有若敖蚡冒之遺

史抄類

041.南史識小録十四卷北史識小録十四卷 〔清〕沈名蓀、朱昆田輯 〔清〕張應昌補正

清同治十年(1871)武林吴氏清來堂刻本 八册一函

半框高16釐米,寬11.2釐米,左右雙邊。每半葉11行20字,小字雙行同。版心白口,單黑魚尾,上鎸書名,中鎸卷次及篇名,下鎸葉碼。

内封題“南北史識小録,錢唐沈澗芳、秀水朱文盎原輯,錢唐張應昌補正,錢唐趙之琛題”。牌記題“同治辛未春武林吴氏清來堂校刊”。卷端題“南史識小録,錢唐沈名蓀澗芳、秀水朱昆田文盎原輯,後學錢唐張應昌補正”。

卷首依次有“欽定四庫全書提要”;“序”,署“乾隆己丑暮春艤舟亭長趙懷玉”;“例言”,署“應昌述”;“南北史識小録總目”。

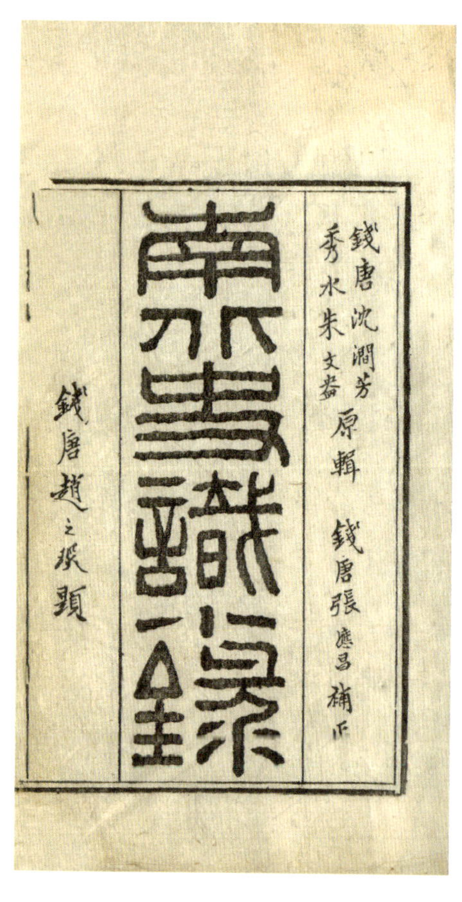

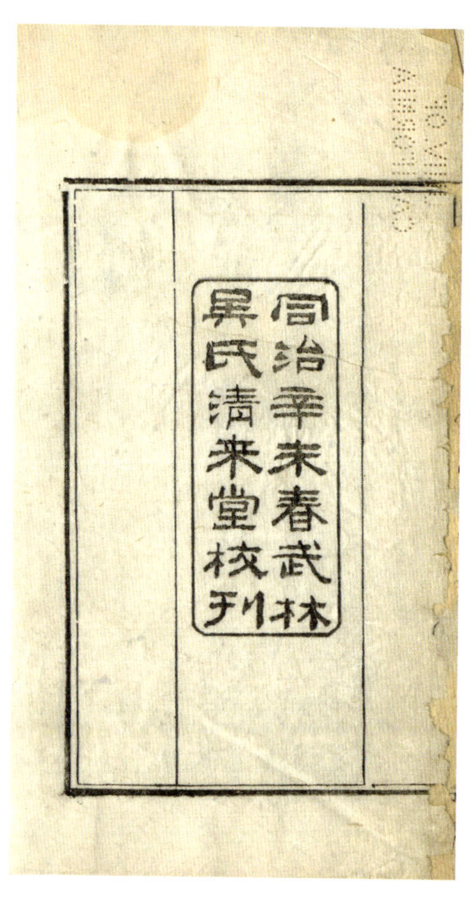

南史識小錄卷

錢唐沈名蓀澗芳
秀水朱昆田文盎　原輯　後學錢唐張應昌補正

宋本紀

武帝生時神光照室盡明甘露降於墓樹　帝嘗遊竹林寺獨臥講堂前上有五色龍章　皇考墓在丹徒候山其地秦史所謂曲阿丹徒間有天子氣者也時有孔恭者妙善占墓帝與經墓歎之曰此墓何如孔恭曰非常地也　帝行止時見二小龍附翼樵漁山澤同侶或亦覩焉及貴龍形更大　帝嘗負刁逵社錢三萬經時無以還被逵執王謐以錢代償乃得釋　帝伐荻新洲見大蛇長數丈射之傷明日復至

史評類

042.史通通釋二十卷　〔清〕浦起龍撰　951.007 L74s

清廣州汪氏翰墨園刻本　六册一函

半框高17釐米，寬13.2釐米，四周單邊。每半葉11行24字，小字雙行同。版心黑口，無魚尾，中鎸書名、卷次、篇名及葉碼，下鎸刻工名。

内封題“史通通釋，汪氏重校本，翰墨園印行”。卷端題“史通通釋，南杼秋浦起龍二田釋”。

卷首依次有“史通通釋舉要”；“史通通釋舉例”；“史通通釋總目年”；“附録”；“書後”，署“三山傖父起龍書後”；“史通原序”，署“唐彭城劉知幾撰，於時歲次庚戌景龍四年中宗元是時復辟六年矣仲春之月也”；“史通序目”。

鈐印：“天彭”。

史通通釋卷一

南杼秋浦起龍二田釋

內篇

六家第一 ○合起結共八章

自古帝王編述文籍外篇謂古今正史篇此二字一作史言之備矣古往今來質文遞變諸史之作不恆厥體【釋】二句首提史字揭出全書眼目榷而為論其流有六一曰尚書家二曰春秋家三曰左傳家四曰國語家五曰史記家六曰漢書家今略陳其義列之於後

【按】此篇序也史體盡此六家六家各有原委其舉數也欲溢

傳記類

043.聖諭像解二十卷　〔清〕梁延年撰繪　

清光緒二十九年（1903）安徽撫署石印本　十册一函

内封題“聖諭像解”。牌記題“光緒歲次癸卯安徽撫署重印”。卷端題“聖諭像解，安徽太平府繁昌縣知縣臣梁延年編輯原本，頭品頂戴安徽巡撫臣聶緝椝恭校重印”。

卷首依次有“上諭”，題“光緒二十九年二月二十九日奉上諭恩壽奏恭録”；“奏疏”，題“頭品頂戴兵部侍郎兼都察院右副都御史江蘇巡撫臣恩壽跪奏爲恭録”；“續增凡例”，題“是書於光緒二十八年恭録仿照石印三千部奏請分送各省學堂以廣皇仁而崇教化二十九年二月初十日具奏進呈御覽”，署“光緒二十九年三月朔日頭品頂戴兵部侍郎兼都察院右副都御史江蘇巡撫恩壽謹識”；“序”，署“康熙二十年歲次辛酉立秋日安徽等處承宣布政使司布政使加六級龔佳育撰”；“序”，末署“康熙辛酉孟春甲子太平府繁昌縣知縣加一級梁延年謹序”；“凡例”，署“康熙貳拾年孟春月甲子吉旦太平府繁昌縣知縣加一級梁延年謹識”；“聖諭”；“目録”。

按：梁延年根據康熙“上諭十六條”選輯相關古人事迹，每則故事繪圖一幅，并加解説。

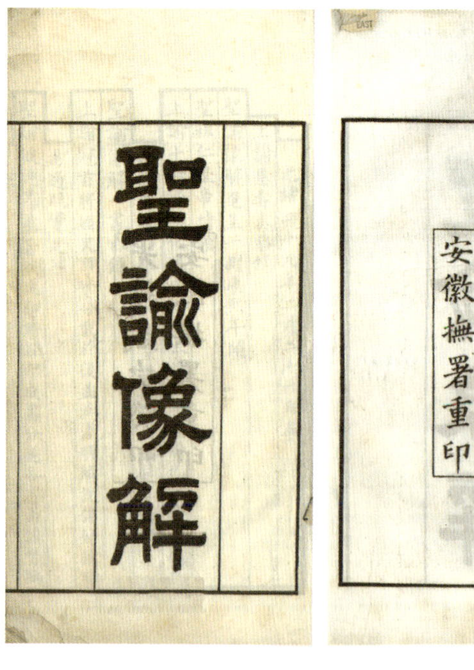

聖諭像解卷之一

安徽太平府繁昌縣知縣臣梁延年編輯原本

頭品頂戴安徽巡撫臣聶緝槼恭校重印

聖諭第一條

敦孝弟以重人倫

此一條是

朝廷欲汝等百姓，各親其親，各長其長，以臻一道同風之治也。善事父母爲孝，善事兄長爲弟。蓋父母生我，有罔極之恩，兄長先我而生，有同氣之誼，故事父母

044.晋江靈水吴氏家譜二十七卷海澄梧貫吴氏家譜五卷　〔清〕吕紹莘纂（海澄梧貫吴氏家譜）〔清〕吴梓材等編修　929.2 w957e 1909

清宣統元年（1909）粤東留香齋刻本　十二册一函

半框高21釐米，寬14.3釐米，左右雙邊。每半葉11行24字，小字雙行同。版心白口，單黑魚尾，上鎸書名，中鎸篇名，下鎸葉碼及卷次。

《晋江靈水吴氏家譜》内封題“靈水吴氏家譜，宣統元年孟秋鎸，潁芝吴蔭培書”。牌記題“粤東省西湖街留香齋承刊印”。卷端題“晋江靈水吴氏家譜，誥授資政大夫奉旨賞給四品卿銜賞戴藍翎賞换花翎分省候補道加四級靈水十八世孫吴梓材監修，十九世孫吴棨東、吴棨齡、吴棨瑞、吴棨榮續修，二十世孫吴碧石、吴碧潭、吴碧煊、吴碧磷校對，新會增生吕紹莘纂修，候選道十八世孫吴淑達校對，候選知縣壬寅恩科舉人十九世孫吴曾重校”。

卷首依次有“吴氏族譜序”，署“宋隆興二年歲在甲申十月之吉賜進士及第侍御史王十朋撰”；“吴氏族譜序”，署“宋慶元三年丁巳仲秋月新安朱熹撰”；“吴氏族譜序”，署“宋西山道人真德秀撰”；“吴氏族譜序”，署“宋丞相少保信國公吉州文天祥撰”；“吴氏族譜序”，署“明崇禎十一年歲次戊寅菊月既望賜進士閩汀永定裔孫煌甲謹撰”；“靈水吴氏族譜序”，署“明嘉靖甲子年仲冬之吉賜進士資善大夫刑部尚書前奉敕總督湖廣川貴軍務事兵部右侍郎兼都察院右僉都御史郡人黄光昇序”；“靈水吴氏重修族譜序”，署“同治六年丁卯冬十月望日十六世孫懋和謹誌”；“續修晋江靈水吴氏家譜序”，署“光緒三十四年季冬月新會吕紹莘謹識”；“續修晋江靈水吴氏家譜序”，署“光緒三十四年歲次戊申仲冬月穀旦誥授資政大夫奉旨賞給四品卿銜花翎分省候補道裔孫吴梓材敬撰”；“晋江靈水吴氏家譜序例”；“靈水吴氏家譜序”，署“宣統三年辛亥正月學部候補丞參前署吉林提學使翰林院修撰同宗魯拜撰”；“靈水吴氏家譜序”，署“宣統二年庚戌秋嶺東邱逢甲拜序”；“晋江靈水吴氏續修族譜序”，署“宣統三年仲春閩縣林則勳謹序”；“晋江靈水吴氏家譜序”，署“宣統三年孟春穀旦誥授中議大夫賜進士出身賞加侍講銜翰林院編修國史館協修閩縣陳培錕謹識”；“晋江靈水吴氏續修族譜序”，署“宣統三年孟夏翰林院庶吉士刑部主事閩縣陳寳璐謹序“；“目録”。

《海澄梧貫吴氏家譜》内封題“梧貫吴氏家譜，宣統元年孟秋鎸，潁芝吴蔭培書”。牌記題“粤東省西湖街留香齋承刊印”。卷端題“海澄梧貫吴氏家譜，誥授資政大夫奉旨賞給四品卿銜賞戴藍翎賞换花翎分省候補道加四級十五世孫吴梓材監修，十六世孫吴榮東、吴榮齡、吴榮瑞、吴榮榮續修，十七世孫吴碧石、吴碧潭、吴碧煊、吴碧磷校對，新會增生吕紹莘纂輯，候選道十五世孫吴淑達、吴揚祖校對，候選知縣壬寅恩科舉人十六世孫吴曾重校”。

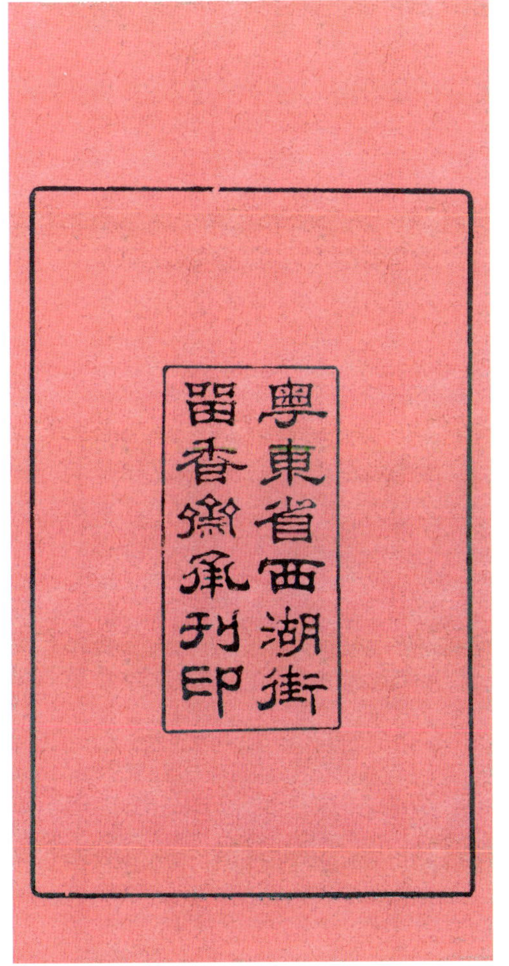
粤東省西湖街
留香齋承刊印

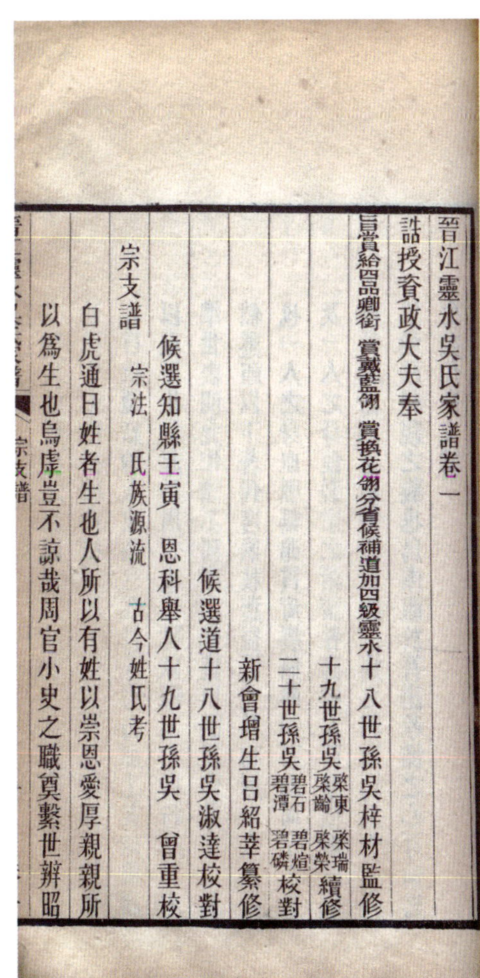
晉江靈水吳氏家譜卷一

誥授資政大夫奉
旨賞給四品卿銜 賞戴藍翎 賞換花翎分省候補道加四級靈水十八世孫吳梓材監修
十九世孫吳榮東 榮瑞 榮齡 榮榮續修
二十世孫吳碧石 碧煊 碧潭 碧磷校對
新會增生呂紹莘纂修
候選道十八世孫吳淑達校對
候選知縣壬寅 恩科舉人十九世孫吳 曾重校

宗支譜 宗法 氏族源流 古今姓氏考

白虎通曰姓者生也人所以有姓以崇恩愛厚親親所以為生也烏虖豈不諒哉周官小史之職奠繫世辨昭

045.國朝學案小識十五卷首一卷　〔清〕唐鑑撰　

清光緒十年（1884）重刻道光間四砭齋本　十二册一函

半框高17.8釐米，寬15釐米，四周單邊。每半葉10行21字。版心黑口，雙黑魚尾，上鎸書名，中鎸卷次，下鎸葉碼。

内封題“國朝學案小識十五卷”。牌記題“光緒十年孟春月重鎸四砭齋原本”。卷端題“學案小識”。

卷首依次有“序”，署“道光二十五年小除夕愚弟携李沈維鐈拜撰”；“學案小識叙”，署“道光二十五年孟夏月小岱山人唐鑑、彌甥黄膺謹重校，孫祖培植樹謹同校字”；“目録”；“學案提要”，署“彌甥黄膺謹重校，孫祖培植樹謹同校字”。卷末依次有“學案後序”，署“彌甥黄膺謹重校，孫祖培植樹謹同校字”；“書學案小識後”，署“道光二十五年十二月館後學曾國藩謹識”；“跋”，署“外甥黄兆麟謹跋”；又跋，署“道光二十五年歲在乙巳孟冬月館後學何桂珍謹識”；“重刊後跋”，署“光緒十年歲在甲申孟陬月彌甥黄膺謹識”。

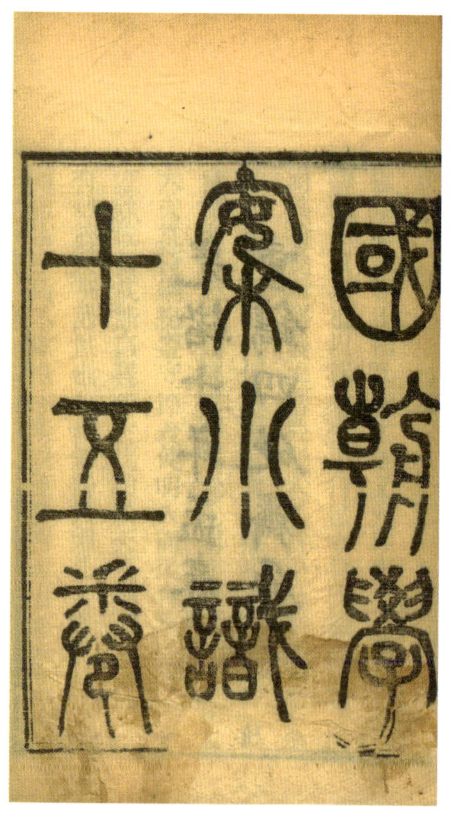

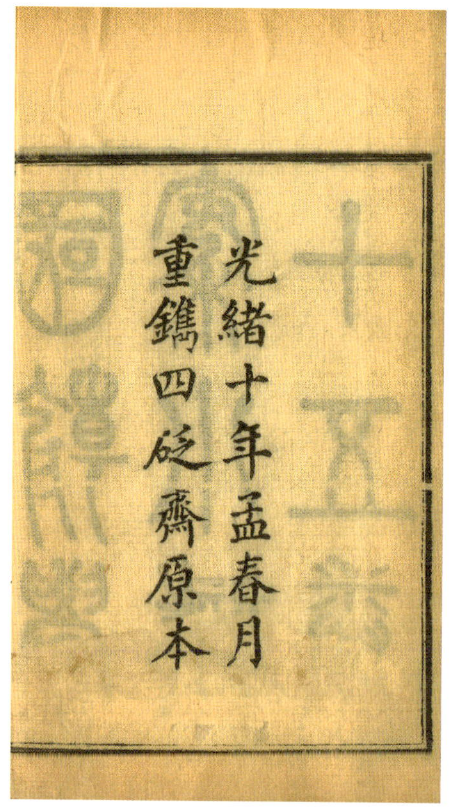

傳道學案

平湖陸先生

先生諱隴其字稼書歷官御史勵志聖賢博文約禮由洛閩而上追沂兗嘗謂聖門之學雖一以貫之未有不從多聞多見入者欲求聖學斷不能舍經史又謂今之論學者無他亦宗朱子而已宗朱子為正學不宗朱子即非正學董子云諸不在六藝之科孔子之術者皆絕其道勿使並進然後統紀可一而法度可明今有不宗朱子者亦當絕其道勿使並進嘗黜擲四書大全參以

046.國朝畫徵録三卷　〔清〕張庚撰　ND1048 .C3 1869

清同治八年（1869）刻本　二册一函

半框高17釐米，寬13釐米，左右雙邊。每半葉10行21字。版心白口，單黑魚尾，上鎸書名，中鎸卷次，下鎸葉碼。

内封題“增訂畫徵録，校對無訛，藏板”。牌記題“同治八年孟春開雕”。卷端題“國朝畫徵録，秀水張庚浦山著，睢州蔣泰无妄、湯之昱南溪同校梓”。

卷首依次有“叙”，署“乾隆四年歲在屠維協洽且月睢陽濯錦池邊跛者蔣泰叙於雲期書室”；“自序”，署“乾隆四年歲次己未五月望日庚識於蔣氏之雲期書屋”；“題詞”，題“國朝畫徵録，商邱侯肩復龍山”；“目次”，署“秀水張庚浦山著，睢州蔣泰无妄、湯之昱南溪同校梓”，末署“男時敏覆校”。卷末有“附録”。

鈐印：“槐廬”“□□山布衣”。

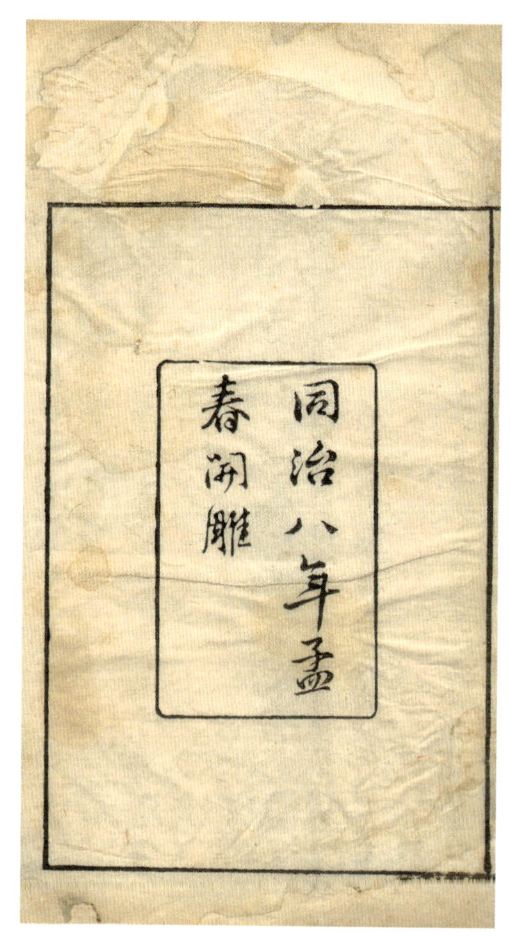
同治八年孟春開雕

國朝畫徵錄

秀水張　庚浦山著

睢州　蔣　泰无妄
湯之昱南溪　同校梓

卷上

八大山人朱重容附

八大山人有仙才隱於書畫題跋多奇致不甚解書法有晉唐風格畫擅山水花鳥竹木筆情縱恣不泥成法而蒼勁圓睟時有逸氣所謂拙規矩於方圓鄙精研於彩繪者也襟懷浩落慷慨嘯歌世目以狂及逢知己十

047.墨林今話十八卷續編一卷　〔清〕蔣寶齡撰　（續編）〔清〕蔣茝生撰

ND1048 .C48 M6 1872

清同治十一年（1872）映雪草廬刻本　六册一函

半框高13釐米，寬10.5釐米，左右雙邊。每半葉10行21字。版心黑口，單黑魚尾，中鎸卷次及葉碼。

内封題“墨林今話，同治壬申年春鐫，貝傳書題”。牌記題“板藏映雪草廬”。卷端題“墨林今話，昭文蔣寶齡撰”。

卷首依次有“墨林今話序”，署“同治十年辛未九月下旬錢唐戴熙書”；“啓”，署“咸豐紀元辛亥夏四月丹徒嚴保庸謹啓”；“校刊姓氏”；“題辭”，署“錢唐陳文述雲伯”。續編卷末署“吴門蔣子賓識”；“書後”，署“咸豐二年壬子春暮武進湯貽汾”；“續編跋”，署“咸豐二年壬子冬十一月下浣嘉定程庭鷺跋”。

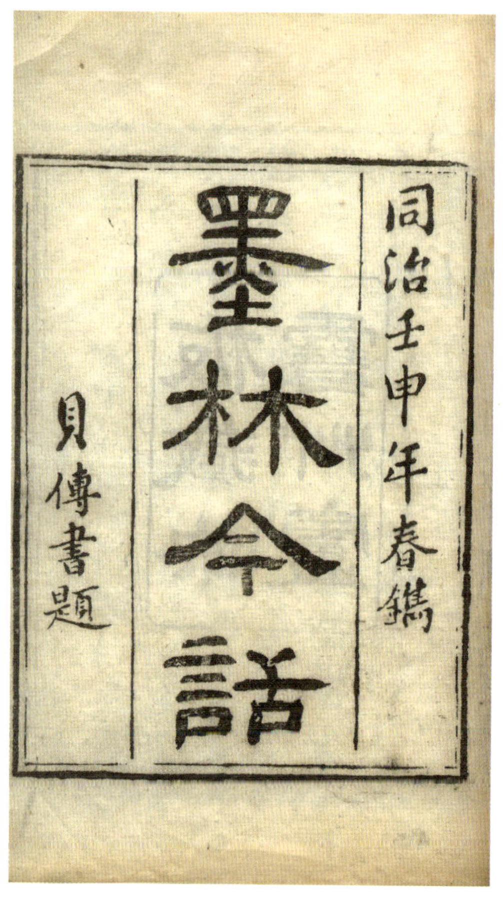
同治壬申年春鐫
墨林今話
貝傳書題

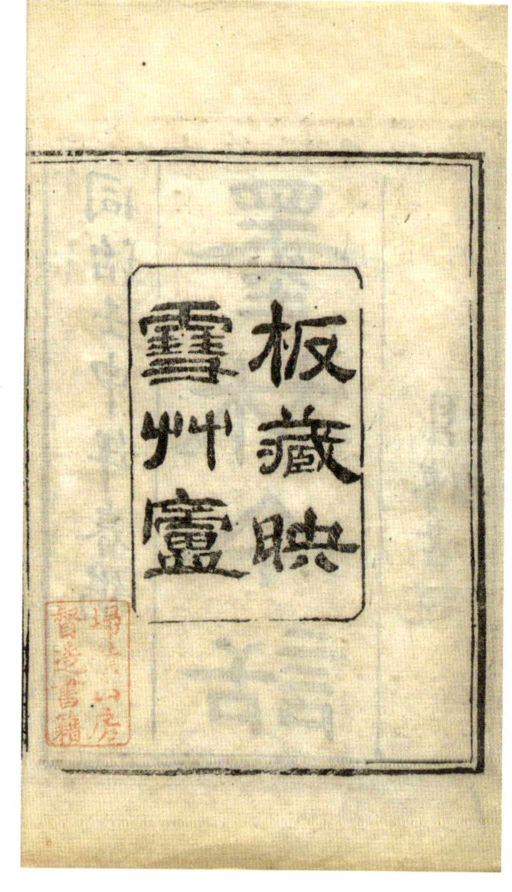
板藏映雪草廬

墨林今話卷一

昭文蔣寶齡撰

本朝畫家盛於前代，自太原煙客、瑯琊元照二公領袖藝林，作者雲起，若石谷、漁山、麓臺，皆親授衣鉢，爲南宗嫡文。王勤中、惲正叔兩家又各追踪宋元，爲寫生正派，師友相承，風流不絕。秀水張浦山徵君先著畫徵錄一書，南匯馮墨香廣文掇采羣言又成國朝畫識若干卷，亦可謂美且備矣。顧自乾隆、嘉慶兩朝以來，士夫筆墨克繼王惲諸公者又已指不勝屈。馮廣文雖嘗另纂墨香居畫識一編，而評騭未定，遺漏更多，亦猶畫徵錄

048.晏子春秋七卷附音義上下二卷校勘記上下二卷 〔周〕晏嬰撰 〔清〕孫星衍撰並音義 （校勘記）〔清〕黄以周撰 B128.Y393 A385 1875

清光緒元年（1875）浙江書局刻本 四册一函

半框高18釐米，寬13.4釐米，左右雙邊。每半葉9行21字。版心白口，單黑魚尾，中鎸書名及卷次，下鎸葉碼。

内封題“晏子春秋”。牌記題“光緒元年十一月浙江書局據孫氏平津館本校刻”。卷端題“晏子春秋，陽湖孫氏校本”。

卷首依次有“晏子春秋序”，署“賜進士及第翰林編修孫星衍撰”，“乾隆五十三年歲在戊申十月晦日書”。一至四卷末有“總校黄以周，分校金肇麒、徐惟錕同校”，卷五、六末有“總校黄以周，分校許誦禾、沈彤元同校”，卷七末有“總校黄以周，分校章乃錫、張預校”。

鈐印：“A.CONRADY孔好古印”。

049.又一部 四册一函 B128.Y393 A385 1875 copy 2

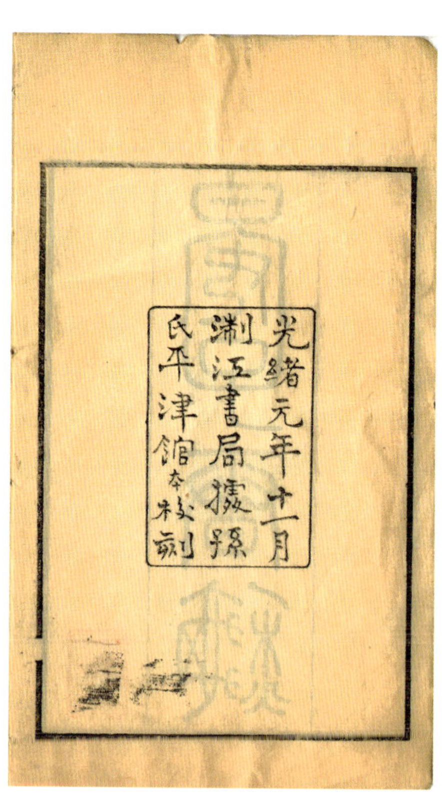

晏子春秋卷一　陽湖孫氏校本

護左都水使者光祿大夫臣向言所校中書晏子十一篇臣向謹與長社尉臣參校讎太史書五篇臣向書一篇參書十三篇凡中外書三十篇爲八百三十八章除復重二十二篇六百三十八章定著八篇二百一十五章外書無有三十六章中書無有七十一章中外皆有以相定中書以夭爲芳又爲備先爲牛章爲長如此類者多謹頗略椾皆已定以殺青書可繕寫晏子名嬰謚平仲萊人萊者今東萊地也晏子

050.岑襄勤公勛德介福圖四十圖　〔清〕岑春榮等輯　〔清〕包家吉等編

清光緒十七年(1891)西林岑氏石印本　一册一函

高27.5釐米，寬30.8釐米。正文一頁一圖，共收四十幅圖。

卷首依次有“岑襄勤公勛德介福圖册最目”；“上諭”，題“光緒十五年六月初二内閣奉上諭，雲貴總督岑毓英，秉性公忠，才識沈毅，由諸生從事戎行。咸豐、同治年間，雲南回匪倡亂，兵事孔殷，仰荷先朝特達之知，迭加拔擢，代理雲南藩司，旋即簡授巡撫”；“諭賜祭文”；“諭賜入祀賢良祠祭文”；“御製碑文”；“宫保制府西林岑公勛德介福圖序目，在任候選知縣易門縣訓導門下士劍川趙藩撰”。題跋署“光緒辛卯仲春月吉旦，花翎知州銜分省前先補用知縣平湖包家吉謹跋”；署“光緒十六年庚寅孟冬月朔旦，不孝男春蓂、煦榮、煊蔭謹識”。

己丑之夏太子太傅兵部尚書世襲一等輕車都尉加一雲騎尉雲貴總
督西林　岑襄勤公薨於位滇黔人士巷哭衢歌下機輟耒　朝廷不
忘舊勳　諭賜祭葬　予謚立傳凡褒榮之典無不備至生榮
死哀甚盛典也家吉凡陋之才　公刻雕朽鈍進以宏奬列之薦剡一旦
山頹木壞其曷以仰其曷以放思欲即　公生平勳業為辭以誄　公顧
念一介微末不足以揚宏烈且言之無文亦不足以為　公重用是拈毫
震慴含意莫伸庚寅孟夏諸公子將以　公勳德介福圖付西法石印命
家吉襄其事迺得敬展圖編尋繹序目圖為　公六十生日所部之人繪
以介壽者其去　公騎箕之辰僅一寒暑於　公生平出處行事盛德殊
勳固已略具其大概爰與諸公子商確敬以餙終之　諭祭葬之文
錄弁卷首復縮摹遺像冠於圖前庶幾原始要終毫無滲漏且俾海內之
景慕於　公者得所考焉嗚呼家吉思欲以言報　公得是編而家吉可
以無言家吉既不能以言報　公而猶得附見姓名於是編之末又烏可
以嘿不一言謹綴數言抒其衷曲益不勝欣慨之交集云
光緒辛卯仲春月吉旦
花翎知州銜分省前先補用知縣平湖包家吉謹跋

端峯鍾傑

政書類

051.文獻通考三百四十八卷首一卷（殘）　〔元〕馬端臨撰　DS734.9 .M3 16--

明末（1621—1644）梅墅石渠閣刻本　重裝爲一册

半框高21.3釐米，寬14.5釐米，四周雙邊。每半葉10行20字，小字雙行同。版心白口，單黑魚尾，上鎸書名，中鎸卷次，下鎸葉碼。

内封題“文獻通考全書，馬貴與先生纂輯，梅墅石渠閣藏板”。卷端題“文獻通考，鄱陽馬端臨貴與著”。

卷首有“御製重刊文獻通考序”。

鈐印：“葉設禮印”“敬菴”。

按：館藏存首卷，卷三百三十四至卷三百四十八。本書著録於《中國古籍善本總目》史部，第639頁（62）；《中國古籍善本書目》史部7政書類#12531。

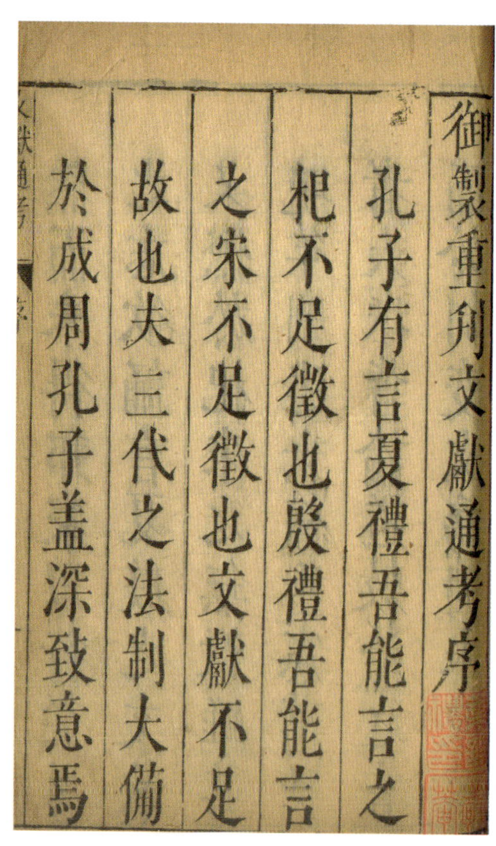
御製重刊文獻通考序
孔子有言夏禮吾能言之
杞不足徵也殷禮吾能言
之宋不足徵也文獻不足
故也夫三代之法制大備
於成周孔子盖深致意焉

文獻通考卷之三百三十八

鄱陽馬端臨貴與著

四裔考

西域

大夏

大夏漢時通焉。在大宛西南二千餘里嬀水南其俗土著有城屋與大宛同俗去漢萬二千里居漢西南本無大君長城邑往往置小君長其兵弱畏戰善賈市。及大月氏西徙乃攻之皆臣畜共稟漢使者。屬受節度大夏人多可萬餘有市販賈諸物。其東南接不毒國

052.臨文敬避一卷磨勘條例摘要一卷 〔清〕鄭瓊詔輯

清光緒四年(1878)刻本 一册一函

半框高26釐米,寬14.7釐米,四周雙邊,無界欄。每半葉8行18字。版心白口,單黑魚尾,中鎸葉碼。

内封題"臨文敬避,光緒戊寅秋月,臨桂許汝霖敬書"。

卷首有"序",署"光緒四年孟秋望日三韓長賡識"。卷末有"跋",署"寧陽黄師閶謹跋"。

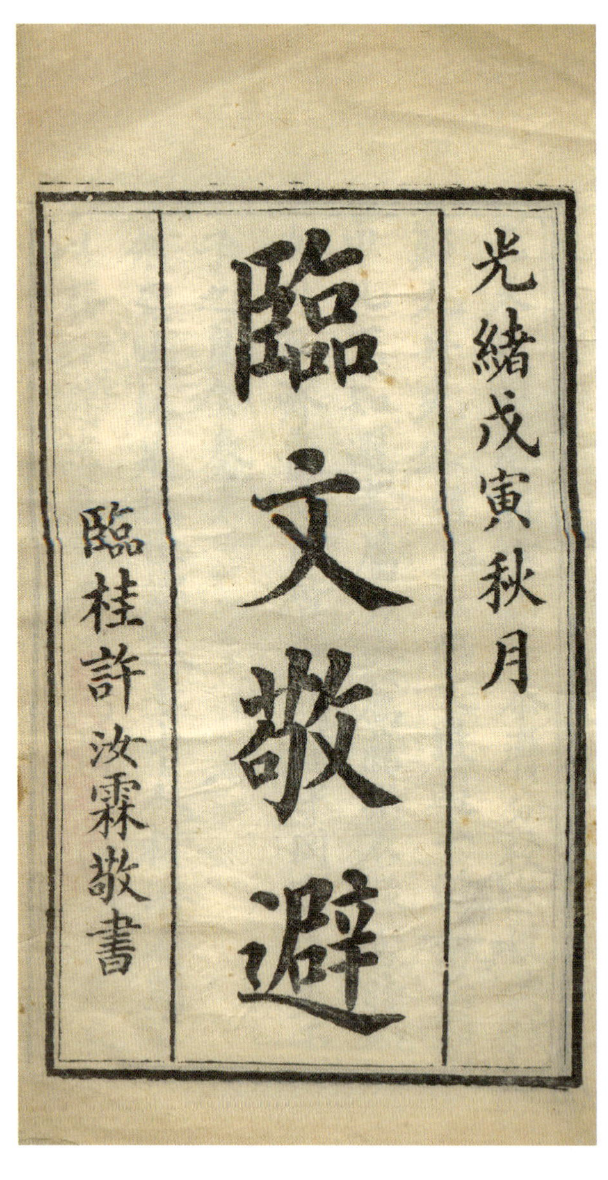

敬避字樣

聖祖仁皇帝廟諱上一字書○德升聞用元字恭

代然元德元黃元鳥等字皆不得用○弦

絃炫眩等字及率字均應敬謹缺末點惟

畜蓄字不缺點兩諱相並之字作玆今借

用玆舊本書有用糸公字代者今不用牽

應避作牽

下一字韓愈文其膏沃者其光○用煜字

053.長江水師軍政考語冊不分卷　〔清〕江南長江水師提督府制

清光緒八年（1882）寫本　一册一函

半葉高23.9釐米，寬17.7釐米，藍格，正文黑字，朱筆批改。

標題欄題“長江水師軍政考語册”。卷末寫“光緒八年八月”。

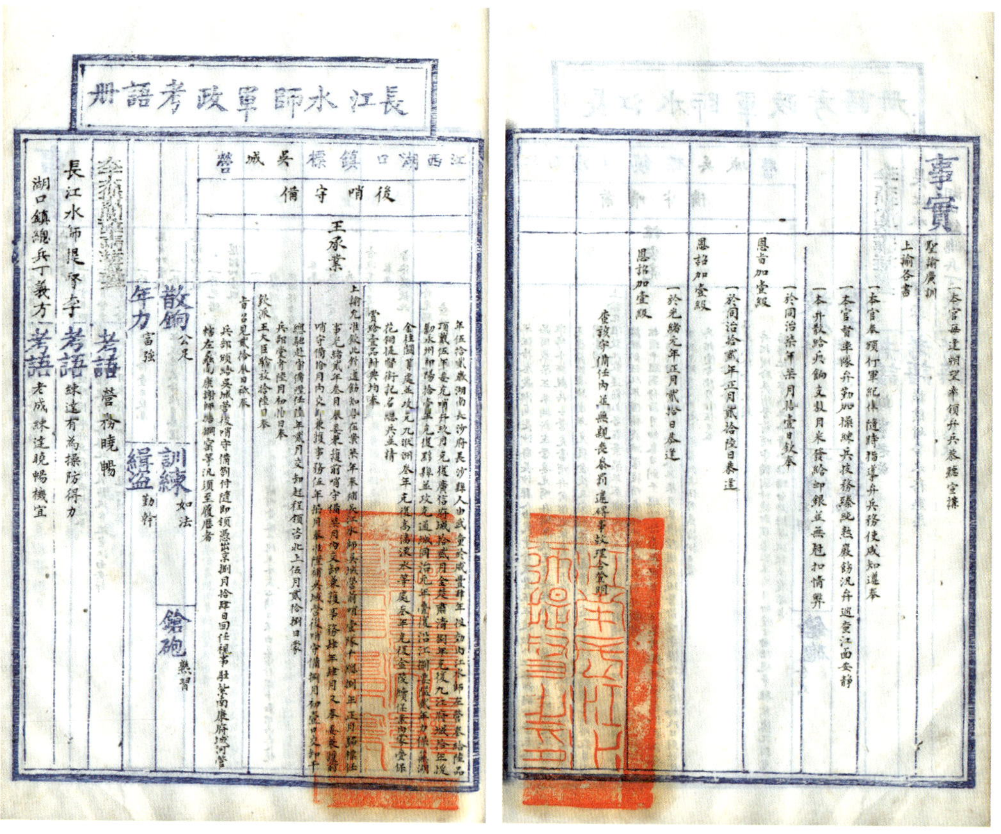

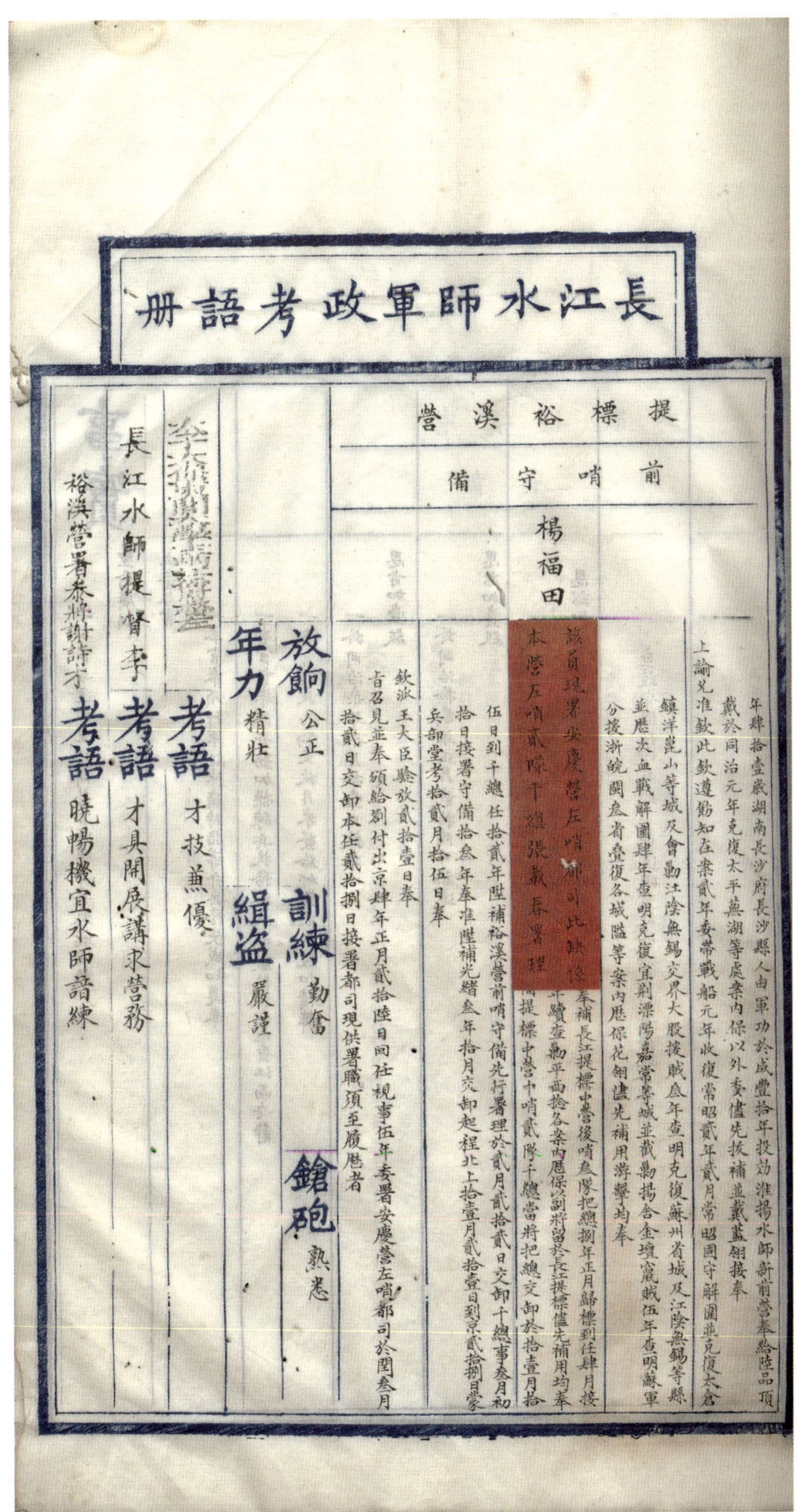

長江水師軍政考語册

提標裕溪營

前哨守備

楊福田

該員現署安慶營左哨都司此缺係本營左哨貳隊千總張載春署理

年肆拾壹歲湖南長沙府長沙縣人由軍功於咸豐拾年投効淮揚水師新前營奉給陸品頂戴於同治元年克復太平蕪湖等處案內保以外委儘先拔補並戴藍翎奉

上諭允准欽此欽遵飭知在案貳年委帶戰船元年收復常昭貳年貳月常昭固守解圍並克復太倉鎮洋崑山等城及會勦江陰無錫交界大股援賊叁年查明克復蘇州省城及江陰無錫等縣並歷次血戰解圍肆年查明克復宜荊溧陽嘉常等城並截勦揚舍金壇竄賊伍年查明蘇軍分援浙皖閩叁省疊復各城臨等案內歷保花翎儘先補用游擊均奉

奉補長江提標中營後哨叁隊把總捌年正月歸標到任肆月接

年續查勦平面捻各案內歷保以副將留於長江提標儘先補用均奉

補提標中營中哨貳隊千總當將把總交卸於拾壹月拾伍日到千總任拾貳年陞補裕溪營前哨守備先行署理於貳月貳拾貳日交卸千總事叁月初拾日接署守備拾叁年奉准陞補光緒叁年拾月交卸起程北上拾壹月貳拾壹日到京貳拾捌日蒙

兵部堂考拾貳月拾伍日奉

欽派王大臣驗放貳拾壹日奉

旨召見並奉頒給劄付出京肆年正月貳拾陸日回任視事伍年委署安慶營左哨都司於閏叁月拾貳日交卸本任貳拾捌日接署都司現供署職須至履歷者

放餉 公正

訓練 勤奮

鎗砲 熟悉

年力 精壯

緝盗 嚴謹

考語 才技兼優

長江水師提督李

考語 才具開展講求營務

裕溪營署參將謝詩才

考語 曉暢機宜水師諳練

054.刑案彙覽八十八卷比例摘要便覽四卷　〔清〕祝慶祺編　（比例摘要便覽）〔清〕劉若璩編

清光緒九年（1883）寄螺齋刻本　八十八册十函

半框高18.5釐米，寬13.5釐米，左右雙邊。每半葉9行28字，小字雙行同。版心白口，單黑魚尾，上鎸書名，中鎸卷次及篇名，下鎸葉碼。

内封題“刑案彙覽，光緒壬午重鐫，新增四百餘案，寄螺齋藏板”。牌記題“光緒癸未九秋寄螺齋刊”。卷端題“刑案彙覽，歙鮑書芸季涵參定，會稽祝慶祺松庵編次，歙程志祖華谷同校，歙吴銘心齋參校，甘泉梁朝章國采校録”。

卷首依次有光緒九年六月宋彦超“序”；“刑案彙覽序”，署“道光十四年歲在甲午九月歙鮑書芸季涵氏書”；“刑案彙覽凡例”；“律目”；“目録”。

光緒壬午重鐫

刑案滙覽

新增四百餘案　寄螺齋藏板

光緒癸未九

秋寄螺齋刊

刑案匯覽卷一

歙　鮑書芸季涵叅定

會稽祝慶祺松龕編次

歙　程志祖莘谷同校

吳　銘心齋叅校

甘泉梁朝章國棨校錄

赦款章程

江蘇司　為欽奉

恩詔循照舊章酌擬斬絞人犯分别准免不准免條款奏明請

旨遵辦事嘉慶二十五年八月二十七日恭奉

恩詔內開一官吏兵民人等有犯除謀反叛逆子孫謀殺祖父母父

刑案匯覽　卷一　赦款章程　一

055. 大清律例增修統纂集成四十卷附督捕則例上下二卷 〔清〕姚潤纂輯 〔清〕陶駿、陶念霖增輯 KNN34 .D32 1908

清光緒三十四年（1908）上海文瑞樓石印本　二十四册四函

内封題“大清律例增修統纂集成，光緒三十四年新修，會稽陶東皋、陶曉篔增修”。目録卷端題“大清律例增修統纂集成”。

卷首依次有“世祖章皇帝御製大清律原序”，署“道光十年十一月十七日奏二十日奉旨依議欽此”；“大清律例部頒凡例”；“輯注原序”；“增修律例統纂集成序”，署“道光九年己丑夏月浙江分巡杭嘉湖道前署按察使白山常德撰”；“重修律例統纂集成序”，署“道光六年季夏貴州布政使前浙江按察使高平祁墳撰”。

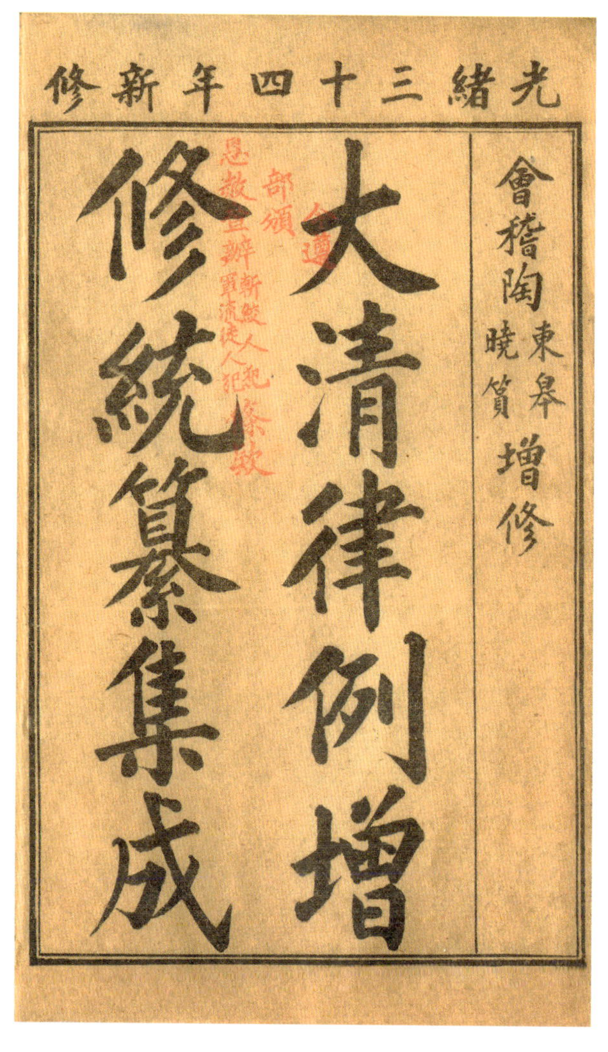
光緒三十四年新修
會稽陶東皋曉篔增修
大清律例增修統纂集成

大清律例增修統纂集成卷一目録

名例律目録 共四十六條

五刑　十惡　八議　應議者犯罪
應議者之父祖有犯　職官有犯　文武官犯公罪　文武官犯私罪
犯罪免發遣　軍籍有犯　犯罪得累減　以理去官
無官犯罪　除名當差　流囚家屬　常赦所不原
流犯在道會赦　犯罪存留養親　天文生有犯　工樂戶及婦人犯罪
徒流人又犯罪　老小廢疾收贖　犯罪時未老疾　給沒贓物
犯罪自首　二罪俱發以重論　犯罪共逃　同僚犯公罪
公事失錯　共犯罪分首從　犯罪事發在逃　親屬相為容隱
處決叛軍　化外人有犯　本條別有罪名　加減罪例
稱乘輿車駕　稱期親祖父母　稱與同罪　稱監臨主守
稱日者以百刻　稱道士女冠　斷罪依新頒例　斷罪無正條
徒流遷徙地方　充軍地方

吏律目録 共二十八條

職官類

056.歷代職官表六卷　〔清〕黄本驥編　

清光緒八年(1882)上海王氏據湖南黄本驥節本刻本　三册一函

半框高13.7釐米，寬10.5釐米，四周雙邊。每半葉行數、字數不等。版心黑口，雙黑魚尾，中鎸書名、卷次、篇名及葉碼，下鎸"上海王氏校刊"。

内封題"歷代職官表"。牌記題"光緒八年三月上海王氏印行"。卷端題"歷代職官表"。

卷首有"歷代職官表總目"，署"黔陽縣教諭黄本驥舊校，上海王廷學子芹甫重校"。

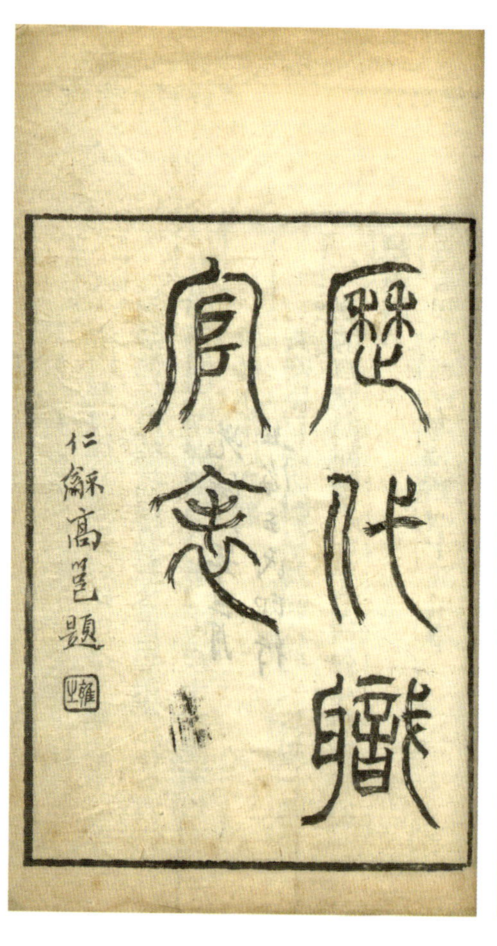

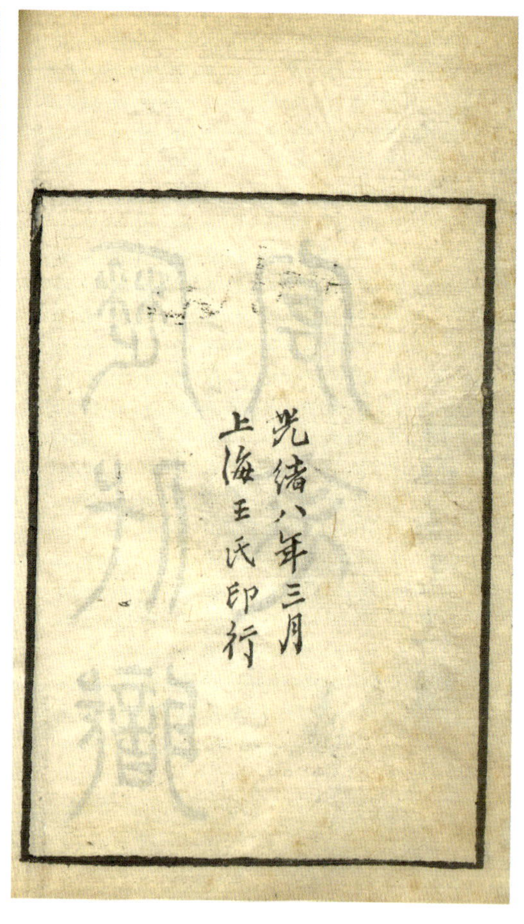

歷代職官表卷一

本朝官制

宗人府宗令一人左右宗正各一人左右宗人各一人府丞漢一人正三品左右司理事官宗室各二人正五品左右司副理事官宗室各二人從五品左右司主事宗室四人正六品經歷宗室二人正六品堂主事宗室二人正六品筆帖式宗室二十四人並支七品俸

宗令	
三代	小宗伯所掌
秦	宗正
漢	宗伯
後漢	宗正卿
三國	魏同
晉	同
宋齊梁陳	同
北魏	同
北齊	同
後周	宗師中大夫
隋	宗正卿
唐	宗正寺卿
五代	宗正卿
宋	宗正寺卿 大宗正司 知大宗正事 宗卿
遼	大特哩衮司 特哩衮
金	大宗正府 判大宗正
元	大宗正府 札爾齊呼
明	宗人令

地理類

057.讀史方輿紀要一百三十卷輿圖四卷　〔清〕顧祖禹撰　〔清〕彭元瑞校

DS706.5 .G83 1823

清道光三年（1823）翻刻嘉慶敷文閣本　十四册三函

半框高18.5釐米，寬13釐米，四周雙邊。每半葉10行21字，小字雙行同。版心白口，單黑魚尾，上鎸書名，中鎸卷次及篇名，下鎸葉碼及“敷文閣”。

内封題“讀史方輿紀要，崑山顧祖禹景范棩著，南昌彭元瑞芸楣校定，敷文閣藏板”。卷端題“讀史方輿紀要，崑山顧祖禹景范輯著，南昌彭元瑞芸楣校定，錦里龍萬育燮堂校刊”。

卷首依次有“讀史方輿紀要目次”；“歷代州域形勢紀要序”；“讀史歷代州域形勢目次”。

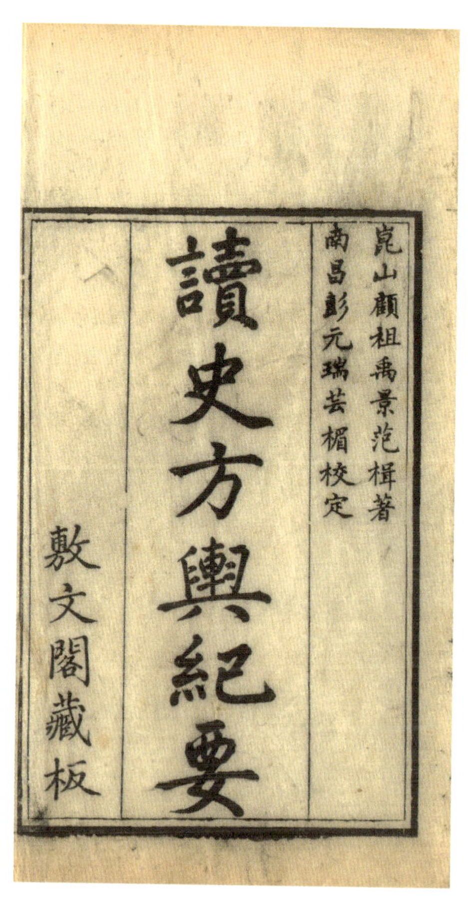

崑山顧祖禹景范棩著
南昌彭元瑞芸楣校定
讀史方輿紀要
敷文閣藏板

讀史方輿紀要卷一

崑山顧祖禹景范輯著　錦里龍萬育燮堂校刊
南昌彭元瑞芸楣校定

歷代州域形勢一　唐虞三代　春秋戰國　秦

昔黃帝方制九州列爲萬國周公職錄黃帝割地布九州漢志黃帝方制萬里畫野分州或曰九州顓帝所建帝嚳受之帝王世紀冀兗青徐揚荊豫梁雍九州顓帝所建通典亦云堯遭洪水天下分絕舜攝帝位命禹平水土以冀青地廣分冀東恒山之地爲并州恒山在直隸曲陽縣西北百四十里詳直隸名山舜之并州今直隸之眞定保定山西之太原大同等府皆是又東北醫無閭之地爲幽州醫無閭山在遼東廣寧衛西五里幽州今直隸之順天永平府及遼東廣寧等衛以西北皆是其境又分青州東北遼東之地爲營州遼東地在遼水東也

058.讀史方輿紀要一百三十卷附方輿全圖總説五卷 〔清〕顧祖禹撰

清光緒二十七年（1901）上海圖書集成局鉛印本 三十二册四函

内封題“讀史方輿紀要，宛溪顧祖禹景范著，附方輿全圖總説”。牌記題“光緒二十七年仲秋二林齋藏板圖書集成局鉛印”。卷端題“讀史方輿紀要，常熟顧祖禹景范輯著”。

卷首依次有“讀史方輿紀要叙”，署“寧都魏禧”；“彭序”，署“南昌彭士望”；“熊序”，署“嘉魚熊開元”；“吴序”，署“延陵吴興祚”；及未署名“讀史方輿紀要總叙一”、“總叙二”、“總叙三”；其後有“讀史方輿紀要凡例二十六則”；“讀史方輿紀要總目”，署“南昌彭元瑞芸楣校定，常熟顧祖禹景范輯著，江寧後學何瑞瀛校刊，金匱後學浦錫齡校字”。

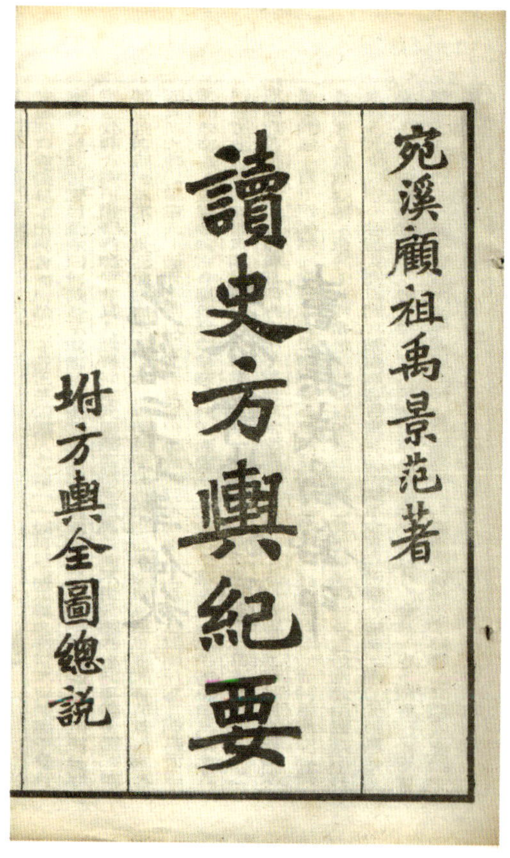

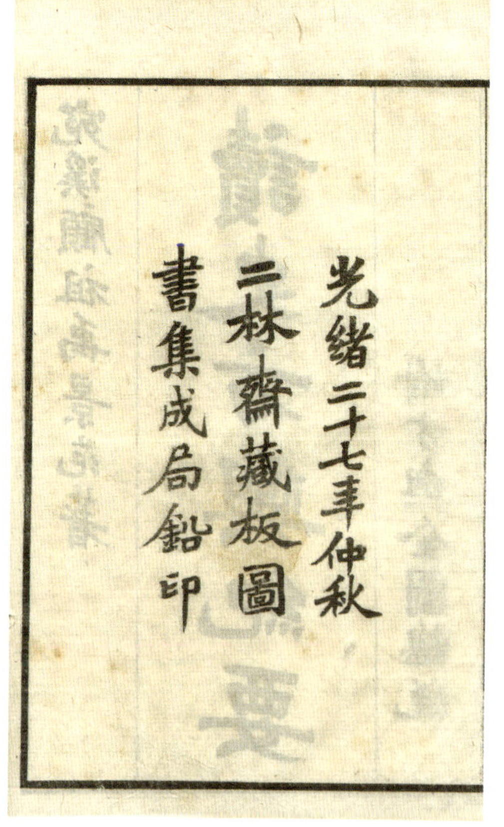

讀史方輿紀要卷一

常熟顧祖禹景范輯著

歷代州域形勢一

唐虞三代　春秋戰國　秦

昔黃帝方制九州列爲萬國（周公職錄黃帝割地布九州漢志黃帝方制萬里畫野分州）或曰九州顓帝所建帝嚳受之（帝王世紀冀兗青徐揚荊豫梁雍九州顓帝所建通典亦云）堯遭洪水天下分絕舜攝帝位命禹平水土以冀青地廣分冀東恒山之地爲幷州（恒山在直隸曲陽縣西北百四十里詳直隸名山幷之幷州今直隸之眞定保定山西之太原大同等府皆是）又東北醫無閭之地爲幽州（醫無閭山在遼東廣寧衛西五里幽州今直隸之順天永平府及遼東廣寧等衛以西北）又分青州東北遼東之地爲營州（遼東地在遼水東也水在遼東都司城西百六十里營州今瀋陽定遼諸衛以北又東至朝鮮之境皆是其境）書曰肇十有二州劉氏曰舜分幽幷內固王畿外維疆索包天下後世之慮也〇葉氏曰祭法云共工氏霸九州然則九州之名舊矣（共工氏在黃帝以前）春秋緯云人皇氏分九州又鄒衍淮南所稱九州其辭甚誕大抵九州者古今之通謂也

夏有天下還爲九州禹貢所稱其較著矣　都邑攷夏都安邑（安邑今山西解州屬縣）其後帝相都帝邱（帝邱今直隸開州西南三十里舊濮陽城是）少康中興復還安邑又曰昔伏羲都陳（卽今河南陳州）神農亦都陳又營曲阜（卽今山東曲阜縣）黃帝邑於涿鹿之阿（涿鹿地理總要云卽今涿州括地志嬀州懷戎縣東南五十里有涿鹿山城在山側黃帝所都也涿州今直隸順天府屬州唐嬀州懷戎縣今爲宣府鎭懷來衛）少昊自窮桑登位（窮桑在曲阜北）後徙曲阜顓帝自窮桑徙帝邱（見上）帝嚳都亳（今河南偃師縣）至堯始都平陽（世紀堯始封唐縣後徙晉陽今山西太原縣及爲天子都平陽卽今山西平陽府治臨汾縣）舜都蒲坂（今山西蒲州）禹都安邑（世紀鯀封崇伯地在秦晉之間或曰卽陝西鄠縣禹封夏伯今河南禹州也及受禪都平陽或云安邑或又以爲晉陽）堯舜禹

059.讀史方輿紀要一百三十卷（殘） 〔清〕顧祖禹撰 DS708 .K88 1903

清光緒二十九年（1903）成都志古堂刻本 二册一函

半框高18釐米，寬14.6釐米，左右雙邊。每半葉10行20字。版心上白口下黑口，單黑魚尾，上鎸“讀史方輿（上，下）”，中鎸篇名，下鎸葉碼。葉碼下黑口左半葉有刻工以“蘇州碼子”記録的字數。

牌記題“光緒癸卯仲夏成都志古堂刊”。卷端題“讀史方輿紀要，崑山顧祖禹景范輯著，資州駱成驤公驌抄讀”。

按：館藏存“讀史方輿紀要叙”上下二卷。

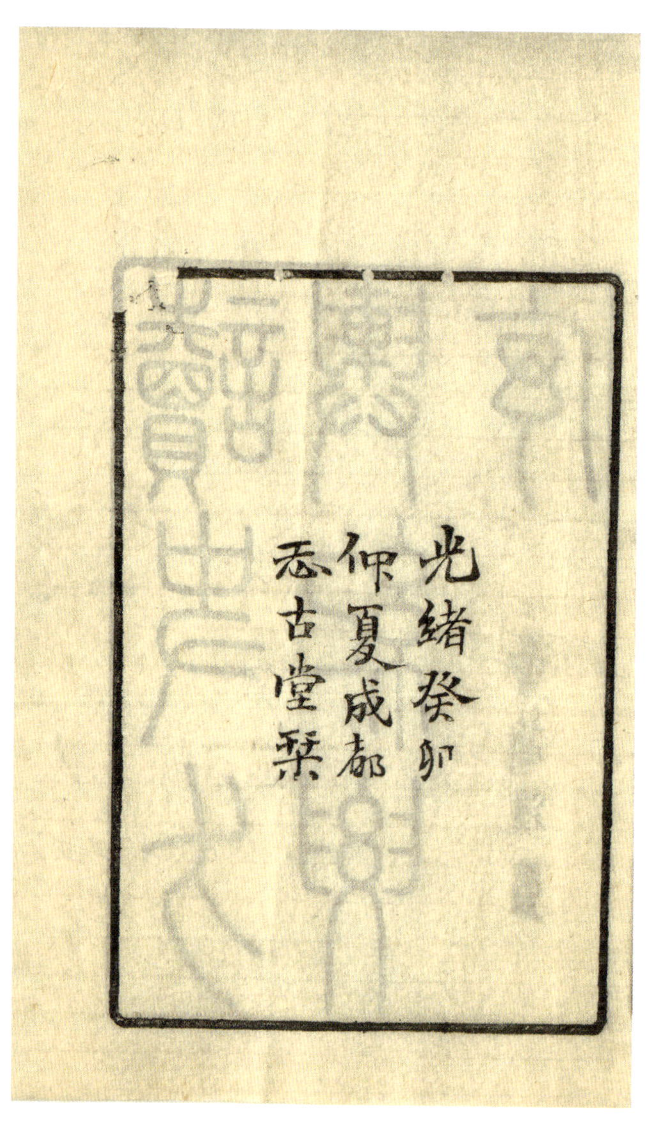
光緒癸卯
仲夏成都
志古堂栞

歷代州域形勢紀要敘

天下不能有治而無亂也繇亂而之治則州域奠定而形勢操於一人繇治而之亂則州域紛更而形勢散於天下蓋有都會焉有藩服焉有疆索焉此州域也而即一人之形勢也封域不可恃爲强城郭不可恃爲固山谿不可恃爲險一夫荷戈羣雄角逐天下各有其形勢而州域於是乎不可問矣有大力者出焉提衡握機取天下之形勢而獨決於指掌之中於以芟除僭僞削平禍亂而形勢復定嗚呼自生民以來亂則必歸於治也其治也必有所以致之者也治

060.佛山忠義鄉志十四卷　〔清〕吴榮光纂　915.27 F68 1830

清道光十年（1830）刻本　七册二函

半框高19.3釐米，寬14.2釐米，四周雙邊。每半葉11行21字，小字雙行同。版心白口，單黑魚尾，上鎸書名，中鎸卷次及篇名，下鎸葉碼。

内封題“佛山忠義鄉志”。卷端題“佛山忠義鄉志”。

卷首依次有“重修佛山忠義鄉志叙”，署“道光十年歲在庚寅冬十月里人吴榮光撰並書於三十六江舟次”；“佛山忠義鄉志目録”；“凡例”；“忠義鄉域圖”；“五什口司屬全圖”；“佛山形勢龍脈圖”；“靈應祠圖”；“佛山八景全圖”。

鈐印：“梁汝洪”。

佛山忠義鄉志卷之一

鄉域志

形勢 地脈 山川 田畝 鋪社 道路 里巷 墟市 橋梁 津渡 水利 潮汐 內涌界至附

古者十州爲鄉使之相賓鄉師稽其鄉器說文曰鄉國離邑民所封鄉也范栢年對宋文帝曰臣漢中惟有文里武鄉徐岱所居爲復禮鄉王烈以義行稱所居爲君子鄉是擇鄉而居所貴乎風淳俗美也顧地靈者人傑俗阜者物繁佛山自前明鄉人梁廣等捍海賊黃蕭養之亂名忠義鄉原二十四鋪今增爲二十七鋪周三十四里外與隣鄉犬牙相錯者陸則張槎之低路夾山彌塘之聖堂鄉

061.廣東考古輯要四十六卷（殘） 〔清〕周廣等編 DS793 .K7 C76

清光緒十九年（1893）刻本 六册一函

半框高13.2釐米，寬9.6釐米，四周雙邊。每半葉12行24字，小字雙行同。版心白口，單黑魚尾，上鎸書名，中鎸卷次及篇名，下鎸葉碼。

内封題“廣東考古輯要”。牌記題“光緒十九年癸巳歲春開雕，翻刻必究，板藏還讀書屋”。卷端題“廣東考古輯要”。

卷首依次有“序”，署“光緒十九年歲次昭陽大荒落寎月羅浮蜕叟拜撰”；“廣東考古輯要凡例”；“廣東考古輯要目録”，署“湖南廣韻笙、鄭業崇宗山、鄭業煌海蒼、魏恒叔平同輯“。

鈐印：“廖登庸印”“位三”。

按：館藏存卷一至卷五，卷九至卷十三，卷二十二至卷三十七，卷四十至卷四十二。

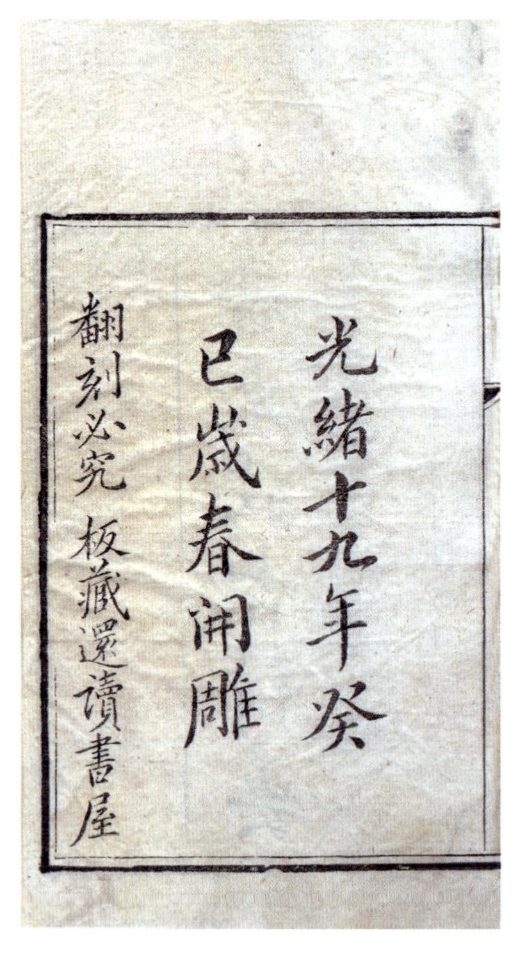

廣東考古輯要卷一

郡縣沿革 附廣東得名考

廣州府禹貢揚州南境春秋戰國為百粵地（漢書地理志自交阯至會稽七八千里百粵雜處各有種姓）秦始皇三十三年置南海郡漢初為南越國元鼎六年復置南海郡元封五年屬交州後漢末移交州來治（後漢書郡國志注交州建安十五年治番禺縣詔書以州邊遠使持節并七郡）三國吳黃武五年改置廣州晉曰廣州南海郡隋開皇九年郡廢仁壽元年改為番州大業三年復曰南海郡屬揚州唐武德四年復曰廣州置總管府天寶元年改曰南海郡至德元載置嶺南節度使乾元元年復曰廣州咸通三年分為嶺南東道乾甯二年改清海軍節度使五代為南漢國都改興王府宋復曰廣州府中都督府南海郡清甯軍節度為廣南東路治大觀元年升為帥府祥興元年升翔

062.衛藏圖識五卷　〔清〕馬揭撰　

清乾隆五十七年（1792）刻本　一册

半框高13.6釐米，寬9.9釐米，左右雙邊。每半葉8行20字。版心黑口，無魚尾，中鐫卷次、篇名及葉碼。

内封題“衛藏圖識”。卷端題“衛藏圖識”。

卷首依次有“衛藏圖識序”，署“乾隆五十七年壬子歲清和月江右魯華祝撰”；“衛藏圖識例言”；“衛藏圖識目録”。

鈐印：“天山文庫”“哈佛大學漢和圖書館珍藏印”。

按：此書包括圖考二卷、識略二卷、蠻語一卷。

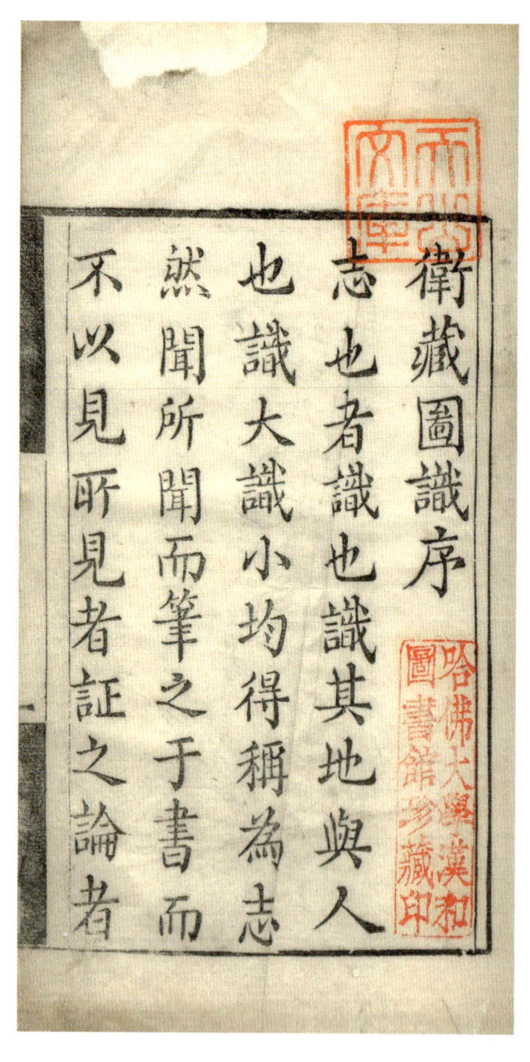
衛藏圖識序
志也者識也識其地與人
也識大識小均得稱為志
然聞所聞而筆之于書而
不以見所見者証之論者

衛藏圖識

圖考上卷

成都禹貢梁州之域井鬼分野其控制西域若高屋之建瓴焉而打箭爐乃中外扼塞其極西則為衛藏打箭爐以東雖險阻百折顛地猶中土人物風俗習見周知無煩慱引僅列圖并識其道里所經而已

063.瀛環志略十卷　〔清〕徐繼畬撰　910 H859y 1848

清道光三十年（1850）紅杏山房刻本　八册一函

半框高23釐米，寬18.4釐米，左右雙邊，無界欄。每半葉10行25字，小字雙行同。版心上白口下黑口，單黑魚尾，上鎸書名，中鎸卷次、篇名及葉碼。

内封題“瀛環志略，道光庚戌年鎸，壁星泉先生、劉玉坡先生鑒定，紅杏山房藏板”。目録端題“瀛環志略，五臺徐繼畬松龕輯著，會稽陳慶偕慈圃、福山鹿澤長春如參訂，沁水霍明高蓉生採譯”。

卷首依次有“瀛環志略叙”，署“道光己酉夏四月汶上年愚弟劉韻珂拜撰”；“序”，署“道光二十八年歲在著雍涒灘長洲愚弟彭蘊章拜撰”；“跋”，署“道光戊申秋八月會稽陳慶偕謹跋”；“序”，署“道光二十八年歲次戊申秋七月福山鹿澤長謹序”；“凡例”；“目録”。卷一“又八”葉有自序，署“道光戊申秋八月五臺徐繼畬識”。卷末有“福省東街口朱鐘鳴刻字”。

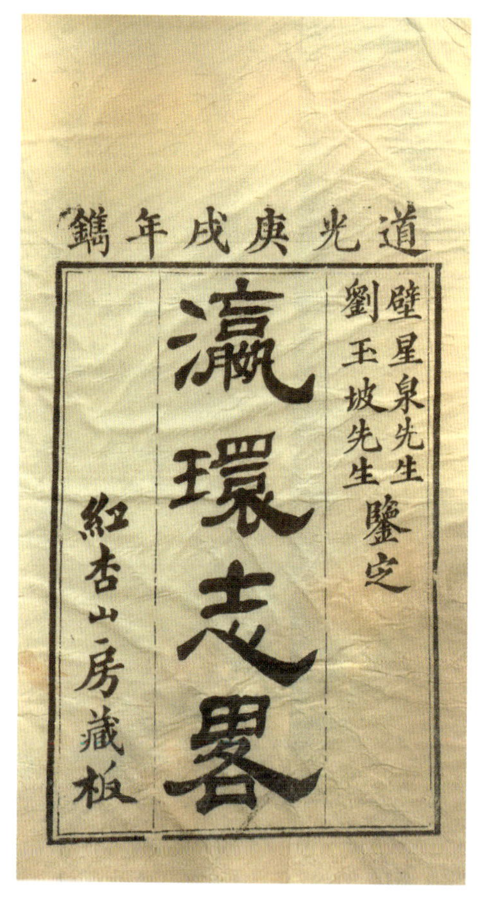

地球

地形如球以周天度數分經緯線縱橫畫之每一周得三百六十度每一度得中國之二百五十里海得十之六有奇土不及十之四（泰西人推算甚詳茲不贅）

地球從東西直剖之北極在上南極在下赤道橫繞地球之中日馭之所正照也赤道之南北各二十三度二十八分爲黃道限寒溫漸得其平又再北再南各四十三度四分爲黑道去日馭漸遠凝陰冱結是爲南北冰海

地球從中間橫剖之北極南極在中其外十一度四十四分爲黑道再外四十三度四分爲黃道限再外二十三度二十八分赤道

金石類

064.金石圖不分卷　〔清〕褚峻摹　〔清〕牛運震考説　PL2448 .N58 1743

清乾隆八年（1743）序刻本　四册一函

半框高23釐米，寬15.3釐米，左右雙邊。每半葉10行20字。版心白口，無魚尾。

内封題“金石圖”，卷端題“金石圖，郃陽褚峻千峰摹，滋陽牛運震階平説”。

卷首依次有“牛序”，署“乾隆八年秋七月山左牛運震撰”；“褚序”，署“乾隆八年歲次癸亥夏六月二十三日郃陽褚峻千峰序”。

按：此書分兩部分，收録褚峻所藏周代至漢代金石文數十種石刻，每種均先圖後文，褚峻縮摹拓片剪貼而成圖。説明文字以木板刻，爲牛運震所作。乾隆十年（1745）褚峻續補，增三國至唐之碑刻，以補金石圖之不足。第三册“序”，署“乾隆十年六月廿有三日郃陽褚峻”。褚序稱金石圖爲雍正十二年（1734）所刻，與前序不符，或是甲子年之誤，待考。

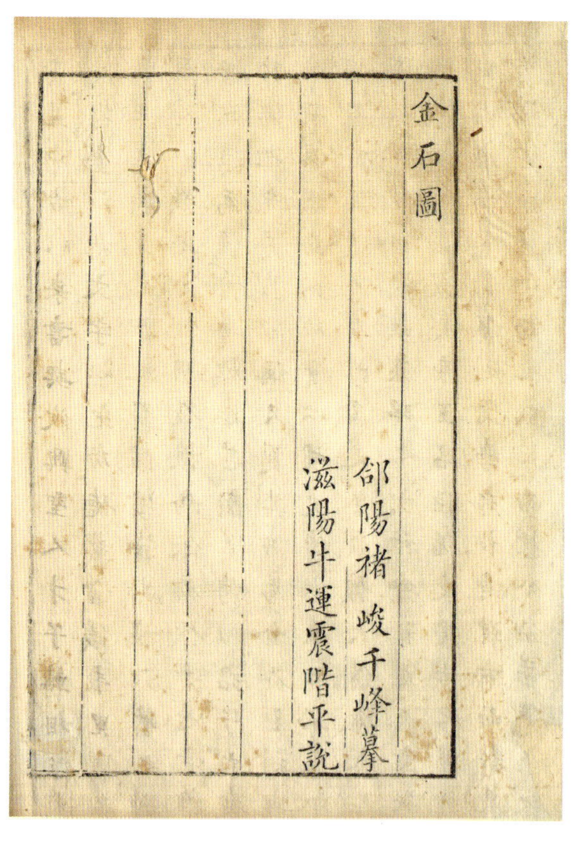
金石圖

郃陽褚峻千峰摹

滋陽牛運震階平説

065.金石索十二卷首一卷 〔清〕馮雲鵬、馮雲鵷輯

清道光元年（1821）滋陽縣署刻本 十二册二函

半框高26.5釐米，寬21.5釐米，四周單邊。版心白口，單黑魚尾，上鎸書名，中鎸卷次，下鎸“邃古齋藏”。

内封題“金石索，道光元年開鎸，滋陽縣署藏板”。各卷末牌記題“道光元年四月朔日鏤板於嵫陽署齋於時日月合璧五星聯珠記之”。金索卷端題“金索，紫琅馮雲鵬晏海氏、馮雲鵷集軒氏同輯”。

按：此書包括金索六卷、石索六卷。

金索一

紫琅馮雲鵬晏海氏
雲鵷集軒氏 同輯

鐘鼎之屬

泰古之政啜土塯飯土形而已無所謂鐘鼎也無所謂爵鹿相桓也三代而後日趨于文範金鑄辭可歆可寶惟是歲遠器淪索不多得就邇日所獲與所見者而手摹之亦戲炳可觀自商而下凡敦盤爵洗之類得數十事皆從鐘鼎之屬

遂古堂藏

066.清儀閣題跋不分卷　〔清〕張廷濟撰　895.18 C3627C 1893

清光緒十九年（1893）蘇州振新書社石印本　六册一函

内封題“清儀閣題跋，張叔未先生著，蘇州振新書社石印”。目録端題“清儀閣題跋，嘉興張廷濟叔未甫”。

卷首依次有“清儀閣題跋序”，署“光緒癸巳仁和高學治”；“清儀閣題跋目録”，署“嘉興張廷濟叔未甫”。卷末有“清儀閣題跋後識”，署“錢塘丁立誠識”。

鈐印：“朱毅藏書”。

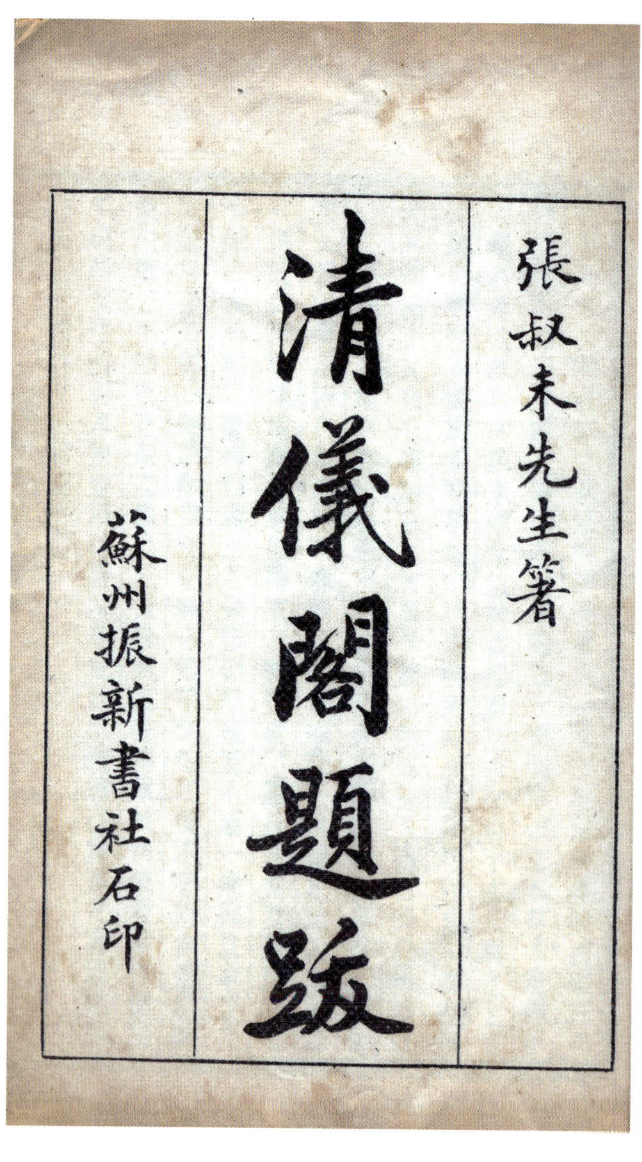

張叔未先生箸

清儀閣題跋

蘇州振新書社石印

商父母丁尊

商尊青緑在骨色澤黝潤葢經宋時磨蠟者文在底之側曰父母丁舊爲曹友恬叔所藏嘉慶丁丑十一月朔日余先觀于平湖錢子嘉齋中十二月廿日徐友蓉塘攜過竹田以番銀廿六餅得之昔年壬戌於京都琉璃廠見重屋父丁尊其文亦在底之側余借拓數本後爲初頤園大中丞以一十金購去葢尊之文或在腹底或在底之側觶文或在腹或在底觚文則都在底之側余所見大氐然也壬午二月廿一日

附録

毋猶當也當主也言此器主祭父丁也徐同柏

清儀閣題跋　一　丁尊

067.東書堂重修宣和博古圖録三十卷　〔宋〕王黼等撰　NK7983 A1 S36 1752

清乾隆十七年（1752）亦政堂刻本　十五册三函

半框高24釐米，寬15.6釐米，四周單邊。每半葉8行17字。版心白口，單白魚尾，上鎸“博古圖録”，中鎸卷次及葉碼。

内封題“博古圖，乾隆壬申年秋月，天都黄曉峰鑒定，亦政堂藏板”。卷端題“東書堂重修宣和博古圖録”。

卷首依次有“重刻博古圖序”，署“萬曆癸卯季夏旦日新都洪世俊用章甫書”；“圖序”，署“大明嘉靖七年歲在戊子菊月望日樂安蔣暘序”。卷末有“博古圖跋”，署“萬曆庚子至日左鄰公弘吴萬化識於石林尊生齋”。

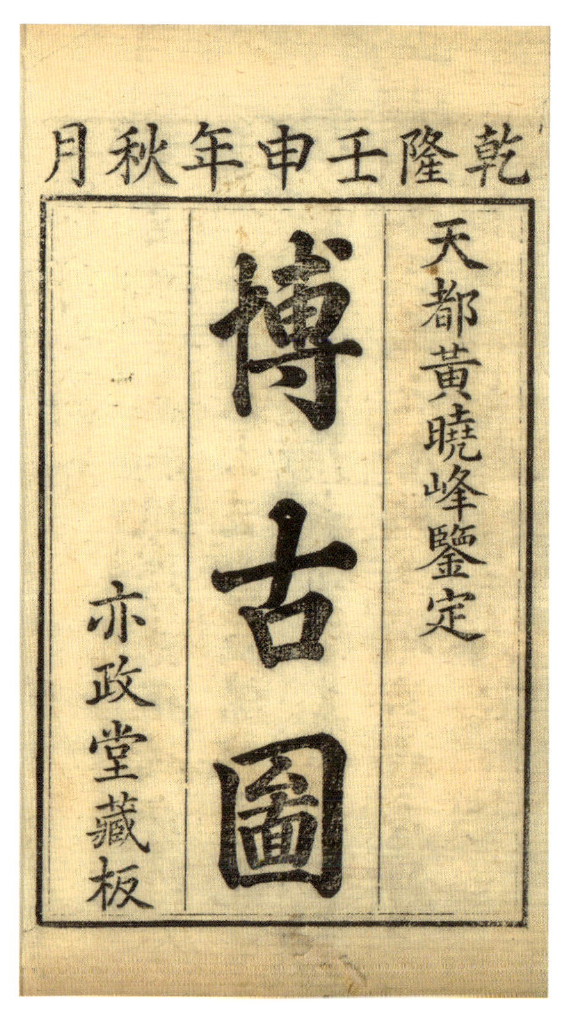

乾隆壬申年秋月

天都黄曉峰鑒定

博古圖

亦政堂藏板

東書堂重修宣和博古圖録卷第一

鼎鼒總説

鼎一 二十六器

商

父乙鼎 銘三十字

瞿父鼎 銘二字

子鼎 銘一字

庚鼎 銘一字

068.陶齋吉金録八卷 〔清〕端方撰 NK7983 .T88

清光緒三十四年（1908）石印本 八册一函

内封題“陶齋吉金録”。牌記題“光緒戊申輯於金陵”。

卷首依次有“陶齋吉金録叙”；“陶齋吉金録總目”；“陶齋吉金録卷一目録”。

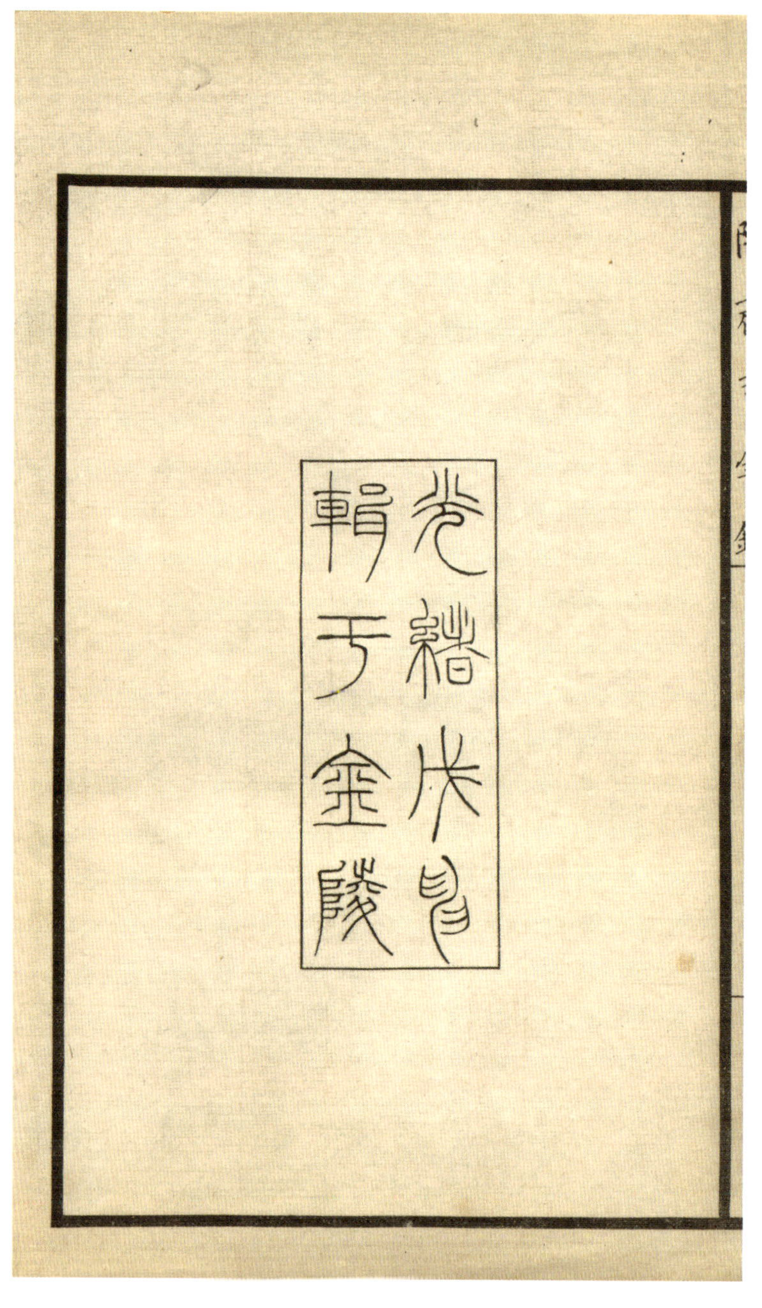
光緒戊申

輯于金陵

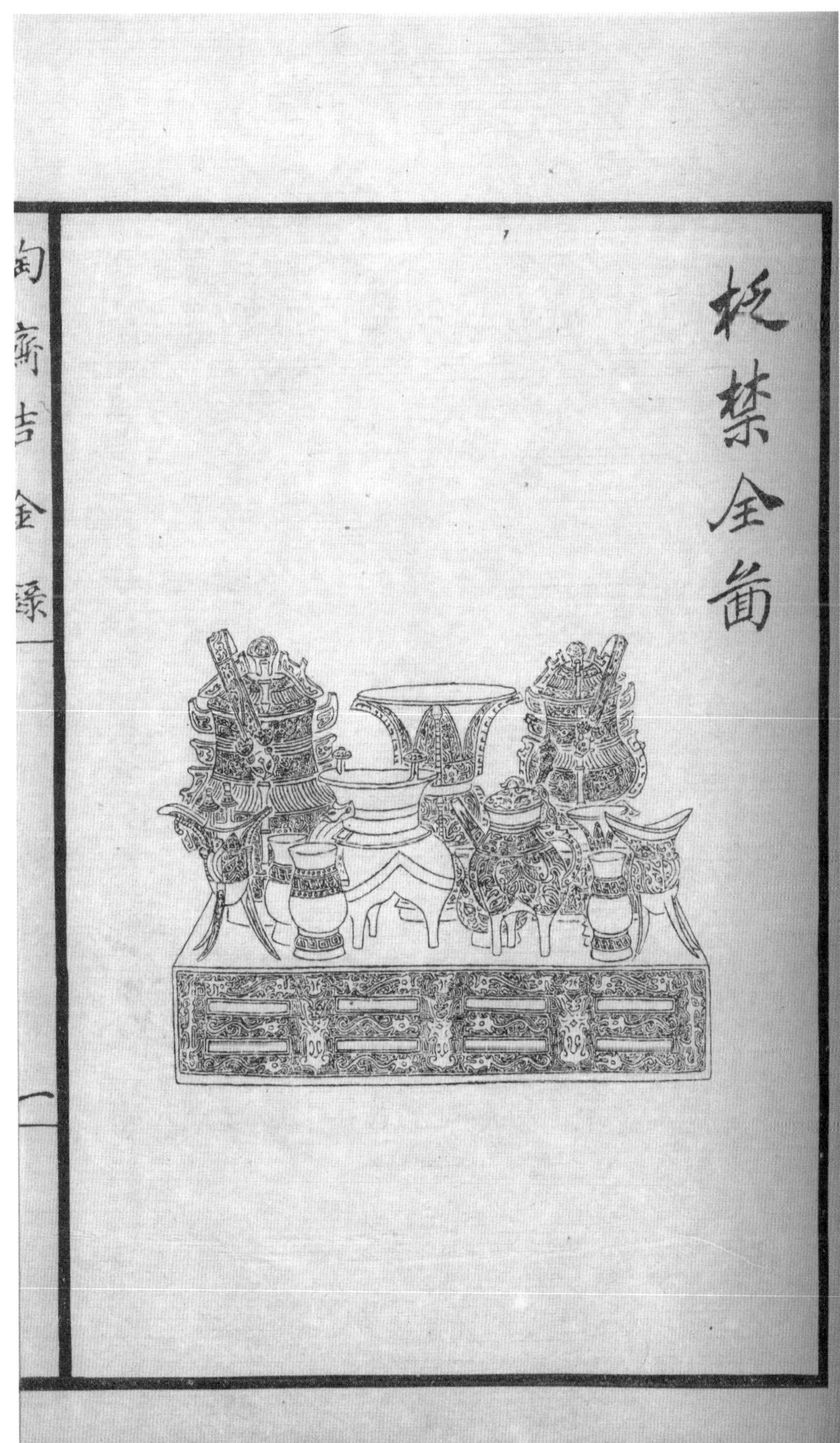
柉禁全圖
匋齋吉金錄
一

069.陶齋吉金續録二卷　〔清〕端方撰　

清宣統元年（1909）石印本　二册一函

内封題“陶齋吉金續録”。牌記題“宣統己酉輯於金陵”。

卷首依次有“陶齋吉金續録序”，署“以傳宣統元年歲次己酉十二月涇陽端方記”；“陶齋吉金續録卷一目録”。

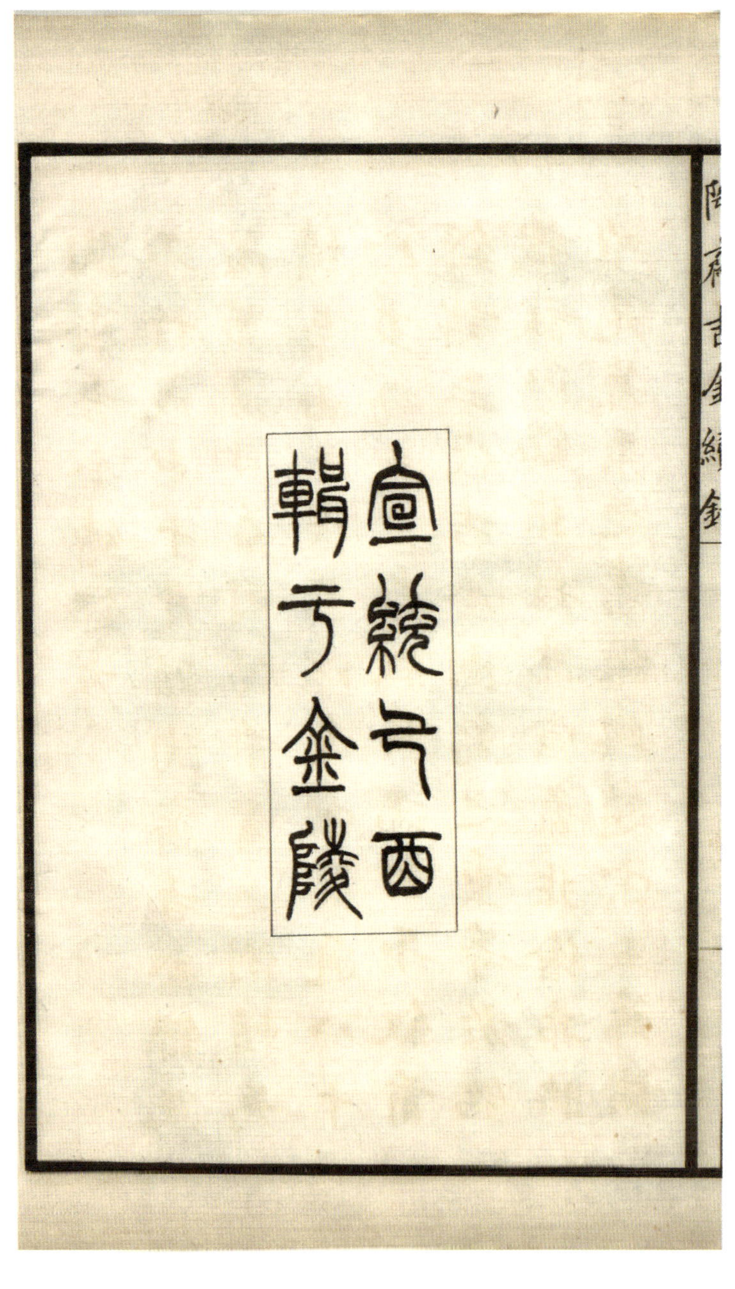
宣統己酉
輯于金陵

龢父大林鐘
匋齋吉金續錄
一

070.積古齋鐘鼎彝器款識十卷 〔清〕阮元編 PL2448 .J826 1804

清嘉慶九年（1804）儀徵阮氏揚州刻本 四册一函

半框高18.4釐米，寬12釐米，四周單邊。每半葉10行，行字不等。版心白口，單黑魚尾，上鎸書名，中鎸卷次，下鎸葉碼。

内封題“積古齋鐘鼎彝器款識”。卷端題“積古齋鐘鼎彝器款識，揚州阮氏編録”。

卷首依次有“積古齋鐘鼎彝器款識序”；“積古齋鐘鼎彝器款識後序”；“商周銅器説上篇”；“商周銅器説下篇”；“商周兵器説”；“積古齋鐘鼎彝器款識目録”。

鈐印：“A.CONRADY 孔好古印”。

071.又一部（殘） PL2448 .J826 1804 Copy 2

鈐印：“曠園主人叔和藏書印”“仲山珍藏書畫印”。

按：館藏存卷一、卷二、卷四。

072.又一部（殘） PL2448 .J826 1804 Copy 3

目録卷尾末鎸“弟亨仲嘉姪蔭曾封沂子常生壽昌同校字”。

鈐印：“僊舫真賞”“阮亨鑑父”“臣鶴齡印”“劉僊舫章”“阮亨梅叔”“珠湖草堂”。

按：館藏存卷一、卷二。“亨”爲阮亨（1783—1859），阮元之弟，字梅叔，號仲嘉。

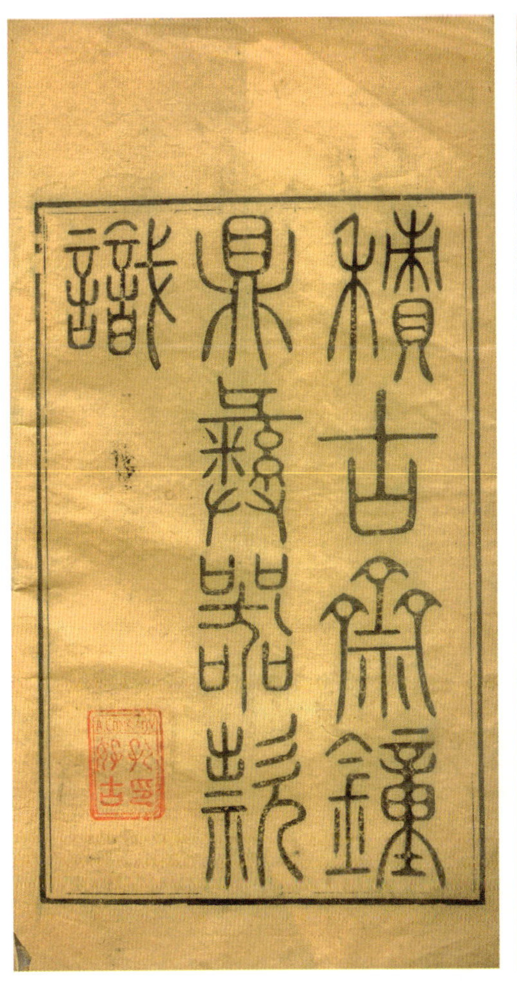

積古齋鐘鼎彝器款識

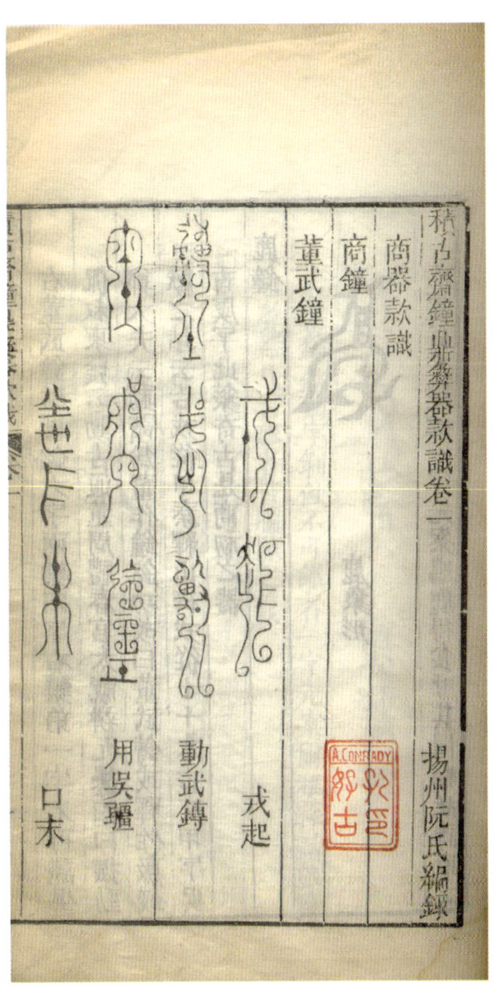

積古齋鐘鼎彝器款識卷一

揚州阮氏編錄

商器款識

商鐘

董武鐘

戎起

動武鎛

用吳疆

口末

073.宋淳熙敕編古玉圖譜一百卷　〔宋〕龍大淵等編纂　NK5750 .S664

清乾隆四十四年（1779）康山草堂刻本　十二册一函

半框高22.8釐米，寬15.5釐米，四周單邊。每半葉8行17字。版心白口，單白魚尾，上鎸“古玉圖”，中鎸卷次及葉碼。

内封題“古玉圖譜，乾隆己亥年鐫，康山草堂藏板”。卷端題“宋淳熙敕編古玉圖譜，文林郎翰林院待詔兼畫學博士賜金帶臣劉松年奉敕寫圖”。

卷首依次有“古玉圖譜原序”；“序”，署“大清乾隆四十有四年歲在己亥十二月望日歙人江春穎長氏序於康山草堂”；“宋淳熙敕編古玉圖譜總目”。卷末題“文林郎翰林院修撰兼攝太常禮儀院使賜緋魚袋臣錢萬選奉敕書字”；末題“宋淳熙三年三月臣龍大淵等奉敕編纂古玉圖譜共一百册”。

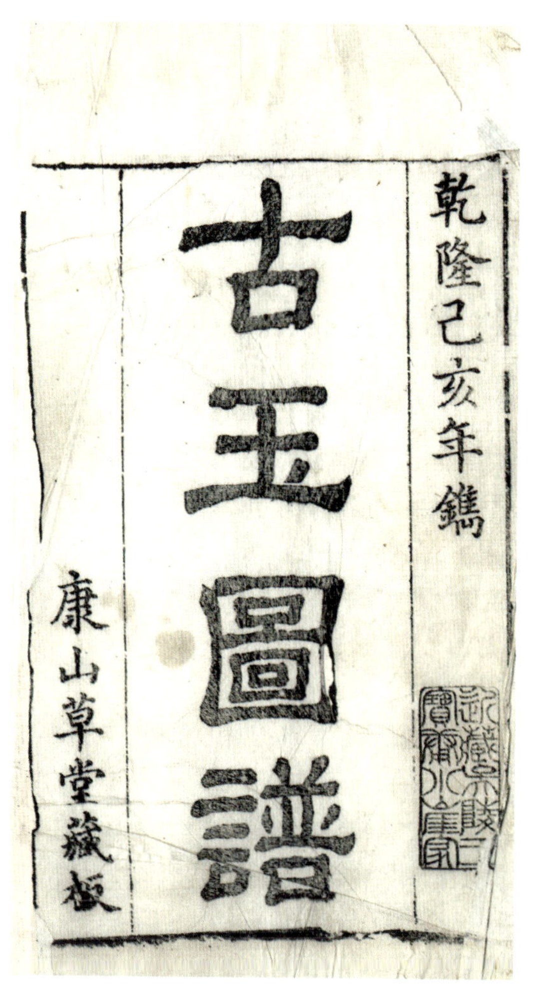
乾隆己亥年鐫
古玉圖譜
康山草堂藏板

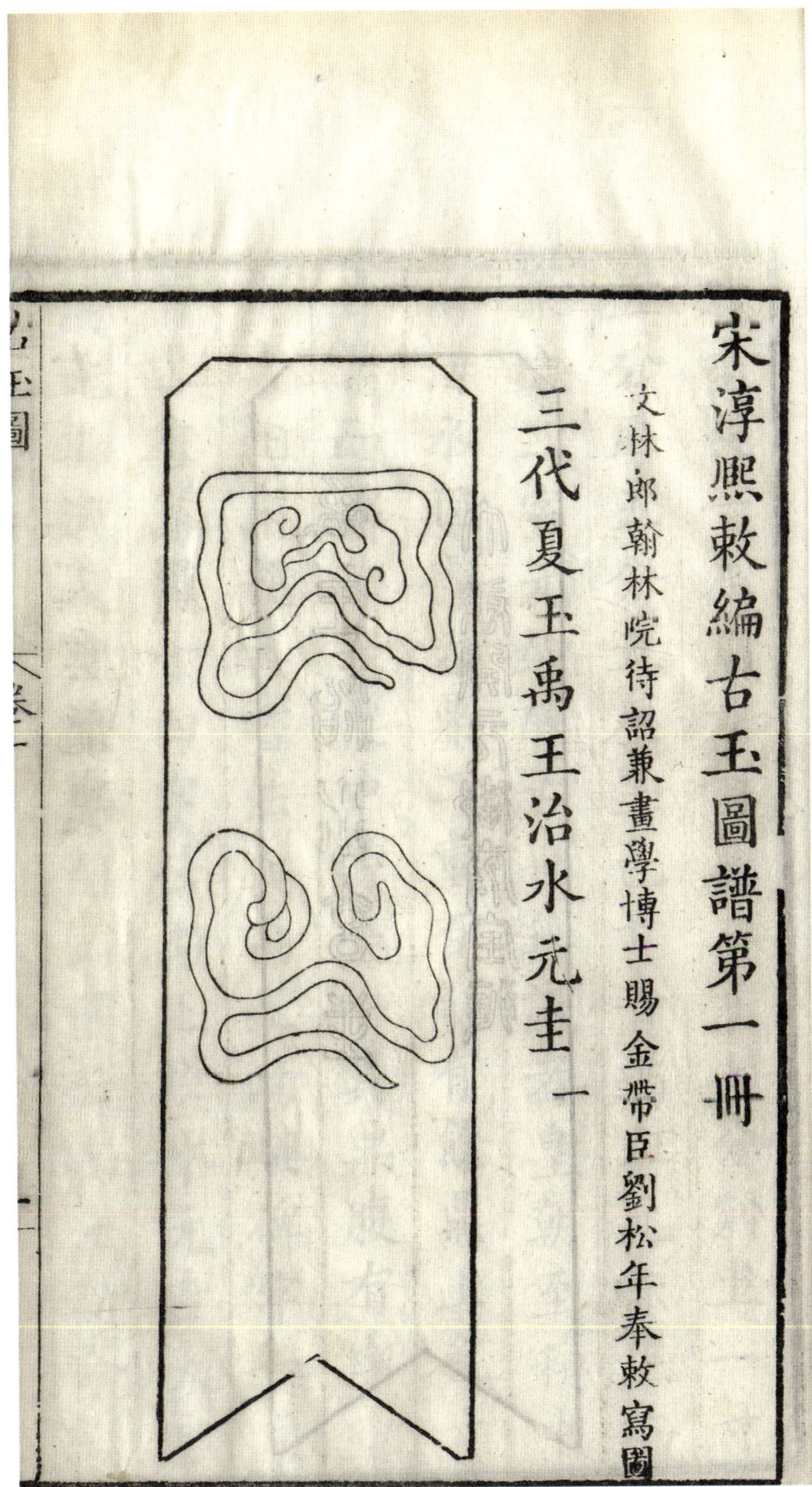
宋淳熙敕編古玉圖譜第一冊

文林郎翰林院待詔兼畫學博士賜金帶臣劉松年奉敕寫圖

三代夏玉禹王治水元圭一

074.鐵雲藏龜不分卷 〔清〕劉鶚輯

清光緒二十九年(1903)抱殘守缺齋石印本 六册一函

内封題“鐵雲藏龜”。牌記題“抱殘守缺齋所藏三代文字第一”。

卷首有“鐵雲藏龜之餘序”，題“乙卯春正月上虞羅振玉記於日本寓居之殷禮在斯堂”。

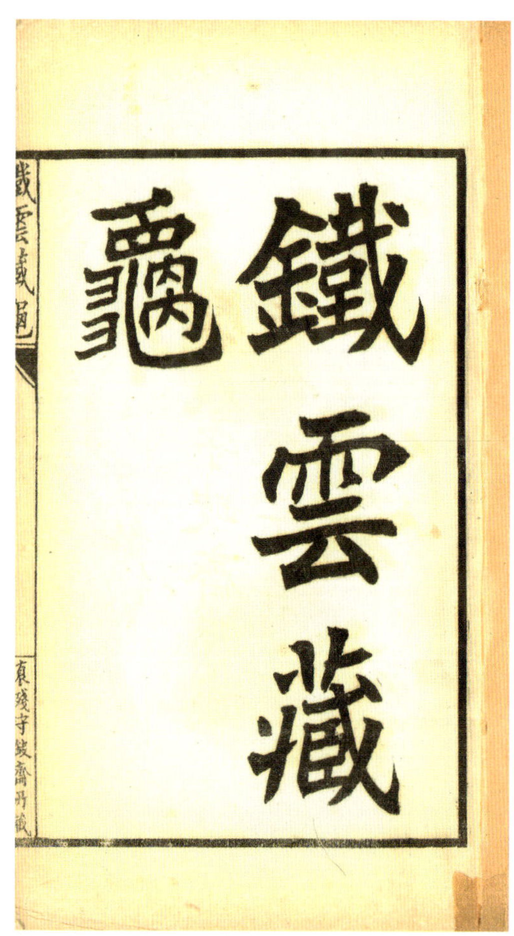

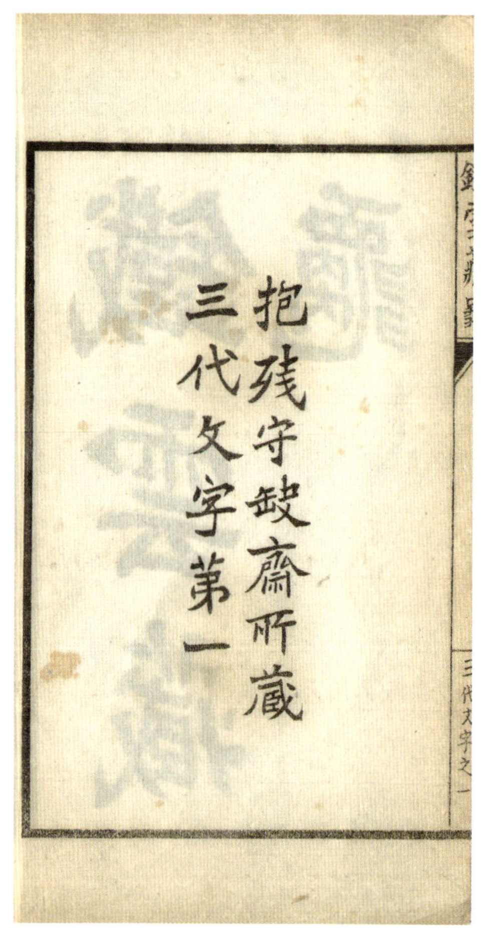

鐵雲藏龜
一
袌殘守缺齋所藏

075.殷商貞卜文字考一卷　羅振玉撰　PL1077 .L638 1910

清宣統二年（1910）玉簡齋石印本　一册一函

内封題“殷商貞卜文字考一卷”。牌記題“宣統二年玉簡齋印”。卷端題“殷商貞卜文字考”。

卷首有“序”，署“宣統二年歲在庚戌仲夏上虞羅振玉記”。卷末有“聞故附著之”，署“楊子雲者書此謝之六月二十四日振玉又識”。

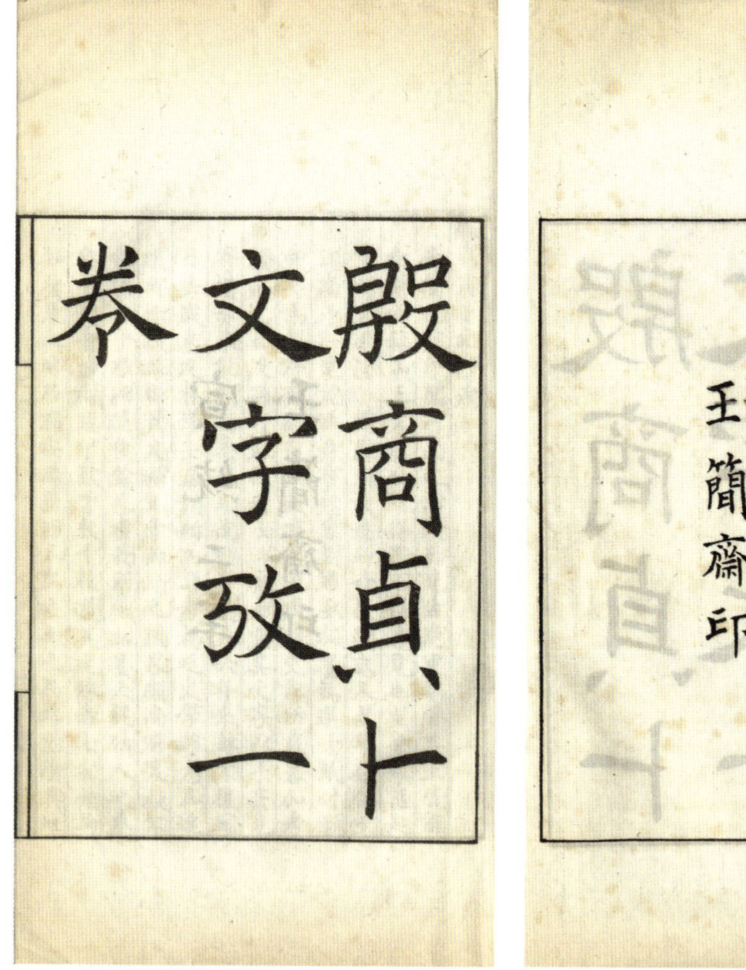

殷商貞卜文字攷一卷

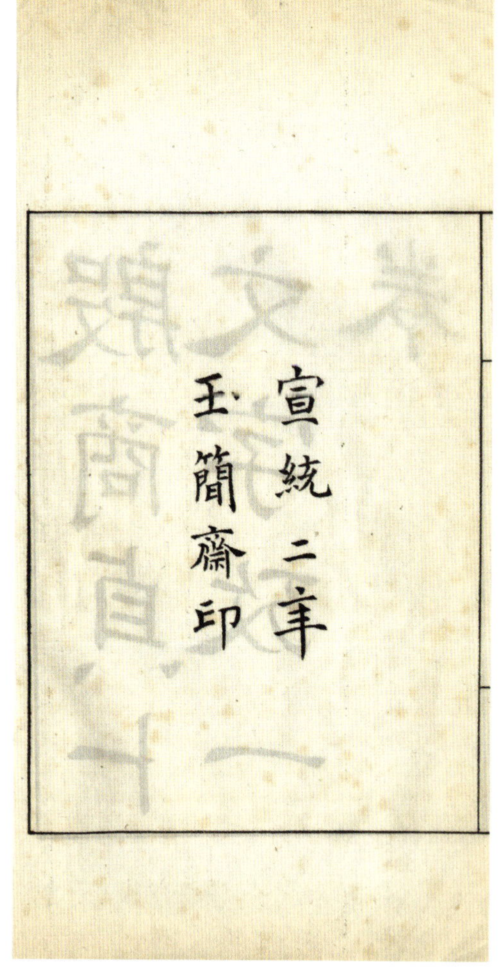

宣統二年
玉簡齋印

殷商貞卜文字考

光緒己亥予聞河南之湯陰發見古龜甲獸骨其上皆有刻辭爲福山王文敏公所得恨不得遽見也翌年拳匪起京師文敏殉 國難所藏悉歸丹徒劉氏又翌年始傳至江南予一見詫爲奇寶慫恿劉君亟拓墨爲選千紙付影印并爲製序顧行篋無藏書第就周禮史記所載畧加考證而已亡友孫仲容徵君詒讓亦考究其文字以手稾見寄惜亦未能洞析奥隱嗣南朔奔走五六年來都不復寓目去歲東友林學士泰輔始爲詳考揭之史學雜志且遠道郵示援據賅博足補正予鄉序之疏畧顧尚有褱疑不能決者予乃以退食餘晷盡發所藏拓墨又從估人之來自中州者博觀龜甲獸骨數千枚選其尤殊者七百并詢知發見之地乃在安陽縣西五里之小屯而非湯陰其地

076.秦漢瓦當文字一卷續一卷　〔清〕程敦撰　

清乾隆五十二年(1787)橫渠書院刻本　三册一函

半框高21.2釐米,寬17.2釐米,四周單邊。每半葉11行25字。版心黑口,無魚尾,中鎸書名、卷次及葉碼。

内封題"秦漢瓦當文字一卷,乾隆丁未三月刊於横渠書院"。卷端題"秦漢瓦當文字,程敦著録"。

卷首有"目"。

鈐印:"鄭順親王第三子章"。

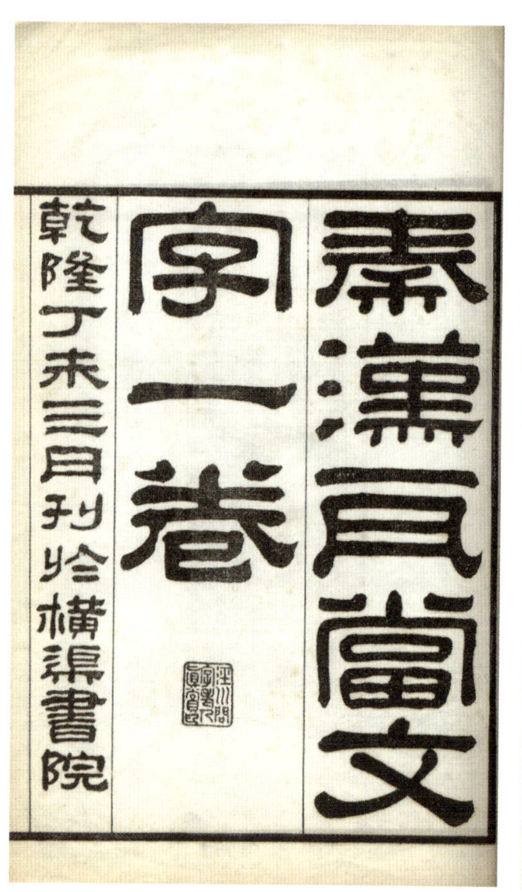

秦漢瓦當文字一卷

乾隆丁未三月刊於横渠書院

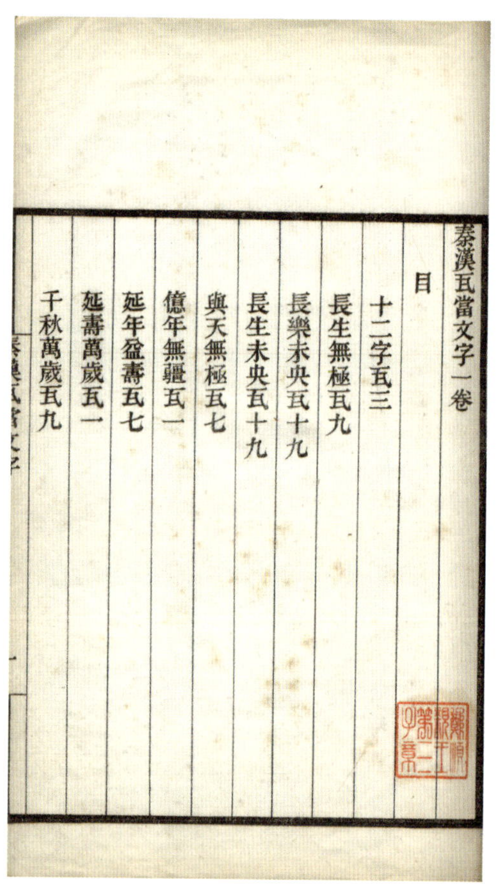

秦漢瓦當文字一卷

目

十二字瓦三

長生無極瓦九

長樂未央瓦十九

長生未央瓦十九

與天無極瓦七

億年無疆瓦一

延年益壽瓦七

延壽萬歲瓦一

千秋萬歲瓦九

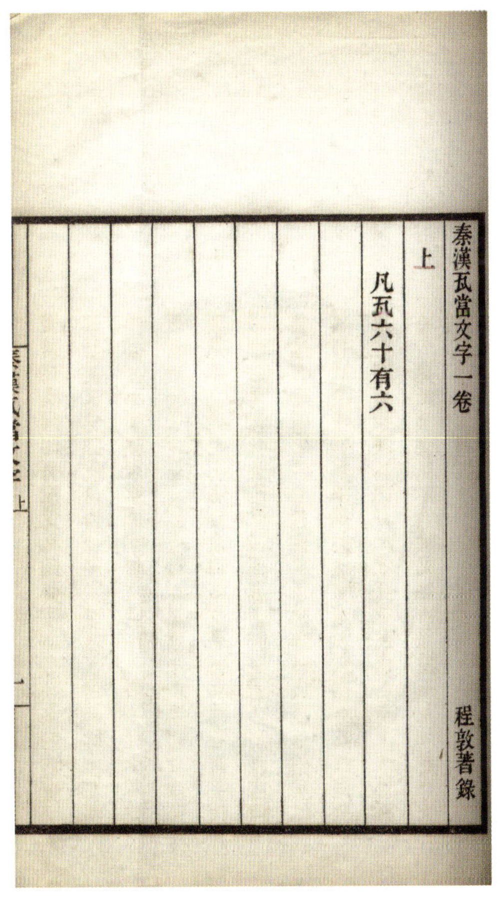

秦漢瓦當文字一卷　　程敦著錄

上

凡瓦六十有六

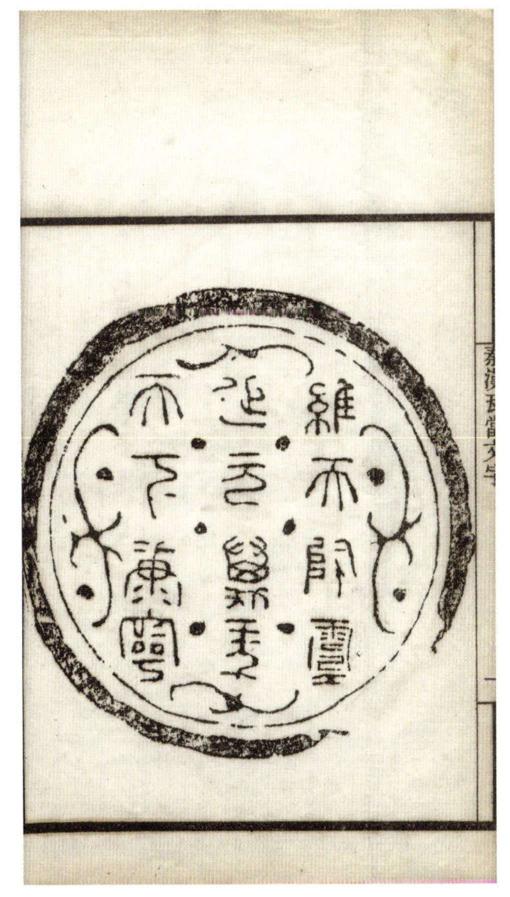

077.鐵雲藏陶不分卷　〔清〕劉鶚輯　

清光緒三十年(1904)抱殘守缺齋石印本　四册一函

内封題“鐵雲藏陶,日本山本由之題”。牌記題“抱殘守缺齋所藏三代文字之二”。

卷首有“序”,署“光緒甲辰正月丹綾劉鐵雲識”。

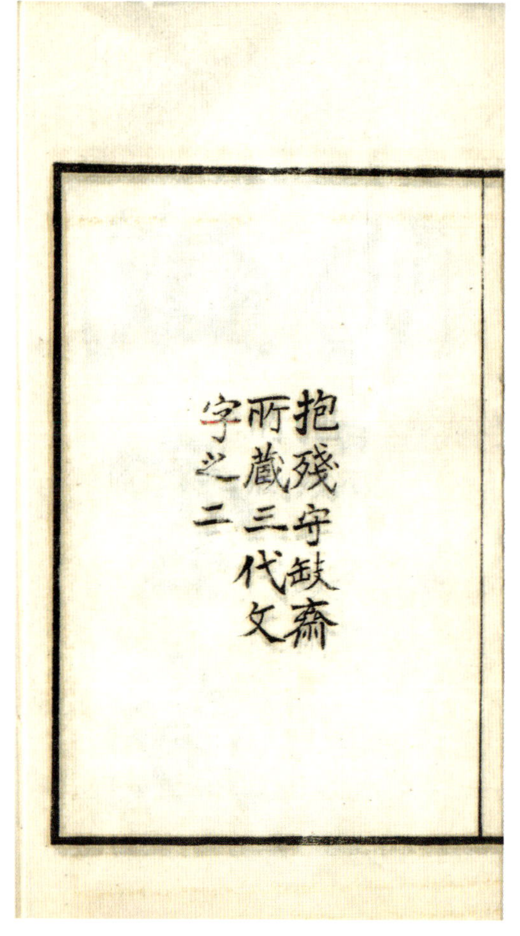

目録類

078.國史經籍志五卷附録一卷　〔明〕焦竑撰　015.51 C43k 1851

清咸豐元年（1851）粵雅堂叢書本　五册一函

半框高13.2釐米，寬9.8釐米，左右雙邊。每半葉9行21字，小字雙行同。版心黑口，無魚尾，中鎸書名、卷次及葉碼，下鎸“粵雅堂叢書”。

内封題“國史經籍志”。卷端題“國史經籍志，北海焦竑輯”。

卷首依次有“粵雅堂叢書目”；“國史經籍志序”。卷末署“國史經籍志，譚瑩玉生覆校”。

鈐印：“天彭”。

國史經籍志

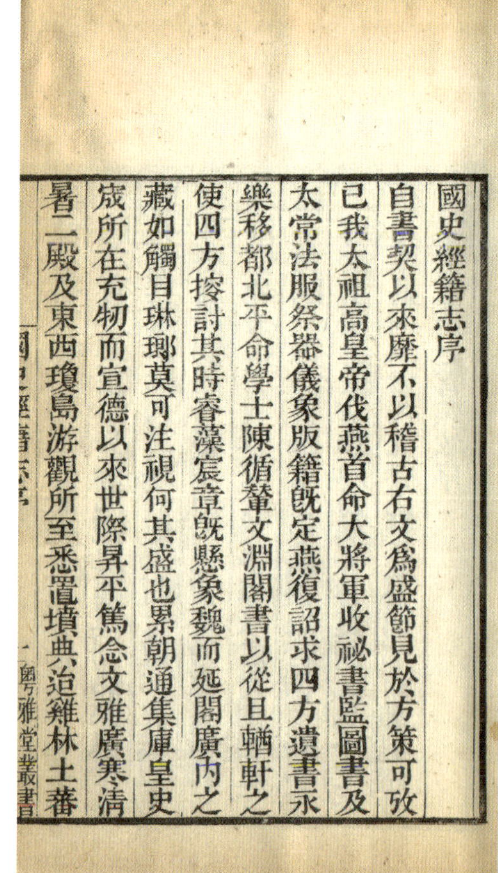

國史經籍志序

自書契以來靡不以稽古右文爲盛節見於方策可攷已我太祖高皇帝伐燕首命大將軍收祕書監圖書及太常法服祭器儀象版籍既定燕復詔求四方遺書永樂移都北平命學士陳循輦文淵閣書以從且輶軒之使四方搜討其時睿藻宸章既懸象魏而延閣廣內之藏如觸目琳瑯莫可注視何其盛也累朝通集庫皇史宬所在充牣而宣德以來世際昇平篤念文雅廣寒清暑二殿及東西瓊島游觀所至悉置墳典迨雞林土蕃

國史經籍志序　一　粵雅堂叢書

國史經籍志卷一

北海 焦竑 輯

制書類 御製 中宮御製 勅脩 記注時政

御製

高皇帝文集二十卷 又三十卷 又詩集五卷 皇明祖訓一卷 祖訓條章一卷 儲君昭鑒錄二卷 大明主壻一卷 昭鑒錄五卷 訓親藩 紀非錄一卷 諭周齊潭魯 永鑒錄一卷 訓親藩 資世通訓一卷 大誥一卷 大誥續編一卷 大誥三編一卷 臣戒錄一卷

079.欽定四庫全書總目二百卷首一卷 〔清〕紀昀等編 016.951 Ss715 1870

清同治七年(1868)廣東書局刻本 十二册一函

半框高14.2釐米,寬11釐米,左右雙邊。每半葉9行21字,小字雙行同。版心白口,無魚尾,上鎸書名及卷次,中鎸四部及分類,下鎸葉碼。

内封題“欽定四庫全書總目”。牌記題“同治七年廣東書局重刊”。卷端題“欽定四庫全書總目”。

卷首依次有“聖諭”;“恭紀”;“表文”;“職名”;“凡例”;“門目”。

鈐印:“鎔經鑄史齋”。

欽定四庫全書總目

鎔經鑄史齋

同治七年廣東書局重刊

欽定四庫全書總目卷一

經部總敘

經稟聖裁垂型萬世删定之旨如日中天無所容其贊述所論次者詁經之說而已自漢京以後垂二千年儒者沿波學凡六變其初專門授受遞稟師承非惟詁訓相傳莫敢同異即篇章字句亦恪守所聞其學篤實謹嚴及其弊也拘王弼王肅稍持異議流風所扇或信或疑越孔賈啖趙以及北宋孫復劉敞等各自論說不相統攝及其弊也雜

080.四庫書目略二十卷附録一卷　〔清〕費莫文良編　016.951 Ss715 1870

清同治九年（1870）刻本　十二册一函

半框高13釐米，寬10釐米，左右雙邊。每半葉9行21字，小字雙行同。版心白口，單黑魚尾，上鐫書名及卷次，中鐫四部及分類，下鐫葉碼。

内封題“四庫書目略，同治庚午年鐫，本宅藏板”。卷端題“四庫書目略”。

卷首依次有“門目”；“序”，署“同治九年二月滿洲費莫文良謹識”。

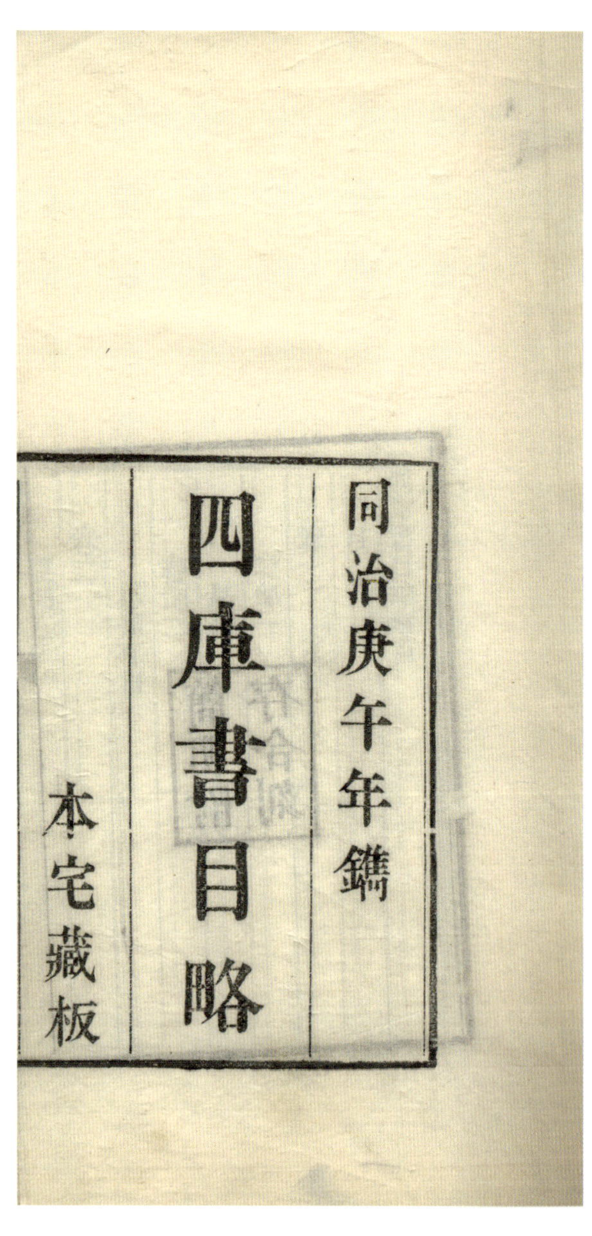

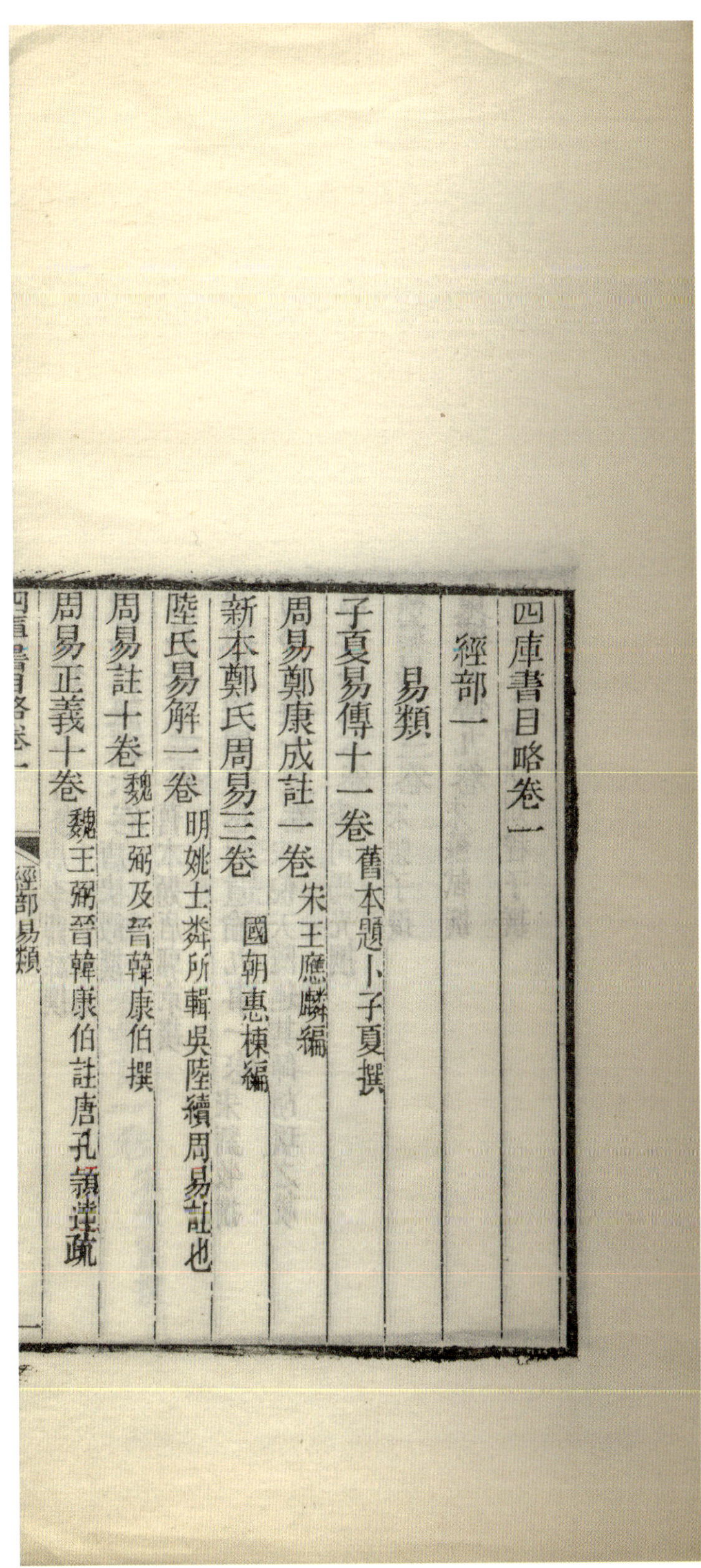

四庫書目略卷一

經部一

易類

子夏易傳十一卷 舊本題卜子夏撰

周易鄭康成註一卷 宋王應麟編

新本鄭氏周易三卷 國朝惠棟編

陸氏易解一卷 明姚士粦所輯吳陸績周易註也

周易註十卷 魏王弼及晉韓康伯撰

周易正義十卷 魏王弼晉韓康伯註唐孔穎達疏

四庫書目略卷一 經部易類 一

081.士禮居藏書題跋記六卷　〔清〕黃丕烈撰　

清光緒十年（1884）吴縣潘氏滂喜齋刻本　四册一函

半框高16.7釐米，寬12.5釐米，左右雙邊。每半葉11行23字，小字雙行同。版心黑口，單黑魚尾，中鎸小題、卷次及葉碼。

目録端題“士禮居藏書題跋記，吴縣黃丕烈”。卷端題“士禮居藏書題跋記”。

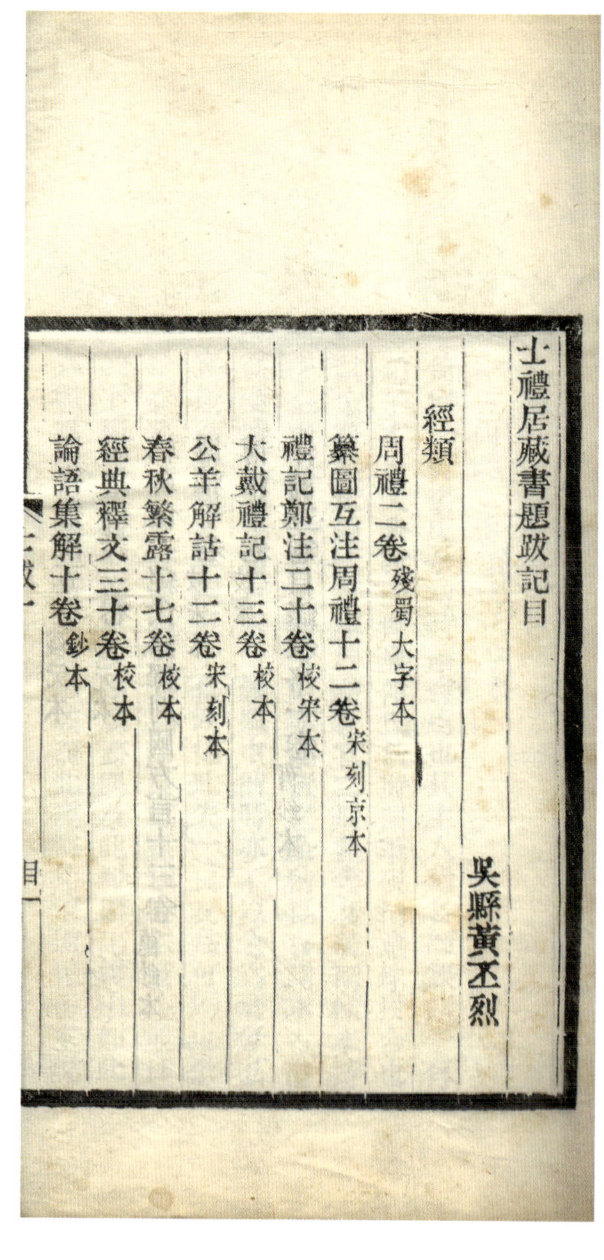

士禮居藏書題跋記目　吳縣黃丕烈

經類

周禮二卷殘蜀大字本

纂圖互注周禮十二卷宋刻京本

禮記鄭注二十卷校宋本

大戴禮記十三卷校本

公羊解詁十二卷宋刻本

春秋繁露十七卷校本

經典釋文三十卷校本

論語集解十卷鈔本

目一

士禮居藏書題跋記卷一

周禮二卷 殘蜀大字本

倚樹吟軒楊氏余幼時讀書處也其主人延名師課諸子有伯子才而夭余就讀時與仲氏偕時同筆硯情意殊投合也其家有殘宋蜀大字本周禮秋官二冊蓋書友詭稱樣本持十金去以取全書久而未至亦遂置之余稍長喜講求古書從偕時乞得登諸百宋一廛賦中偕時亦不以余爲豪奪也客歲偕時病歿年纔五十有四從此失一良友甚可傷也余今春耳目之力漸衰偶有小恙卽畏風惡寒久不至外堂日於下樓西廂靜坐養痾檢點羣書偶及此冊因記曩事如此人往風微覩此贈物益增傷感而此殘鱗片甲猶見蜀本規

082.榏書隅録五卷續編四卷 〔清〕楊紹和撰

清光緒二十一年（1895）海源閣刻本　八册一函

半框高17.2釐米，寬12.7釐米，左右雙邊。每半葉9行21字，小字雙行同。版心白口，單黑魚尾，上鎸書名，中鎸卷次，下鎸葉碼及“海源閣”。

卷端題“楹書隅録，聊城楊紹和彦合”。續編内封題“楹書隅録續編，臨桂龍繼棟署檢”。牌記題“光緒甲午中秋海源閣刊”。卷端題“楹書隅録續編，聊城楊紹和彦合”。

卷首依次有“自序”，署“同治己巳仲夏聊城楊紹和彦合甫識”，序末有“男保彝校字”；另“序”，末署“同治癸酉冬十月吴縣許賡颺改名玉瑑序於安定門内寓齋”；“楹書隅録總目”，署“聊城楊紹和彦合”。卷五末有“男保彝恭校”。卷末有“跋”，署“光緒二十年太歲在閼逢敦牂涂月上澣男保彝恭跋”；又“跋”，署“乙未閏五月門人膠州柯劭忞謹識”。續編卷首依次有“序”，署“同治辛未中秋彦合主人識於京寓五端友齊”，末有“男保彝校字”；“楹書隅録續編總目”，署“聊城楊紹和彦合”。卷四末有“男保彝校字”。卷末有“跋”，署“光緒二十年太歲在閼逢敦牂涂月上澣男保彝恭跋”；又“跋”，署“乙未閏五月門人膠州柯劭忞謹識”。

鈐印：“今關天彭之印”。

按：光緒戊子《聊城楊氏海源閣藏書目》末有“附楹書隅録跋”，署“同治己巳仲夏聊城楊紹和彦合甫識，隅録亦無刊本，今先録此跋於目後欲與向耆古者先知厓略焉標附志”。

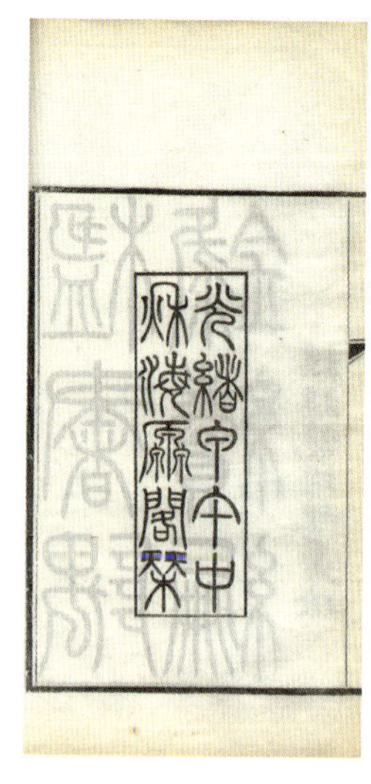

楹書隅録卷一

聊城楊紹和彦合

經部

宋本周易本義十二卷八册二函

和幼時讀周易　先公諭曰此非朱子之舊也檢顧氏日知録示和而訪求本義舊本不可得所藏者乃内府摹刻宋吳革本也昨歲入都於廠肆見此本楮墨絶精色香俱古洵吳氏原槧愛玩不忍釋手而索直昂譏再三未就比歸始致書友人購之謹案

083.書目答問不分卷 〔清〕張之洞撰 015.51 C362s 1875

清末鉛印本 二册一函

内封題“書目答問”。

鈐印：“本城藏書”。

史部 此類若古史及宋以前雜史雜地志多在通行諸叢書內此舉善本若諸本相等舉易得者

正史第一 事實先以正史爲據

欽定二十四史 乾隆間欽定此二十四部皆爲正史共三千二百四十三卷目列後 正史撰人不錄

史記一百三十卷 晉裴駰集解唐司馬貞索隱唐張守節正義 汲古本掃葉本無索隱正義 漢書一百二十卷 唐顏師古注即宋慶元附三劉刊誤宋祁校語本 明監本汲古本掃葉本無校語 後漢書一百二十卷 唐章懷太子賢注內志三十卷晉司馬彪撰梁劉昭注 三國志六十五卷 宋裴松之注 晉書一百三十卷 附唐何超音義三卷 宋書一百卷 南齊書五十九卷 梁書五十六卷 陳書三十六卷 魏書一百一十四卷 北齊書五十卷 周書五十卷 隋書八十五卷 南史八十卷 北史一百卷 舊唐書二百卷 新唐書二百二十五卷 明南監本附宋董衝釋音二十五卷 舊五代史一百五十卷目錄二卷 新

子部

叢編類

084.子書百家 〔清〕崇文書局編 AC149 .B332 1875

清光緒元年(1875)湖北崇文書局刻本 一百十册六十函

半框高18.9釐米,寬14.9釐米,四周雙邊。每半葉12行24字。版心黑口,雙黑魚尾,中鎸卷次、子目書名及葉碼。

《孔子家語》内封題“孔子家語”。牌記題“光緒紀元夏月湖北崇文書局開雕”。卷端題“孔子家語”。

子目:

儒家類二十三種

孔子家語十卷 〔三國魏〕王肅注

孔子集語二卷 〔宋〕薛據輯

荀子三卷 〔周〕荀況撰

孔叢子二卷 題〔漢〕孔鮒撰

新語二卷 〔漢〕陸賈撰

忠經一卷 題〔漢〕馬融撰 〔漢〕鄭玄注

新書十卷 〔漢〕賈誼撰

鹽鐵論二卷 〔漢〕桓寬撰

新序十卷 〔漢〕劉向撰

説苑二十卷 〔漢〕劉向撰

揚子法言一卷 〔漢〕揚雄撰

方言十三卷 〔漢〕揚雄撰 〔晋〕郭璞注

潛夫論十卷 〔漢〕王符撰

申鑒五卷 〔漢〕荀悦撰

中論二卷 〔漢〕徐幹撰

傅子一卷 〔晋〕傅玄撰

文中子中説一卷 題〔隋〕王通撰

續孟子二卷 〔唐〕林慎思撰

伸蒙子三卷　〔唐〕林慎思撰

素履子三卷　〔唐〕張弧撰

胡子知言六卷附録一卷疑義一卷　〔宋〕胡宏撰

薛子道論三卷　〔明〕薛瑄撰

海樵子一卷　〔明〕王崇慶撰

兵家類十種

風後握奇經一卷附握奇經續圖一卷八陣總述一卷　〔漢〕公孫宏解　（八陣總述）題〔晋〕馬隆述

六韜三卷　〔周〕吕望撰

孫子三卷　〔周〕孫武撰

吴子二卷　〔周〕吴起撰

司馬法一卷　〔周〕司馬穰苴撰

尉繚子二卷　〔周〕尉繚撰

素書一卷　〔漢〕黄公石撰　〔宋〕張商英注

心書一卷　題〔三國蜀〕諸葛亮撰

何博士備論二卷　〔宋〕何去非撰

宋丞相李忠定公輔政本末一卷　〔宋〕李綱撰

法家類六種

管子二十四卷　〔周〕管仲撰

晏子春秋八卷　〔周〕晏嬰撰

商子五卷　〔周〕商鞅撰

鄧子一卷　〔周〕鄧析撰

尸子二卷　〔周〕尸佼撰

韓非子二十卷　〔周〕韓非撰

農家類一種

齊民要術十卷雜説一卷　〔北魏〕賈思勰撰

術數類二種

太玄經十卷　〔漢〕揚雄撰

焦氏易林四卷　題〔漢〕焦延壽撰

雜家類二十八種

鬻子一卷補一卷　〔唐〕逢行珪注　〔明〕楊之森輯補

計倪子一卷　〔周〕計然撰

於陵子一卷　〔周〕陳仲子撰

子華子二卷　〔晋〕程本撰

墨子十六卷附篇目考一卷　〔清〕畢沅校注

尹文子一卷　〔周〕尹文撰

慎子一卷　〔周〕慎到撰

公孫龍子一卷　〔周〕公孫龍撰

鬼谷子一卷　〔周〕鬼谷子撰

鶡冠子三卷　〔宋〕陸佃注

吕氏春秋二十六卷　〔秦〕吕不韋撰

淮南鴻烈解二十一卷　〔漢〕劉安撰　〔漢〕高誘注

金樓子六卷　〔南朝梁〕元帝蕭繹撰

劉子二卷　〔北齊〕劉晝撰

顔氏家訓二卷　〔北齊〕顔之推撰

獨斷一卷　〔漢〕蔡邕撰

論衡三十卷　〔漢〕王充撰

白虎通德論四卷　〔漢〕班固撰

風俗通義十卷　〔漢〕應劭撰

牟子一卷　〔漢〕牟融撰

古今注三卷　題〔晋〕崔豹撰

聱隅子歔欷瑣微論二卷　〔宋〕黄晞撰

嬾真子五卷　〔宋〕馬永卿撰

廣成子解一卷　〔宋〕蘇軾撰

叔苴子内篇六卷外篇二卷　〔明〕莊元臣撰

鬱離子一卷　〔明〕劉基撰

空洞子一卷　〔明〕李夢陽撰

海沂子五卷　〔明〕王文禄撰

小説家雜事類三種

燕丹子三卷　〔清〕孫星衍校輯

玉泉子一卷　〔唐〕□□撰

金華子雜編二卷　〔五代〕劉崇遠撰

小説家異聞類十三種

山海經十八卷　〔晉〕郭璞注

山海經圖贊一卷　〔晉〕郭璞撰

山海經補注一卷　〔明〕楊慎撰

神異經一卷　題〔漢〕東方朔撰　〔晉〕張華注

海内十洲記一卷　題〔漢〕東方朔撰

別國洞冥記四卷　題〔漢〕郭憲撰

穆天子傳六卷　〔晉〕郭璞注

拾遺記十卷　〔晉〕王嘉撰　〔南朝梁〕蕭綺録

搜神記二十卷　題〔晉〕干寶撰

搜神後記十卷　題〔晉〕陶潛撰

博物志十卷　題〔晉〕張華撰　〔宋〕周日用等注

續博物志十卷　題〔宋〕李石撰

述異記二卷　題〔南朝梁〕任昉撰

道家類十四種

陰符經一卷　〔漢〕張良注

關尹子一卷　〔周〕尹喜撰

老子道德經二卷　〔三國魏〕王弼注

道德真經注四卷　〔元〕吴澄撰

莊子南華真經三卷　〔周〕莊周撰

莊子闕誤一卷　〔明〕楊慎撰

列子二卷　〔周〕列禦寇撰

抱朴子内篇四卷外篇四卷　〔晉〕葛洪撰

亢倉子一卷　〔唐〕王士元撰

玄真子一卷　〔唐〕張志和撰

天隱子一卷　題〔唐〕司馬承禎撰

无能子三卷　〔唐〕□□撰

胎息經疏一卷　〔明〕王文禄撰

至遊子二卷　〔明〕□□撰

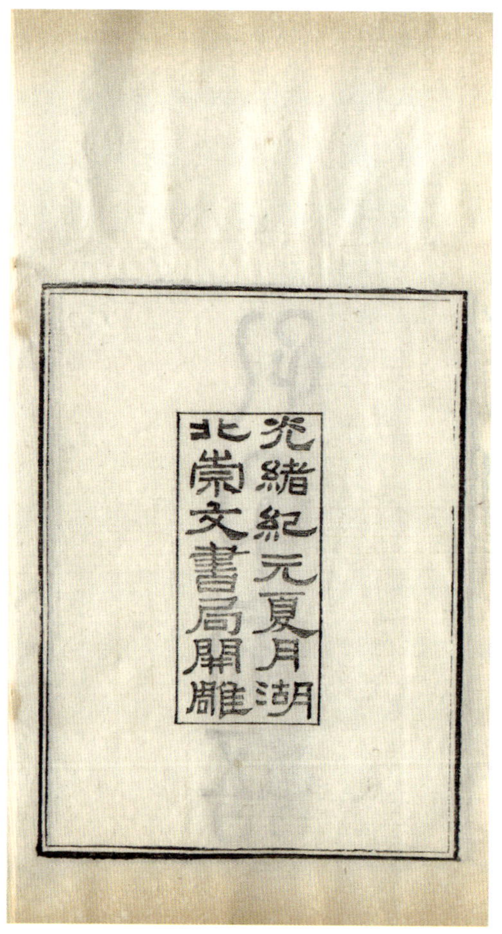

孔子家語卷一

相魯第一

孔子初仕爲中都宰制爲養生送死之節長幼異食強弱異任男女別塗路無拾遺器不彫僞爲四寸之棺五寸之椁因丘陵爲墳不封不樹行之一年而西方之諸侯則焉定公謂孔子曰學子此法以治魯國何如孔子對曰雖天下可乎何但魯國而已哉於是二年定公以爲司空乃別五土之性而物各得其所生之宜咸得厥所先時季氏葬昭公于墓道之南孔子溝而合諸墓焉謂季桓子曰貶君以彰己罪非禮也今合之所以揜夫子之不臣由司空爲大司寇設法而不用無姦民

定公與齊侯會于夾谷孔子攝相事曰臣聞有文事者必有武備有武事者必有文備古者諸侯並出疆必具官以從請具左

儒家儒學類

085.荀子二十卷附校勘補遺（殘）　〔周〕荀况撰　〔唐〕楊倞注

清宣統三年（1911）育文書局石印子書二十八種本　一册一函

卷端題“荀子，唐登仕郎守大理評事楊倞注”。

按：館藏存卷十一至卷二十。

士抱經手校本歎其精審復與往復討論正楊注之誤者若干條付諸剞劂氏而此書始有善本矣蓋自
仲尼既歿儒家以孟荀爲最醇太史公敘列諸子獨以孟荀標目韓退之於荀氏雖有大醇小疵之譏然
其云吐辭爲經優入聖域則與孟氏並稱無異詞也宋儒所訾議者唯性惡一篇愚謂孟言性善欲人之
盡性而樂於善荀言性惡欲人之化性而勉於善立言雖殊其教人以善則一也宋儒言性雖主孟氏然
必分義理與氣質而二之則已兼取孟荀二義至其教人以變化氣質爲先實暗用荀子化性之說然則
荀子書詎可以小疵訾之哉古書僞與爲通荀子所云人之性惡其善者僞也此僞字即作爲之爲非詐
僞之僞故又申其義云不可學不可事而在人者謂之性可學而能可事而成之在人者謂之僞堯典平
秩南訛史記作南爲漢書王莽傳作南僞此僞即爲之證也因讀公序輒爲引伸其說以告將來之讀是
書者
丙午閏七月嘉定錢大昕跋
荀子校勘補遺
卷一
勸學篇　南方有鳥焉節注說苑客謂孟嘗君曰鷦鷯巢於葦苕箸之以髮　案說文有箸無著箸但訓

荀子卷第十一

唐登仕郎守大理評事楊倞注

彊國篇第十六

刑范正，刑與形同。范，法也。刑范，鑄劒規模之器也。金錫美，工冶巧，火齊得，火齊得，謂生孰齊和得宜。考工記云：金有六齊。齊，才細反。剖刑而莫邪已，剖，開也。莫邪，古劒之名。然而不剝脫，不砥厲，則不可以斷繩；剝脫，謂刮去其生澀。砥厲，謂磨淬也。剝脫之，砥厲之，則劙盤盂、刎牛馬忽然耳。劙，割也，音戾。劙盤盂、刎牛馬，蓋古用試劒者也。戰國策趙奢謂田單曰：吳干將之劒，肉試則斷牛馬，金試則截盤盂。盤盂皆銅器，猶鄭鍾無聲及斬牛馬者也。忽然，言易也。○劙，宋本作劙，元刻作劙，皆訛，今改正。彼國者亦彊國之剖刑已，如彊國之初開刑也。然而不教誨，不調一，則入不可以守，出不可以戰；教誨之，調一之，則兵勁城固，敵國不敢嬰也。彼國者亦有砥厲，禮義節奏是也。節奏，有法度也。故人之命在天，國之命在禮。人君者，隆禮尊賢而王，重法愛民而霸，好利多詐而危，權謀傾覆幽險而亡。幽，深。傾，險。使下難知，則亡也。○正文及注亡字上，元刻並有盡字，宋本無。

威有三：有道德之威者，有暴察之威者，有狂妄之威者。暴察，謂暴急嚴察也。此三威者，不可不孰察也。禮樂則修，分義則明，分，謂上下有分。義，謂各得其宜。舉錯則時，愛利則形，形，見也。愛利人之心見於外也。如是，百姓貴之如帝，高之如天，帝，天神也。親之如父母，畏之如神明，故賞不用而民勸，罰不用而威行，夫是之謂道德之威。禮樂則不修，分義則不明，舉錯則不時，愛利則不形，然而其禁暴也察，其誅不服也審，其刑罰重而信，其誅殺猛而必，申商之比。黭然而雷擊之，如牆厭之，黭然，卒至之貌。說文云：黭，黑色。黭猶闇然。黭，烏感反。厭讀為壓。如是，百姓劫則致畏，見劫脅之時則畏也。○正文致畏字，據宋本補，韓詩外傳六亦同。嬴則敖

086.荀子二十卷附校勘補遺及後序　〔周〕荀況撰　〔唐〕楊倞注

清末上海文瑞樓石印本　四册一函

内封題“荀子，唐登郎楊倞注，君宜署”。牌記題“上海文瑞樓印”。卷端題“荀子，嘉善謝氏校本，唐登仕郎守大理評事楊倞注”。

鈐印：“大野藏書”。

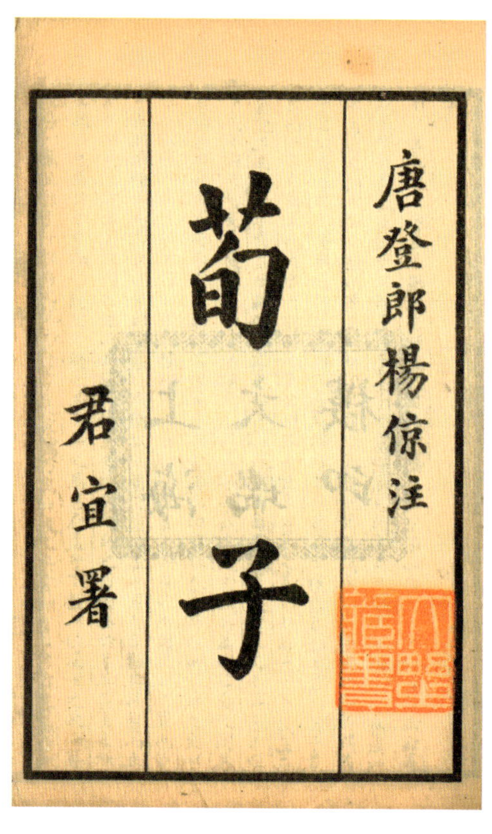

荀子卷第一　　嘉善謝氏校本

唐登仕郎守大理評事楊　倞　注

勸學篇第一

君子曰學不可以已。青取之於藍而青於藍。冰水為之而寒於水。以喻學則才過其本性也。青取之於藍從宋本困學紀聞所引同元刻作青出之藍無於字木直中繩。輮以為輪。其曲中規。雖有槁暴不復挺者。輮使之然也。輮屈槁枯暴乾挺直也晏子春秋作不復贏矣。暴舊本作暴非說文一作暴晞也一作暴疾有所趣也顏氏家訓分之亦極明今此字注雖訓乾然因乾而暴起則下當以本案考工記輪人槁作歊鄭注云歊歊暴陰柔後必橈減幬革暴起釋文步角反劉步莫反一音蒲報反又注贏舊本訛作贏案贏緩也今據晏子雜上篇改正亦作贏故木受繩則直。金就礪則利。君子博學而日參省乎己。則知明而行無過矣。參三也曾子曰日三省吾身知讀為智行下孟反故不登高山。不知天之高也。不臨深谿。不知地之厚也。不聞先王之遺言。不知學問之大也。大謂有益於人于越夷貉之子。生而同聲。長而異俗。教使之然也。于越猶言於越呂氏春秋荊有次非得寶劍於于越高誘曰吳邑也貉東北夷同聲謂啼聲同貉莫革反。案于越宋本作干越今從元刻與大戴禮注於越舊作吳越訛所引呂氏春秋見知分篇次非俗本作佽飛唯宋本與呂氏同呂氏干越作干遂淮南同注干音寒國策作干隊然楊氏自作于越故以於越為釋詩曰。嗟爾君子。無恒安息。靖共爾位。好是正直。神之聽之。介爾景福。詩小雅小明之篇靖謀介助景大也無恒安息戒之不使懷安也言能謀恭其位好正直之道則神聽而助之福引此詩以喻勤學也

087.法言十卷　〔漢〕揚雄撰　〔明〕程榮校　B128.Y313 F3 1592

明萬曆二十年（1592）新安程榮刻漢魏叢書本　一册一函

半框高20.3釐米，寬14.1釐米，左右雙邊。每半葉9行20字。版心白口，單白魚尾，上鎸書名，中鎸卷次，下鎸葉碼。

卷端題“法言，漢成都揚雄著，明新安程榮校”。

卷首依次有“法言目録”；“法言圖”。

按：版本參據《中國古籍總目》“漢魏叢書”條目（叢10100071）。

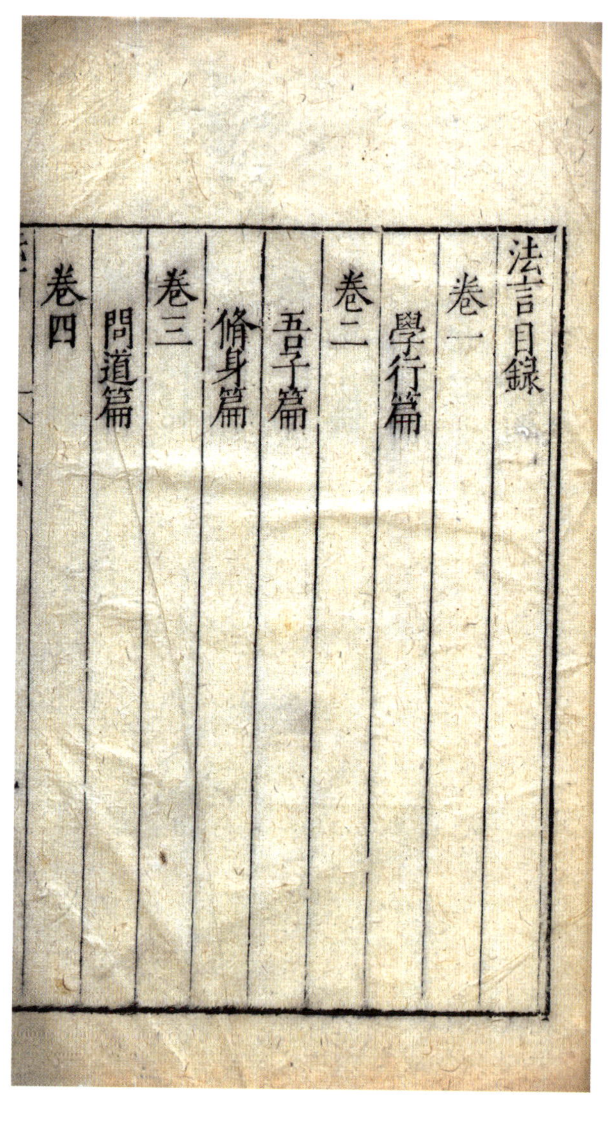

法言目錄

卷一

學行篇

卷二

吾子篇

脩身篇

卷三

問道篇

卷四

法言卷第一

漢　成都揚雄著

明　新安程榮校

學行篇

天降生民倥侗顓蒙恣于情性聰明不開訓諸理譔學行學行之上也言之次也教人又其次也咸無焉爲衆人或曰人羡久生將以學也可謂好學已乎曰未之好也學不羡天之道不在仲尼乎仲尼駕説者也不在兹儒乎如將復駕其所説則莫若使諸儒金

088.潛夫論十卷　〔漢〕王符撰　〔明〕程榮校　

明萬曆二十年（1592）新安程榮刻漢魏叢書本　三册一函

半框高20.1釐米，寬14.3釐米，左右雙邊。每半葉9行20字。版心白口，單白魚尾，上鎸書名，中鎸卷次及葉碼。部分版心葉碼下鎸刻工名“時”“玉”“梓”“光”“子”“山”“鋒”“信”等。

卷端題“潛夫論，漢安定王符著，明新安程榮校”。

卷首有“潛夫論目録”。

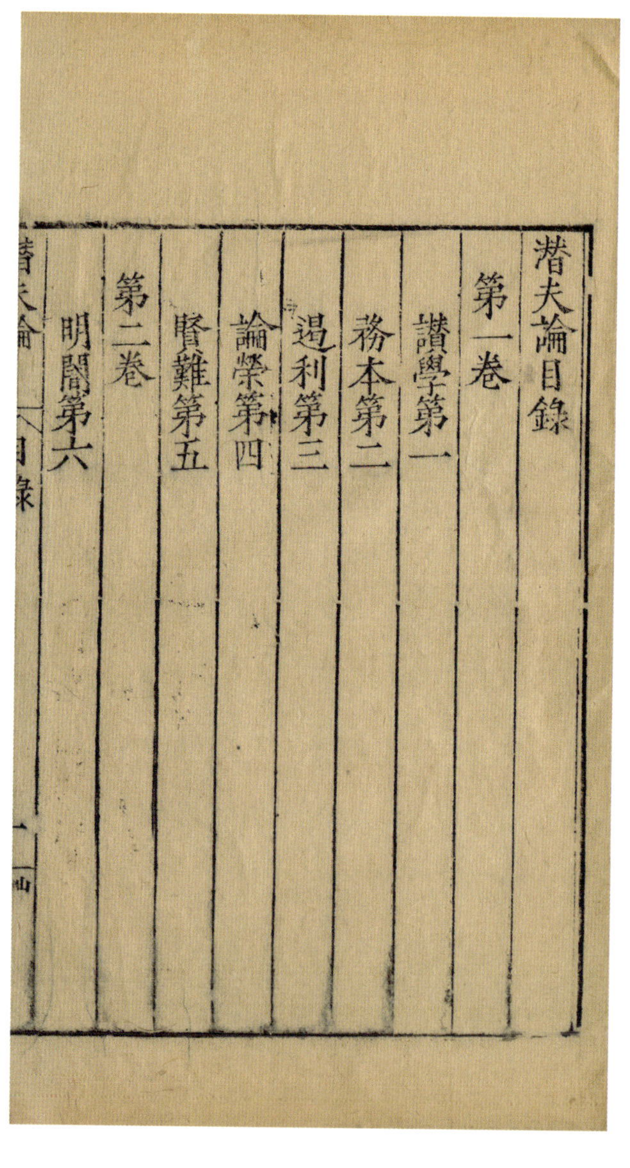
潛夫論目錄
第一卷
讚學第一
務本第二
遏利第三
論榮第四
賢難第五
第二卷
明闇第六

潛夫論卷第一

漢　安定王符著

明　新安程榮校

讚學第一

天地之所貴者人也聖人之所尚者義也德義之所成者智也明智之所求者學問也雖有至聖不生而智雖有至材不生而能故志曰黃帝師風后顓頊師老彭帝嚳師祝融堯師務成舜師紀后禹師墨如湯師伊尹文武師姜尚周公師庶秀孔子師老聃若此

089.申鑒五卷　〔漢〕荀悦撰　〔明〕黄省曾注　〔明〕程榮校

BJ117 .X86 1592

明萬曆二十年（1592）新安程榮刻漢魏叢書本　一册一函

半框高19.7 釐米，寬13.7 釐米，左右雙邊。每半葉9行20字，小字雙行同。版心白口，單白魚尾，上鎸書名，中鎸卷次，下鎸葉碼及刻工名。

卷端題“申鑒，漢穎川荀悦著，明吴郡黄省曾注，明新安程榮校”。

卷首依次有“申鑒注序”，署“正德十四年歲在己卯冬十月既望吴郡王鏊撰”；“注申鑒序”，署“正德己卯秋九月望吴郡黄省曾撰”。卷末有“跋申鑒注後”，署“正德辛巳冬十一月望白巖山人喬宇識”。

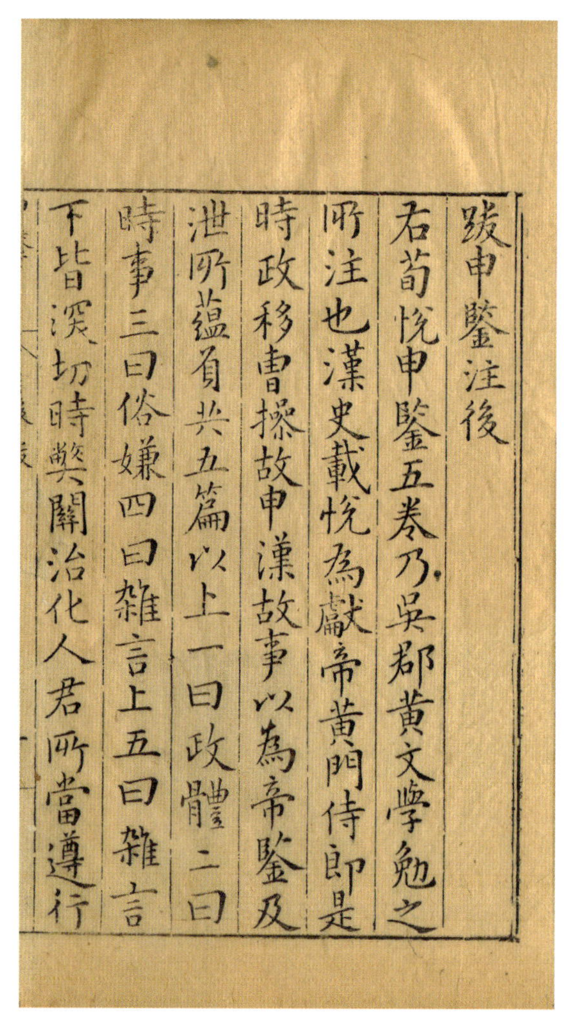

跋申鑒注後
右荀悦申鑒五巻乃吴郡黄文學勉之
所注也漢史載悦為獻帝黄門侍郎是
時政移曹操故申漢故事以為帝鑒及
泄所蘊著共五篇以上一曰政體二曰
時事三曰俗嫌四曰雜言上五曰雜言
下皆溪切時弊關治化人君所當遵行

申鑒卷第一

漢　潁川荀　悅著

吳郡黃省曾注

明　新安程　榮校

政體第一

夫道之本仁義而已矣五典以經之群籍以緯之詠之歌之弦之舞之前鑒既明後復申之故古之聖王其於仁義也申重而已篤序無彊謂之申鑒聖漢統天惟宗時亮其功格宇宙粤有虎臣亂政虎臣漢與輔弼之臣

090.中論二卷 〔漢〕徐幹撰 〔明〕程榮校

明萬曆二十年(1592)新安程榮刻漢魏叢書本 一册一函

半框高20.1釐米，寬14.2釐米，左右雙邊。每半葉9行20字，小字雙行同。版心白口，單白魚尾，上鎸書名，中鎸卷次及葉碼，下鎸刻工名。

卷端題“中論，漢北海徐幹著，明新安程榮校”。

卷首依次有“序言”；“弁言”；“徐幹中論序”；“曾序”，署“編校書籍臣曾鞏上”；“刻徐幹中論序”，署“嘉靖乙丑冬青州府知府四明杜思書”；“中論目録”。卷末依次有“紹興二十八年戊寅清明日假朱丞本校於博古堂石邦哲識”；“記”，署“至治二年得之錢塘仇遠氏明年夏五月巳酉平原陸友友仁父記”；“中論後”，署“弘治壬戌六月之望前進士姑蘇都穆書”。

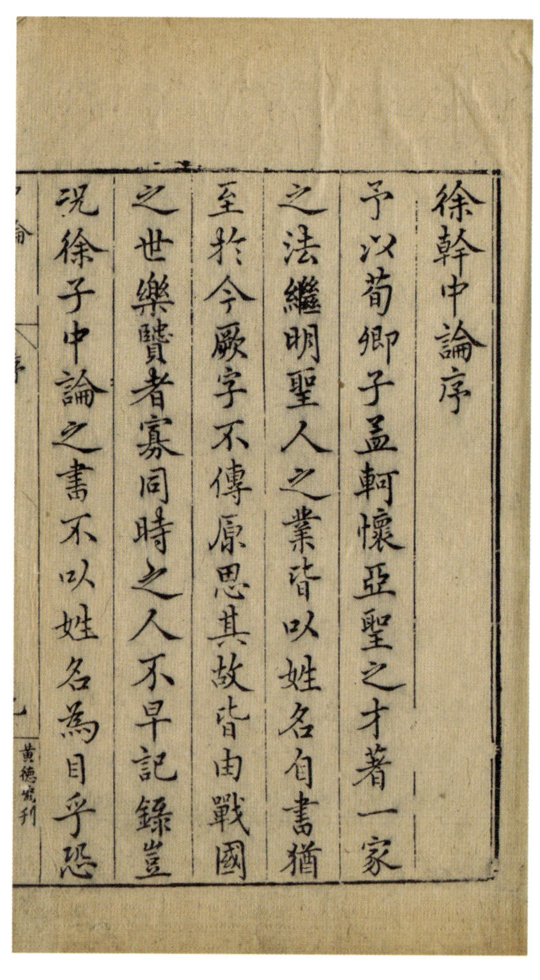

徐幹中論序

予以荀卿子孟軻懷亞聖之才著一家之法繼明聖人之業皆以姓名自書猶至於今厥字不傳原思其故皆由戰國之世樂賢者寡同時之人不早記錄豈況徐子中論之書不以姓名爲目乎恐

黃德寵刊

中論卷之上

漢　北海徐幹著

明　新安程榮校

治學第一

昔之君子成德立行身没而名不朽其故何哉學也學也者所以疏神達思怡情理性聖人之上務也民之初載其矇未知譬如寶在於玄室有所求而不見白日照焉則羣物斯辯矣學者心之白日也故先王立教官掌教國子教以六德曰智仁聖義中和教以

091.中論二卷　〔漢〕徐幹撰　〔清〕蔡祖拔校　

清乾隆五十七年（1792）王謨增訂漢魏叢書本　一册一函

半框高19.5釐米，寬14釐米，左右雙邊。每半葉9行20字。版心白口，單白魚尾，上鐫書名，中鐫卷次，下鐫葉碼。

卷端題“中論，漢北海徐幹著，建昌蔡祖拔校”。

卷首依次有“中論序”，署“臣曾鞏上”；“中論總目”。

鈐印：“A.CONRADY孔好古印”。

按：本書爲《增訂漢魏叢書》之零種，有配補和抄補葉。

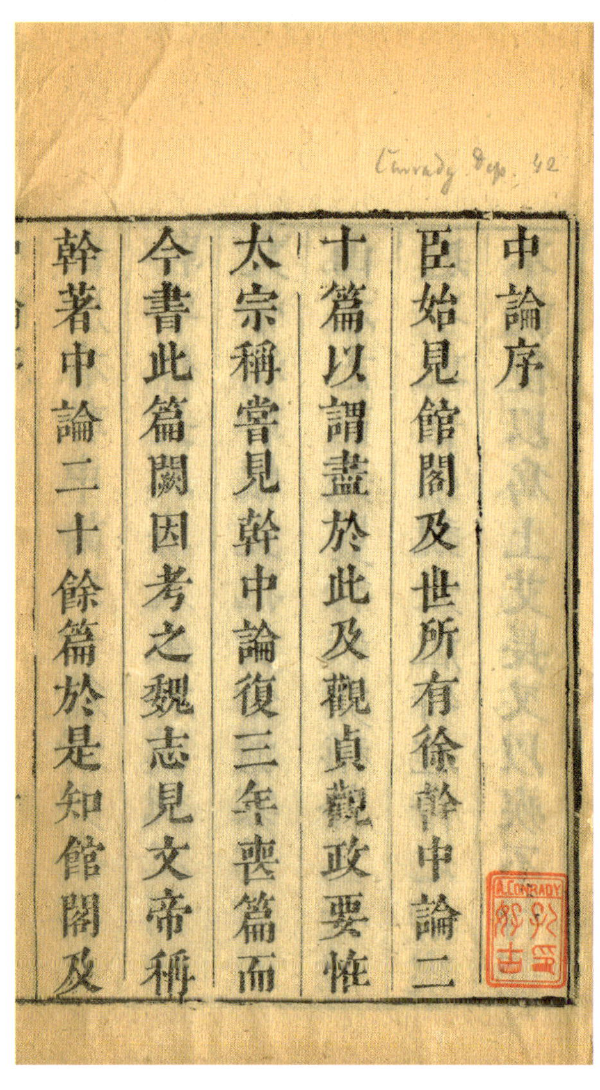

中論序
臣始見館閣及世所有徐幹中論二
十篇以謂盡於此及觀貞觀政要怪
太宗稱嘗見幹中論復三年喪篇而
今書此篇闕因考之魏志見文帝稱
幹著中論二十餘篇於是知館閣及

中論卷上

漢　北海徐幹著　建昌蔡祖拔校

治學第一

昔之君子成德立行。身沒而名不朽。其故何哉。學也。學也者、所以疏神達思。怡情理性。聖人之上務也。民之初載、其矇未知、譬如寶在於元室。有所求而不見。白日照焉。則羣物斯辯矣。學者、心之白日也。故先王立教官、掌教國子、教以六德、曰智仁聖義中和、教以六行、曰孝友睦婣任恤、教以六藝、曰禮樂射御書數、

092.御製勸善要言一卷　〔清〕世祖福臨輯　G132

清咸豐間武英殿刻滿漢雙語本　二册一函

半框高25.5釐米，寬18釐米，四周雙邊。每半葉10行，行字不等。版心白口，單黑魚尾，上鎸滿文“勸善要言”，下鎸葉碼。

封面題“滿漢合璧勸善要言”。卷端題“御製勸善要言”。

卷首依次有原序，署“順治十二年正月穀旦書”；“御製勸善要言序”，署“内翰林宏文院大學士兼資政大夫臣圖海謹序”；“勸善要言後序”，署“内翰林秘書院大學士奉政大夫臣傅以漸謹序”。

鈐印：“鳴宇”。

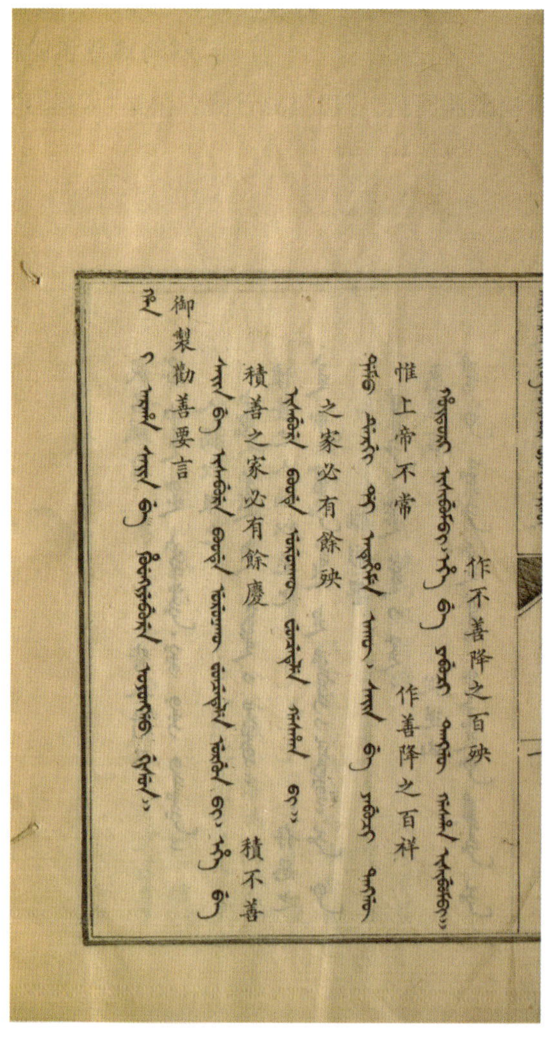

御製勸善要言

惟上帝不常

作善降之百祥

作不善降之百殃

積善之家必有餘慶

積不善之家必有餘殃

況神之視聽乎

人之視聽猶不可欺

身之所行人得見之　心之所盡神得知之

束身則日就倫紀

甫怠則日漸放恣

093.鑒韻幼學詩帖一卷　不題撰者　

清末廣州丹柱堂刻本　一册一函

半框高15.4釐米，寬11.2釐米，四周單邊。上下兩欄，上欄爲標題，下欄每半葉5行5字。版心白口，單黑魚尾，下鎸葉碼。

内封題"狀元幼學詩，國子監原本，省城丹柱堂藏板"。卷端題"鑒韻幼學詩帖"。

勸學

鑑韻幼學詩帖

天子重賢豪

文章教爾曹

萬般皆下品

惟有讀書高

094.啓蒙鑒略注解不分卷　〔清〕王仕雲編　

清同治三年(1864)寶賢堂刻本　一册一函

半框高17.5釐米，寬11釐米，四周單邊。上下兩欄，上欄注解每半葉15行10字，下欄正文每半葉5行8字，小字注音。版心白口，無魚尾，上鎸書名及葉碼。

内封題"啓蒙鑒略注解，同治甲子小春月新鎸，寶賢堂藏板"。卷端上欄題"啓蒙鑒略注解"，下欄題"啓蒙鑒略，江上王仕雲望如父編，管正邦原寧氏校"。

卷首有"啓蒙鑒略序"，署"康熙二年歲次癸卯長至吉旦江南過客王仕雲望如父題"。

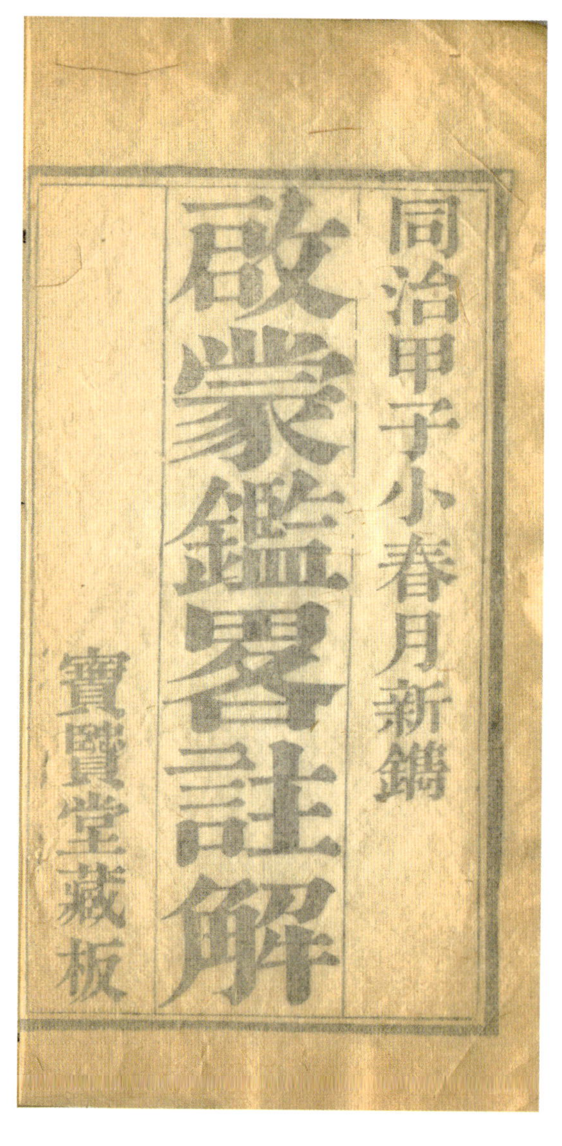

啟蒙鑑畧註解

盤古氏爲開闢首君生於太荒莫知其始明天地之道達陰陽之變爲三才首君於是混茫開矣

○三皇之一

天皇氏取天開于子之意天干乃甲乙丙丁戊己庚辛壬癸地支即子丑寅卯辰巳午未申酉戌亥

○三皇之二

地皇氏取地闢于丑之意紹繼也三辰日月星也

○三皇之三

人皇氏取人生于寅之意

啟蒙鑑畧註解一

啟蒙鑑畧

江上王任雲望如父編

晉正邦原甯氏校

粤（月）自盤古　生於太荒

首出御世　肇開混茫

天皇氏與　澹泊（溥）而治

道家類

095.老子翼八卷　〔明〕焦竑輯　〔明〕王元貞校　

清光緒二十一年(1895)漸西村舍刻本　四册一函

半框高17.5釐米，寬13釐米，左右雙邊。每半葉10行20字，小字雙行同。版心白口，無魚尾，中鎸書名、卷次及葉碼，下鎸“漸西村舍”。

卷端題“老子翼，明北海焦竑弱侯輯，秣陵王元貞孟起校”。

卷首依次有“老子翼序”，署“萬曆戊子清明日王元貞孟起父書”；“老子翼序”，署“萬曆丁亥冬仲焦竑弱侯書”；“老子翼目録”；“老子翼采摭書目”。卷八末署“光緒二十一年開雕，板存金陵刻經處”。

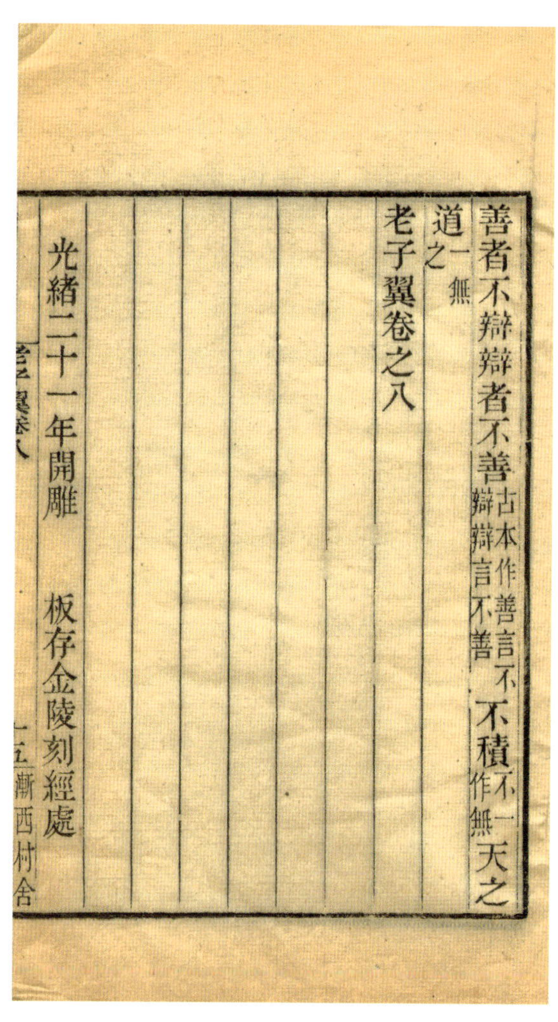

善者不辯辯者不善古本作善言不辯辯言不善不積不一作無天之

道一無之

老子翼卷之八

光緒二十一年開雕　板存金陵刻經處

十五　漸西村舍

老子翼卷之一

明北海焦竑弱侯輯

秣陵王元貞孟起校

上篇上

道可道非常道名可名非常名無名天地之始有名萬物之母故常無欲以觀其妙常有欲以觀其徼此兩者同出而異名同謂之玄玄之又玄衆妙之門可道如禮不虛道之道常者恒久不變也母者言物自此生也欲如性之欲也之欲猶意也倚也徼竅通物所出之孔竅也又邊際也歸也陳景元曰大道邊有小路曰徼丁易東云無名天地之始有名萬物之母或以無名有名爲讀或以無無與有爲讀然老子又曰道常無名始制有名是可以無與有爲

096.莊子十卷　〔晉〕郭象注　〔唐〕陸德明音義　

清光緒二年（1876）浙江書局翻刻明世德堂本　四册一函

半框高18釐米，寬13釐米，左右雙邊。每半葉9行21字，小字雙行同。版心白口，單黑魚尾，中鎸書名及卷次，下鎸葉碼。

内封題“莊子，晉郭象注”。牌記題“光緒二年浙江書局據明世德堂本校刻”。卷端題“莊子，郭象子玄注，陸德明音義”。

卷首依次有“莊子序”，題“河南郭象子玄撰”；“莊子目録”。卷末有“總校楊文瑩，分校張王熙、許誦禾校”。

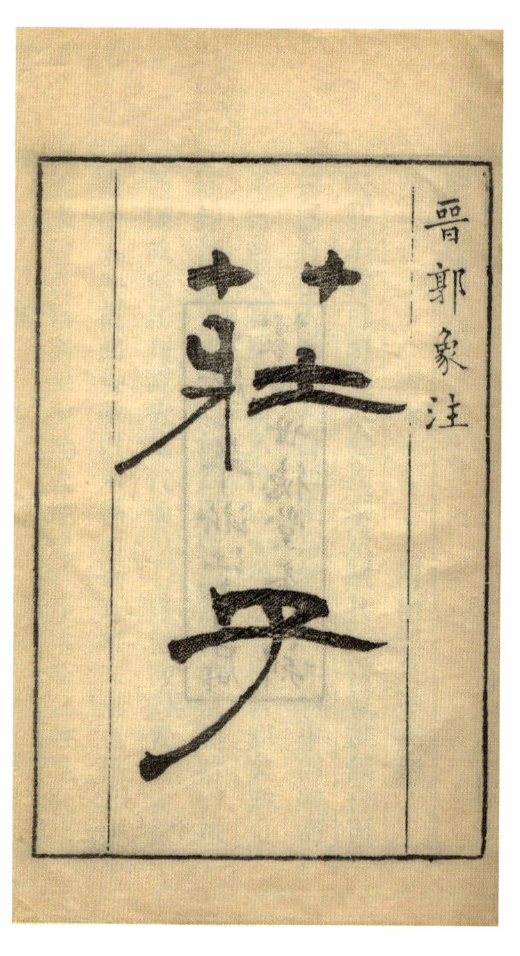

晉郭象注

莊子

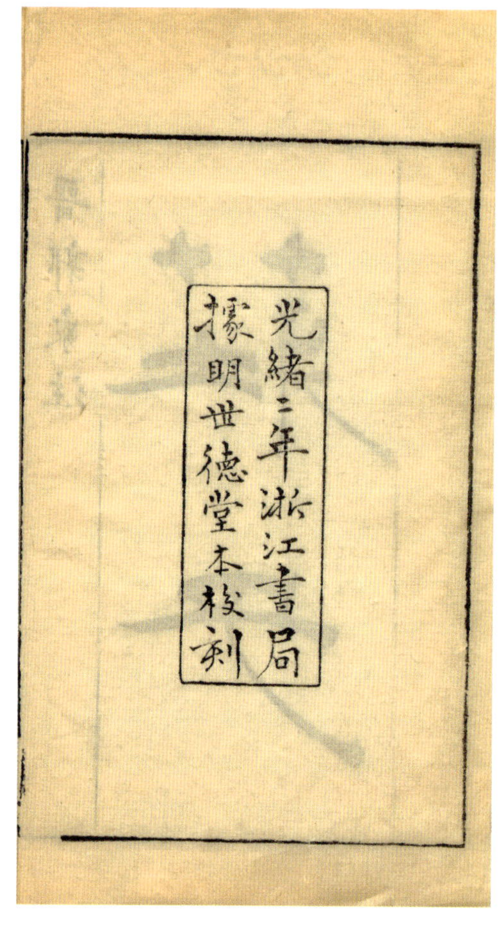

光緒二年浙江書局

據明世德堂本校刻

莊子卷第一

郭象子玄注　陸德明音義

內篇逍遙遊第一夫小大雖殊而放於自得之場則物任其性事稱其能各當其分逍遙一也豈容勝負於其閒哉○音義曰內篇內者對外立名說文云篇書也字從竹從艸者草名耳非也逍音銷亦作消遙如字亦作搖遊如字亦作游逍遙遊者篇名義取閒放不拘怡適自得夫音符場直良反稱尺證反當丁浪反分符問反

北冥有魚其名爲鯤鯤之大不知其幾千里也化而爲鳥其名爲鵬鵬鯤之實吾所未詳也夫莊子之大意在乎逍遙遊放無爲而自得故極小大之致以明性分之適達觀之士宜要其會歸而遺其所寄不足事事曲與生說自不害其弘旨皆可略之○北冥本

莊子卷一

097.太上感應篇圖説八卷（殘）　〔清〕朱日豐重輯　BL1900.A1 T34 1869

清同治八年（1869）同善堂刻本　二册一函

半框高20.5釐米，寬15釐米，四周雙邊，無界欄。每半葉9行25字。版心白口，單黑魚尾，上鎸書名，中鎸篇名，下鎸卷次及“同善堂”。

外封墨筆題“海上朱鄉約守仁家典，滬東願學廬藏”。

鈐印：“鶴天”“朱守仁印”“尊經獲福，惜字延年，名成利就，子貴孫賢”“抱元山人”“有目共賞”“申左□□居士”。

按：館藏存卷二、卷六。

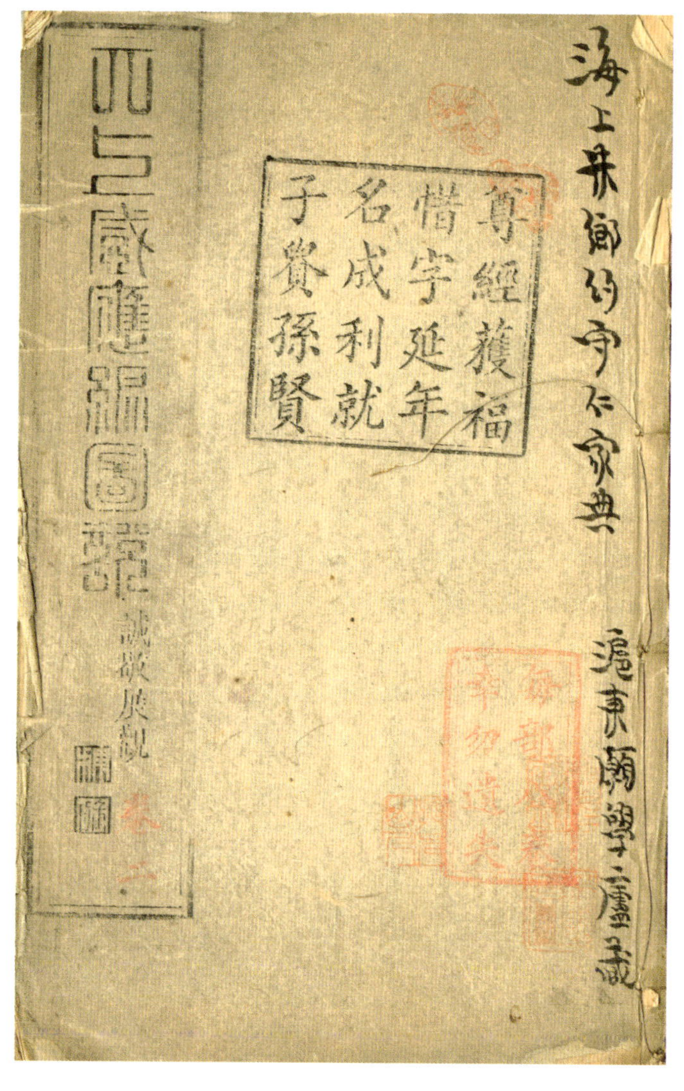

吉慶避之　　　　弟字號第二卷

註 惠迪斯吉，積善名慶，乃一定之理。作惡之人，司過之神既奪其算，使之貧耗以困其身，憂患以艱其遇，不齒於人，動遭刑禍，種種示罰。福祿已盡消除，自然吉化為凶，慶化為禍，若或避之。蓋人生吉慶之事，皆有善神主之。君子動與善會，故能膺五福、享九如。彼造孽者，既有惡神相隨，自與善神相左也。

案 李斌如，多才博學，兼善武藝，困童試二十餘年。知府張化鵬愛其才，文試拔置第一，又以弓馬應武考，亦膺首列。人謂入泮無疑矣。及文宗按臨，斌如領卷入號，值天雨，足穿釘鞋，將卷置

墨家類

098.墨子閒詁十五卷目録一卷附録一卷後語二卷　〔清〕孫詒讓撰

清光緒三十三年(1907)上海掃葉山房石印本　八册一函

内封題"墨子閒詁，孫詒讓先生輯，掃葉山房石印"。卷端題"墨子閒詁，瑞安孫詒讓"。

卷首依次有"掃葉山房新印書籍目録"；"序"兩篇，第一篇署"光緒二十一年夏德清俞樾"，第二篇署"光緒十有九年歲在癸巳十月瑞安孫詒讓序"；"墨子閒詁總目"，署"光緒丁未四月籀廎居士書"；"墨子目録一卷"，下注"道藏本及明抄本刻本並無目録，此畢氏所定，依意林爲第十六卷，今從隋志别爲一卷"。每卷卷末署"永嘉王景羲校校語續出"。卷末依次有附録一卷，署"乾隆五十七年十二月一日張惠言書"；墨子後語上下卷，題"孫詒讓"；"跋"，署"黄紹箕謹跋"。

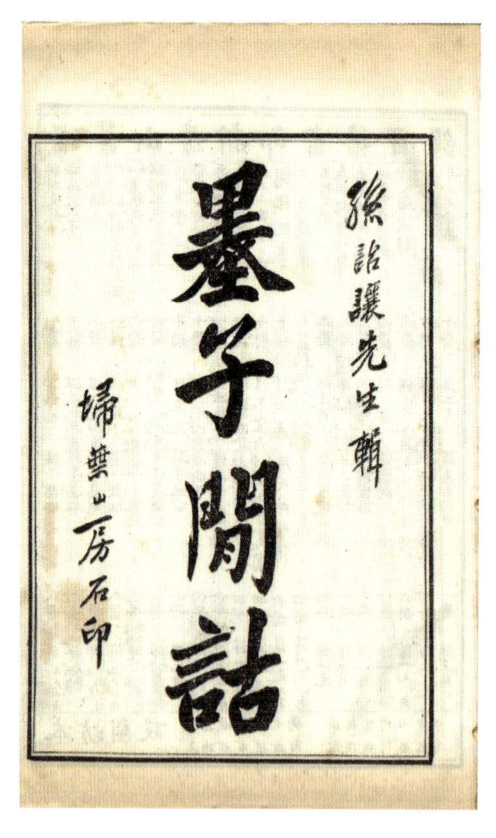

墨子閒詁卷一

瑞安孫詒讓

親士第一

畢沅云衆經音義云倉頡篇曰親愛也近也說文解字云士从一从十孔子曰推十合一為士玉篇云傳曰通古今辯然不謂之士此篇修身篇無稱子墨子曰疑翟所著也案畢說未塙此書文多闕失或稱子墨子曰或疑多非古本之舊未可據以定為墨子所自著之書也又此篇所論大抵尚賢篇之餘義亦似不當為第一篇後人因其持論尚正與儒言相近遂舉以冠首耳以馬總意林所引校之則唐以前本已如是矣

入國而不存其士則亡國矣說文子部云存恤問也見賢而不急則緩其君矣非賢無急非士無與慮國說文思部云慮謀思也緩賢忘士而能以其國存者未曾有也昔者文公出走而正天下畢云正讀如征王念孫云畢讀非也爾雅曰正長也晉文為諸侯盟主故曰正天下與下霸諸侯對文又廣雅正君也尚賢篇曰堯舜禹湯文武之所以王天下正諸侯者此墨子書言正天下正諸侯者非訓為長即訓為君皆非征伐之謂案王說是也呂氏春秋順民篇云湯克夏而正天下高誘注云正治也亦非也桓公去國而霸諸侯越王句踐遇吳王之醜蘇時學云醜猶恥也詒讓案呂氏春秋不侵篇欲醜之以辭高註云醜或作恥而尚攝中國之賢君畢云尚與上同攝合也謂合諸侯郭璞注爾雅云聶合攝同聶案畢說未允攝當與懾通左襄十一年傳云武震以攝威之韓詩外傳云上攝萬乘下不敢敖乎匹夫此義與彼同謂越王之威足以懾中國賢君也三子之能達名成功于天下也皆于其國抑而大醜也畢云猶曰安其大醜廣雅云抑安也俞樾云抑之言屈抑也抑而大醜與達名成功相對言于其國則抑而大醜于天下則達名成功正見其由屈抑而達下文所謂敗而有以成也畢注于文義未得案俞說是也太上無敗畢云李善文選注云河上公注老子云太上謂太古無名之君也案太上對其次為文謂等之最居上者不論時代今古也畢引老子注義與此不相當其次敗而

埽葉山房石印

兵家類

099.虎鈐經二十卷　〔宋〕許洞撰　

清咸豐二年（1852）刻本　六册一函

半框高18釐米，寬13釐米，左右雙邊。每半葉10行20字。版心白口，單黑魚尾，上鎸書名，中鎸卷次，下鎸葉碼。

内封題“虎鈐經”。卷端題“虎鈐經，莫友芝藏”。

卷首依次有“欽定四庫全書簡明目録”，題“莫友芝藏”；“許洞上虎鈐經表”；“虎鈐經序”，署“臣洞頓首謹序”；“虎鈐經總目”。

鈐印：“哈佛大學漢和圖書館珍藏印”。

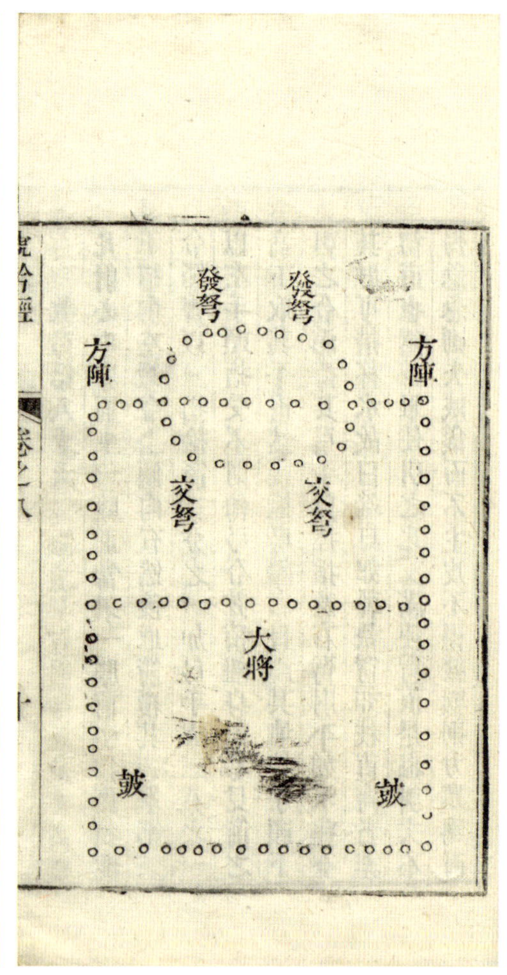

虎鈐經卷第一

天功第一

天道變化消長萬彙契地之力乃有成焉天貴而地賤天動而地靜貴者運機而賤者效力上有其動而下行其地矣是以知天之施地匪專也知地之應天有常也生機動則應之以生氣機動則應之以氣機正則泰機亂則否萬物列形而否泰交著見之於地焉豈止地之爲乎蓋天道內而地道外者也王者天

100.兵鏡備考十三卷附孫子集注一卷兵鏡或問上下二卷　〔清〕鄧廷羅撰

清初桐石山房刻本　八册一函

半框高19.5釐米，寬14.5釐米，四周雙邊，眉欄鎸評。每半葉9行20字。版心白口，單黑魚尾，上鎸書名，中鎸卷次及篇名，下鎸葉碼。

内封題“兵鏡備考，濠梁鄧廷羅先生輯，桐石山房板”。卷端題“兵鏡備考，濠梁鄧廷羅偶樵氏纂輯”。

卷首依次有“重刻兵鏡備考序”；“兵鏡備考序”，署“濠梁鄧廷羅撰”；“兵鏡序”，題“陳廷敬”；“兵鏡序”，題“余國柱”；“兵鏡序”，題“李天馥”；“兵鏡序”，題“沈荃”；“兵鏡序”，題“周于漆”；“兵鏡序”，題“楊雍建”；“兵鏡凡例”；“兵鏡恭訂姓氏”；“兵鏡備考卷數總録”。

鈐印：“偶樵”“廷羅”“業精於勤行成於思”“校對無訛尚希珍藏”。

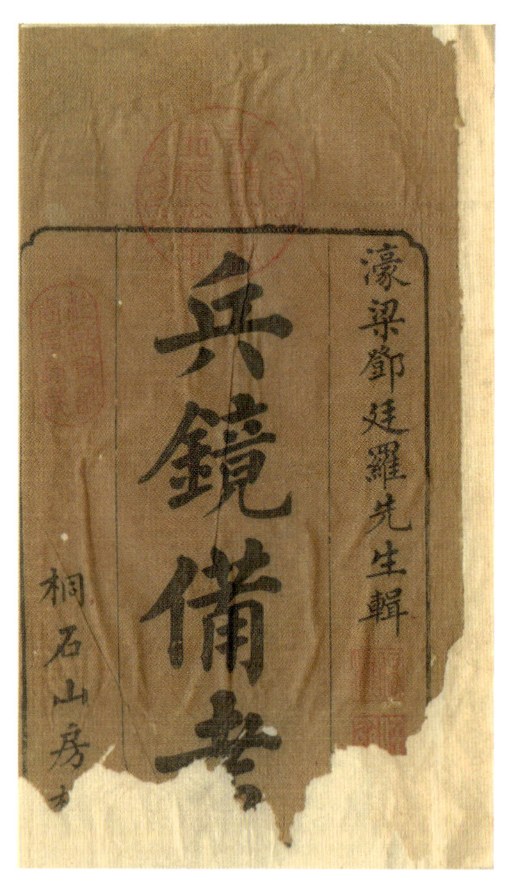

提綱挈領蕭與朝賢相作用

先樂者必不再樂

兵鏡備考

濠梁鄧廷羅偶樵氏纂輯

校之以計而索其情

漢蕭何說漢王曰願大王王漢中養民致賢收用巴蜀還定三秦天下可圖也薦韓信為大將何侍太子守關中為令約立宗廟社稷宮室縣邑計戶轉漕給漢軍練卒補缺伍漢卒滅楚

沛公破秦欲留秦宮張良曰秦唯無道故至此夫天下除殘不宜自安樂沛公與秦民約法三章

101.心略地利四卷（殘）　〔清〕施永圖撰　

清嘉慶道光間刻本　重裝爲一册

半框高19.3釐米，寬12.5釐米，四周單邊，無界欄。每半葉9行22字。版心白口，無魚尾，上鎸書名及卷次，中鎸篇名，下鎸葉碼。

卷端題“心略地利，綉水施永圖山公氏，男施衮、施裘、施扆評閲”。

鈐印：“SCOTTISH GEOGRAPHICAL SOCIETY”。

按：館藏存卷二至卷四。後封頁内側有藏書者手書筆録：“A Chinese Book, Brought from China by Major Austin ther[e] after his captivity there in 1841”。

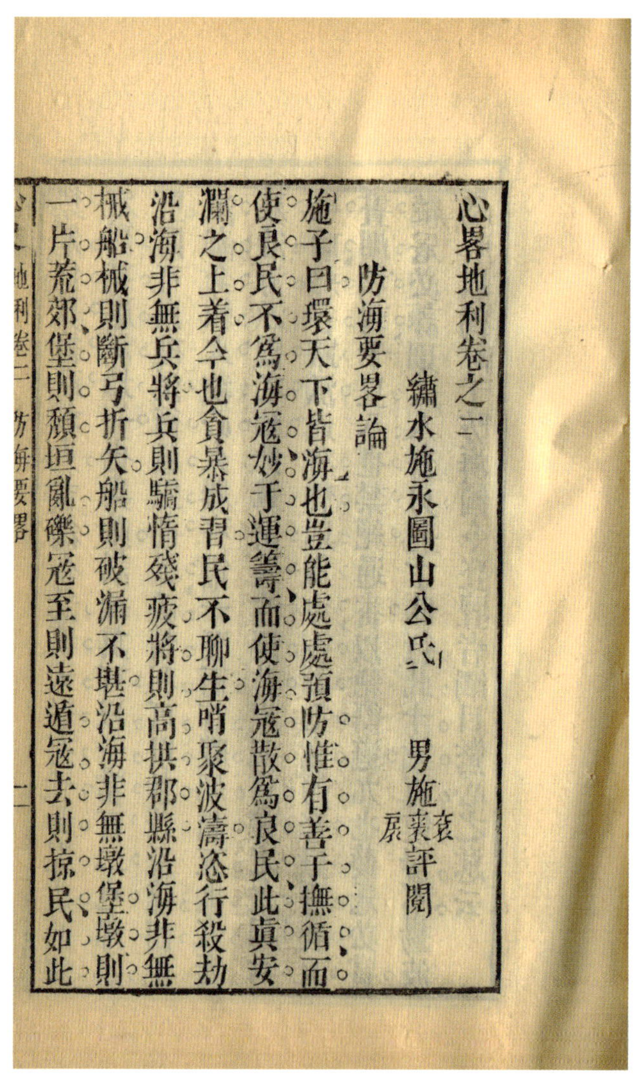

心畧地利卷之二　繡水施永圖山公氏　男施衮 裘 扆 評閲

防海要畧論

施子曰環天下皆海也豈能處處預防惟有善于撫循而使良民不爲海寇妙于運籌而使海寇散爲良民此真安瀾之上着今也貪暴成習民不聊生哨聚波濤恣行殺劫沿海非無兵將兵則驕惰孱疲將則高拱郡縣沿海非無械船械則斷弓折矢船則破漏不堪沿海非無墩堡墩則一片荒郊堡則頹垣亂礫寇至則遠遁寇去則掠民如此

心畧　地利卷二　防海要畧　二

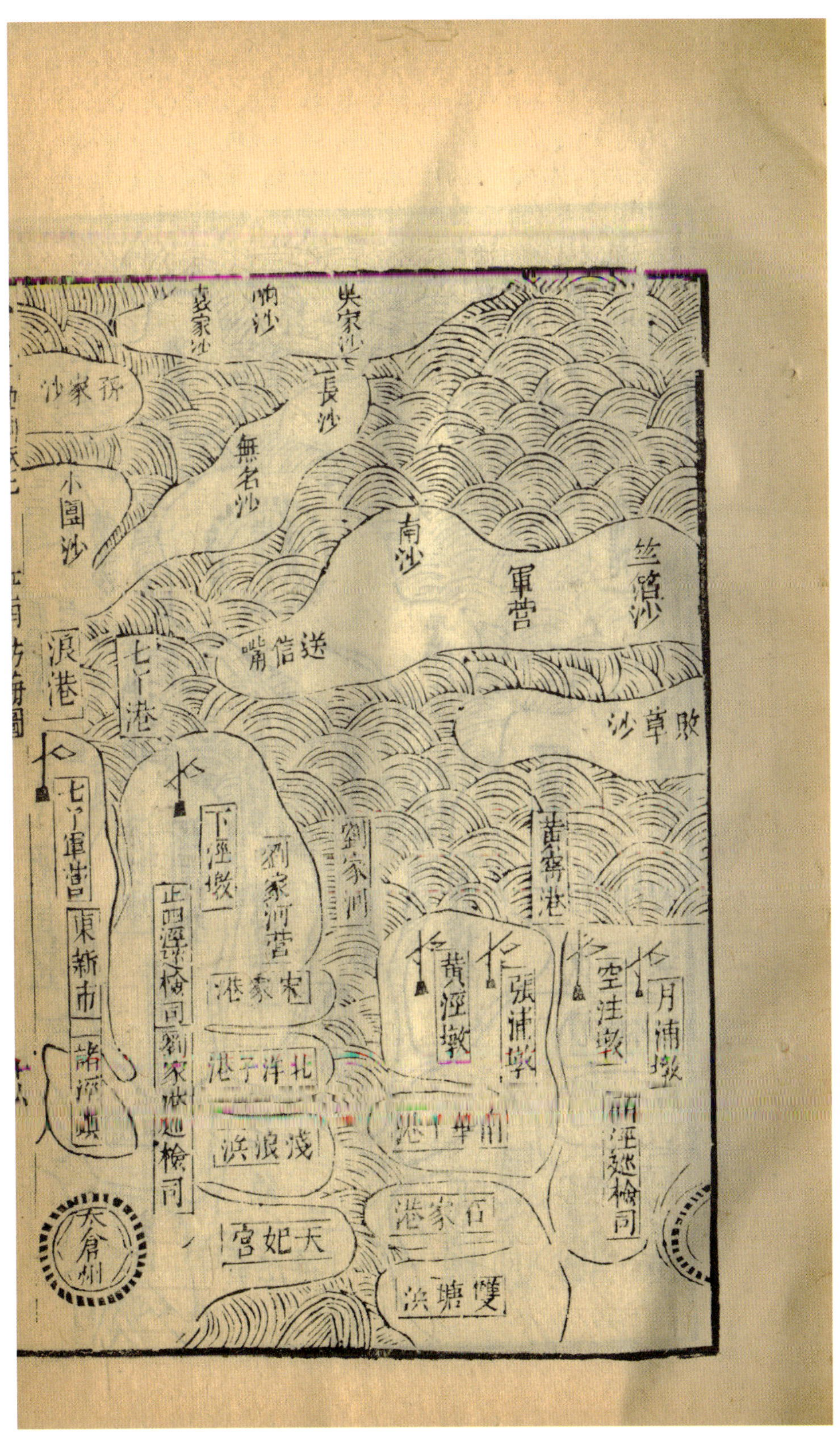

102.讀史兵略二十四卷　〔清〕胡林翼撰　355.0951 H86t 1861

清咸豐十一年（1861）武昌節署刻本　八册一函

半框高21.7釐米，寬15.2釐米，四周雙邊，無界欄。每半葉12行24字，小字雙行同。版心白口，單黑魚尾，上鎸書名，中鎸卷次，下鎸葉碼。

内封題“讀史兵略”。牌記題“咸豐十一年春刊於武昌節署”。卷端題“讀史兵略，益陽胡林翼纂”。

卷首依次有序兩篇，其一署“襄平官文序”，其二署“益陽胡林翼撰”；“讀史兵略目録”。

鈐印：“寧静致遠”。

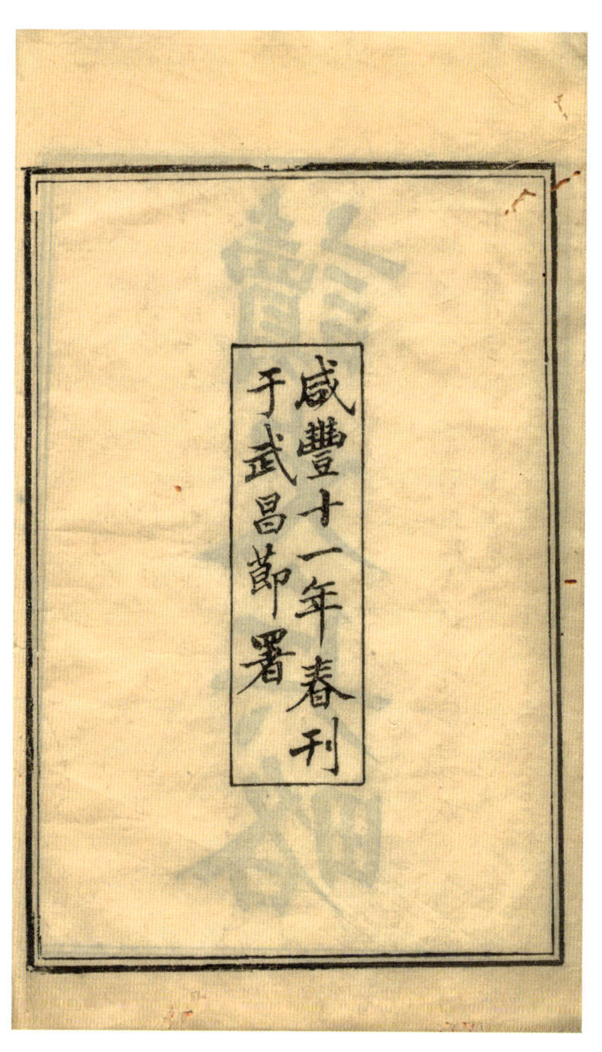

讀史兵略卷之一上

益陽胡林翼纂

春秋左氏傳

魯隱公五年　鄭人侵衛牧，以報東門之役。衛人以燕師伐鄭。鄭祭足、原繁、洩駕以三軍軍其前，使曼伯與子元潛軍軍其後。燕人畏鄭三軍，而不虞制人。六月，鄭二公子以制人敗燕師於北制。君子曰：不備不虞，不可以師。牧，衛邑，今河南衛輝府汲縣。制，鄭邑，今開封府汜水縣。燕，謂南燕，今衛輝府延津縣。

九年　北戎侵鄭，鄭伯禦之，患戎師，曰：彼徒我車，懼其侵軼我也。公子突曰：使勇而無剛者嘗寇而速去之，君為三覆以待之。戎輕而不整，貪而無親，勝不相讓，敗不相救。先者見獲，必務進；進而遇覆，必速奔；後者不救，則無繼矣。乃可以逞。從之。戎人之

雜家類

103.**尸子二卷存疑一卷**　〔周〕尸佼撰　〔清〕汪繼培輯　B128 .S58 1877

清光緒三年（1877）浙江書局刻本　一册一函

半框高18.3釐米，寬13.3釐米，左右雙邊。每半葉9行21字，小字雙行同。版心白口，單黑魚尾，中鐫書名及卷次，下鐫葉碼。

内封題"尸子"。牌記題"光緒三年浙江書局據湖海樓本校刻"。卷端題"尸子，湖海樓刊本，蕭山汪繼培輯"。

卷首有"尸子序"，署"嘉慶十有六年歲在重光協洽陽月月既望蕭山汪繼培識"。卷末有"尸子存疑"，題"湖海樓刊本，蕭山汪繼培輯"。

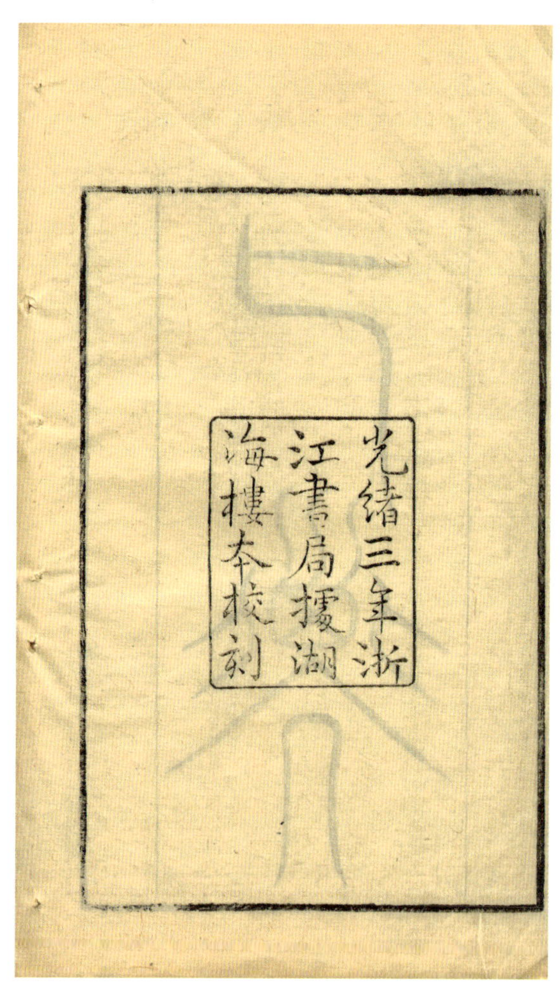

尸子卷上　湖海樓刊本

蕭山汪繼培輯

勸學

學不倦所以治己也教不厭所以治人也四句亦見太平御覽六百十三說苑說叢云學問不倦所以治己也教誨不厭所以治人也文子上仁老子曰學而不厭所以治身也教而不倦所以治民也孟子公孫丑篇孔子曰我學不厭而教不倦也子貢曰學不厭智也教不倦仁也亦見呂氏春秋尊師篇夫繭舍而不治則腐蠹而棄使女工繅之以爲美錦大君服而朝之一作人君朝而服之按鹽鐵論殊路篇云干越之鋌不厲匹夫賤之工人施巧人主服而朝也語意本此大君見易師卦身者繭也舍而不治則知行

104.寒秀草堂筆記四卷　〔清〕姚衡撰　〔清〕姚覲元輯　PL2461.Z7 Y3 1883

清光緒九年（1883）歸安姚氏咫進齋叢書本　一册一函

半框高17.5釐米，寬13.5釐米，左右雙邊。每半葉13行22字，小字雙行同。版心黑口，雙黑魚尾，中鎸書名、卷次及葉碼，下鎸“咫進齋叢書，歸安姚氏刊”。

内封題“寒秀草堂筆記”。卷端題“寒秀草堂筆記，歸安姚衡”。

按：本書爲《咫進齋叢書》之零種。

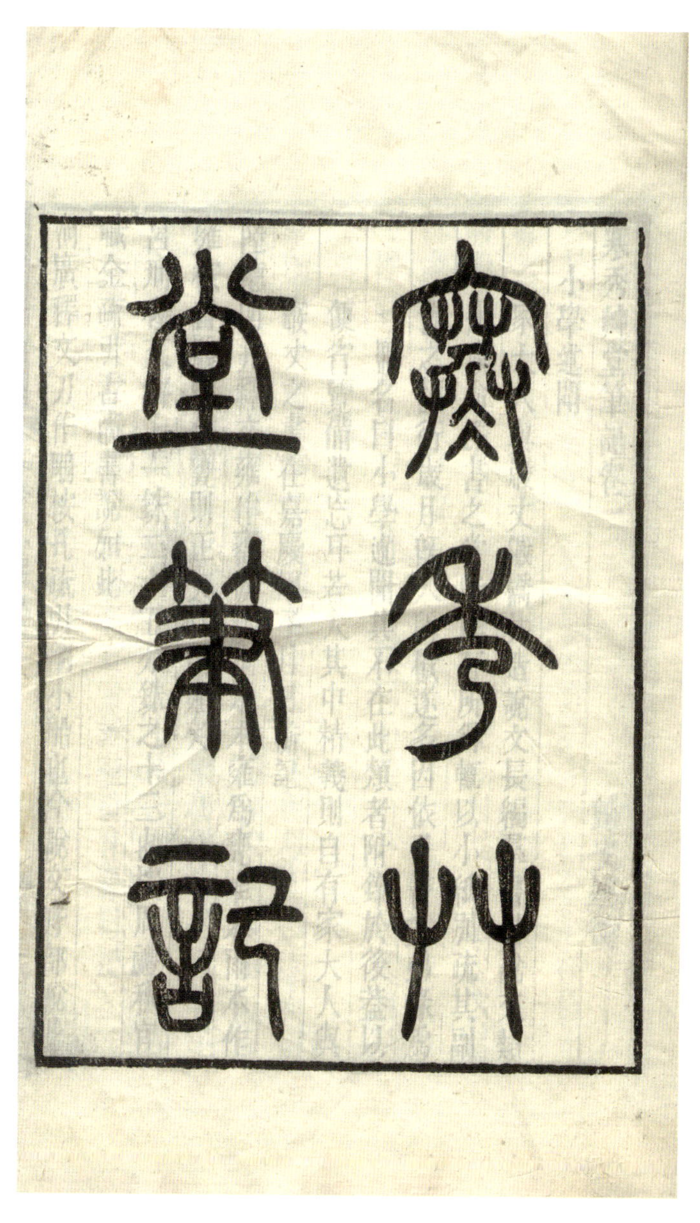

寒秀艸堂筆記卷一　　　　歸安姚衡

小學述聞

家大人與嚴丈鐵橋共造說文長編羣書引說文類

先成命衡旹之當時每有所得輒以小紙別疏其副

置之篋衍歲月既久所積遂多因依引書次弟錄爲

一冊名曰小學述聞其不在此類者附錄於後蓋以

便省覽備遺忘耳若夫其中精義則自有家大人與

嚴丈之書在嘉慶甲子月日衡記

陸德明井釋文雍作罋汲缾也衆本雍爲甕唯雅雨本作

雍校音義鄭作甕則正文宜爲雍矣

呂刑釋文鍰十一銖二十五分銖之十三也校周禮秋官

職金疏引古尚書說如此

河廣釋文刀作舠校孔疏引舠小船也今說文舟部脫此

雜著類

105.日知録集釋三十二卷附日知録刊誤二卷日知録續刊誤二卷　〔清〕顧炎武撰　〔清〕黄汝成集釋　895.107 K95j 1872

清同治十一年（1872）湖北崇文書局刻本　十六册二函

半框高18.2釐米，寬13釐米，四周雙邊。每半葉11行22字，小字雙行同。版心黑口，雙黑魚尾，中鎸"日釋"、卷次及葉碼。

内封題"日知録集釋三十二卷"。牌記題"同治壬申湖北崇文書局重雕"。卷端題"日知録集釋，崑山顧炎武著，嘉定後學黄汝成集釋"。

卷首依次有"欽定四庫全書提要"；"原序"，署"康熙乙亥仲秋門人潘耒拜述"；"先生初刻日知録自序"；"叙"，署"道光十四年五月嘉定後學黄汝成叙録"；"日知録目次"。第一卷卷末署"金陵劉漢洲鎸"。

鈐印："今關天彭藏書之印""天津書局"。

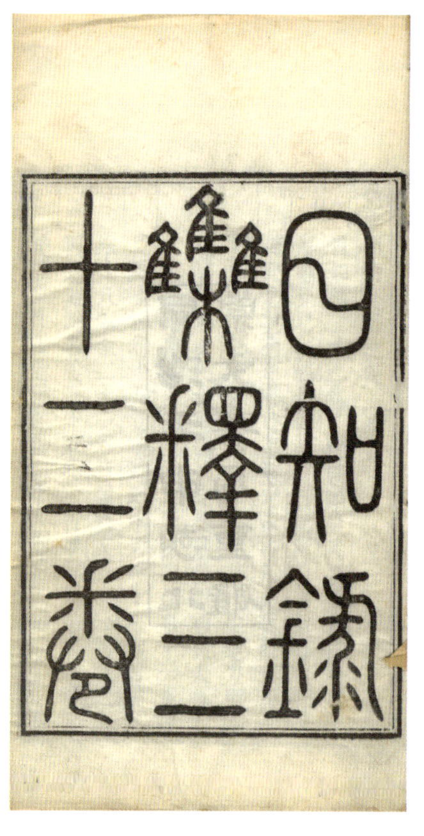

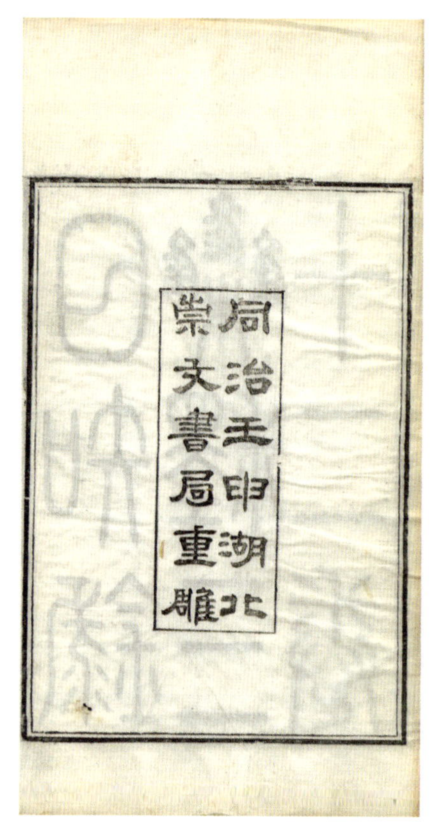

日知録集釋卷一

崑山顧炎武著　嘉定後學黃汝成集釋

三易

夫子言包羲氏始畫八卦不言作易而曰易之興也其於中古乎又曰易之興也其當殷之末世周之盛德邪當文王與紂之事邪是文王所作之辭始名爲易而周官大卜掌三易之法一曰連山二曰歸藏三曰周易連山歸藏非易也而云三易者後人因易之名以名之也雷氏曰伏羲畫卦自兩儀生四象而四時之序已著自四象生八卦而萬物之理悉函自八卦重之相錯相盪陽動而進左旋而位于西北陰動而退右轉而位于西南于是震兌正于東西坎離正于南北而四時首春帝出乎震之象以立又以乾元用九消息之而十二辟卦之象以成六十四卦之象以著伏羲氏之所以爲易者也連山者神農氏之易也神農評于地辨

106.日知録集釋三十二卷　〔清〕顧炎武撰　〔清〕黄汝成集釋

清光緒十二年（1886）點石齋石印本　四册一函

内封題"日知録集釋三十二卷，吴下共之氏沈錦垣署"。牌記題"光緒丙戌歲孟夏之月上海點石齋石印"。卷端題"日知録集釋，崑山顧炎武著，嘉定後學黄汝成集釋"。

日知錄集釋卷一

崑山顧炎武著　嘉定後學黃汝成集釋

三易　夫子言包羲氏始畫八卦，不言作易，而曰易之興也其於中古乎，又曰易之興也其當殷之末世周之盛德邪，當文王與紂之事邪。是文王所作之辭始名為易，而周官大卜掌三易之法，一曰連山，二曰歸藏，三曰周易。連山、歸藏非易也，而云三易者，後人因易之名以名之也。雷氏曰：伏羲畫卦，自兩儀生四象而四時之序已著，自四象生八卦而萬物之理悉函，自八卦重之，相錯相盪，陽動而進，左旋而位于西北，陰動而退，右轉而位于西南，于是震兌正于東西，坎離正于南北，而四時首春帝出乎震之象以立，又以乾元用九消息之，而十二辟卦之象以成，六十四卦之象以著，伏羲氏之所以為易者也。連山者，神農氏之易也，神農耕于地，辨土性，藝五穀，嘗百藥，鑿井出泉，立市通貨，故其易用伏羲八卦之動象，以艮為首，艮者止也，山乃行之首，以時行為義，由體達用之象也。艮本陽卦，其象為山，位在東北，立春斗建之所在也，山托于地而親上，能出雲氣，和洽天地，且二山相襲，故曰連山。歸藏，黃帝，杜子春之說不可易。蓋黃帝之治詳于人，作調曆以授時，作杵臼以利用，作舟車以致遠，作弧矢以取威，作衣冠宮室以庇身，作禮樂書契以立紀，上古朴野之俗至此而變，後世文明之象自此而開。易象曰后以裁成天地之道，輔相天地之宜，以左右民，即謂此矣。其後五帝之治皆因于此，故伏羲為天皇，神農為地皇，黃帝為人皇，此即周官書之所謂三皇矣。黃帝在位百年，功成之後，深求道極，默契本原，于羲農之易皆反而歸之，得其初象，知陽氣之所以能生實原于此，于是以坤為首，以陰為主，以靜為道，以柔為用，所以明體也。猶之墨子書言周之春秋、燕之春秋、宋之春秋、齊之春秋，周、燕、齊、宋之史非必皆春秋也，而云春秋者，因魯史之名以名之也。汝成案：雷氏用杜子春之說以歸藏為黃帝易矣，然禮運孔子曰我欲觀殷道得坤乾焉，注以為殷時陰陽之書即歸藏易，而鄭司農賛易亦以為歸藏殷易，釋其義曰歸藏者萬物莫不歸而藏于中，夏曰連山，連山者象山之出雲連山不絕，周易者言易道周普无所不備，與杜子春說不同。大抵歷代荒遠，莫可稽考，後人徒從推測得之，亦各存其說而已。○左傳僖十五年，戰於韓，卜徒父筮之，曰吉，其卦遇蠱，曰千乘三去，三去之餘，獲其雄狐。成十六年，戰於鄢陵，公筮之，史曰吉，其卦遇復，曰南國蹙，射其元王中厥目。此皆不用周易，而別有引據之辭，即所謂三易之法也。原注：卜徒父以卜人而掌此，猶周官之大卜。而傳不言易。楊氏曰：其用周易，必出周易之名于上，如有以周易見陳侯及周易有之之類。

重卦不始文王　大卜掌三易之法，其經卦皆八，其別皆六十有四。攷之左傳，襄公九年，穆姜遷於東宮，筮之遇艮之隨，姜曰是於周易曰隨元亨利貞无咎，獨言是於周易，則知夏商皆有此卦，而重八卦為六十四者，不始於文王矣。梁氏曰：周本紀及世表皆言文王益卦，其實非。孔氏易正義論重卦之說，王弼以為伏羲，以繫辭攷之，例言為當，十二卦體已具于羲農黃帝堯舜之世，以洪範攷之，其

107.清寤齋心賞編不分卷　〔明〕王象晉輯　BJ1558.C5 W33

明崇禎六至十七年（1633—1644）刻本　一册一函

半框高21.1釐米，寬14.5釐米，四周單邊。每半葉9行20字。版心白口，單黑魚尾，上鎸“心賞編”，下鎸葉碼。

卷端題“清寤齋心賞編，濟南王象晉藎臣甫輯”。

卷首依次有“清寤齋心賞編題詞”，署“癸酉上元濟南王象晉書於萬卷樓之清寤齋”；“清寤齋心賞編目録”。

鈐印：“小西氏圖書印”。

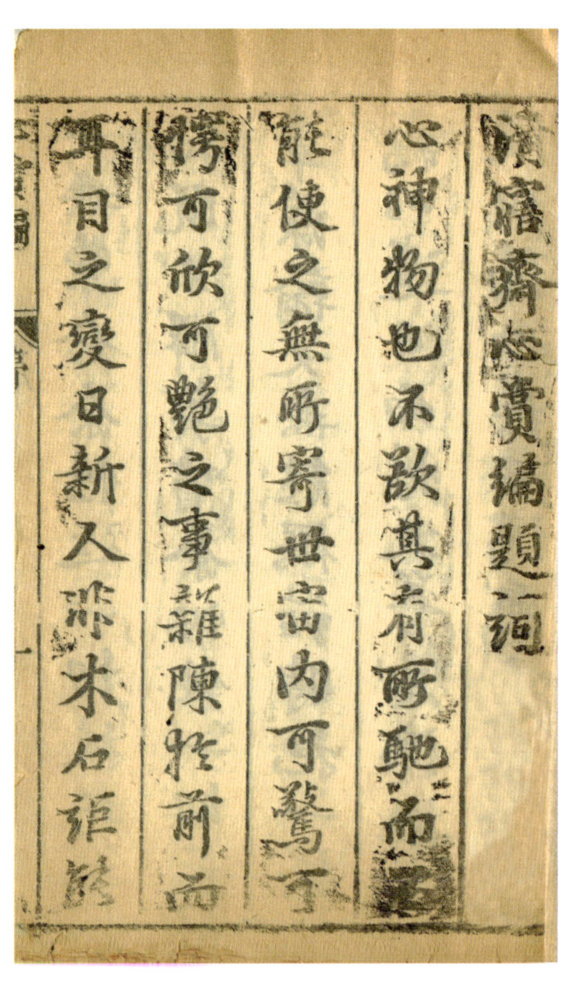

清寤齋心賞編題詞
心神物也不歆其有所馳而[illegible]
能使之無所寄世宙內可驚可
愕可欣可艷之事雜陳於前而
耳目之變日新人非木石詎能

清寤齋心賞編

濟南王象晉藎臣甫輯

葆生要覽

仙經曰無勞爾形無搖爾精歸心靜默可以長生○

修真至要曰精根根而運轉氣默默而徘徊神混

混而來往心澄澄而不動○調息以養氣息機以

養神減嬪嬙以養壽戒虐詐以養德儉服食以養

生章子心錄少言語以養內氣寡色慾以養精氣薄

滋味以養血氣嚥精液以養臟氣戒嗔怒以養肝

天文曆算類

108.富桂堂吉祥如意便覽不分卷 DS721 .F82 1863

清同治二年（1863）廣州富桂堂刻本　一册一函

半框高15.8釐米，寬11.2釐米，四周雙邊。每半葉行數、字數不等。版心白口，單黑魚尾，上鎸篇名，中鎸葉碼，下鎸“桂堂真本”。

内封題“富桂堂吉祥如意便覽，日時有意招財寶，夜觀無忌保安寧”。

論四季皇帝詩曰

生在皇帝頭　一世永無休　小人多富貴　衣祿自然週
求官必得位　君子近公侯　女人平穩好　嫁得後儒流
生在皇帝手　營謀錢財有　出外貴人迎　家中百事有
初年平平穩　來年十分有　財帛四方來　老年財聚手
生在皇帝肩　一生富萬年　中年錢財有　兒孫瓜瓞綿
衣祿隨時好　求景有周庄　兄弟不得力　前苦後頭刮
生在皇帝腹　衣食自然足　文武兩边隨　笙歌連武曲
中年衣祿貴　晚來多興福　快樂享榮華　增新更加祿
生在皇帝陰　富貴足珠珍　中年衣祿貴　老來有黃金
門風多改換　此是貴人身　子孫必顯耀　官爵自高登
生在皇帝膝　作事多勞碌　衣食也不缺　兄弟要和睦
日日路上行　亦是心不足　幼年雖辛苦　到晚更得福
生在皇帝足　修齋却有福　一生也平安　不宜住祖屋
女人嫁兩夫　[illegible]　各要離祖出　離祖方成福

藝術類

109.巾箱小品十三種 〔清〕□□輯 N7340 .C45 C46

清乾隆間華韻軒刻本 四册一函

半框高8.8釐米，寬7.1釐米，左右雙邊。每半葉8行16字。版心白口，無魚尾，中鎸小題及葉碼。

内封題“巾箱小品”。目録端題“巾箱小品”。

鈐印：“空軒”。

子目：

第一册

冬心先生畫竹題記 〔清〕金農撰

冬心畫梅題記 〔清〕金農撰

冬心畫馬題記 〔清〕金農撰

冬心畫佛題記 〔清〕金農撰

冬心自寫真題記 〔清〕金農撰

第二册

冬心齋研銘 〔清〕金農撰

板橋題畫 〔清〕鄭燮撰

唐詩酒籌 〔清〕鄭燮撰

西厢記酒令 〔清〕鄭燮撰

第三册

繪事發微 〔清〕唐岱撰

怪石録 〔清〕沈心撰

第四册

才子文 〔清〕唐寅撰

香奩咏物詩 〔清〕尤侗撰

冬心先生畫竹題記

錢塘　金農　壽門

饑鳳非竹實不飽。予畫竹。竹之實。歲無所收。安得爲羽儀者之食也。竹之族六十有一。而獨盛西南。曰箘。曰筱。曰簵。曰筆。曰篔簹。曰篠𥳑。皆可貌其幽姿者也。其他若篾簩之類。則不堪寫入豪楮矣。宋人有詠竹米詩。竹米者竹實也。卽𥳑也。儋石之儲。何

畫竹題記　一

110.點石齋畫報六集 〔清〕吴嘉猷編 PN5367.I44 T54 1897

清光緒二十三年（1897）上海點石齋石印本　四十四卷六函

内封題“點石齋畫報，問淳館主人署”。牌記題“本齋所出畫報，自甲申年四月起，每月印售數次，第一號則爲甲一，第二號則爲甲二，其餘按號而下。故書縫中之數目則亦魚貫蟬聯，將來積有成數，可以裝成一本，之後再將縫中數目另起，其幅式之大小統歸一律，以便合訂成書，毫無參差不齊之病，賞鑒家以爲然否？”。

卷首依次有“序”，署“光緒二十三年丁酉秋日門下小門生葉新第百拜謹序於晋江縣署，晋江吴魯書”；“點石齋畫報目録甲集”；畫報説明，署“光緒十年暮春之月尊聞閣主人識”。

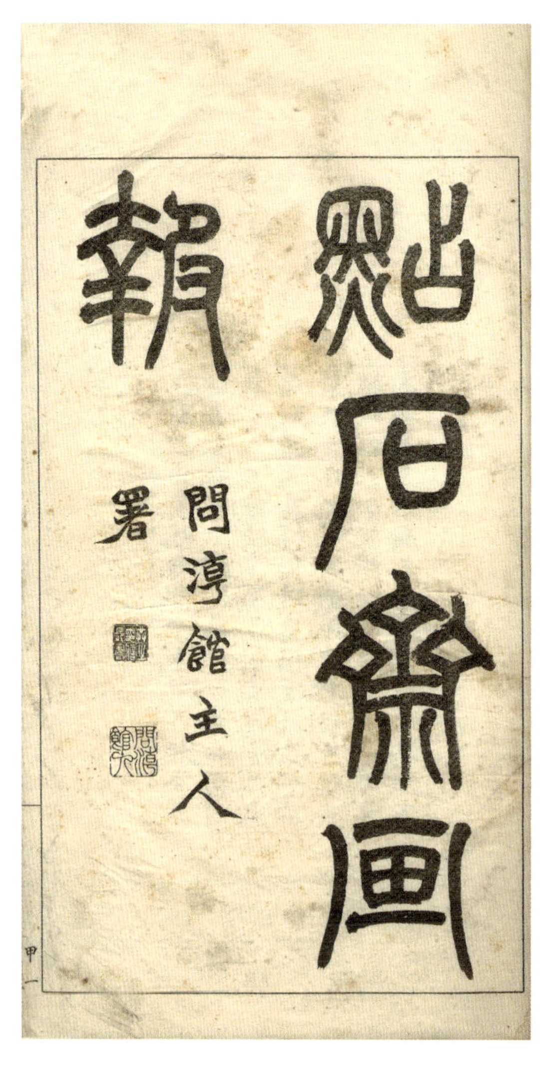

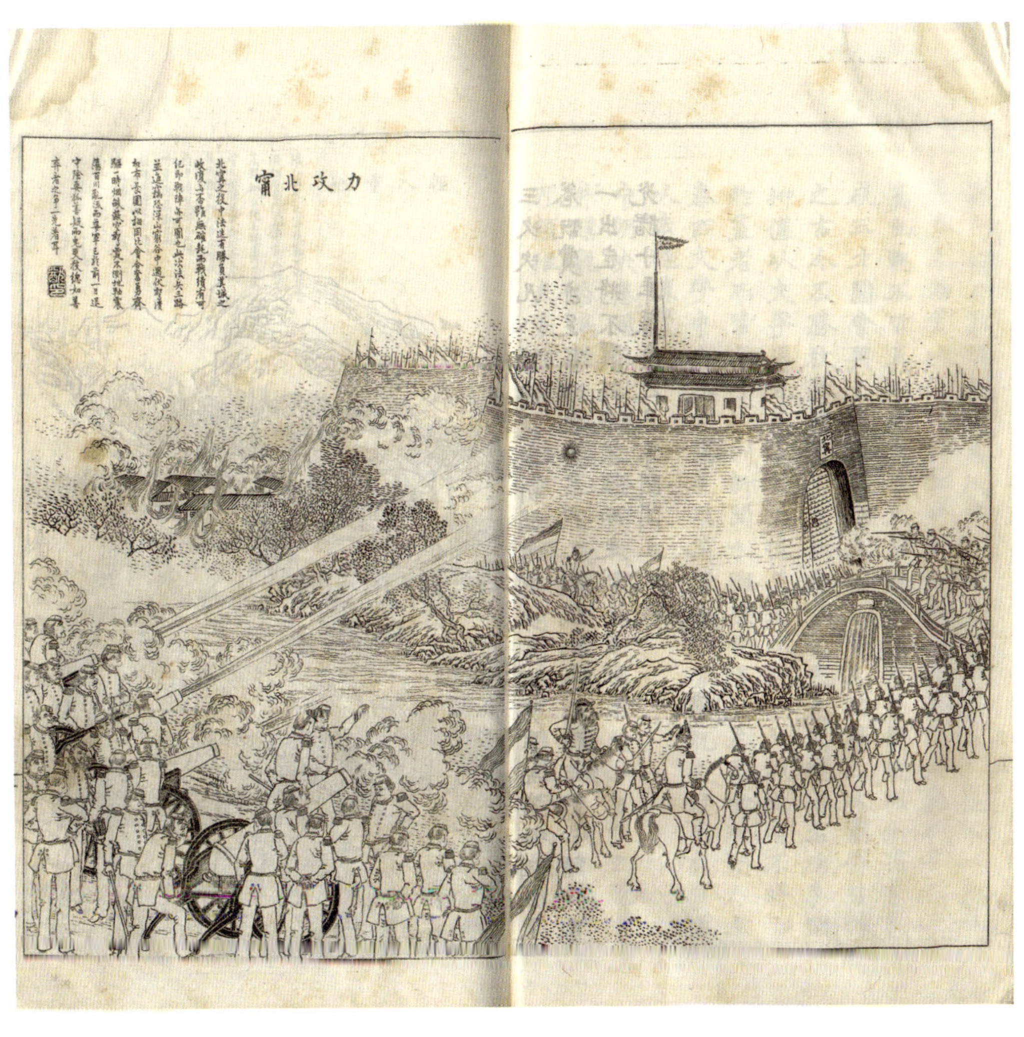
力攻北甯

111.海國叢談圖上下二卷　〔清〕吴嘉猷著　

清宣統二年（1910）上海璧園會社石印本　二册一函

内封題“海國叢談圖，舜道”。牌記題“上海璧園珍藏”。

卷首有“目録”。

按：本編當爲《吴友如畫寶》第十一、十二册。

禽鳥多壽
吳友如畫寶　海國叢談圖
一
上海璧園珍藏

112.甌鉢羅室書畫過目考四卷首一卷附一卷 〔清〕李玉棻編

清光緒二十三年(1897)京都興盛齋刻本 四册一函

半框高17.3釐米,寬13.3釐米,四周雙邊。每半葉11行25字。版心白口,單黑魚尾,上鎸書名,中鎸卷次,下鎸葉碼。

内封題"甌鉢羅室書畫過目考"。牌記題"光緒丁酉秋月開雕,三韓震厚題,京都琉璃廠西頭路北興盛齋刻字局支鎸板"。卷端題"甌鉢羅室書畫過目考,古潞李玉棻均湖編輯"。

卷首依次有"序",署"光緒乙亥建元首夏通家世弟皂保蔭方拜手";"序",署"山左馮爾昌友文拜書簡端";"詩",署"光緒二十年夏六月歷城張英麟振卿拜題於蟠榆簃";"自序",署"光緒二十年甲午伏日李玉棻貞蕤識於瀋陽褪袀館";"題詞",署"吴縣潘曾綬紱庭";"題跋",署"乙未春暮鐵嶺兄增瑞芝田讀竟拜誌於餘園";"例言",署"光緒二十三年丁酉初秋虹月船師誌於傳鑒堂元振謹録";"卷首目録",署"通州李玉棻真木編輯";"甌鉢羅室書畫過目考卷首",題"通州李玉棻真木編輯"。卷終有"駢蘭閣參考男元振校字刊本"。

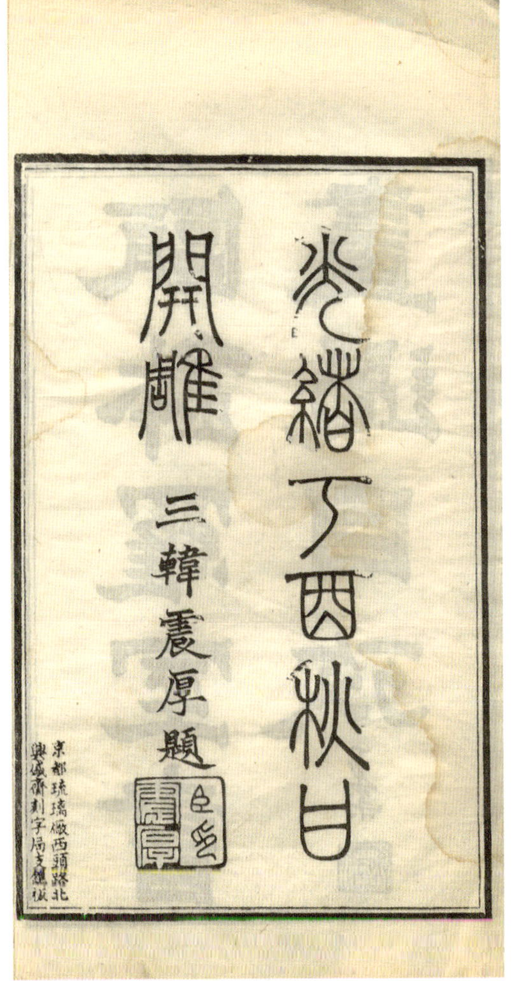

光緒丁酉秋日開雕

三韓震厚題

京都琉璃廠西頭路北

樂盛齋刻字局

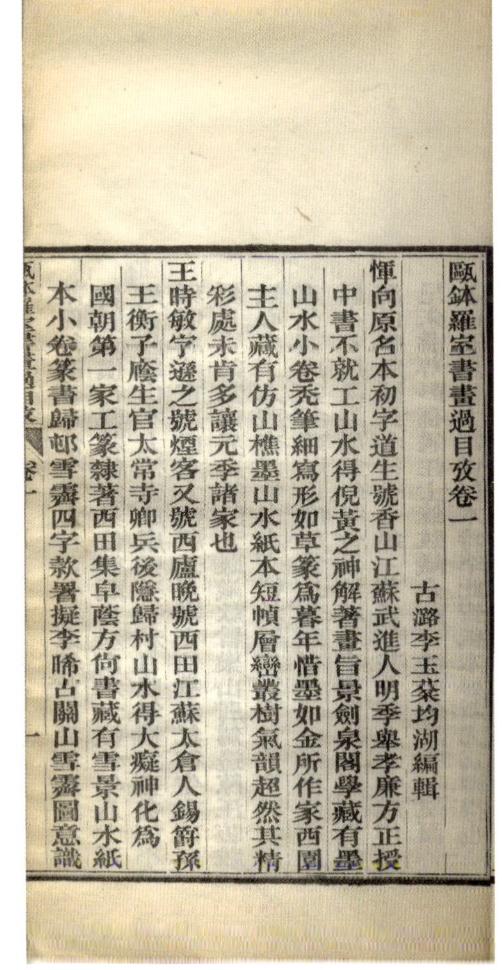

甌鉢羅室書畫過目攷卷一

古潞李玉棻均湖編輯

惲向原名本初字道生號香山江蘇武進人明季舉孝廉方正授中書不就工山水得倪黃之神解著畫旨景劍泉閣學藏有墨山水小卷秃筆細寫形如草篆爲暮年惜墨如金所作家西園主人藏有仿山樵墨山水紙本短幀層巒叢樹氣韻超然其精彩處未肯多讓元季諸家也

王時敏字遜之號煙客又號西廬晚號西田江蘇太倉人錫爵孫王衡子廕生官太常寺卿兵後隱歸村山水得大癡神化爲國朝第一家工篆隸著西田集阜蔭方尙書藏有雪景山水紙本小卷篆書歸邨雪霽四字款署擬李晞古關山雪霽圖意識

甌鉢羅室書畫過目攷 卷一 一

113.佩文齋書畫譜一百卷 〔清〕孫岳頒等奉敕編 ND1040 .S86 1883

清光緒九年(1883)上海同文書局石印本　十六册二函

内封題“佩文齋書畫譜”。牌記題“光緒癸未重九上海同文書局石印”。卷端題“佩文齋書畫譜”。

卷首依次有“御製佩文齋書畫譜序”，題“康熙四十七年二月”；“康熙四十四年十月初九日奉旨纂輯佩文齋書畫譜官”；“凡例”；“佩文齋書畫譜總目”；“佩文齋書畫譜纂輯書籍”。

鈐印：“陳榮捷印”。

佩文齋書畫譜

光緒癸未重九上海同文書局石印

佩文齋書畫譜卷第一

論書一 書體上

伏羲書

古者伏羲氏之王天下也始畫八卦造書契以代結繩之政由是文籍生焉 孔安國尚書序

倉頡書

倉頡之初作書蓋依類象形故謂之文其後形聲相益即謂之字字者言孳乳而浸多也著於竹帛謂之書書者如也以迄五帝三王之世改易殊體封於泰山者七十有二代靡有同焉 許慎說文序

周六書

地官小司徒保氏養國子以道乃教之六藝一曰五禮二曰六樂三曰五射四曰五馭五曰六書六曰九數鄭司農注云六書象形會意轉注處事假借諧聲也 周禮注疏

周籀書

史籀篇者周時史官教學童書也與孔氏壁中古文異體 漢書藝文志

秦八體書

孔子書六經左丘明述春秋傳皆以古文其後分為七國文字異形秦始皇帝初兼天下丞相李斯乃奏同之罷其不與秦文合者取史籀大篆或頗省改所謂小篆者也是時秦大發隸卒興役戍官獄職務繁初有隸書以趣約易而古文由此絕矣自爾秦書有八體一曰大篆二曰小篆三曰刻符四曰蟲書五曰摹印六曰署書七曰殳書八曰隸書 說文序

漢六體書

六體者古文奇字篆書隸書繆篆蟲書皆所以通知古今文字摹印章書幡信也 漢書藝文志

漢孔安國隸古

孔安國尚書序曰科斗書廢已久時人無能知者以所聞伏生之書考論文義定其可知者為隸古定更以竹簡寫之孔穎達正義云就古文體而從隸定之故曰隸古以雖隸而猶古也 尚書注疏

114.太平山水詩畫不分卷　〔清〕蕭雲從繪　〔清〕張萬選編注

folio ND1366.73.H75 T2

清順治五年（1648）懷古堂刻本　一册一函

内封題“太平山水詩畫，懷古堂藏板，濟南張萬選題”。

卷首依次有“圖畫小序”，署“順治戊子初夏，濟南張萬選題”；“跋”，署“順治戊子歲夏五治年家社晚生蕭雲從謹識”；“太平山水圖畫目録”，署“濟南張萬選舉之甫編注”。

按：此書包含連式繪圖四十三幅，由徽人湯尚、湯義、劉榮等雕刻。

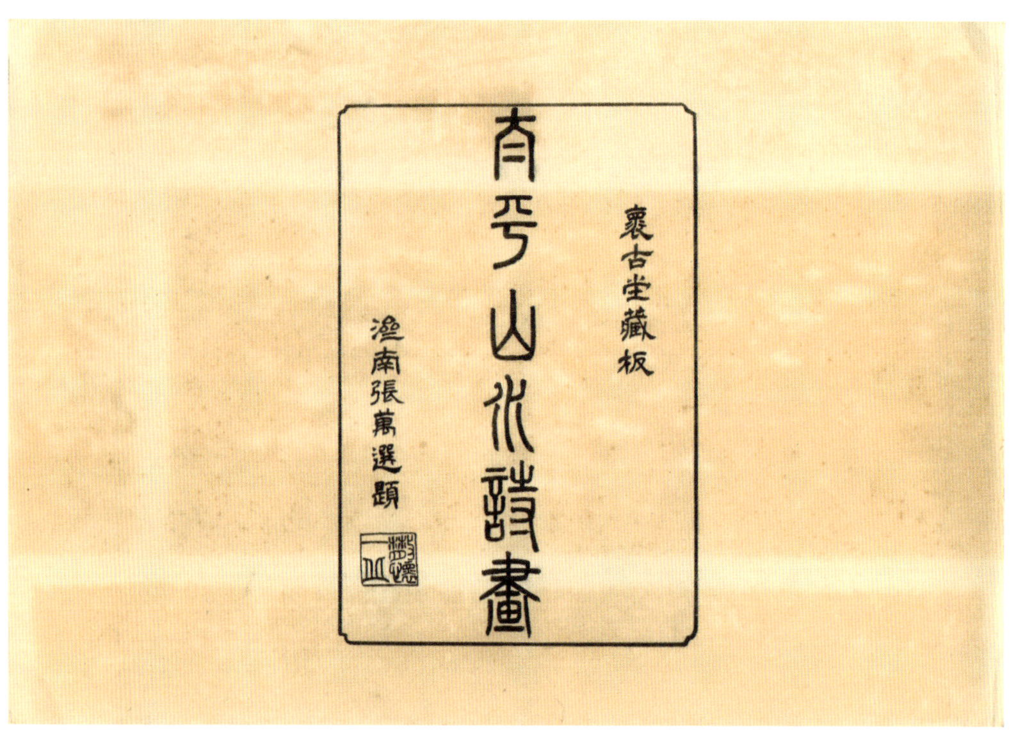

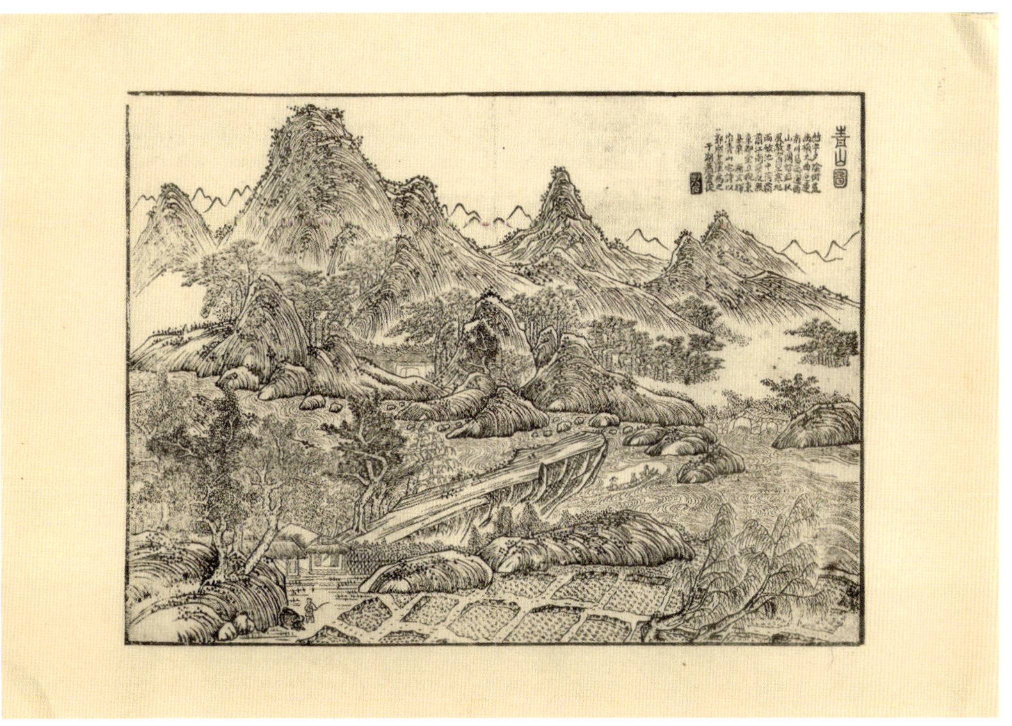
青山圖

115.松雪堂印萃不分卷　〔清〕郭啓翼篆刻　CD6174.4 .G83 1785

清乾隆五十年（1785）刻本　一册一函

半框高 21釐米，寬12釐米，四周雙邊。是譜共62葉，每葉鈐印一至五、六方不等，共計221印，皆附釋文。書口題“松雪堂印萃”。

卷端題“松雪堂印萃，濰水郭啓翼恬菴氏篆”。

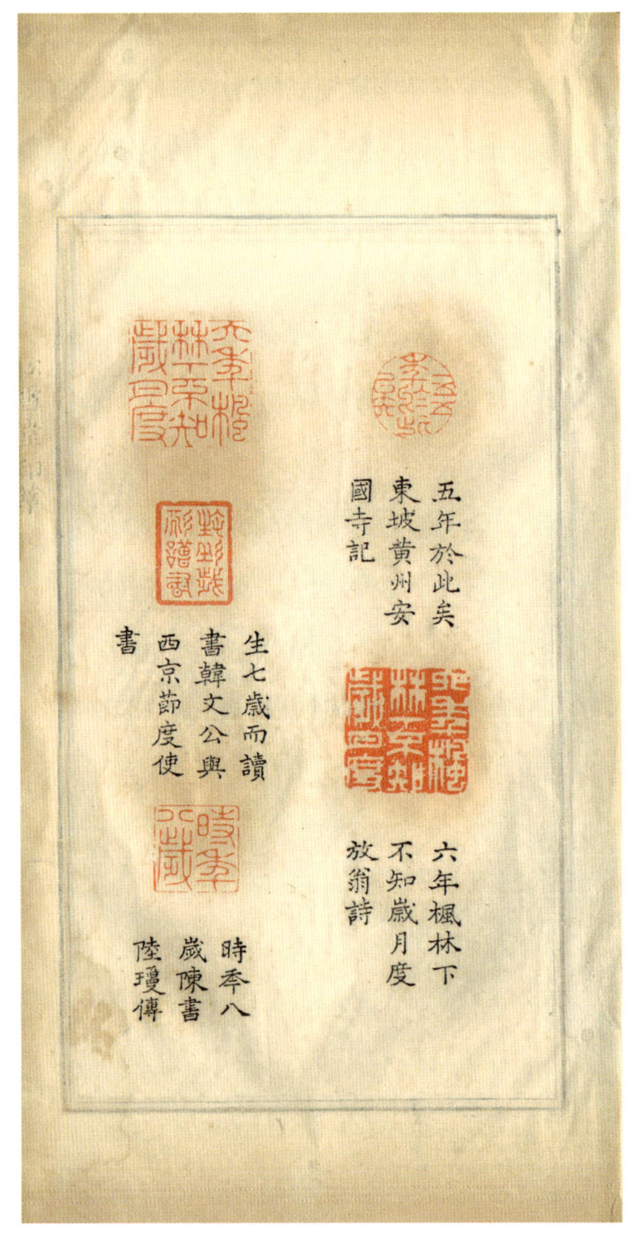
五年於此矣
東坡黄州安
國寺記
六年楓林下
不知歲月度
放翁詩
生七歲而讀
書韓文公與
西京節度使
書
時秊八
歲陳書
陸瓊傳

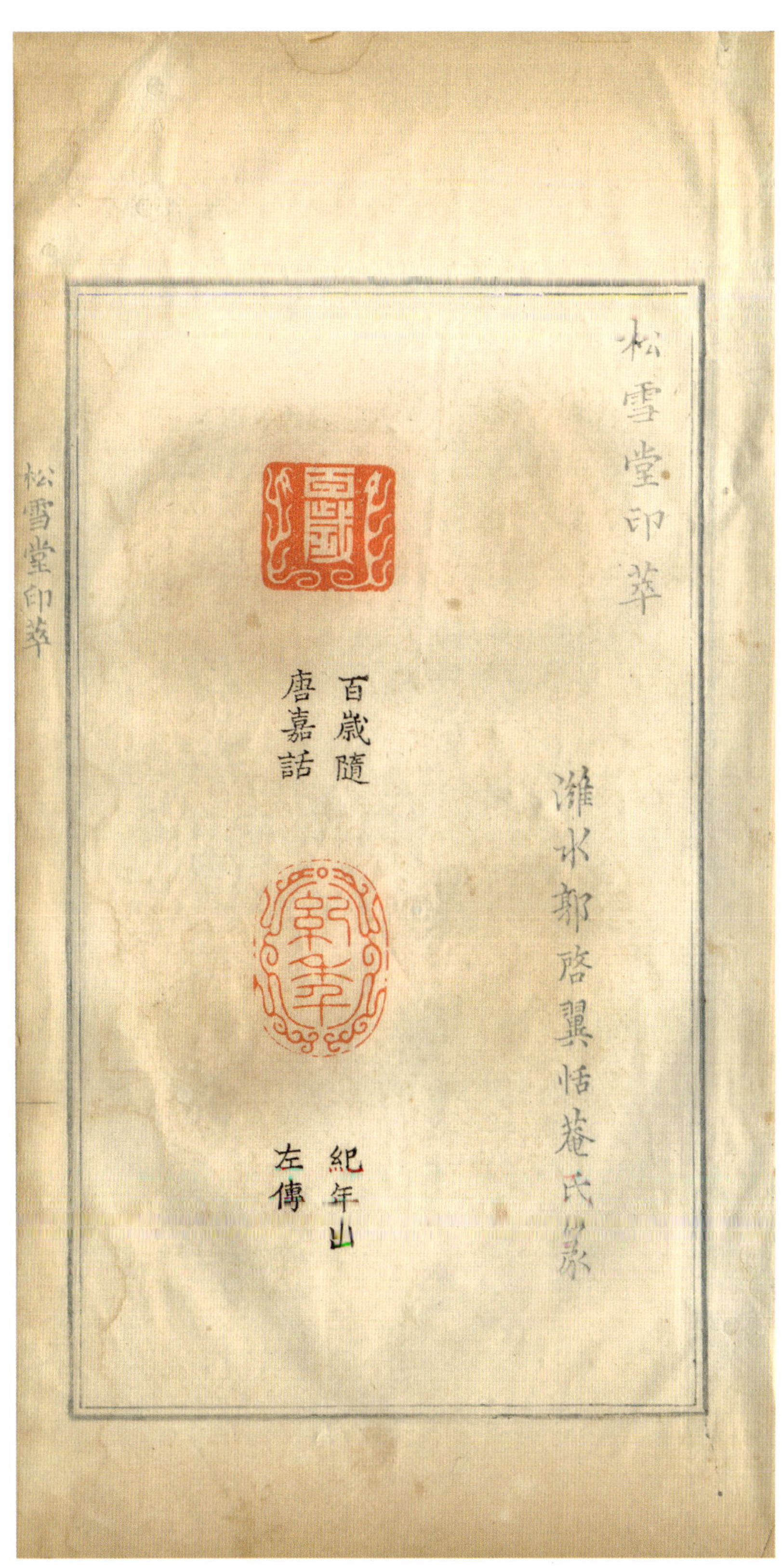
松雪堂印萃
百歲
百歲隨
唐嘉話
紀年山
左傳
濰水郭啓翼悟菴氏篆
松雪堂印萃

116.六家弈譜六卷 〔清〕王彦侗撰

清咸豐七年（1857）刻本　二册一函

半框高20.3釐米，寬17釐米，四周單邊。上下兩欄，版心白口，單黑魚尾，上鎸書名，中鎸卷次，下鎸棋手姓氏及葉碼。

内封題“六家弈譜，柏昀青題”。卷端題“六家弈譜”。

卷首依次有“序”，署“咸豐七年歲次丁巳夏六月安邱同人王彦侗識”；“總目録”。

鈐印：“曠園主人叔龢鑒藏書畫之印”“琴棋書畫皆可玩”“曠園主人叔和藏書印”。

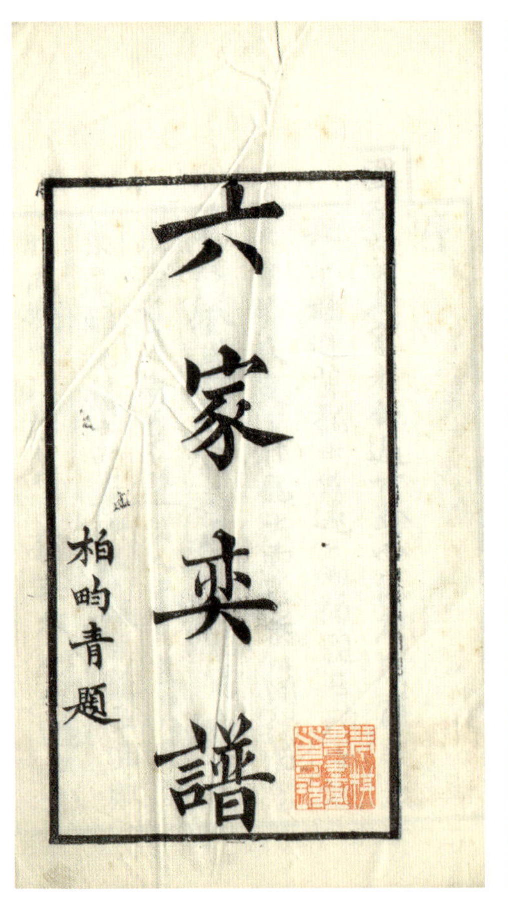
六家奕譜
柏昀青題

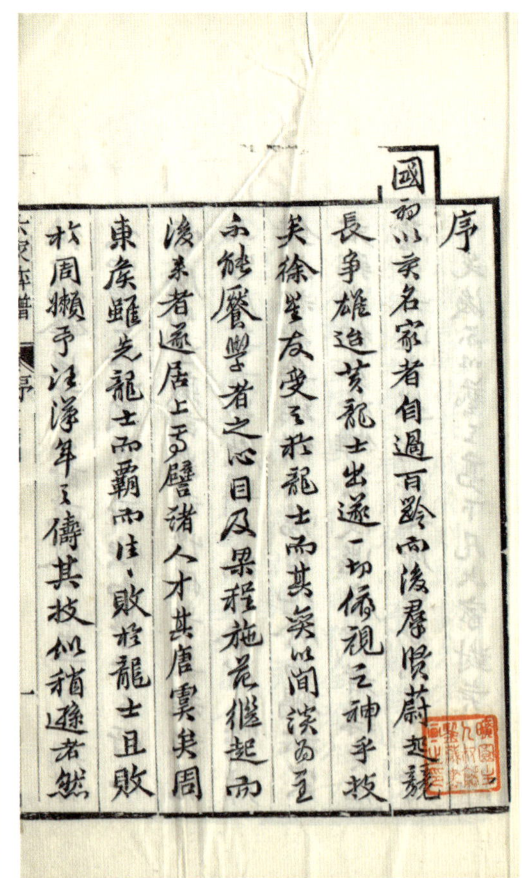
序
國初以奕名家者自過百齡而後羣賢蔚起號
長争雄迨黄龍士出遂一切俯視之神乎技
矣徐星友受之於龍士而其奕以閒淡爲主
而能饜學者之心目及梁程施范繼起而
後來者遂居上焉譬諸人才其唐虞矣周
東侯雖先龍士而霸而往往敗於龍士且敗
於周懶予注淨年之傳其技如稽遜者然

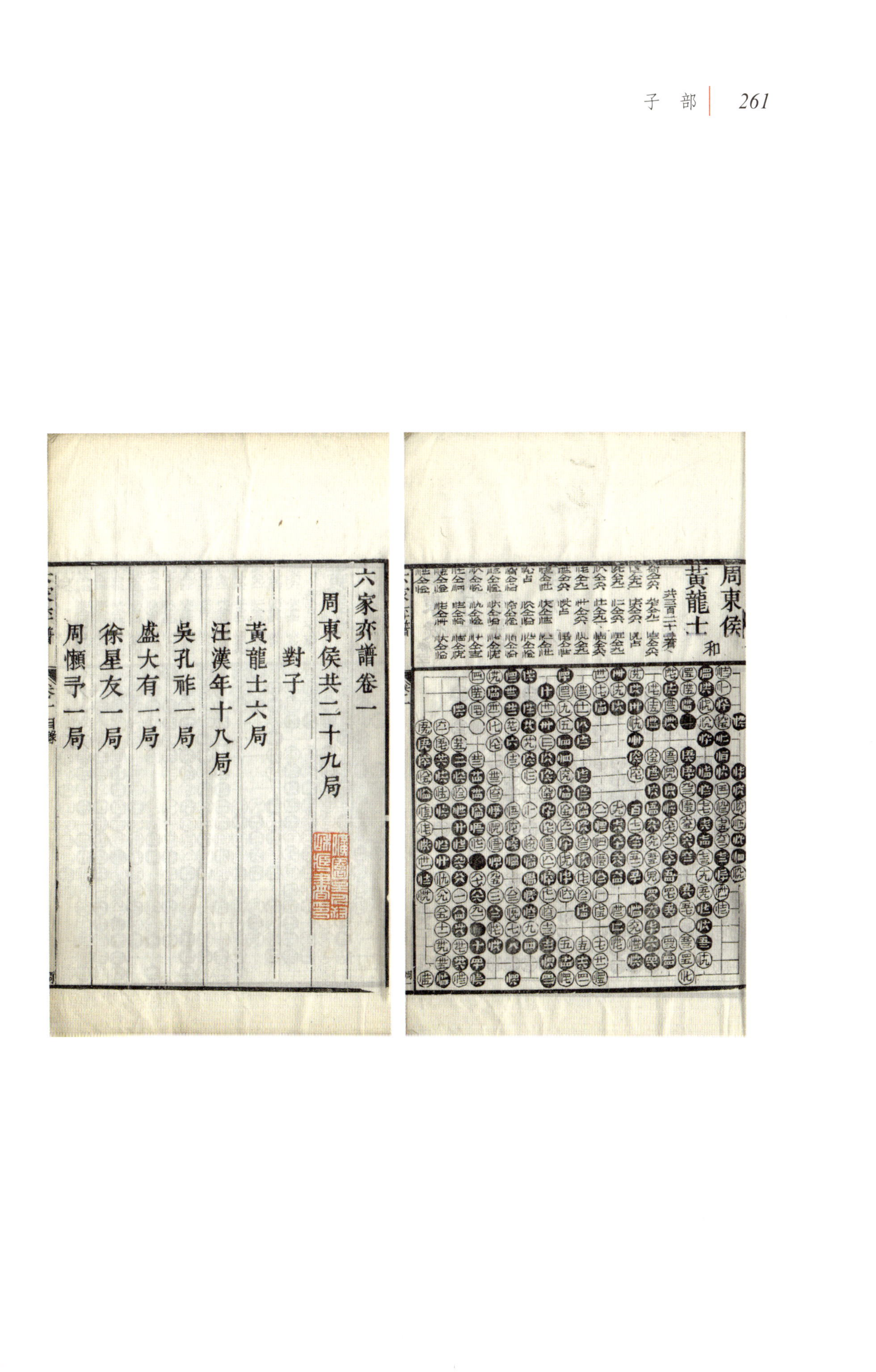

六家弈譜卷一

周東侯共二十九局

對子

黃龍士六局

汪漢年十八局

吳孔祚一局

盛大有一局

徐星友一局

周懶予一局

周東侯

黃龍士 和

共二百二十一著

117.鶯花聯句三卷　〔清〕龍邦儼輯　495.183 L972y 1892

清光緒十八年(1892)登雲閣刻本　一册一函

半框高16釐米，寬10.7釐米，四周單邊。上下兩欄，上欄爲注，下欄爲正文，無界欄，下欄每半葉15行24字。版心白口，單黑魚尾，上鎸書名，中鎸卷名及卷次，下鎸葉碼。

内封題“鶯花聯句，光緒壬辰年夏月鎸，羊城雙門底登雲閣板”。卷端題“鶯花聯句，大良龍邦儼威如氏輯”。

卷首依次有“序”，署“光緒八年壬午小雪後順德城北武陵溪館威如氏龍邦儼序”；“例言”。

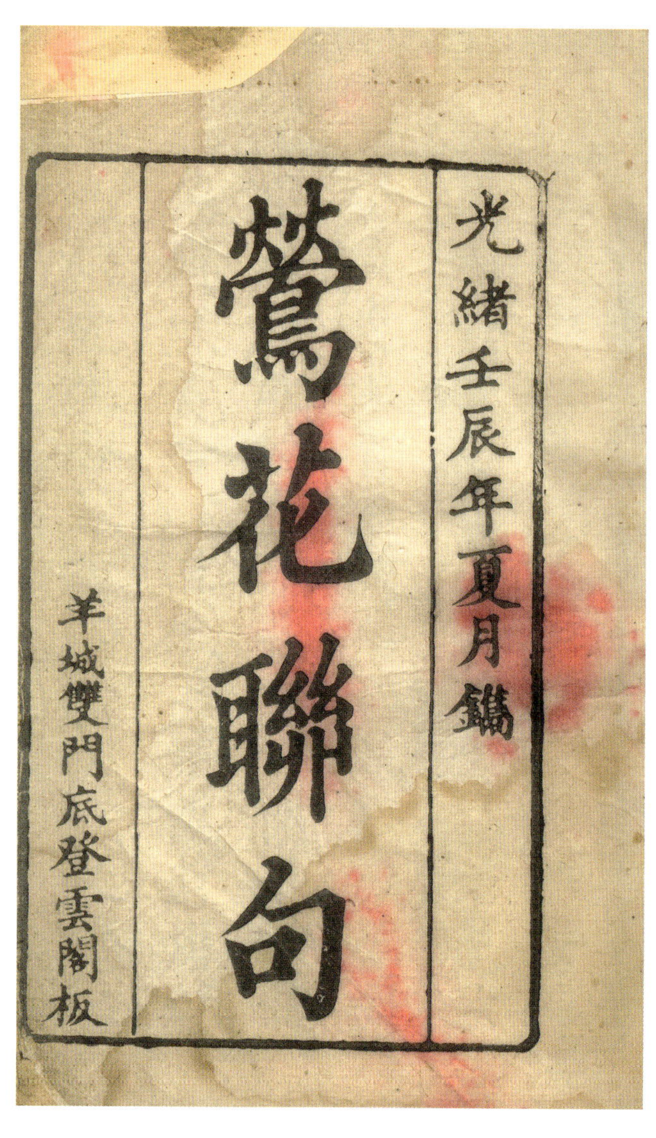

鶯花聯句卷一

大艮龍邦儼威如氏輯

三言一百三十五對

一東

清暑殿　南史宋孝武帝紀大明元年清暑殿生嘉禾一株五莖造後因改清暑殿爲嘉禾殿

廣寒宮　異聞錄明皇與申天師道士洪都客中秋夜遊月宮見有一大府榜曰廣寒清虛之府天師引明皇躍身烟霧中下視王城嵯峩若萬頃琉璃田見素娥十餘人皆皓衣乘白鸞舞桂樹下樂音清亮明皇歸選十八子弟在梨園製霓裳羽衣曲

御史雨　顏眞卿爲唐玄宗朝御史適有冤獄未決時當大旱眞卿理獄白冤天忽大雨民於是稱爲御史雨

大王風　蘇轍黃州快哉亭記昔楚襄王從宋玉景差於蘭臺之宮有風颯然至者王披襟當之曰快哉此風寡人所與庶人共者耶宋玉曰此獨大王之雄風耳庶人安得共之玉之言蓋有諷

譜録類

118.景德鎮陶録十卷　〔清〕藍浦撰　〔清〕鄭廷桂補輯

NK4566.C44 L36 1891

清光緒十七年（1891）京都書業堂刻本　四册一函

半框高17釐米，寬12.7釐米，四周雙邊。每半葉8行20字，小字雙行同。版心白口，單黑魚尾，上鎸書名，中鎸卷次及葉碼。

内封題“景德鎮陶録，光緒辛卯夏重鋟，丹徒張少嵒先生鑒定，京都書業堂藏版”。卷端題“景德鎮陶録，昌南藍浦濱南氏原著，門人鄭廷桂問谷補輯”。

卷首依次有“重刻景德鎮陶録序”，署“大清同治九年歲次庚午小春月朔賜進士出身誥授奉政大夫欽加同知銜直隸即用知縣古番愚弟王廷鑑拜撰”；“景德鎮陶録序”，署“嘉慶二十年小春月朔知浮梁縣事廣德劉丙”；“景德鎮陶録總目”，署“昌南藍浦濱南氏原著，門人鄭廷桂問古補輯，男洤汲春校字”。卷末有“書後”，署“嘉慶二十年歲在乙亥秋八月朔門人同里鄭廷桂謹識”。

光緒辛卯夏重鋟
丹徒張少嵒先生鑒定
景德鎮陶録
京都書業堂藏版

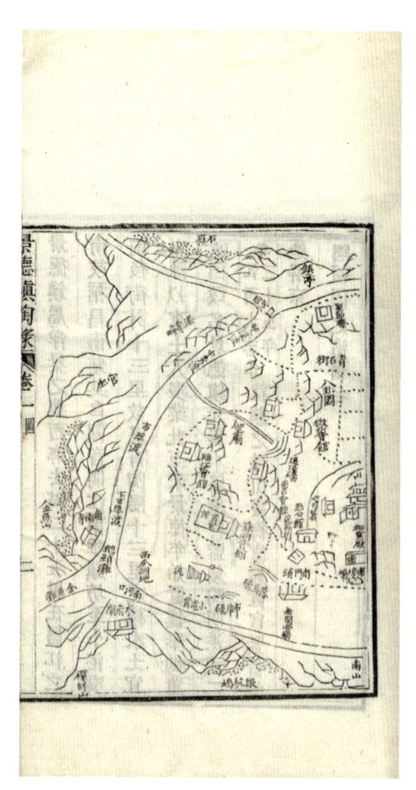

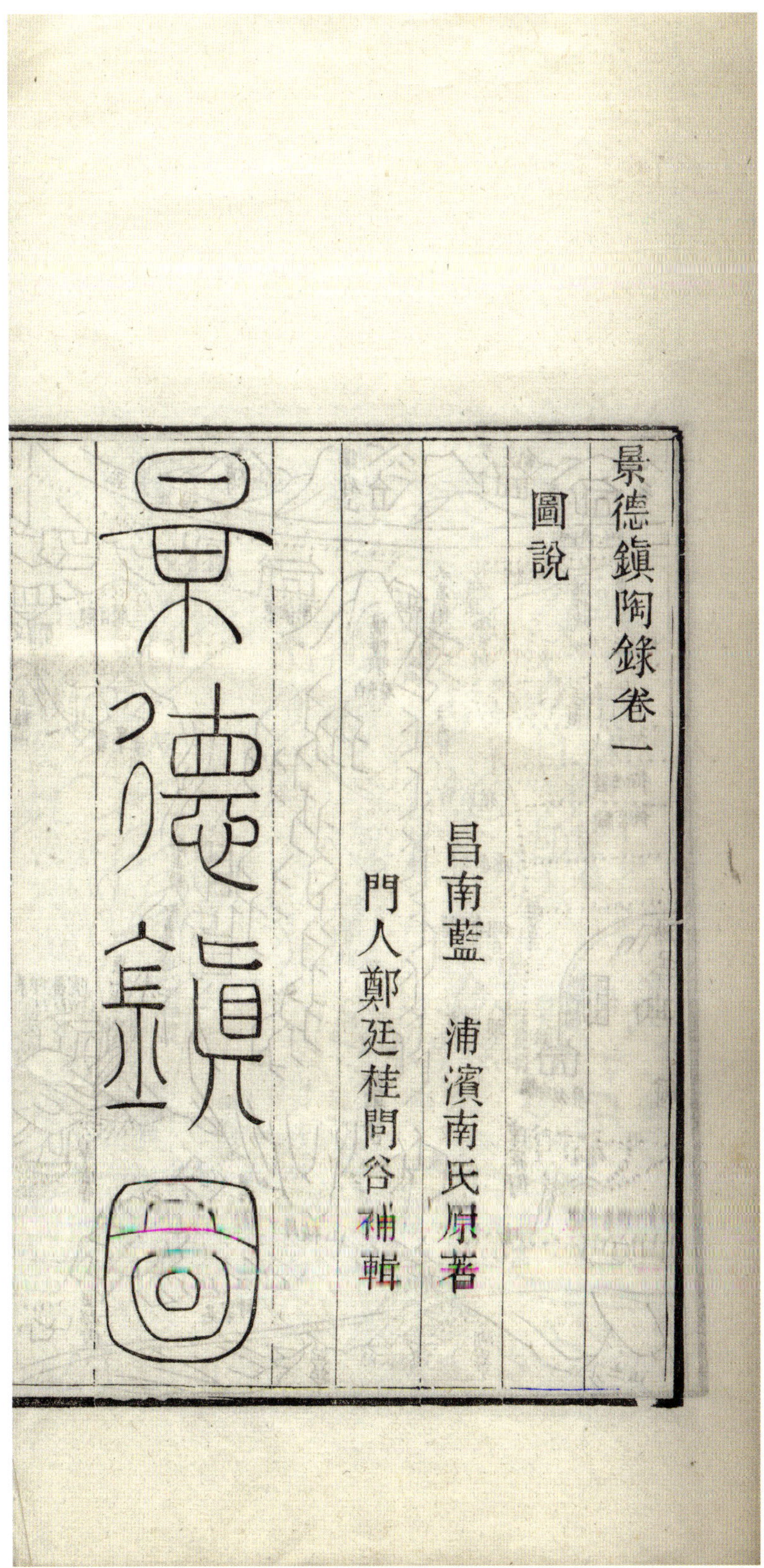
景德鎮陶錄卷一

圖説

昌南藍　浦濱南氏原著

門人鄭廷桂問谷補輯

景德鎮圖

宗教類

119.大般若波羅蜜多經卷第四百六十三　〔唐〕玄奘奉詔譯　Pryce J3

宋紹興三十二年（1162）明州奉化縣王公祠堂刻本　經摺裝一帖一函

一帖十三紙，每紙六摺，框高約25釐米，半摺寬11.3釐米，每摺6行17字。上下單邊，版心上鎸千字文編號“崑”，中鎸卷次及紙次，下偶鎸刻工名“保”“中”“澤”等。

卷端鎸“大般若波羅蜜多經第四百六十三，三藏法師玄奘奉詔譯”。經尾鎸“大般若波羅蜜多經卷第四百六十三 崑”。另有小字“十三紙”及“葛昌印造”墨記。

經末鎸“明州奉化縣忠義鄉瑞雲山參政太師王公祠堂大藏經，永充四衆看轉莊嚴報地。紹興壬午五月朔男左朝請郎福建路安撫司參［議官］賜緋魚袋王伯序題，勸緣住持清凉禪［院］傳法賜［紫慧海大師］清憲”題記。

按：大般若波羅蜜多經共六百卷。

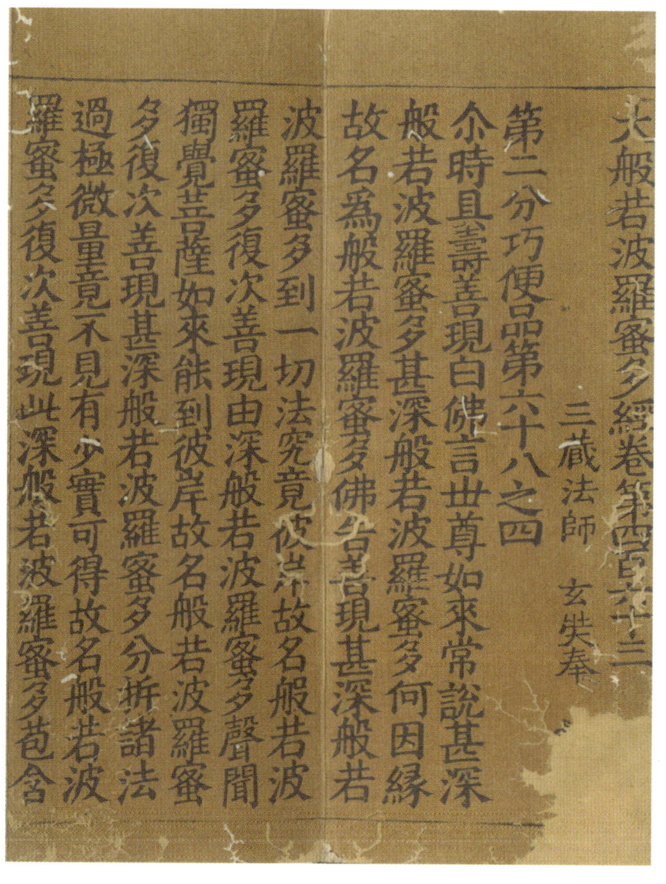
大般若波羅蜜多經卷第四百六十三
三藏法師　玄奘奉
第二分巧便品第六十八之四
尒時具壽善現白佛言世尊如來常說甚深
般若波羅蜜多甚深般若波羅蜜多何因緣
故名爲般若波羅蜜多佛告善現甚深般若
波羅蜜多到一切法究竟彼岸故名般若波
羅蜜多復次善現由深般若波羅蜜多聲聞
獨覺菩薩如來能到彼岸故名般若波羅蜜
多復次善現甚深般若波羅蜜多分析諸法
過極微量竟不見有少實可得故名般若波
羅蜜多復次善現此深般若波羅蜜多苞含

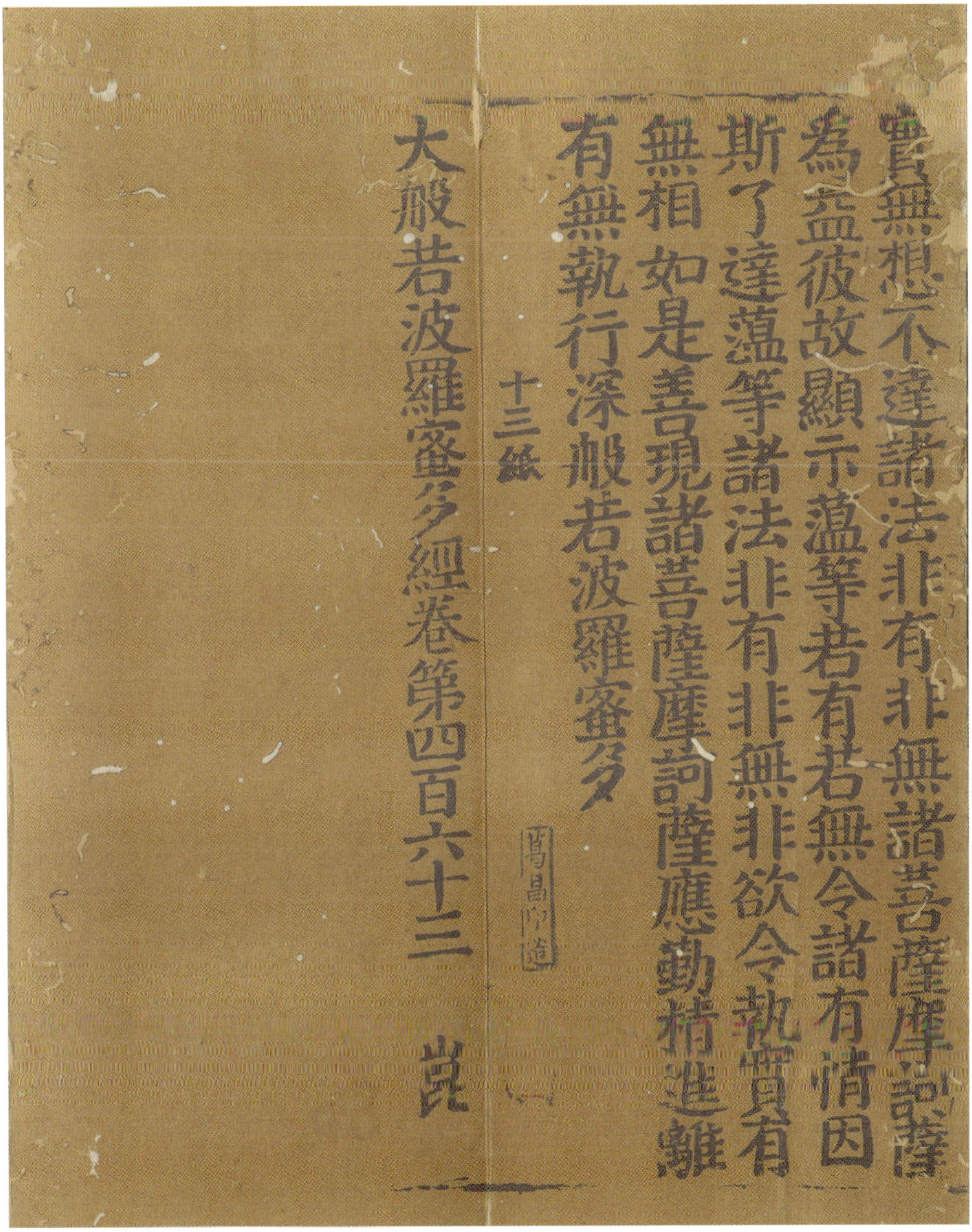

實無想不違諸法非有非無諸菩薩摩訶薩
爲益彼故顯示蘊等若有若無令諸有情因
斯了達蘊等諸法非有非無非欲令執實有
無相如是善現諸菩薩摩訶薩應勤精進離
有無執行深般若波羅蜜多

十三紙

大般若波羅蜜多經卷第四百六十三　崑

120.正道啓蒙五十課　　（蘇格蘭）賓惠廉（William Chalmers Burns）譯

清同治三年（1864）京都福音堂刻本　一册一函

半框高16.5釐米，寬11釐米，四周雙邊。每半葉10行24字。版心白口，單黑魚尾，上鎸書名，中鎸課數，下鎸葉碼。

内封題“正道啓蒙，同治三年孟春鎸，京都福音堂藏板”。卷端題“正道啓蒙”。

卷首有“正道啓蒙目録”。

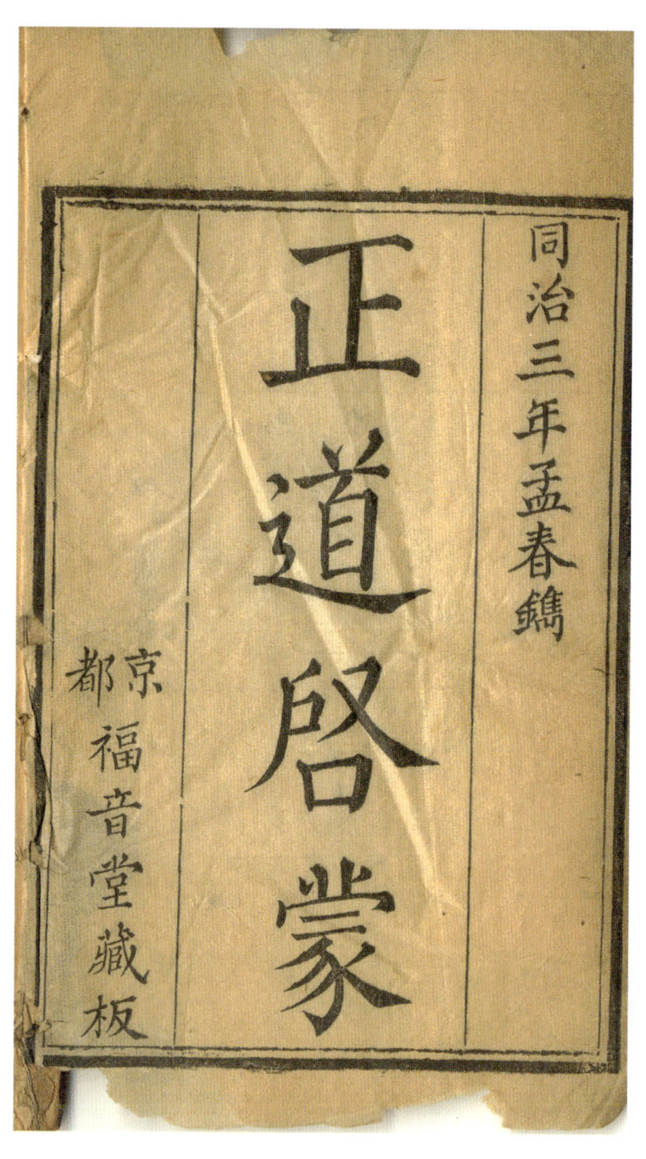

正道啟蒙

第一課　身體論

看世間萬物、可以知道上帝的智慧權能、不論物的大小、若要窮究其理、都有深藏的奧妙、顯明上帝的智能、是無限量的、不要看別的東西、看自己的身體、也有無窮的奧妙、這身體有四肢五官、眼睛會看、耳朵會聽、口會飲食、說話、鼻子會聞、分別香臭、手會拿東西、腳會走道兒、身中有筋骨血肉、互相聯絡、外面有皮包裹、腹中有五臟、心肝脾胃腎、各適其用、身體內外這些件、聽我使用、使用慣了、以爲平常、不自知其奧妙、若是要想到這些形骸、各適其用的所以然、實在難明白的、惟有上帝全智

集部

楚辭類

121.楚辭十七卷（殘）　〔漢〕劉向集　〔漢〕王逸章句　〔宋〕洪興祖補注

PL2521 C5 1872

清同治十一年（1872）江寧金陵書局重刻汲古閣本　一册一函

半框高17.2釐米，寬13.3釐米，左右雙邊。每半葉9行15字，小字雙行20字。版心白口，雙黑魚尾，中鎸書名、卷次及葉碼，下鎸刻工名。

内封題“楚辭”。牌記題“汲古閣原本，同治十一年春金陵書局重刊，湘鄉曾國藩署檢”。卷端題“楚辭”。

卷首依次有“楚辭跋”，署“汲古後人毛表奏叔識”；“楚辭目録”，題“漢護左都水使者光禄大夫臣劉向集，後漢校書郎臣王逸章句”。卷一、卷三末有“汲古後人毛表字奏叔依古本是正”。

按：館藏存卷一至卷四。

楚辭卷第一

隋唐書志有皇甫遵訓參解楚辭七卷郭璞注十卷宋處士諸葛楚辭音一卷劉杳草木蟲魚疏二卷孟奧音一卷徐邈音一卷始漢武帝命淮南王安爲離騷傳其書今亾按屈原傳云國風好色而不淫小雅怨誹而不亂若離騷者可謂兼之矣又曰蟬蛻於濁穢以浮游塵埃之外不獲世之滋垢皭然泥而不滓推此志雖與日月爭光可也班孟堅劉勰皆以爲淮南王語豈太史公取其語以作傳乎漢宣帝時九江被公能爲楚詞隋有僧道騫者善讀之能爲楚聲音韻清切至唐傳楚辭者皆祖騫公之音

離騷經章句第一　離騷

别集類

122.杜工部集二十卷首一卷（殘）　〔唐〕杜甫撰　〔明〕王世貞、王慎中〔清〕王士禛、宋犖、邵長蘭評　PL2675.A1 1876

清光緒二年（1876）翰墨園五色套印本　一册一函

半框高17.6釐米，寬13.5釐米，左右雙邊，卷首、卷十九至卷二十有界欄，其他無界欄。每半葉8行20字，小字雙行同；眉上行間套印五色小字評語，行6字。版心黑口，雙黑魚尾，中鎸“杜集”、卷次及葉碼。

内封題“杜工部集五家評本，王弇州紫筆，王遵巖藍筆，王阮亭朱墨筆，宋牧仲黄筆，邵子湘緑筆”。牌記題“光緒丙子三月粤東翰墨園刊”。卷十八卷端題“杜工部集”。

卷首有“序”，署“道光甲午季冬涿州盧坤序”。

按：館藏存卷十八至卷二十。

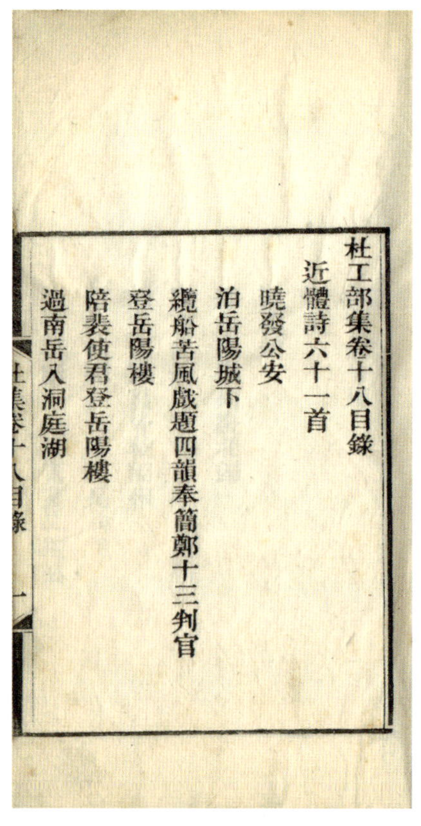
杜工部集卷十八目錄
近體詩六十一首
曉發公安
泊岳陽城下
纜船苦風戲題四韻奉簡鄭十三判官
登岳陽樓
陪裴使君登岳陽樓
過南岳入洞庭湖
杜集卷十八目錄　一

杜工部集卷十八

近體詩六十一首 自公安發次岳州及湖南作

曉發公安 數月憩息此縣

就老亦拗體之佳者

北城擊柝復欲罷東方明星亦不遲鄰雞野哭如昨日物色生態 一云生生 能幾時舟楫眇然自此去江湖遠適無前期出門轉眄已陳迹藥餌扶吾隨所之

泊岳陽城下

江國踰千里山城僅百層岸風翻夕浪舟雪灑寒燈

自、是、好、景

杜集卷十八　一

123.慧日永明智覺壽禪師山居詩一卷福源石屋珙禪師山居詩一卷幻居詩一卷 〔宋〕釋延壽撰 （福源石屋珙禪師山居詩）〔元〕釋清珙撰 （幻居詩）〔清〕釋悟開撰

清光緒十一年（1885）揚州江北刻經處合刻本 一册

半框高17.5釐米，寬13釐米，左右雙邊。每半葉10行20字。版心白口，無魚尾，中鎸書名簡題及葉碼。

《慧日永明智覺壽禪師山居詩》卷端題“慧日永明智覺壽禪師山居詩，海天精舍弟子同校梓”。卷末署“净業學人藕香普航鏡之集資敬刻，光緒乙酉夏五月，江北刻經處識”。

《福源石屋珙禪師山居詩》卷端題“福源石屋珙禪師山居詩，元參學門人至柔編，清海天精舍學人校梓”。卷末署“净業學人藕香普航鏡之集資敬刻，光緒乙酉秋仲，江北刻經處識”。

《幻居詩》卷端題“幻居詩，高郵釋悟開諫堂”。

鈐印：“尺布無私一瓜必共”“哈佛大學漢和圖書館珍藏印”“雷山藏書”“有漏佛”“雷山”。

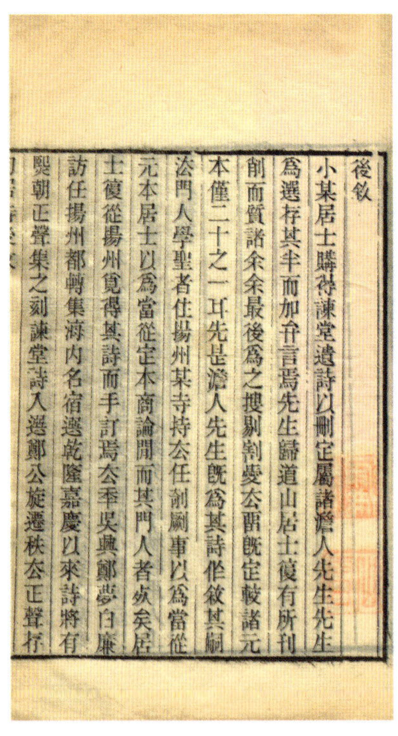
後敘
小某居士購得諫堂遺詩以删定屬諸澹人先生先生
爲選存其半而加弁言焉先生歸道山居士復有所刊
削而質諸余余最後爲之搜剔剖燮厶斷既定較諸元
本僅二十之一耳先是澹人先生既爲其詩作敘其嗣
法門人學聖者住揚州某寺持厶任剞劂事以爲當從
元本居士以爲當從定本商論閒而其門人者炎矣居
士復從揚州覓得其詩而手訂焉厶季與鄭夢白廉
訪任揚州都轉集海內名宿選乾隆嘉慶以來詩將有
熙朝正聲集之刻諫堂詩入選鄭公旋遷秩厶正聲存

慧日永明智覺壽禪師山居詩

海天精舍弟子同校梓

此事從來已絕疑安然樂道合希夷依山偶得還源旨拂石閑題出格詩水待凍開成細溜薪從霜後拾枯枝因茲永斷攀緣意誓與青松作老期

古樹交盤簇徑深閴無人到爲難尋祇和筭計千般事誰解消停一點心凍鎖瀑聲中夜斷雲吞嶽影半天沈寒燈欲絕禪初起透牖疎風觸短襟

祇圖閑適樂簞瓢莫訝煙霞道路遙龍穴定知潛碧海鵬程終是望丹霄撥雲巖下來泉脈嚼草坡邊辯

124.黄漳浦集五十卷首一卷漳浦黄先生年譜二卷 〔明〕黄道周撰 （漳浦黄先生年譜）〔明〕莊起儔編 AC150 .M6

清末鉛印本 十六册一函

卷端題“黄漳浦集”。年譜卷端題“漳浦黄先生年譜，鄴山弟子莊起儔編”。卷首有畫像，背面説明署“九年己丑冬十月福州後學陳壽祺謹識”。

漳浦黃先生年譜卷上

鄴山弟子莊起儔編

按先生年譜自莊氏外有石秋洪氏本白麓鄭氏本洪名思字浩士號石秋子龍溪人一字子綸鄭名亦鄴字居仲號白麓海澄人康熙五十四年進士官內閣中書莊本較詳且嘗從先生出師至建陽而歸尤多目見之事今以莊氏爲定本而洪氏附之鄭氏稍略且最後出故所採亦少

神宗萬曆十三年乙酉二月九日先生生先生諱道周字幼元一字細遵學者稱石齋先生詳稽其曆爲月已卯日庚戌而時丁丑命直南斗次於奎初實涵象緯之秀又所生之地在漳郡銅山所之深井世稱深井黃氏其地鬱葎環迴大浸浩瀚先生之生蓋備萃天海之精者也曾祖侃介公諱宗德祖肅毅公諱世楙皆以先生貴宏光中恩贈俞旨而未及授勑父青原公諱嘉卿初贈文林郎累贈如先生秩母陳氏封孺人累贈太夫人貢生陳王教之姊也姙娠之夕青原公夢金甲金斧擁神人而至故先生續騷之詞曰始龍夢彼乾精兮嵌鏐鎦其若鎧遻峭崒而談舑兮旋盤礴於腑內龍爲父稱故先生初字曰螭若也

七年已丑先生五歲入小學受論語先生曰一二葉書孔子止敎人讀書有子如何敎人孝弟孔子止敎人老實曾子如何敎人省事問之授者不能答洪譜略同

九年辛卯先生七歲青原公以事至會城置通鑑綱目躬負以歸手爲點定先生所夕研閱便知忠良邪正之辨人治王道之大按丹臺林公諱茂桂續騷序云七歲讀父書過目成誦也洪譜略同

二十年壬辰先生八歲即能爲比偶文顧獨喜挾册走最高峰倚松欹石踽踽忘返先生雖恂焉髫穉然脩勑翹上冠履濟楚稍不如意卽棄去雅不樂與儈俗等夷故獨從伯兄講業於漁鼓溪之頓坑者凡數年

125.疑雨集四卷 〔明〕王彦泓撰 PL2698.W33

清中葉抄本 四册一函

素紙無界欄，每半葉8行20字，小字雙行同。

卷端題“疑雨集，金壇王彦泓次回著”。

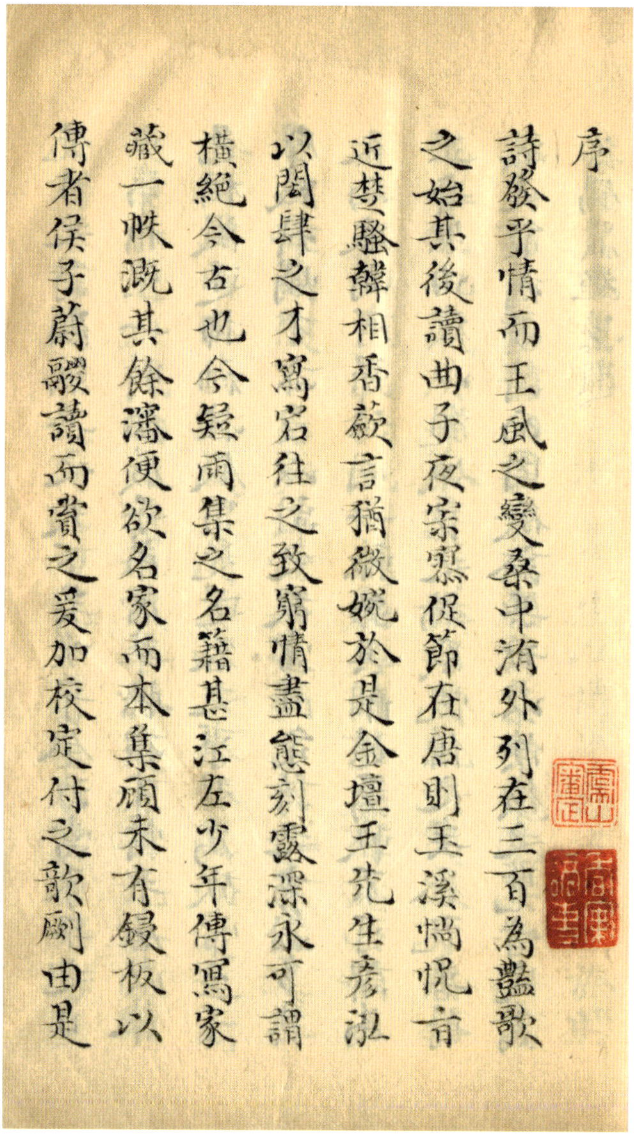

卷首依次有“序”，署“無錫嚴繩孫題”；“序”，署“梁溪後學侯文燦書於于野草堂”。

鈐印：“漁衫氏”“虞山審定”“香案謫吏”“我向來心硬”“虞山”“吴興姚氏中子”。

疑雨集

金壇王彦泓次回著

乙卯年

花燭詩

四月春蠶已剝綿，困人風日嫁人天。不知織就鴛鴦錦，隊却如花幾夜眠。

無題四首

弄玉當年未嫁時，徘徊好影自矜持。幾從畫府迴嬌

126.吴詩集覽二十卷序目一卷　〔清〕吴偉業撰　〔清〕靳榮藩輯

清道光七年（1827）胡柏齡重印清乾隆四十年（1775）凌雲亭刻本　二十册二函

半框高18.3釐米，寬13.7釐米，四周雙邊。每半葉9行21字，小字雙行同。版心上白口下黑口，單黑魚尾，上鎸書名，中鎸卷次及葉碼。

内封題“吴詩集覽，乾隆四十年春鎸，凌雲亭藏版”。卷端題“吴詩集覽，黎城靳榮藩介人輯”。

卷首依次有“御製題吴梅村集”；“乾隆辛酉夏恭讀樂善堂全集”，署“乾隆八年歲在癸亥八月十日生員臣吴枋恭記”；“恭和聖製吴梅村集元韻”；“吴詩集覽序”，署“乾隆上章攝提格閏五月緑溪靳榮藩介人叙”；“吴詩集覽序”，署“乾隆四十年歲在旃蒙協洽月在圉陽丁丑朏天都潘應椿皆山序”；“吴詩集覽序”，署“乾隆四十年秋七月進士及第通議大夫光禄卿前史官王鳴盛西莊氏撰”；“吴梅村先生行狀”；“凡例”；“跋”，署“道光七年歲在丁亥長至日西韓梅圃胡柏齡識”；“目録”。

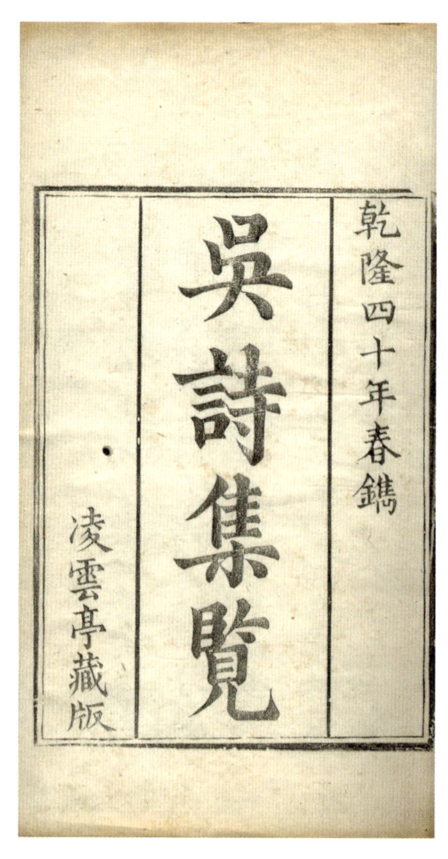

吳詩集覽卷一上

黎城靳榮藩介人輯

五言古詩一之上 按陳其年篋衍集別錄五古長篇七首盡仿高廷禮品彙之例也於梅村集收送何第五與志衍遊石公山盤龍石梁寂光歸雲諸勝三首良以其雄深雅健如千巖競秀萬壑爭流不爲前人所限耳然三首之外如吳門遇劉雪舫臨江叅軍遇南廂園叟礬清湖四長篇筆力正不少減他如縹緲峯揖山樓直溪吏避亂之一四五六西田之一二三四皆五言之最工者梅村以七古五七律擅場然七古佳篇可參長慶一席七律鏤金錯采儘能自樹一幟而前賢佳境已多若再歷年所則大而化之矣五古長篇洋洋纚纚直抒所見能于李杜韓蘇外自成壁壘足稱大家

127.劉文清公遺集十七卷劉文清公應制詩集三卷　〔清〕劉墉撰

清道光六年（1826）東武劉氏味經書屋刻本　八册一函

半框高17釐米，寬11.4釐米，左右雙邊。每半葉11行20字。版心白口，單黑魚尾，中鎸書名簡稱、卷次，下鎸葉碼。

《劉文清公遺集》内封題“文清公遺集”。牌記題“道光六年歲次丙戌東武劉氏味經書屋開刊”。卷端題“劉文清公遺集”。首卷末署“杭州愛日軒陸貞一仿宋鎸”。

《劉文清公應制詩集》内封題“文清公應制集”。牌記題“道光六年歲次丙戌東武劉氏味經書屋開刊”。卷端題“劉文清公應制詩集”。首卷末署“杭州愛日軒陸貞一仿宋鎸”。後有“劉文清公詩集跋”，署“道光六年丙戌孟陬月受業英和百拜謹跋”。

鈐印：“雲山”“曾在依雲廔”。

按：藏書印爲馮康侯（1901—1983）爲韓雲山（濟蒼，1923—2010）所刻。

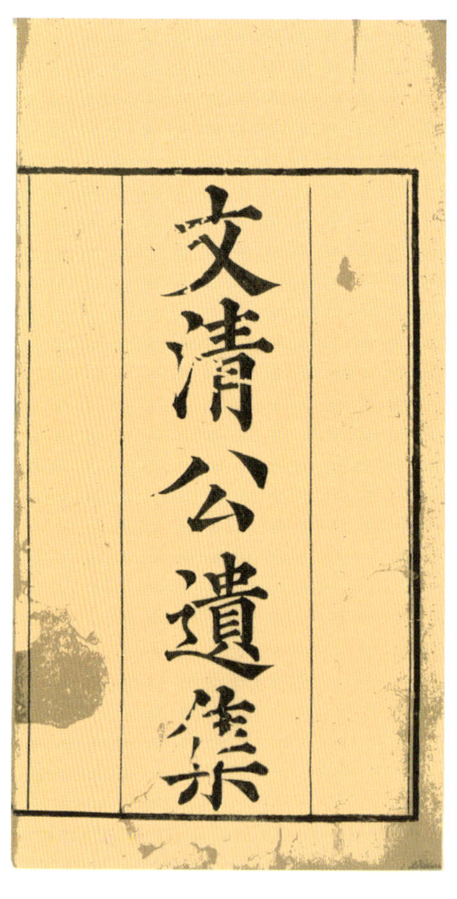

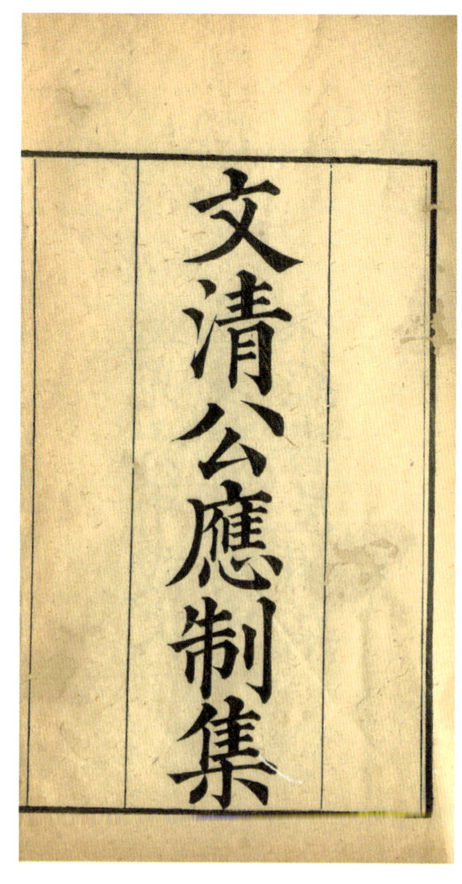

道光六年歲次
丙戌東武劉氏
味經書屋開棐

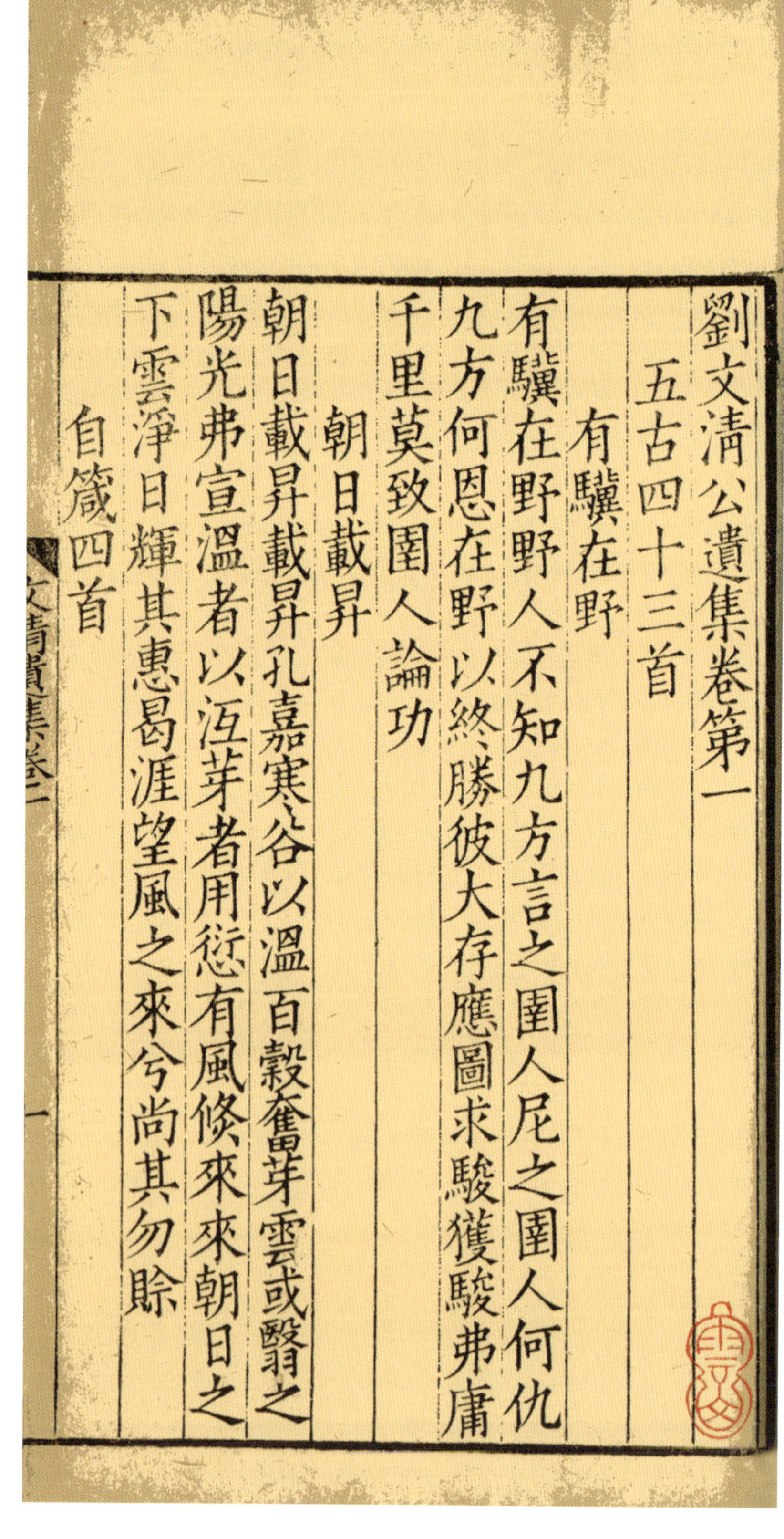

劉文清公遺集卷第一

五古四十三首

有驥在野

有驥在野野人不知九方言之圉人尼之圉人何仇九方何恩在野以終勝彼大存應圖求駿獲駿弗庸千里莫致圉人論功

朝日載昇

朝日載昇載昇孔嘉寔谷以溫百穀奮芽雲或翳之陽光弗宣溫者以沍芽者用慭有風倏來來朝日之下雲淨日輝其惠曷涯望風之來兮尚其勿賒

自箴四首

文清遺集卷一　一

劉文清公應制詩集卷第一

古今體詩六十二首

御製題孫祐周鯤丁觀鵬同畫十八學士圖元韻

恭和

貞觀鴻圖蓋八瀛人才也復應時生早從大策收羣畧豈必河汾聚列卿寫貌千年傳繪事懷賢此日見皇情試看盤礴開生面一藝還憑衆力成

御製丁香花元韻

恭和

芙蓉城主有丁仙瓔珞垂膺亦解禪結習未忘色色在一庭春雨逗情緣

128.養知書屋文集二十八卷　〔清〕郭嵩燾撰　〔清〕王先謙編次

清光緒十八年（1892）刻本　十二册一函

半框高16.9釐米，寬12.3釐米，左右雙邊。每半葉10行21字。版心白口，單黑魚尾，上鐫書名，中鐫卷次，下鐫葉碼。

内封題“養知書屋文集二十八卷”。牌記題“光緒壬辰孟秋月刊”。卷端題“養知書屋文集，湘陰郭嵩燾筠仙著”。

卷首依次有“養知書屋遺集總序”，署“光緒十八年歲次壬辰秋八月館後學長沙王先謙謹叙”；“養知書屋文集目録”。

按：本書爲《養知書屋遺集》之零種。

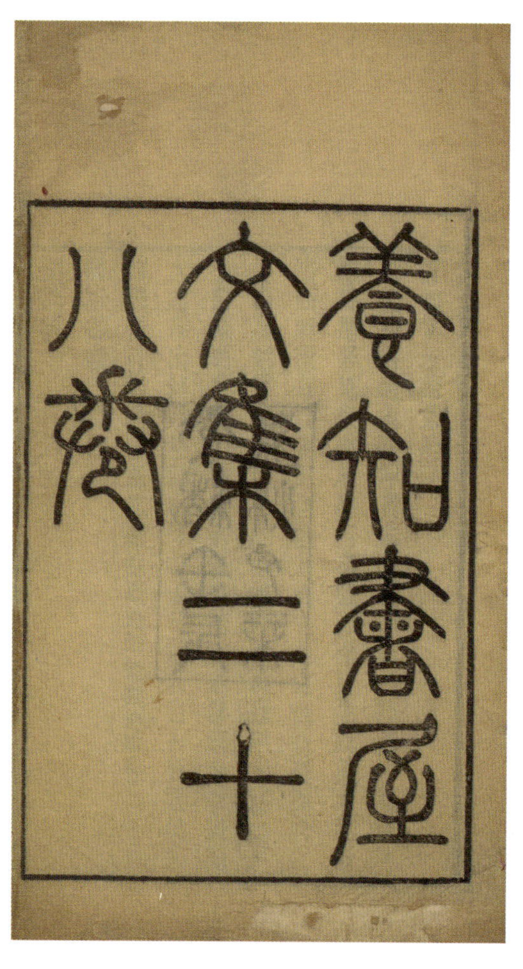

養知書屋
文集二十
八卷

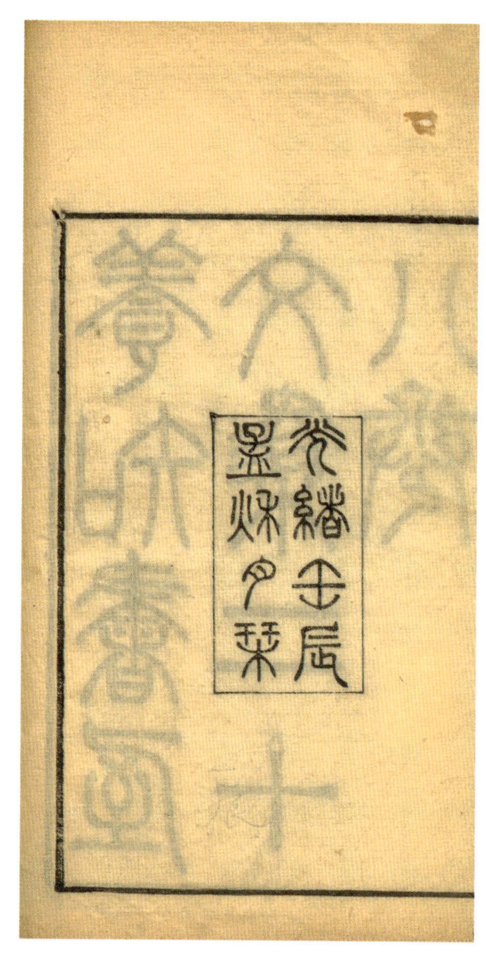

光緒壬辰
孟秋月栞

養知書屋文集卷一

湘陰郭嵩燾筠仙著

宋儒訂正古易攷

漢儒傳易費氏爲得其正鄭康成氏注費氏易其傳最顯然析傳附經實始鄭氏逮王輔嗣易注出盡取彖象之辭繫諸卦爻之下則又因鄭注而變易自漢以來相傳之本唐正義行易注專宗王氏漢學盡廢李鼎祚周易集解所錄三十五家漢得九家仍用王氏本採錄其注釋之文以存其義學者遂不知有周易古本宋熙甯中呂大防攷訂舊文作周易古經二卷嗣是晁說之有

129.李文忠公全集一百六十五卷 〔清〕李鴻章撰 〔清〕吴汝綸編

清光緒三十四年(1908)金陵李光明莊刻本 一百册十函

半框高20釐米,寬15釐米,左右雙邊。每半葉12行25字,小字雙行同。版心白口,單黑魚尾,中鎸子目簡稱及卷次,下鎸葉碼。

内封題"李文忠公全集"。牌記題"光緒乙巳四月金陵付梓,戊申五月印行"。

子目:

第一册至五十册

李文忠公奏稿八十卷

第五十一册至六十一册

李文忠公朋僚函稿二十卷

第六十二册至七十一册

李文忠公譯署函稿二十卷

第七十二册

李文忠公遷移蠶池口教堂函稿一卷

第七十三册至七十四册

李文忠公海軍函稿四卷

第七十五册至一百册

李文忠公電稿四十卷

光緒乙巳四月金陵付梓戊申五月印行

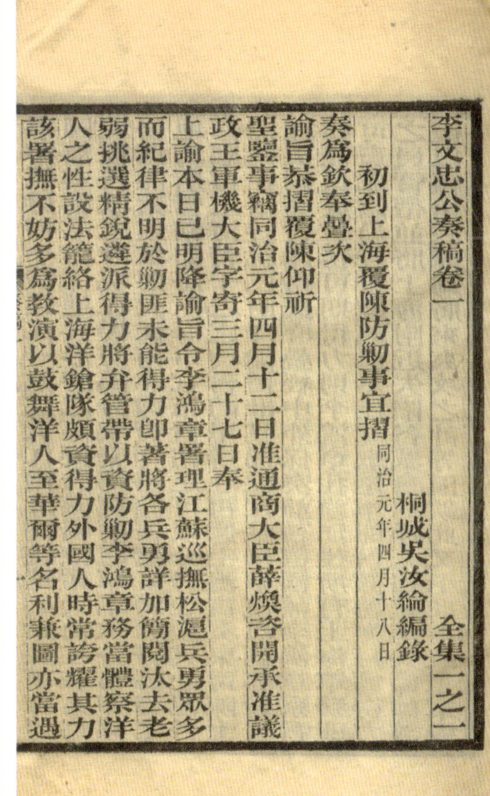
李文忠公奏稿卷一　　全集一之一

桐城吳汝綸編錄

初到上海覆陳防勦事宜摺 同治元年四月十八日

奏爲欽奉疊次

諭旨恭摺覆陳仰祈

聖鑒事竊同治元年四月十二日准通商大臣薛煥咨開承准議

政王軍機大臣字寄三月二十七日奉

上諭本日已明降諭旨令李鴻章署理江蘇巡撫松滬兵勇眾多而紀律不明於勦匪未能得力即著將各兵勇詳加簡閱汰去老弱挑選精銳遴派得力將弁管帶以資防勦李鴻章務當體察洋人之性設法籠絡上海洋鎗隊頗資得力外國人時常誇耀其力該署撫不妨多爲教演以鼓舞洋人至華爾等名利兼圖亦當遇

130.晦明軒稿不分卷附壬癸金石跋不分卷 〔清〕楊守敬撰

清光緒二十七至三十三年（1901—1907）楊氏鄰蘇園刻本 二册一函

半框高14.3釐米，寬13釐米，左右雙邊。每半葉9行20字，小字雙行同。版心黑口，單黑魚尾，中鎸書名及葉碼。

《晦明軒稿》内封題“晦明軒稿”。牌記題“光緒辛丑九月雕於鄰蘇園”。

《壬癸金石跋》内封題“壬癸金石跋”。牌記題“光緒丁未正月刊成”。

鈐印：“哈佛大學漢和圖書館珍藏印”。

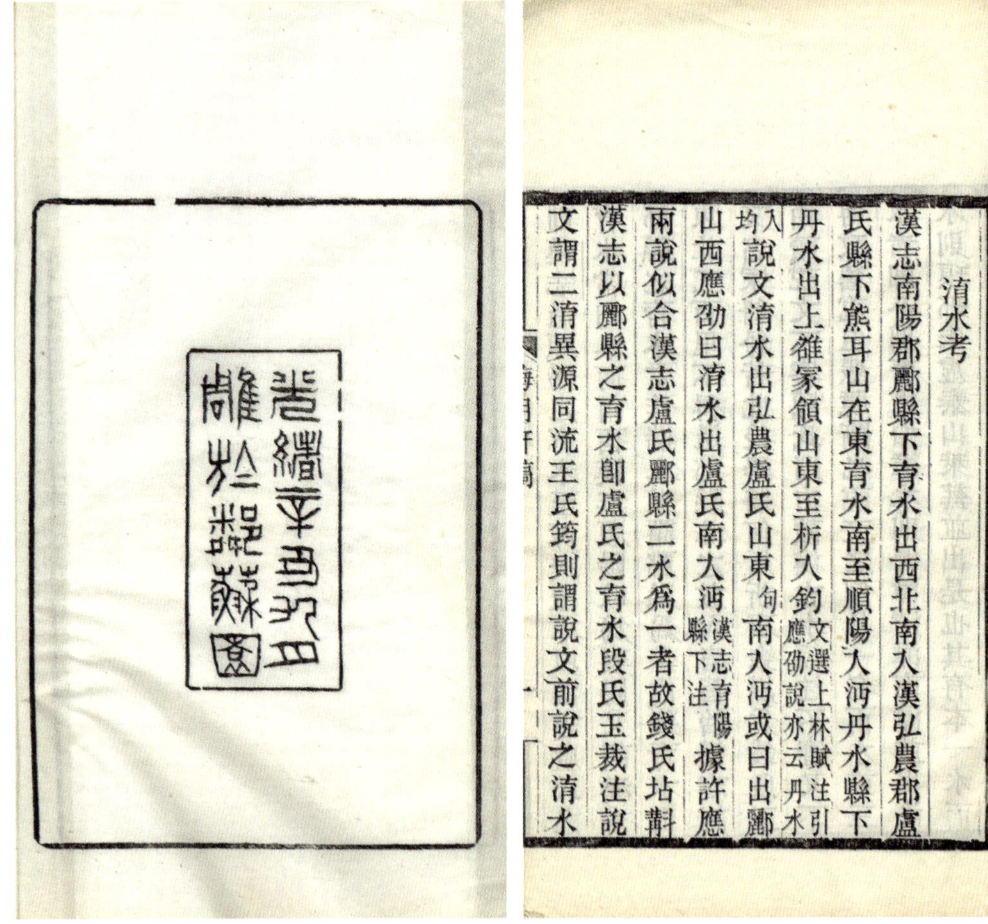

光緒辛丑九月雕於鄰蘇園

淯水考

漢志南陽郡酈縣下育水出西北南入漢弘農郡盧氏縣下熊耳山在東育水南至順陽入沔丹水縣下丹水出上雒冢領山東至析入鈞文選上林賦注引應劭說亦云丹水入均說文淯水出弘農盧氏山東南入沔或曰出酈山西應劭曰淯水出盧氏南入沔漢志育陽縣下注據許應兩說似合漢志盧氏酈縣二水爲一者故錢氏坫斠漢志以酈縣之育水卽盧氏之育水段氏玉裁注說文謂二淯異源同流王氏筠則謂說文前說之淯水

晦明軒稿

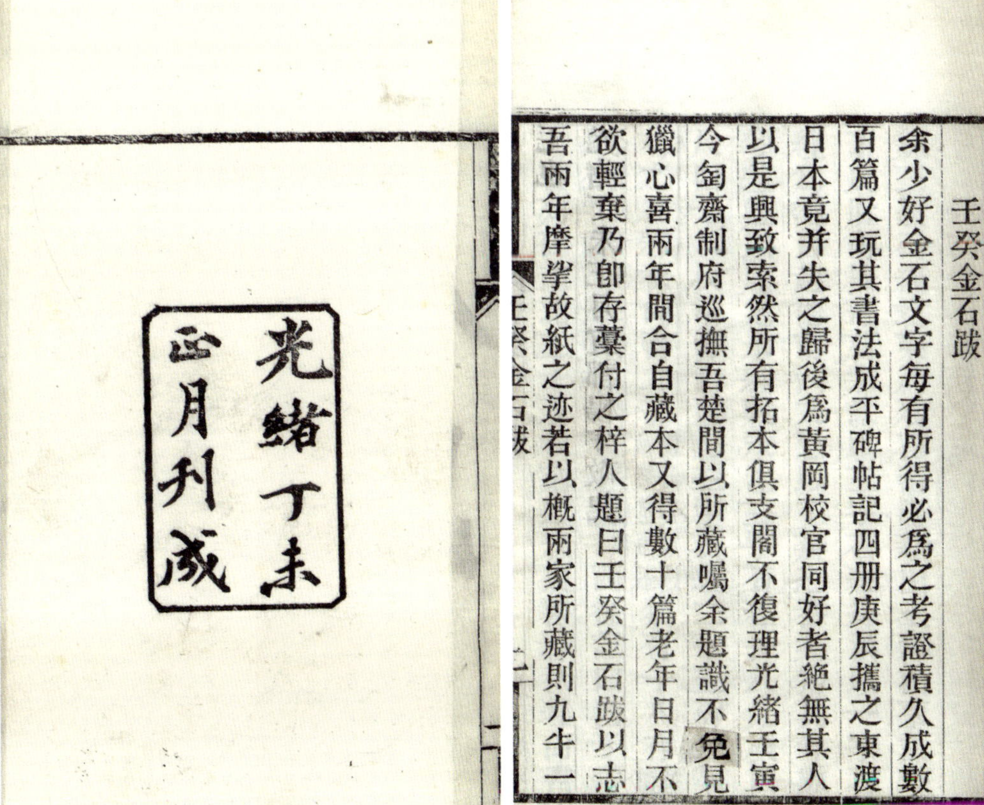
光緒丁未
正月刊成

壬癸金石跋

余少好金石文字每有所得必爲之考證積久成數百篇又玩其書法成平碑帖記四册庚辰攜之東渡日本竟并失之歸後爲黄岡校官同好者絶無其人以是興致索然所有拓本俱支閣不復理光緒壬寅今匋齋制府巡撫吾楚間以所藏囑余題識不免見獵心喜兩年間合自藏本又得數十篇老年日月不欲輕棄乃即存藁付之梓人題曰壬癸金石跋以志吾兩年摩挲故紙之迹若以槪兩家所藏則九牛一

壬癸金石跋 一

總集類

131.梁昭明文選十二卷　〔南朝梁〕蕭統選　〔明〕張鳳翼纂注

PL2490.W463 X53

明萬曆間刻本　十二册二函

半框高24.3釐米，寬15.2釐米，四周雙邊，眉欄鐫評。每半葉11行22字，小字雙行同。版心白口，單黑魚尾，上鐫“文選纂注評林”，中鐫卷次及葉碼，卷一版心下鐫“毗陵徐善書，溧陽陳理刻”。

卷端題“梁昭明文選，明吳郡張鳳翼纂注”。

卷首依次有“文選纂注序”，署“萬曆壬子中秋長洲張鳳翼並書”；“序文”，署“萬曆甲寅秋南昌晏文輝題”；“文選纂注評林目録”。

鈐印：“周學誠印”。

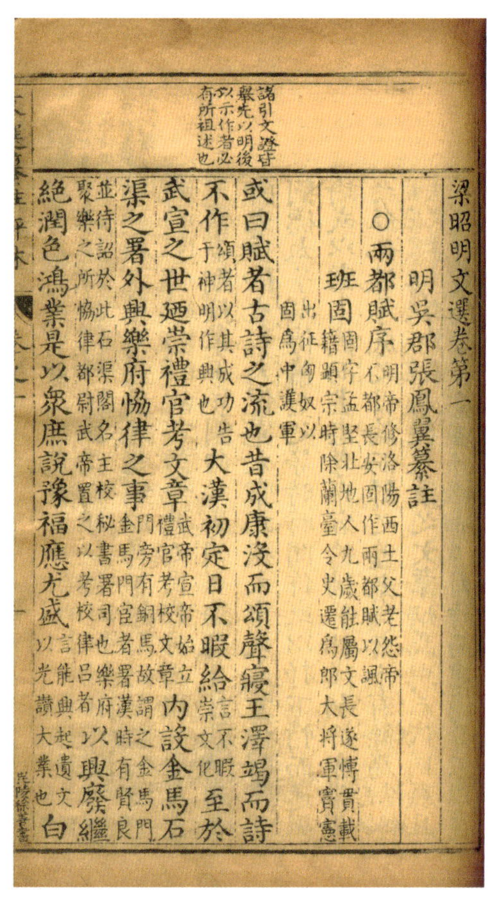
諸引文證皆舉先以明後以示作者必有所祖述也

梁昭明文選卷第一

明吳郡張鳳翼纂註

○兩都賦序明帝修洛陽西土父老怨帝不都長安固作兩都賦以諷

班固固字孟堅北地人九歲能屬文長遂博貫載籍顯宗時除蘭臺令史遷爲郎大將軍竇憲出征匈奴以固爲中護軍

或曰賦者古詩之流也昔成康沒而頌聲寢王澤竭而詩不作頌者以其成功告于神明作興也大漢初定日不暇給言不暇崇文化至於武宣之世廼崇禮官考文章武帝宣帝始立禮官考校文章內設金馬石渠之署外興樂府協律之事門旁有銅馬故謂之金馬門金馬門宦者署漢時有賢良並待詔於此石渠閣名主校秘書署司也樂府聚樂之所協律都尉武帝置之以考校律呂者以興廢繼絕潤色鴻業是以眾庶說豫福應尤盛言能典起遺文以光讚大業也白

歷叙周秦及兩漢極言母后臨朝之害此足爲萬世有國者治内之鑒

梁昭明文選卷第十一

明吳郡張鳳翼纂註

○後漢書皇后紀論

范曄

夏殷以上后妃之制其文畧矣周禮王者立后三夫人九嬪二十七世婦八十一女御以備内職焉后正位宫闈同體天王夫人坐論婦禮九嬪掌教四德世婦主知喪祭賔客女御序于王之燕寢頒官分務各有典司（四教謂德言容功也）女史彤管記功書過（皇后有女史之官彤管亦管筆也）居有保阿之訓動有環珮之響（保養也阿倚也所謂養母及倚之以爲法則者環珮玉爲之以節行步也）進賢才以輔佐君子哀窈窕而不淫其色（毛詩序曰關雎樂得淑女以配君子憂在進賢不淫

132.御定歷代題畫詩類一百二十卷　〔清〕陳邦彦編　PL2517 .Y8 1707

清康熙四十六年（1707）揚州詩局刻本　二十四册四函

半框高18.5釐米，寬12.9釐米，左右雙邊。每半葉11行23字。版心黑口，單黑魚尾，中鎸書名、卷次、小類及葉碼。

内封題“御定歷代題畫詩類”。卷端題“御定歷代題畫詩類，翰林院編修臣陳邦彦奉旨校刊”。

卷首依次有康熙四十六年四月十六日“御製歷代題畫詩類序”；“凡例”；“御定歷代題畫詩總目類”。

鈐印：“檇李殳洪之印”“字學濤號根弌”“樸堂”。

133.又一部（殘）　二册　PL2517 .Y8 1707 Copy 2

鈐印：“朱華山寮”。

按：館藏存卷七十八至卷八十二、卷一百一至卷一百七。

御定歷代題畫詩類

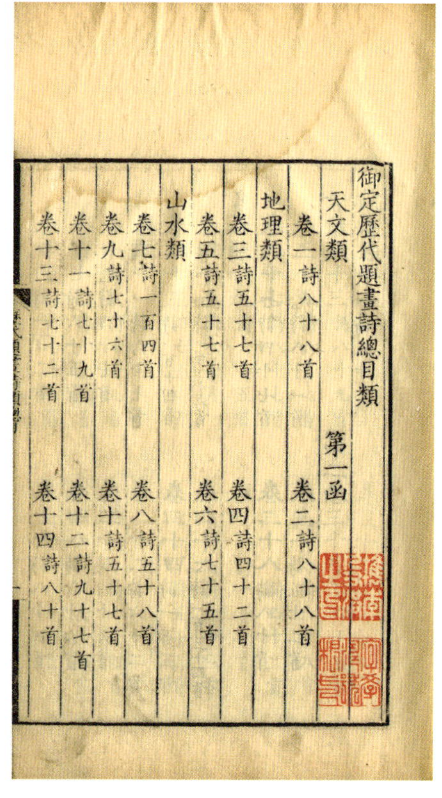

御定歷代題畫詩總目類　第一函

天文類

卷一詩八十八首　卷二詩八十八首

地理類

卷三詩五十七首　卷四詩四十二首

卷五詩五十七首　卷六詩七十五首

山水類

卷七詩一百四首　卷八詩五十八首

卷九詩七十六首　卷十詩五十七首

卷十一詩七十九首　卷十二詩九十七首

卷十三詩七十二首　卷十四詩八十首

御定歷代題畫詩類卷第一

翰林院編修臣陳邦彦奉

旨校刊

天文類

觀慶雲圖　唐李行敏

縑素傳休祉丹青狀慶雲非煙凝漠漠似蓋乍紛紛尚駐從龍意全舒捧日文光因五色起影向九霄分裂素觀嘉瑞披圖賀聖君寧同窺汗漫方此覩氛氳

觀慶雲圖　唐柳宗元

設色初成象卿雲示國都九天開祕祉百辟贊嘉謨抱日依龍衮非煙近御爐高標連汗漫向望接虛無裂素榮光發舒

御定歷代題畫詩類卷第七十八目録

蘭竹類

題宋徽宗畫竹 明李本

題徽宗墨竹 明楊旦二首

題金顯宗墨竹 元王惲四首

題金顯宗墨竹 元柳貫

題金顯宗墨竹 元盧亘

金太子允恭墨竹 元劉因

金宣孝太子墨竹 元張翥

謝李息齋惠墨竹 元貢奎

題息齋墨竹圖 元元明善

御定歷代題畫詩類卷第一百一目録

獸類

134.古唐詩合解十二卷附古詩四卷　〔清〕王堯衢注　〔清〕李模、李桓校

清光緒二十年（1894）京都文成堂刻本　六册一函

半框高19.4釐米，寬14.1釐米，四周雙邊。每半葉10或11行21字，小字雙行同。版心白口，單黑魚尾，上鎸書名，中鎸卷次，下鎸葉碼，卷一下鎸“文成堂”。

内封題“唐詩合解箋注，後附古詩，光緒廿年重校，吴郡王翼雲先生注，京都文成堂藏板”。卷端題“古唐詩合解，吴郡王堯衢翼雲注，門人李模宏遠、李桓廣心同校”。

卷首依次有序，署“雍正壬子季春之月長洲王堯衢序”；“凡例”，署“長洲王堯衢識”；“目録”。

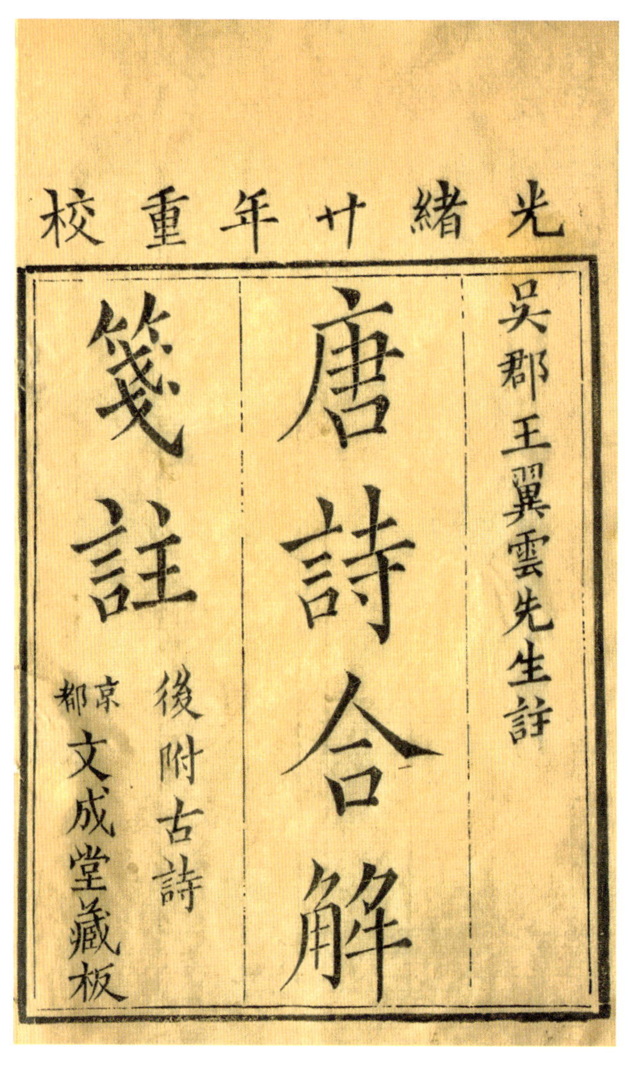
光緒廿年重校
吴郡王翼雲先生註
唐詩合解
箋註
後附古詩
京都文成堂藏板

古唐詩合解卷一

吳郡王堯衢翼雲註　門人李模宏遠、桓廣心同校

五言古

述懷　魏徵

中原還逐鹿，投筆事戎軒。縱橫計不就，慷慨志猶存。此詩凡五解凡看詩須明解數則知其用意下筆之次序不失分寸矣。魏徵從李密來京師自請安輯山東乃擢祕書丞馳驛至黎陽此詩蓋出關時作首解乃行道濟時之本志也。鹿喻帝位史記秦失其鹿天下共逐之中原地近關中還逐鹿見有唐已受天命而羣雄不辭還自紛爭投筆班超事戎軒兵車也天下亂故有事於武也縱橫計不就是其未遇唐主以前說諸豪傑不成事功蘇秦主從合六國以抗秦張儀爲橫離六國之交

135.律賦正宗一卷附編一卷 〔清〕潘世恩輯 895.1108 P191a 1821

清道光二年（1822）鳳池園刻本 一册一函

半框高18.7釐米，寬11.8釐米，左右雙邊，無界欄。每半葉9行22字，小字雙行同。版心白口，單黑魚尾，上鎸書名，下鎸葉碼。

内封題“律賦正宗，道光二年鎸，鳳池園藏板”。目録端題“律賦正宗，吴縣潘世恩芝軒編輯”。

卷首依次有“序”，署“道光辛巳小春月吴縣潘世恩識”；“律賦正宗目録”，署“吴縣潘世恩芝軒編輯”；“論賦十七則”。卷末署“吴郡毛上珍局刻”。

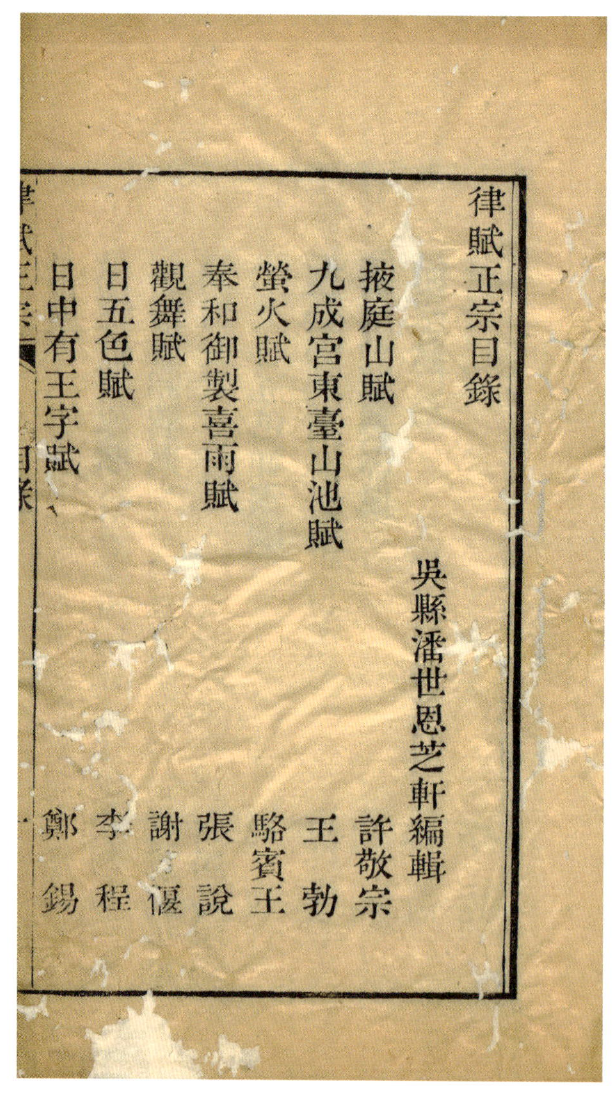

律賦正宗目錄
吳縣潘世恩芝軒編輯
掖庭山賦 許敬宗
九成宮東臺山池賦 王勃
螢火賦 駱賓王
奉和御製喜雨賦 張說
觀舞賦 謝偃
日五色賦 李程
日中有王字賦 鄭錫

掖庭山賦

許敬宗

覽先哲之英華，遊舊典之場圃。善逾遠而斯應，德既昭而必溥。見漢屏於睢陽，騐周藩於有魯。表商邱而作鎮，規楚室而興宇。亦何代其無人，諒吾王之邁古。（指太宗時為秦王）於是命世作弼，合章挺英，允文允武，惟誠惟明。聽甘棠之暇隙，想叢桂之幽情。（引起游山）瞰浮雲而志遠，瑩寒井而神清。乃命僕夫，整駕山隅，騰鳴笳於通谷，擁飛蓋於高衢。逍遥仁智之境，放曠道德之區。造中天而式宴，陵倒景而為娛。（次點宮中）星懸珠網，日對金鋪，雲承綺棟，霓縈繡櫨。（從宮眺望山景）既而近矚玲瓏，遠眺溟濛，隔翠微而

136.宛鄰書屋古詩録十二卷　〔清〕張琦編　

清嘉慶二十年(1815)京都琉璃廠文德齋刻本　四册一函

半框高18.1釐米,寬14.1釐米,左右雙邊。每半葉11行23字,小字雙行同。版心白口,單黑魚尾。上鎸"古詩録",中鎸卷次,下鎸葉碼及"宛鄰書屋"。

内封題"宛鄰書屋古詩録"。卷端題"宛鄰書屋古詩録,陽湖張琦"。

卷首有"目録",署"京都琉璃廠中間路南文德齋史鴻德鎸"。

鈐印:"今關天彭藏書之印""司虞水部""褱古閣藏"。

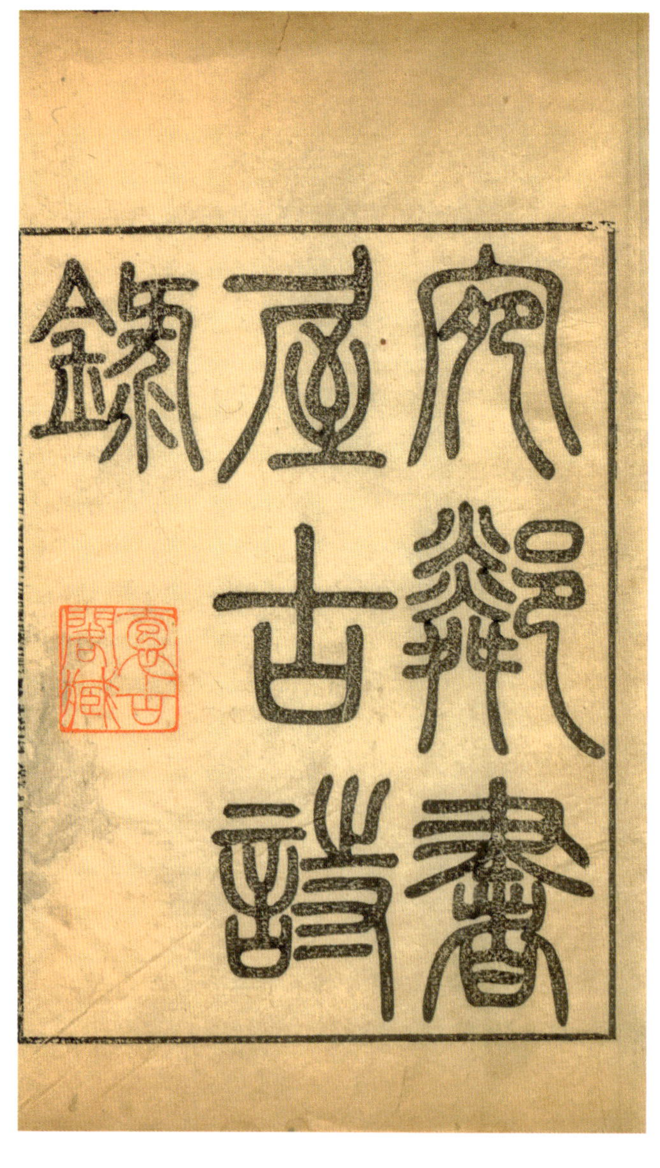

宛鄰書屋古詩錄卷一　陽湖張琦

漢樂府歌辭八十首

郊祀歌十九章　安世房中歌十七章　鼓吹曲四首　樂府雜曲四十首

郊祀歌十九章漢書禮樂志云郊祀歌十九章藝文志載泰一雜甘泉壽宮歌詩十四篇葢不數天馬寶鼎芝房白麟赤鴈五篇非常歌也

練時日

練時日侯有望焫膋蕭延四方九重開靈之斿垂惠恩鴻祜休靈之車結元雲駕飛龍羽旄紛靈之下若風馬左倉龍右白虎靈之來神哉沛先以雨般班同裔裔靈之至慶陰陰相放悲震澹心靈已坐五音飭虞至旦承靈億牲繭粟粢盛香尊

137.詳訂古文評注全集十卷 〔清〕過珙、黃越評選 〔清〕曾濆、龐雲燦同訂

清咸豐二年（1852）維經堂刻本 二册一函

半框高19釐米，寬12.5釐米，四周單邊，上一横欄加注。每半葉9行22字，小字雙行同。版心白口，單黑魚尾，上鎸書名，中鎸卷次及篇名，下鎸葉碼。

内封題“詳訂古文評注，咸豐二年重鎸，劉豫庵先生鑒定，天平街維經堂藏板”。卷端題“詳訂古文評注全集，渠陽劉豫庵先生鑒定，錫山過珙商侯、上元黃越際飛評選，嶺南曾潢雲士、龐雲燦瀧洲同訂”。

卷首依次有“序”，署“康熙歲次癸未桂月錫山過珙商侯氏題”；“詳訂古文評注全集目次”。

咸豐弍年重鐫
劉豫菴先生鑒定
詳訂古文
評註
天平街
維經堂藏

詳訂古文評註全集卷之一

渠陽劉豫庵先生鑒定

錫山過　珙商侯
上元黃　越際飛　評選
嶺南　曾　濆雲士
麗雲　燦瀧洲　仝訂

左傳 左傳者左丘明傳述春秋之事周爲天子而用魯紀年者以春秋本魯史故也

鄭伯克段於鄢　隱公三年　左丘明

一起先點出毋子三人

初鄭武公娶於申曰武姜 傳凡言初者因此年之事而推其所由始鄭國名姬姓武公即桓公名友周厲王子封於鄭今河南開封府鄭縣申國名姜姓今河南南陽府宛縣鄭武公娶申國之女名曰武姜

138.唐賢三昧集箋注三卷　〔清〕王士禛選　〔清〕吴煊、胡棠輯注　〔清〕黄培芳評　PL2531 .W34

清光緒九年（1883）廣州翰墨園朱墨套印本　三册一函

半框高17釐米，寬13.9釐米，四周雙邊，眉欄鎸評。每半葉10行21字，小字雙行同。版心白口，單黑魚尾，上鎸“三昧集箋注”，中鎸卷次，下鎸葉碼及“聽雨齋”。

内封題“唐賢三昧集箋注，光緒九年冬月駱浩泉署眉”。牌記題“翰墨園重刊”。卷端題“唐賢三昧集，王阮亭先生選本，南城吴煊退庵、胡棠甘亭輯注，香山黄培芳香石評”。

卷首依次有“原序”，署“康熙二十七年七夕後王士正阮亭書”；“嘉慶十年乙丑三冬香石山人黄培芳閲”；“香石跋”；“序”，署“甘亭胡棠書”；“序”，署“乾隆丁未孟夏月吴煊退庵書於聽雨齋”；“唐賢三昧集箋注序”，署“東吴老史王鳴盛西莊氏撰”；“原序”，署“慈溪姜宸英序”；“目録”。

鈐印：“不二草廬”。

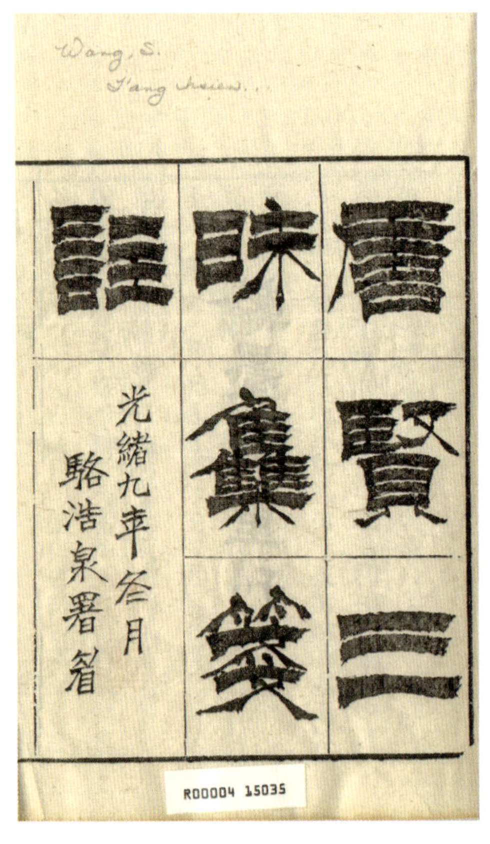

阮亭自序此選，純乎盛唐，實中和之元音，乾坤之清氣。其操選大旨，序引滄浪、表聖二說，已爲全書發凡起例，初不落言詮也。但既謂之三昧，非初學猝能領悟。余暇日展卷，隨意加以評點，略啟作詩秘鑰，不必求與先生盡合，要非郢書燕說。初學之士，或可因此規指知歸，存之巾箱，非其人不漫示也。

香石山人記

昧者明悟之反，三昧猶三明也，古人

唐賢三昧集卷上

王阮亭先生選本

南城吳煊退庵、胡棠甘亭輯註

香山黃培芳香石評

王維 字摩詰，河東人。工書畫，與弟縉俱有俊才。開元九年進士擢第。天寶末爲給事中，安祿山陷兩都，爲賊所得，服藥陽瘖，潛賦詩悲悼，聞於行在。賊平，定罪，特原之，責授太子中允，轉尚書右丞。

贈劉藍田

籬間犬迎吠，出屋候荆扉。歲晏輸井稅，山村人夜歸。晚田始家食，餘布成我衣。詎肯無公事，煩君問是非。

藍田〔唐書地理志〕京兆府有藍田縣。荆扉〔陶潛詩〕白日掩荆扉，虛室絶塵想。歲晏〔楚辭〕留靈修兮憺忘歸，歲既晏兮孰華予。井稅〔禮記〕六十四井出田稅。家食〔易〕大畜不家食吉。

139.全唐詩九百卷目録十二卷補遺六卷詞十二卷　〔清〕曹寅、彭定求等奉敕編纂

清康熙四十四至四十六年(1705—1707)揚州詩局刻本　一百二十册十二函

半框高16.6釐米，寬11.5釐米，左右雙邊。每半葉11行21字，小字雙行字數不等。版心細黑口，雙黑魚尾，上鐫著者，中鐫書名、小題及葉碼。

卷端題“全唐詩”。

卷首依次有“御製全唐詩序”，署“康熙四十六年四月十六日”；“凡例”；曹寅康熙四十四年“全唐詩進書表”；全唐詩校閲刊刻官、校對官名表；“全唐詩目”十二卷。

鈐印：“館氏石香齋珍藏圖書記”“新安汪氏”“啓淑信印”。

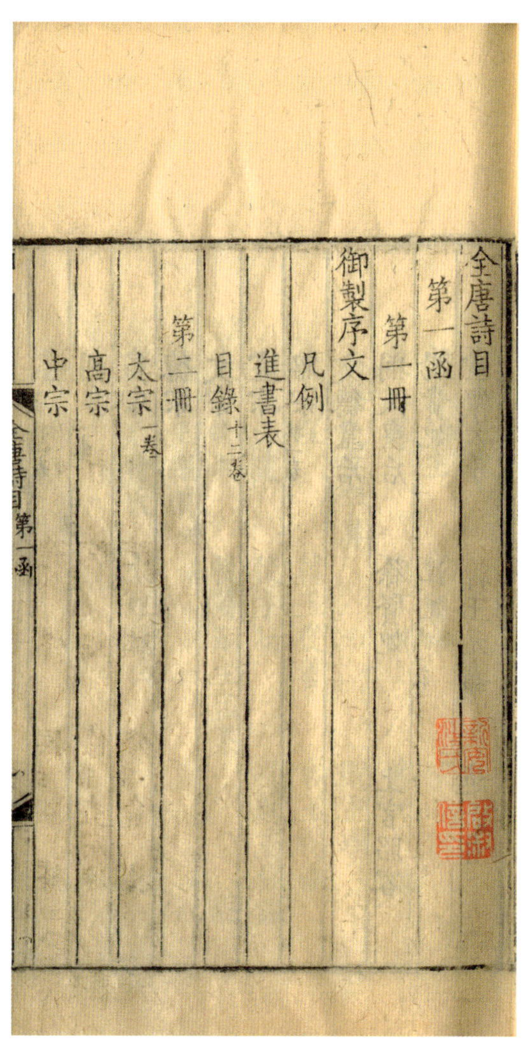
全唐詩目
第一函
第一冊
御製序文
凡例
進書表
目錄十二卷
第二冊
太宗一卷
高宗
中宗

全唐詩

太宗皇帝

帝姓李氏諱世民神堯次子聰明英武貞觀之治庶幾成康功德兼隆由漢以來未之有也而銳情經術初建秦邸即開文學館召名儒十八人爲學士既即位殿左置弘文館悉引内學士番宿更休聽朝之閒則與討論典籍雜以文詠或日昃夜艾未嘗少息詩筆草隸卓越前古至於天文秀發沈麗高朗有唐三百年風雅之盛帝實有以啓之焉在位二十四年謚曰文集四十卷館閣書目詩一卷六十九首今編詩一卷

帝京篇十首 并序

140.皇朝經世文續編一百二十卷 〔清〕葛士濬輯

清光緒十四年(1888)圖書集成局石印本　三十二册二函

内封題“皇朝經世文續編,王文韶署檢”。牌記題“光緒十四年戊子仲夏圖書集成局印”。卷端題“皇朝經世文續編,上海葛士濬子源輯”。

卷首依次有“序”,署“光緒戊子夏卯月曲園俞樾並書於右臺仙館”;“例言”,署“光緒十四年六月上海葛士濬識”;“總目”;“目録”。

按:卷七十二内有“吴記老號”“裕豐泰京”書坊印記。

皇朝經世文續編
王文韶署檢

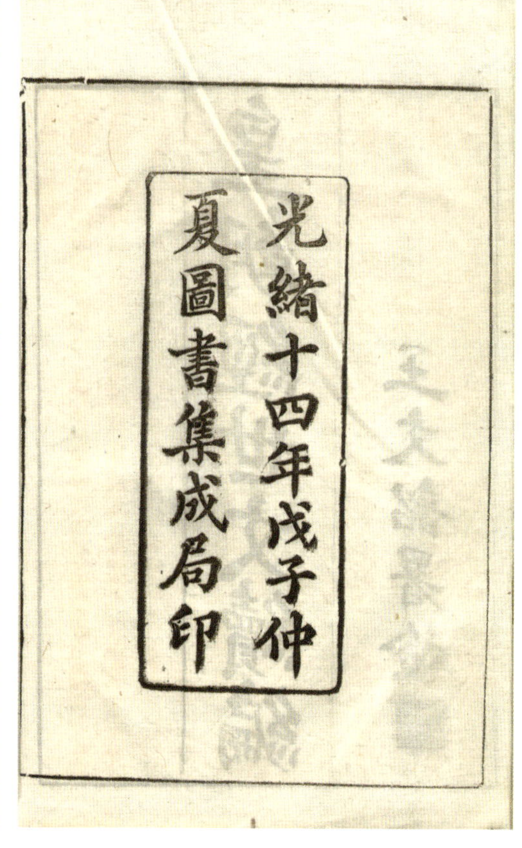
光緒十四年戊子仲
夏圖書集成局印

皇朝經世文續編卷一

上海葛士濬子源輯

學術一　原學

養源篇

宗稷辰

將有所灌輸於天下而使得被於遠者如其近者爲流於異日者如其同時爲其志量恢恢乎無際矣然而神聖之人不恤其無際而窮其有際因其有際而更窮其際之所從來則井甃然若不見其際焉蓋其終大而不可窮其始必小而不可窮也所謂源也河漢之不涸也東井之不枯也源之出於天者固然已若夫岷嶓以上泛觴所出遂以成夫江崑崙以上衆竅所發遂以成夫河以及汝漢淮泗虖池睢漳湘沅章貢淞漸震澤支川萬千莫不有源而清淑之氣絪緼其間流液於泱漭之區久而無息故恆不凋不枯如天上之水是故養其源者天地也惟其然而君子之養源不可以已矣夫源之出於天地者灼然在人耳目間而天地之潛養之者仰莫見其端俛莫見其倪也若天下有大源焉存乎凡爲天下國家者之先及其久而妄焉人莫覩而莫知爲源大者千歲而不竭源小者百年而漸消微後聖人起不能求前聖人之源之所在而況能養之乎養天下之源奈何曰仁厚而已矣仁故大而無不容厚故均而無弗普皇者

141.皇朝經世文三編八十卷 〔清〕陳忠倚輯

清光緒二十八年(1902)上海書局石印本 十六册一函

内封題“皇朝經世文三編”。牌記題“光緒壬寅夏上海書局印”。卷端題“皇朝經世文三編,淞南香隱陳忠倚輯”。

卷首依次有“序”,署“光緒丁酉二月曲園俞樾書於西子湖上之娱樓”,“例言”,署“光緒二十四年歲在戊戌三月淞南香隱陳忠倚識百花萬卷寓齋”;“總目”;“目録”。

鈐印:“天山文庫”。

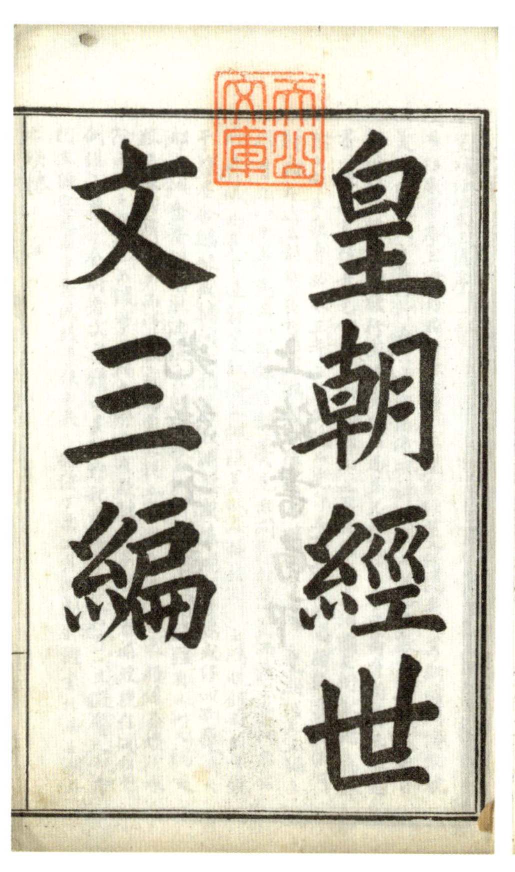

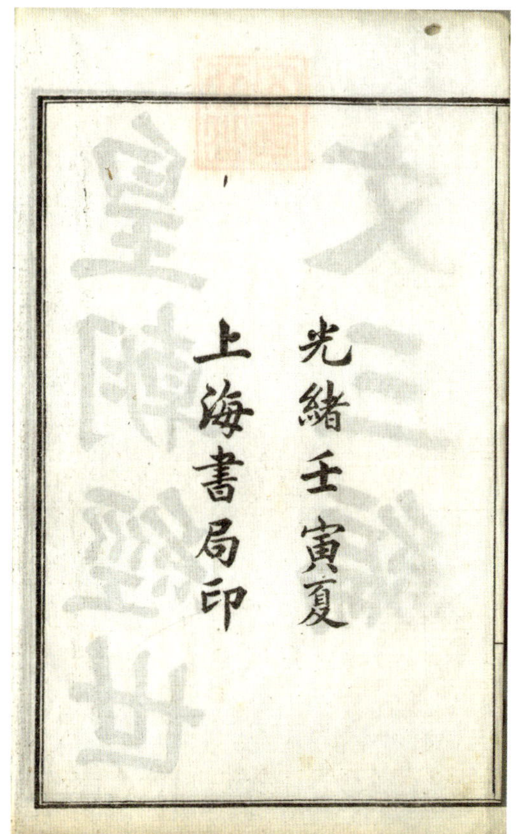

學術一　原學上

淞南香隱陳忠倚輯

奏請開設同文館疏

恭親王

臣等因製造機器必須講求天文算學議於同文館內添設一館等因於十一月初五日具奏奉旨依議欽此欽遵在案臣等伏查此次招考天文算學之議並非務奇好異震於西人術數之學也蓋以西人製造之法無不由度數而生今中國議欲講求製造輪船機器諸法苟不藉西士為先導俾講明機巧之原製作之本竊恐師心自用枉費錢糧仍無裨於實際是以臣等衡量再三而有此奏論者不察必有以臣等此舉為不急之務者必有以舍中法而從西人為非者甚且有以中國人師法西人為深可恥者此皆不識時務也夫中國之宜謀自強至今日而已亟矣識時務者莫不以采西學製洋器為自強之道疆臣如左宗棠李鴻章等皆深明其理堅持其說時於奏牘中詳陳之上年李鴻章在上海設立機器局由京營揀派弁兵前往學習近日左宗棠亦請在閩設立藝局選少年穎悟子弟延聘洋人教以語言文字算法畫法以為將來造輪船機器之本由此以觀是西學之不可不急為肄習也固非臣等數人之私見矣或謂雇買輪船購買洋槍各口曾辦過既便且省何必為此勞績不知中國所當學者固不止輪船槍礮一事即以輪船槍砲而論雇買以應其用計雖便而法終在人講求以徹其原法既明而用將在我蓋一則權宜之策一則久遠之謀孰得孰失不待辨而明矣至於以舍中法而從西人為非亦臆說也查西術之借根實本於中術之天元彼中國猶目為東來法特其人性情縝密善於運思遂能推陳出新擅名海外耳其實法固中國之法也天文算法如此其餘亦無不如此中國創其法西人襲之中國倘能駕而上之則在我既已洞悉根原遇事不必外求其利益正非淺鮮且西人之術我 聖祖仁皇帝深韙之矣當時列在臺官垂為時憲兼容並包 智周無外 本朝掌故亦不宜數典而忘況六藝之中數居其一古者農夫戍卒皆識天文後世設為厲禁知者始鮮我 朝康熙年間除私習天文之禁由是天文蔚起天學盛行治經之儒皆兼治數各家著述考證俱精語曰一物不知儒者之恥士子出戶舉目見天顧不解列宿為何物亦足羞也即今日不設此館尤當肄業及之況乎懸的以招哉若夫以師法西人為恥此其說尤謬夫天下之恥莫恥於不若人查西洋各國數十年來講求輪船之制互相師法製造日新東洋日本近亦遣人赴英國學其文字究其象數為仿造輪船張本不數年亦必有成西洋各國雄長海邦各不相下者無論矣若夫日本蕞爾國耳尚知發憤為雄獨中國狃於因循積習不思振作恥孰甚焉今不以不如人為恥而獨以學其人為恥將安於不如而終不學遂可雪其恥乎或謂製造乃工匠之事儒者不屑為之臣等尤有說焉查周

詩文評類

142.漁隱叢話前集六十卷後集四十卷　〔宋〕胡仔纂　PL2261.Y85 1741

清乾隆五至六年(1740—1741)耘經樓覆宋刻本　十册二函

半框高18.5釐米,寬13.4釐米,左右雙邊。每半葉13行21字。版心黑口,雙黑魚尾,中鎸卷次。

卷端題“漁隱叢話,苕溪漁隱胡仔纂集”。

卷首依次有“序漁隱詩評叢話前集”,署“戊辰春三月上巳苕溪漁隱胡仔元任序,紹興甲寅槐夏之月陳奉議刊於萬卷堂”;“序漁隱詩評叢話後集”,署“丁亥中秋日苕溪漁隱胡仔元任叙”;苕溪漁隱叢話前集、後集目録。卷末有“海鹽楊佑啟芷庭氏跋”。

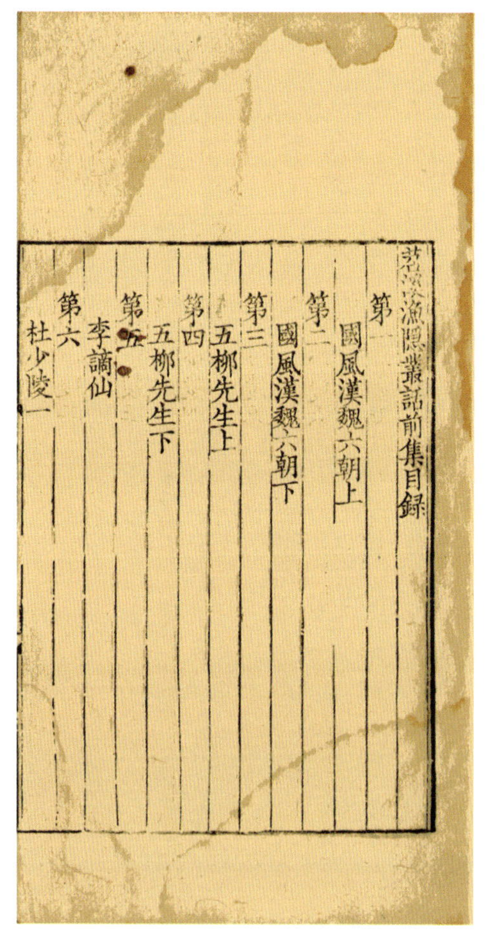

苕溪漁隱叢話前集目録

第一
國風漢魏六朝上
第二
國風漢魏六朝下
第三
五柳先生上
第四
五柳先生下
第五
李謫仙
第六
杜少陵一

漁隱叢話卷第一

苕溪漁隱胡 仔 纂集

國風漢魏六朝上

張文潛云詩三百篇雖云婦人女子小夫賤隸所爲要之非深於文章者不能作如七月在野至入我牀下於七月已下皆不道破直至十月方言蟋蟀非深於文章者能爲之邪

漫叟詩話云詩三百篇各有其旨傳注之學多失其本意而流俗狃習至不知處尚多若惟桑與梓必恭敬止謂桑梓以人賴其用故養而成之莫肯凌踐則有恭敬之道父子相與豈特如人之視桑梓今乃言父母之邦者必稱桑梓非也

宋子京筆記云山東曰朝陽山西曰夕陽故詩曰度其

143.明詩紀事一百八十七卷 〔清〕陳田輯

清光緒至宣統間貴陽陳氏聽詩齋刻本 三十八册四函

半框高19釐米，寬14.5釐米，左右雙邊。每半葉11行23字，小字雙行同。版心白口，單黑魚尾，中鎸卷次，下鎸葉碼。

内封題“明詩紀事”。牌記題“陳氏叢書聽詩齋藏”。卷端題“明詩紀事，貴陽陳田輯”。

卷首依次有“序”，署“己亥秋杪黔靈山樵陳田”；“總目”；“明詩紀事甲籤目”。明詩紀事乙籤卷首依次有“序”，署“得詩二十二卷題爲乙籤以次授諸梓人云光緒甲辰孟冬黔靈山樵陳田”；“明詩紀事乙籤目”。

鈐印：“沈燕謀以字行”“南通沈氏藏書”。

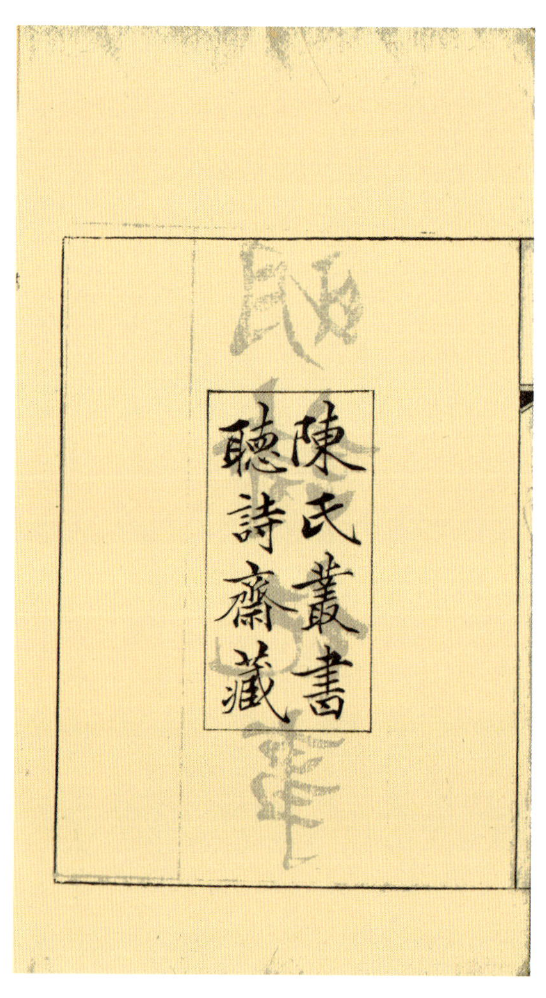

明詩紀事卷一

貴陽陳田輯

甲籤

太祖 一首

太祖姓朱氏諱元璋字國瑞濠州鍾離人元至正十一年辛卯起兵丁未稱吳元年戊申建元洪武在位三十一年崩葬孝陵有文集五十卷詩五卷

黃瑜雙槐歲鈔洪武八年秋八月上覽川流之不息陋尹程秋水賦言不契道乃親爲之賦成召禁林羣臣觀之且曰卿等亦各撰賦以進宋濂率同列研精覃思鋪敘成章詣東黃閣次第投獻上睿覽焉復寘品評於其間已而賜坐勑大官進天廚奇珍內臣行觴觴已上顧濂曰卿何不盡飲濂出跪奏曰臣荷陛下聖慈賜以醇酎敢不如詔第臣年衰邁恐不勝桮杓志不攝氣或愆於禮度無以上承寵光爾上

詞　類

144.絶妙好詞箋七卷續鈔二卷　〔宋〕周密輯　〔清〕查爲仁、厲鶚箋　（續）〔清〕余集輯　（又續）〔清〕徐楙輯　PL2553.C555 1872

清同治十一年（1872）會稽章氏重刻本　四册一函

半框高18.4釐米，寬13.9釐米，左右雙邊。每半葉11行23字，小字雙行同。版心白口，單黑魚尾，中鎸書名、卷次，下鎸葉碼。

内封題“絶妙好詞箋七卷附續鈔二卷”。牌記題“同治十一年冬會稽章氏重刊”。卷端題“絶妙好詞箋，弁陽老人周密原輯，宛平查爲仁、錢唐厲鶚同箋”。

卷首依次有“原序”，末署“康熙戊寅夏五江村高士奇序於清吟堂”；“絶妙好詞箋序”，末署“乾隆戊辰閏七夕前三日錢塘厲鶚書於津門之古春小茨”；“絶妙好詞箋武林彙勘姓氏”；“欽定四庫全書總目提要”；“題跋附録”；“絶妙好詞紀事”；“目録”。

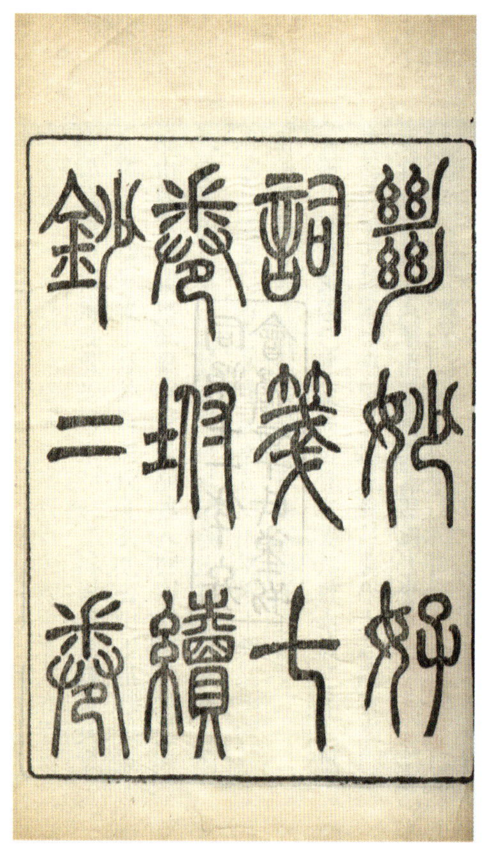

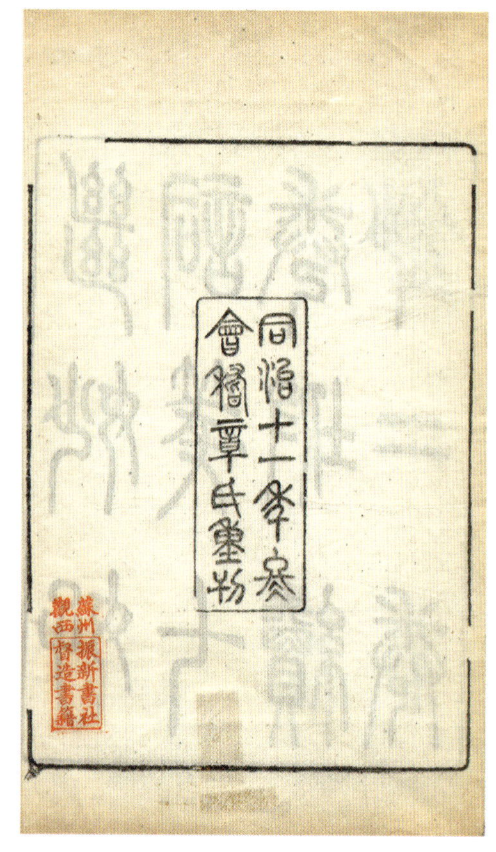

絶妙好詞箋卷一

弁陽老人周密原輯　宛平查爲仁　同箋
錢唐厲鶚

張孝祥

孝祥字安國號于湖烏江人紹興二十四年廷對第一授承事郎簽書鎮東軍判官累遷中書舍人直學士院兼督府參贊軍事領建康留守尋以制南湖北路安撫使進顯謨閣直學士致仕有于湖集詞一卷湯衡序紫微詞云于湖平昔爲詞未嘗著稾筆酣興健頃刻即成無一字無來處

念奴嬌　過洞庭

洞庭青草近中秋更無一點風色玉界瓊田三萬頃著我扁舟一葉素月分輝明河共影表裏俱澄澈悠然心會妙處難與君說　應念嶺表經年孤光自照肝膽皆冰雪短鬢蕭疏

145.雨屋深鐙詞一卷續稿一卷 汪兆鏞撰 PL2732.A32 Y8 1911

清宣統三年(1911)鉛印本 一册一函

内封題“雨屋深鐙詞,朱孝藏”。牌記題“宣統辛亥冬刊”。卷端題“雨屋深鐙詞,番禺汪兆鏞伯序”。

卷首有“雨屋深鐙詞序”,署“番禺沈澤棠記於澳門龍蓯街寓樓”。

鈐印:“哈佛大學漢和圖書館珍藏印”。

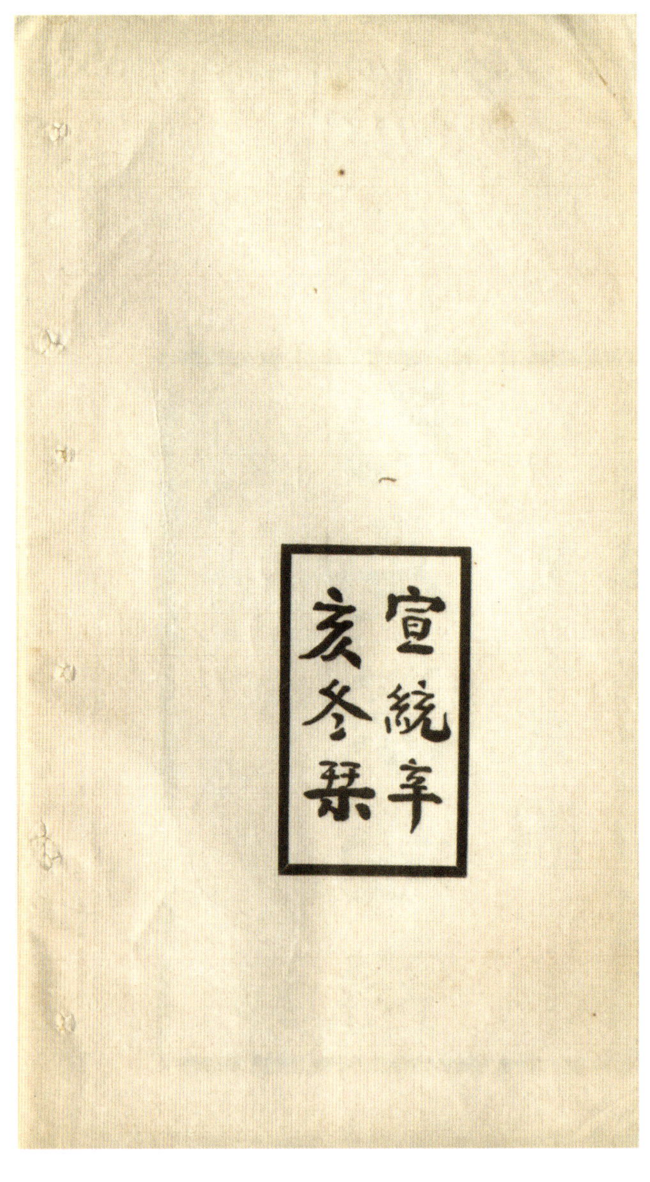

雨屋深鐙詞

番禺　汪兆鏞　伯序

摸魚子

雁來紅同梁節盦

渺天涯一繩寒陣秋聲吹徧芳樹可憐描出傷心色碎翦蒨絲千縷還記取莫誤認宮溝片葉題愁處憑欄凝竚便喚醒花魂迢迢錦字怎寄斷腸句　韶華晚誰念霜彫日暮向人淒豔如許霞衣茜袖清寒慣未受世間炎暑應惜護笑鏡裏朱顏安得春長駐離懷漫與計楓岸鴉啼蓼汀鷗泛相憶更情苦

眼兒媚

一絲蛩語豆花籬瘦綠冷秋衣鑪溫燭暗簾深篁小獨

曲類

146.新刻番寶名琴全本三卷 不題撰者

清嘉慶十二年(1807)東莞會源堂刻本 三册一函

半框高17釐米，寬11.5釐米，四周單邊，無界欄。每半葉13行28字。版心白口，單黑魚尾，上鎸“番寶名琴”，中鎸卷次，下鎸葉碼。

内封題“番寶名琴，嘉慶十二年，莞城會源堂”。卷端題“新刻番寶名琴全本，莞城萃英樓藏板”。

新刻當宝名琴全本卷之一

姚萃英樓藏板

名琴引起

曾聞堯日與先天　農士工商幾歳年　十日有風五日雨　人性好似小神仙
堯羲生來知朔望　吐出蓂芙王砌前　丹朱君亦难承位　虞舜不肖是齊天
禹帝独能生肖子　九河疏派水分通　三周其門而不入　名字曾多註卷篇
四百餘年明大業　桀王无道始更迁　因而妹喜縱横樂　瑶台瓊室貯天仙
肉林酒池窮奢侈　鼓見牛飲有三千　可惜左右忠直士　無辜當今死万塵
商乃使人去前泣　即使四湯有數年　伊尹作湯曾伐桀　鳴條奔走馬加鞭
連日未亡君已喪　桀㙲庭山現有墟　商家開国深人澤　桀林其两賴於天
澤被風尚和走獸　遐迩同歡樂家年　賢圣之君六七作　紂王无道又更迁
当時若不枯香拜　免使臨身惹禍殃　言流女寵外主意　妲妃蕭賜佇于天
所以狐狸精出現　殷周之日怪来眠　晓却隻夫登万姓　剖腹肝胎誰可怜
炮烙新刑肝肥碎　松柏忠臣數幾烟　大盆多少残夫骨　蛇蝎紛紛裡底眠

小説類

147.陳眉公先生注釋日記故事一卷　〔明〕陳繼儒注釋　PL1115.C45 1888

清光緒十四年（1888）靈蘭堂刻本　一册一函

半框高19.5釐米，寬11.5釐米，四周單邊。上下兩欄，上欄一葉圖一葉文字，下欄每半葉12行21字，小字雙行同。版心白口，無魚尾，上鐫“日記故事”，中鐫卷次，下鐫葉碼。

内封題“日記故事，增訂二十四孝，戊子孟夏新鐫，靈蘭堂梓行”。卷端題“陳眉公先生注釋日記故事”。

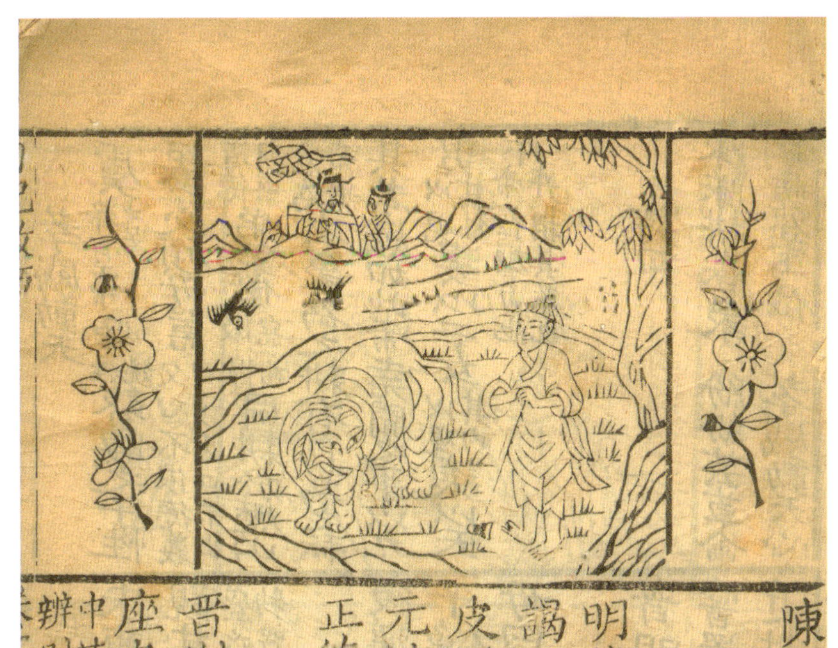

陳眉公先生註釋日記故事卷一

生知類

狀元志量

明戴大賓字寅仲福建莆田人幼聰慧經書一過目輒不忘八歲謁主司官長的稱有老成志量主司因指廳上椅作對云虎皮褥蓋學士椅大賓不待思索即應聲云兎毛筆寫狀元坊主司撫几拍桌稱賞年十三以儒士鄉試中第二名正德戊辰會試第二名殿試探花及第

座稱顏回

晉謝尚字仁祖年八歲父鯤常攜帶之從客或曰此兒一座之顏回孔子弟子尚答曰座無尼父孔子字仲尼焉別顏回說座中若無孔子這等人何以辨別得顏回稱尊其客席賓莫不感嘆羨他敏捷

148.詳注聊齋志異圖咏十六卷　〔清〕蒲松齡撰　〔清〕吕湛恩注

清光緒三十年（1904）上海錦章圖書局石印本　八册一函

外封題“詳注聊齋志異圖咏，錦章圖書局藏版”。内封題“詳注聊齋志異圖咏”。牌記題“上海錦章圖書局石印”。卷端題“詳注聊齋志異圖咏，淄川蒲松齡留仙著，文登吕湛恩叔清注”。

詳註聊齋志異圖詠卷一

淄川 蒲松齡 留仙 著　　文登 呂湛恩 叔清 註

考城隍　詠（人生百行孝為先　泣涕陳情乞假日　明義開宗第一篇　歡承萱草喜延年）（詩源指訣陳子昂作感遇詩三十八首）

予姊夫之祖宋公，諱燾，邑廩生。一日，病臥，見吏持牒，牽白顛馬（詩秦風有馬白顛傳白顛的顙顙有白毛今謂之的顙）來，云：「請赴試。」公言：「文宗（首至適見之曰海內文宗也）未臨，何遽得考？」吏不言，但敦促之。公力疾乘馬從去，路甚生疏。至一城郭，如王者都。移時入府廨，宮室壯麗。上坐十餘官，都不知何人，惟關壯繆（漢後帝建興七年追謚帝壯繆宋高宗建炎三年加封壯繆義勇武安王孝宗淳熙十四年加封壯繆義勇武安英濟王郭子章謂繆與穆通）可識。簷下設几、墩各一，先有一秀才坐其末，公便與連肩。几上各有筆札（前漢司馬相如傳請為天子遊獵之賦上許令尚書給筆札○按札木簡之薄者也又櫛也見釋名編之如櫛齒相比也）。俄題紙飛下，視之，八字云：「一人二人，有心無心。」二公文成，呈殿上。公文中有云：「有心為善，雖善不賞；無心為惡，雖惡不罰。」諸神傳贊不已。召公上，諭曰：「河南缺一城隍（王荊公武夷記城隍之名見於易若廟祀則莫究其始記曰天子大蜡八伊耆氏始蜡注伊耆氏堯也蓋蜡八神水庸居七水庸城也此正祭城隍之始○按城隍廟之神郎文莊以為祀於開元之後不知蕪湖建祠於赤烏武陵修祠著之成吳大困學紀聞云北齊慕容儼鎮郢城時城中先有神祠號城隍神則六朝已有之矣），君稱其職。」公方悟，頓首泣曰：「辱膺寵命，何敢多辭？但老母七旬，奉養無人，請得終其天年（鍾蒙老母今以天年終），惟聽錄用。」上一帝王像者，即令稽母壽籍。有長鬚吏，捧冊翻閱一過，白：「有陽算九年。」共躊躇間，關帝曰：「不妨令張生攝篆（漢許慎說文解字敘秦書有八體及新莽居攝使大司空甄豐等校文書之部時有六書二曰篆書即小篆也下杜人程邈所作五曰繆篆所以摹印○攝篆謂攝其印所謂繆篆也）九年，瓜代（左傳莊八年齊侯使連稱管至父戍葵丘瓜時而往曰及瓜而代）可也。」乃謂公：「應即赴任；今推仁孝之心，給假九年，及期當復相召。」又勉勵秀才數語。二公稽首並下。秀才握手，送諸郊野，自言長山張某。以詩贈別，都忘其詞，中有「有花有酒春常在，無月無燈夜自明」之句。公既騎，乃別而去。及抵里，豁若夢寤。時卒已三日。母聞棺中呻吟，扶出，半日始能語。問之長山，果有張生，於是日死矣。後九年，母果卒。營葬既畢，浣濯入室而沒。其岳家居城中西門內，忽見公鏤膺朱幩（詩秦風虎韔鏤膺傳膺馬飾也○詩衛風朱幩鑣鑣傳幩飾也國君以朱纏鑣且以為飾），輿馬甚眾，登其堂，一拜而行。相共驚疑，不知其為神。奔訊鄉中，則已沒矣。公有自記小傳，惜亂後無存，此其略耳。

瞳人語　詠（目逆淫原自意淫來　天視未遂從我視　昨于盲時萬念灰　轉移捷徑在靈臺）

長安士方棟，頗有才名，而佻脫不持儀節。每陌上見游女，輒輕薄尾綴之。清明前一日，偶步郊野，見一小車，朱茀繡幰（詩衛風翟茀以朝疏婦人乘車不露見車之前後設障以自蔽隱謂之茀○蒼頡篇帛張車上為幰即車幔也），青衣數輩，款段（後漢馬援傳從弟少游曰士生一世但取衣食裁足乘下澤車御款段馬守墳墓鄉里稱善人斯可矣注款猶緩也言形段遲緩也）以從。內一婢，乘小駟，容色絕美。稍稍近覘之，見車幔洞開，內坐二八女郎，紅妝艷麗，尤生平所未睹。目炫神奪，瞻戀弗舍，或先或後，從馳數里。忽聞女郎呼婢近車側，曰：「為我垂簾下。何處風狂兒郎，頻來窺瞻！」婢乃下簾，怒顧生曰：「此芙蓉城（歸田錄石曼卿去世後人有見之者云我今為仙主芙蓉城故呼之不能忽然騎一素騾去如飛）七郎子新婦歸寧，非同田舍娘子，放教秀才胡覷！」言已，掬轍土颺生。生眯目不可開。纔一拭視，車馬已渺。驚疑而返，覺目終不快。

詳註聊齋志異圖詠　卷一　考城隍

發行所英界棋盤街

上海錦章圖書局石印

印刷所法界白爾路

總批發處老北門內穿心街西首

(分設)(廣州)(漢口)(成都)(北京)

詳註聊齋志異圖詠
卷一
狐嫁女
神僊攘々飾
蝸居也異人
間婚嫁如一
簇望衆兩行
燭夜深度爵
笑尚書
嬌娜
不愧人间公子
名為媒家室太
多情松孃顔色
嬌孃德只合青
天誓死生

149.俗話傾談初集上下二卷 〔清〕邵彬儒撰 895.108 Sh21s 1903

清光緒二十九年(1903)文裕堂鉛印本 一册一函

内封題“俗話傾談,卷上,初、二集,光緒廿九癸卯年文裕堂公司承印”。卷端題“俗話傾談,博陵紀棠氏評輯”。

卷首依次有“自序”,署“嶺南布衣紀棠邵彬儒書於覺世社”;“俗話傾談初集目録”。

俗話傾談卷上

博陵紀棠氏評輯

横紋柴

康熙間。四川省、重慶府。有一個舉人。姓安。名維程。爲人和平。無甚過處。生二子。長名大成。次名二成。大成之性。生來孝友。二成之性。一片愚頑。（兩兄弟同胞不同性）安維程年四拾餘。一病身故。剩下二子。田園可以足用。不至飢寒。大成之母沈氏。稟性極偏。不循道理。隨意所發。以執拗爲能。（此等賤婦潑婦不是家庭之福）鄉里婦女。

150.煲老鴨不分卷 不題撰者

清同治十一年(1872)羊城丹柱堂刻本 一册一函

半框高12.8釐米，寬9.7釐米，左右雙邊，無界欄。每半葉9行20字。版心白口，單黑魚尾，上鎸書名，下鎸葉碼。

内封題“煲老鴨，同治壬申鎸，羊城第七甫丹柱堂藏板”。卷端題“煲老鴨”。

卷首有十幅圖，題“胡湘浦畫繪”。

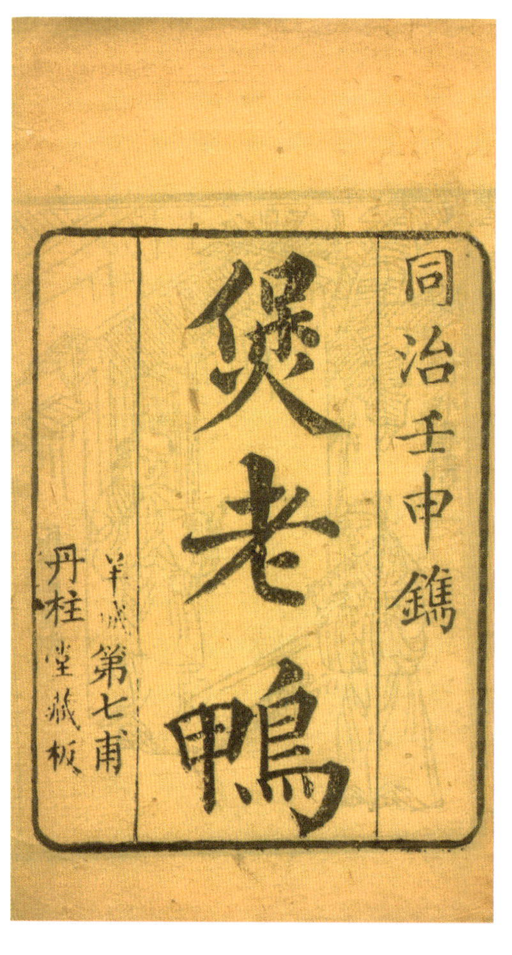

偎老鴨

明朝崇禎時陝西省西安府永興縣蟠龍村內有一人姓王名春学占元父母早亡遺下家貲約値千金之富王春生得形容瀟洒氣質清靈喜濟人之困急娶妻甯氏相貌如花似月伶俐過人一片風情嬌羞花搽粉年少夫妻兩相愛慕如是數載不肯出門王春有个嫡叔叫做王仲芳到來勸曰賢姪你豈無所事終日游手好閒坐食山崩究非長策若不少年出外奮志求財將來兒女臨頭長大費用苦不足矣王

151.增像全圖東周列國志二十七卷一百八回　〔明〕馮夢龍撰　〔清〕蔡昇評點

895.13 F3556t 19--

清末上海中新書局鉛印本　十六册一函

内封題“東周列國志，精校全圖，足本鉛印，上海中新書局印行”。卷端題“增像全圖東周列國志，白下蔡昇元放甫評點”。

卷首依次有“序”，署“乾隆十有七年春七都夢夫蔡元放氏題”；“讀法”；“目録”，題“七都夢夫蔡元放批評”；“像”；“圖”。

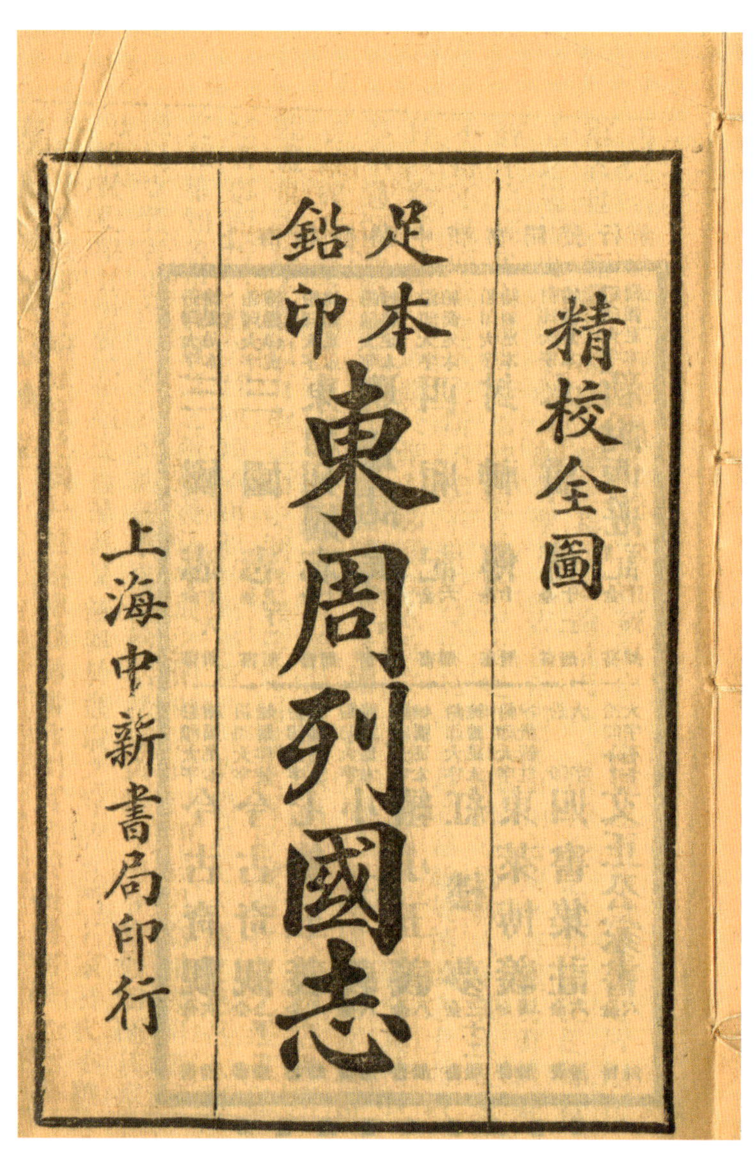

精校全圖
足本
鉛印
東周列國志
上海中新書局印行

增像全圖東周列國志卷一　　白下蔡　昇元放甫評點

詞曰　道德三皇五帝功名夏后商周英雄五霸鬧春秋頃刻興亡過手

青史幾行名姓北邙無數荒邱前人田地後人收說甚龍爭虎鬭

第一回　周宣王聞謠輕殺　杜大夫化厲鳴寃

宣王自征姜戎便是失計之甚戎狄豺狼從古難化王者亦不深求故其順命則略示羈縻否則置之度外倘其造逆犯順然後用兵只須命將出師足矣况當是時周室尚在全盛王朝卿士及方伯諸侯豈無可使之人乃以天子之尊自臨行陣以致敗績損折車徒辱國損威莫大於此宣王親征姜戎其失有五輕萬乘之尊蹈不測之險一也啓夷狄輕中國之心二也開諸侯慢王朝之漸三也王師敗績深褻國威四也敗不能報貽笑四方五也

此回中全是怪事如市上忽有童謠怪事童謠竟說幾亡周國怪事童謠是紅衣小兒所傳怪事紅衣小兒是熒惑星所化怪事上天命熒惑星化小兒造謠言怪事宮女不夫而孕怪事懷孕四十餘年方產怪事宮女所說二龍降於王庭怪事龍作人言怪事龍言自己是褒城二君怪事太史忽然想到請龍漦而藏之怪事夏亡歷殷至周數經喪亂而漦在櫝中無恙怪事櫝中忽然放光怪

152.新鎸古本批評繡像三世報隔簾花影四十八回　　題〔清〕四橋居士撰

清刻本　八册一函

半框高19.7釐米，寬14.1釐米，左右雙邊，無界欄。每半葉11行24字。版心白口，單黑魚尾，上鎸“隔簾花影”，中鎸回次。

内封題“古本三世報，隔簾花影，本衙藏板”。卷端題“新鎸古本批評繡像三世報隔簾花影”。

卷首依次有“原序”，署“四橋居士謹題”；“新鎸古本批評三世報隔簾花影目録”。

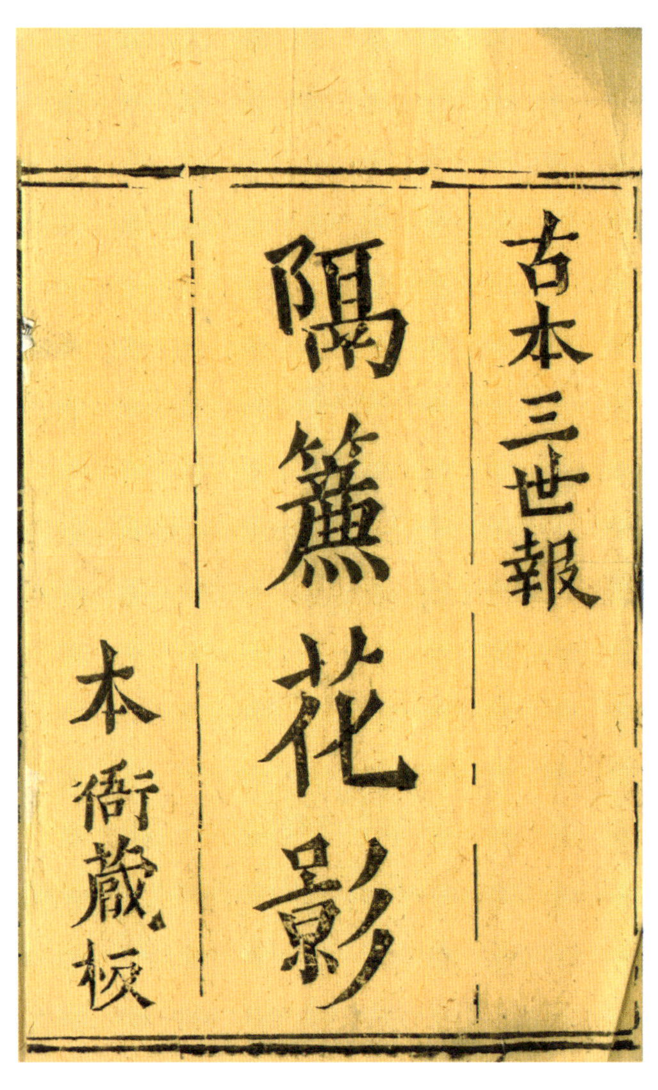

新鐫古本批評繡像三世報隔簾花影

第一回

生前業貪財好色　死後報寡婦孤兒

詩曰

古今何地不欹傾。獨有青天一坦平。
無臭無聲疑混沌。有張有主最分明。
饒他奸巧逃王法。任是欺瞞脫世評。
論到冥冥彰報應。何曾毫髮肯容情。

又曰

彼蒼不是巧安排。自受皆由自作來。

類叢部

類書類

153.太平御覽一千卷（殘）　〔宋〕李昉等奉敕編　

清抄本　一册一函

素紙無界欄，每半葉7行20字，小字雙行同。

按：館藏存卷七百三十四，方術部十五、十六。

祝

說文曰祝祭主贊詞者

周禮曰大祝掌六祝之辭以事鬼神永祈福祥求永貞一曰順祝二曰年祝三曰吉祝四曰化祝五曰瑞祝六曰筴祝

又曰掌六祈以同鬼神永作六辭以通上下親疏遠近辨六號辨九祭九擇與拜同

史

周禮

大史掌建邦之六典以逆邦國之治掌灋以逆官府之治掌則以逆都鄙之治凡辨灋者攷焉不信者刑之凡邦國都鄙及萬民之有約劑者藏焉以貳六官六官之所登若約劑亂則辟灋不信者刑正歲年以序事頒之于官府及都鄙頒告朔于邦國閏月昭王

154.廣博物志五十卷　〔明〕董斯張撰

清乾隆二十六年（1761）高暉堂刻本　二十四册四函

半框高20.5釐米，寬15.5釐米，四周單邊。每半葉9行18字，小字雙行同。版心白口，單黑魚尾，上鎸書名，中鎸卷次，下鎸葉碼及“吴興蔣禮梓刊，高暉堂”。

内封題“廣博物志，乾隆辛巳冬鎸，吴興董遐周先生著，高暉堂藏板”。卷端題“廣博物志，隴西董斯張纂，武陵楊鶴訂”。

卷首依次有“廣博物志序”，署“萬曆丁未上巳日書”；“廣博物志叙”，署“鈍菴韓敬撰”；“廣博物志目次”。

鈐印：“中”。

乾隆辛巳冬鎸

吴興董遐周先生著

廣博物志

高暉堂藏板

廣博物志卷之一

隴西董斯張纂
武陵楊鶴訂

天道上　天　日　月

天道尚右日月西移地道尚左水道東流人道尚中耳目役心心有四佐不和曰廢地有五行不通曰惡天有四時不時曰凶天道曰祥地道曰義人道曰禮　周書

太初氣之始也生於酉仲清濁未分也太始形

155.佩文韻府一百六卷韻府拾遺一百六卷 〔清〕張玉書等奉敕纂修（韻府拾遺）〔清〕汪灝等奉敕纂修

清光緒十八年（1892）上海同文書局石印本　五十二册五函

内封題“欽定佩文韻府”。牌記題“光緒壬辰仲秋上海同文書局石印”。卷端題“佩文韻府”。

卷首依次有“御製佩文韻府序”，末署“康熙五十年十月題”；“職名”，題“康熙四十九年十一月奉”；“目録”。

佩文韻府卷一

上平聲　一東韻

東 德紅切春方也漢書少陽在｜方｜動也從日在木中會意也禮記大明生於｜又姓晉聖賢羣輔錄舜友｜不訾

韻藻

南東 詩｜｜其畝李孝先詩余其歸老兮沂之｜｜邵寶詩楚帆連日阻｜｜

自東 詩我來｜｜又自西｜｜

在東 詩蝃蝀｜｜蘇軾詩我言歲｜｜

徂東 詩自西｜｜又駕言｜｜

小東 詩｜｜大東杼柚其空言大小皆取給於東國

大東 詩遂荒｜｜

侯東 詩乃命魯公俾｜于｜

門東 詩疏天子迎賓在｜｜又杜甫詩叫怒索餅啼｜｜又白居易[illegible]左丞再除華州詩左轄頻中臺｜｜倚上才注謂華在國門之東也

居東 書周公｜｜二年則罪人斯得

闑東 禮記賓入不中門公事自闑西私事自｜｜

活東 爾雅科斗｜｜蝦蟇也唐寅詩青草池塘亂｜｜

甬東 左傳越滅吳使吳王居｜｜郭翼詩江上青山接｜｜吳育浩詩故國依然在｜｜

河東 史記｜｜吾股肱郡特召君耳薛能詩萬家殘照在｜｜楊載詩作賦擬｜｜

易東 漢丁寬學易於田何學成辭歸何曰｜以｜矣又李瀚古今品略云楊震關西丁寬｜｜

膠東 漢書張敞爲｜｜相謝靈運詩置酒飲｜｜

道東 漢宮闕疏長安立九市其六市在道西三市在｜｜

牆東 後漢書避世｜｜王君公黃庭堅詩丈夫直欲臥｜｜

鎮東 三國趙雲胡威諸葛誕皆爲｜｜將軍

征東 三國馬超張遼皆爲｜｜將軍

平東 晉杜預王濬皆爲｜｜將軍

勿東 晉書劉曜僭帝於長安時有石言於陝若云｜｜後曜東與石勒戰果被擒

桑東 後周裴俠年十三父沒哀毀若成人將卜葬空中有人曰童子何悲葬于｜｜封公侯俠宅側有大桑林因葬焉後封清河郡公

朔東 列子北山愚公欲平太行王屋二山帝命夸蛾氏二子負二山一厝｜｜一厝雍南

款東 急就篇注｜｜即款冬也亦曰款凍以其凌寒叩冰而生故爲此名生水中花紫赤色一名兎奚亦曰顆東

乃東 本草夏枯草名｜｜

來東 離騷今逍遙而[illegible]

母東 [illegible]

極東 海賦舟人漁子徂南｜｜

巴東 江賦[illegible]之峽夏后疏鑿[illegible]又杜甫詩[illegible]獨秀蘇軾詩[illegible]攜鄉味過｜｜[illegible]杜牧詩鱸魚新熟到｜｜[illegible]郎士元詩年年秋雁過｜｜[illegible]三峽猿鳴[illegible]

井東 梁簡文詩松際甘瓜蔓女蘿托[illegible]

江東 晉王坦之字文度[illegible]南史袁淑[illegible]無我卿當獨步

林東 杜甫詩[illegible]

從東 杜甫詩[illegible]

關東 劉長卿詩鬭雞過渭北走馬向｜｜[illegible]口衛丹詔出｜｜張籍詩朝廷重寄在｜｜[illegible]韓翃詩[illegible]

湘東 王建詩[illegible]朱子詩書錦過[illegible]不容將恨到｜｜[illegible]

籬東 杜甫詩[illegible]

瀼東 杜甫居瀼西復居｜｜楊基詩[illegible]陳基詩[illegible]

蒲東 [illegible]

陸東 宋[illegible]銘職衛不受[illegible]

丁東 雲笈七籤葛蘰化宮西有水出於巖腹積雨不加久旱不竭又李商隱詩[illegible]韓偓詩玉堂西畔響｜｜

陳東 宋太學生上書劾童蔡汪黃

東東 妓名寶鑒詩上鐸耳邊常似叫｜｜惟有側輪車

遼東 蘇軾詩蘇武豈知歸漢北管寧自欲老｜｜[illegible]詩時有歸鶴來[illegible]立詩遠分茅土鎮｜｜

澗瀍東 書洛誥我乃卜｜水東｜水西惟洛食我又卜瀍水｜亦惟洛食

首陽東 詩采葑采葑｜｜之｜

畝盡東 左傳晉人曰必使齊之封內盡東其畝

馬首東 左傳[illegible]乃歸下軍從之

鴻溝東 漢書[illegible]

吾欲東 漢書高祖曰｜亦｜耳安能鬱鬱久居此乎

日貫東 太玄經[illegible]注日沒返照東也

順流東 莊子[illegible]孫皓書[illegible]

梟徙東 說苑[illegible]鄉人皆惡我鳴[illegible]

渤海東 列子[illegible]

斗柄東 淮南子[illegible]指寅而天下皆春[illegible]

平陵東 [illegible]

百川東 韓愈文障｜｜而｜之[illegible]

松向東 三藏法師[illegible]

扶桑東 [illegible]

風鷟東 [illegible]

吳河東 南史吳喜爲河東太守[illegible]

霸陵東 [illegible]

瑤池東 [illegible]

馬復東 [illegible]

東山東 [illegible]

東復東 [illegible]

玉門東 [illegible]

甘泉東 [illegible]

金城東 李白詩[illegible]

金市東 李白詩[illegible]五陵年少[illegible]

天漢東 杜甫詩[illegible]

玉壘東 杜甫詩[illegible]

天東 杜甫詩[illegible]

雪嶺東 杜甫詩[illegible]

日華東 杜甫詩[illegible]

平林東 王維詩[illegible]

小苑東 王維詩[illegible]

156.佩文韻府一百六卷韻府拾遺一百六卷索隱一卷 〔清〕張玉書等奉敕纂修（韻府拾遺）〔清〕汪灝等奉敕纂修 AE4 .P45

清末民初上海掃葉山房石印本 一百册十函

《佩文韻府》内封題“佩文韻府，仿殿本影印，附索隱册，楊逸題”，卷端題“佩文韻府”。

卷首依次有“御製佩文韻府序”；纂修監造官員職名。

《韻府拾遺》内封題“韻府拾遺，仿殿本影印”，卷端題“韻府拾遺”。

卷首依次有“韻府拾遺序”；校勘纂修官。

仿殿本影印
佩文韻府
坿索隱冊 楊逸題

韻府拾遺卷一

上平聲　一東韻

◎東　唐韻正韻德紅切集韻韻會都籠切並音蝀

補藻 北東 古詩沇水又｜｜入于海 漢書地理志註師古曰折 而｜｜也 逸史地理志泲流河自西北南流遶京三面 入于曲江其｜｜流為山河

角東 詩序情發于聲 疏五聲之配五方 角｜方 商西 徵南 羽北 宮中央

沐東 詩爰采葑矣沬之｜矣

豐東 詩豐水｜注 箋豐邑在豐水之西鎬京在豐水之東

洛東 詩譜 鄭國 [illegible]

衛東 詩式微 [illegible]

春東 [illegible]

出東 禮記 [illegible]

日東 周禮地官大司徒 以土圭之法測土深 日南則景短多暑 日北則景長多寒 日東則景夕多風 日西則景朝多陰 [illegible]

薦東 儀禮士冠禮 [illegible]

寢東 儀禮燕禮 [illegible]

几東 儀禮士昏禮 [illegible]

夅東 儀禮鄉射禮 [illegible]

東 儀禮 [illegible]

漷東 春秋哀公二年 季孫斯叔孫州仇仲孫何忌帥師伐邾取｜田及沂西田

危東 史記天官書 [illegible]

魯東 史記孔子世家 [illegible]

秋東 爾雅 疏 天 [illegible]

碭東 史記 [illegible]

西東 史記 [illegible]

宛東 史記大宛傳 [illegible]

山東 漢書 [illegible]

恒東 漢書尹賞傳 [illegible]

防東 後漢書郡國志 [illegible]

上東 [illegible]

中東 後漢書百官志 [illegible]

路東 後漢書 [illegible]

趙東 後漢書 [illegible]

安東 魏志 [illegible]

衡東 [illegible]

沁東 周書 [illegible]

頓東 [illegible]

汶東 唐書 [illegible]

開邊縣 [illegible]

幕東 唐書禮樂志 [illegible]

醬東 唐書禮樂志 [illegible]

柘東 唐書地理志 [illegible]

如東 唐書地理志 [illegible]

地東 隋書天文志 [illegible]

鍾東 隋書樂志 [illegible]

望東 唐書地理志 [illegible]

徙東 宋史神宗紀 [illegible]

牲東 [illegible]

廟東 遼史地理志 [illegible]

寺東 遼史地理志 [illegible]

殿東 遼史 [illegible]

宅東 遼史 [illegible]

縣東 [illegible]

宋東 列子 [illegible]

春東 易林 [illegible]

虎東 參同契 [illegible]

歸東 參同契 [illegible]

臨東 [illegible]

取東 宋 [illegible]

街東 韓愈詩 [illegible]

村東 陸游詩 [illegible]

廂東 [illegible]

還東 [illegible]

衆水東 書 [illegible]

房東 儀禮士昏禮 [illegible]

合巹東 [illegible]

序東 註 儀禮鄉射禮 [illegible]

西階東 儀禮鄉飲酒禮 [illegible]

韻府拾遺　卷一　一東　東同　一　掃葉山房發行

157.韻府拾遺一百六卷　〔清〕汪灝等奉敕纂修　

清康熙五十九年（1720）武英殿刻本　二十册五函

半框高16.8釐米，寬11.5釐米，四周雙邊。每半葉12行25字，小字雙行同。版心白口，單黑魚尾，上鎸書名，中鎸卷次、韻目名稱及葉碼。

卷端題“韻府拾遺”。

卷首依次有“韻府拾遺序”，末署“康熙五十九年秋七月大學士臣王琰臣王項齡奉旨謹序”；“校勘官”。

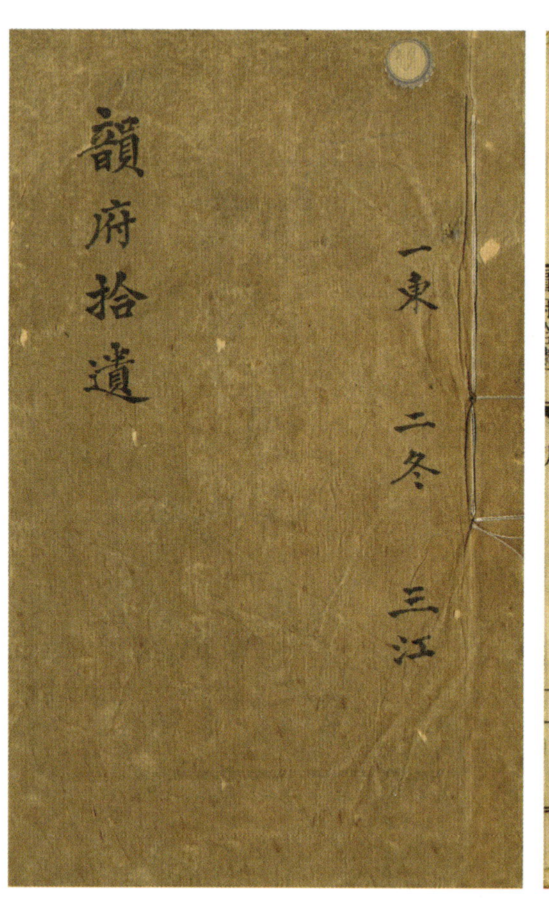

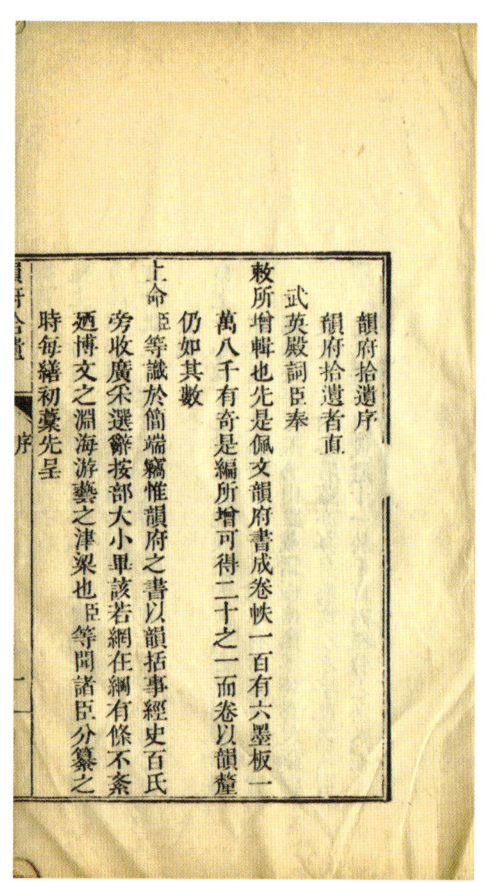
韻府拾遺序
韻府拾遺者直
武英殿詞臣奉
敕所增輯也先是佩文韻府書成卷帙一百有六墨板一
萬八千有奇是編所增可得二十之一而卷以韻牽
仍如其數
上命臣等識於簡端竊惟韻府之書以韻括事經史百氏
旁收廣采選辭按部大小畢該若網在綱有條不紊
洒博文之淵海游藝之津梁也臣等聞諸臣分纂之
時每繕初藁先呈

韻府拾遺卷一

上平聲　一東韻

東唐韻正韻德紅切集韻韻會都籠切並音蝀

補藻北東書導沇水又｜｜入于海漢書地理志註師古曰｜所而｜｜也遼史地理志涑流河自西北南流逕京三面東入于曲江其｜｜｜流爲桉出河

角東詩序情發于聲疏五聲之配五方｜｜商西徵南羽北宮中央

沬東詩爰采葑矣｜之｜矣按沬衛邑

豐東詩｜水｜注箋豐邑在豐水之西鎬京在｜水之｜

衛東詩式微箋黎國在衛西今所寓在｜｜

秦東詩渭陽疏雍在渭南水北曰陽晉在｜｜行必渡渭

洛東詩鄭國譜溱洧西｜｜河南潁北是四水之間其子男之國有十唯虢鄶爲大又雒同史記鄭世家桓公東徙其民雒東而虢鄶果獻十邑竟國之

出東禮記日｜于｜月生于西漢書天文志太白當期而出其國昌｜｜爲東方人爲北方出西爲西方人爲南方

日東周禮地官大司徒以土圭之法測土深正地景以求地中｜｜則景夕多風日西則景朝多陰

薦東儀禮士冠禮冠者升筵坐左執爵右祭脯醢祭酒興筵末坐啐酒降筵拜賓荅拜冠者奠爵于｜｜立于筵西唐書禮樂志皇帝盥手取觶以柶祭醴啐醴建柶奠觶于｜｜

寢東儀禮燕禮膳宰具官饌于｜｜

几東儀禮士昏禮婦拜扱地坐奠菜于｜｜席上還又拜如初

尊東儀禮鄉射禮主人出讓以大夫

158.御定駢字類編二百四十卷（殘） 〔清〕聖祖玄燁撰 AE4 .P58

清光緒十三年（1887）上海同文書局石印本 八册一函

内封題“御定駢字類編”。牌記題“光緒丁亥孟夏上海同文書局石印”。卷端題“御定駢字類編”。

卷首依次有雍正題“御製駢字類編序”；“御定駢字類編凡例六條”；“御定駢字類編目録”。

按：館藏存卷一至卷四十。

御定駢字類編卷第一

天地門一

天

天地易乾夫大人者與丨丨合其德又坤丨丨變化草木蕃丨丨閉賢人隱又泰象曰丨丨交泰后以財成丨丨之道輔相丨丨之宜以左右民又豫象丨丨以順動故日月不過而四時不忒又復象復其見丨丨之心乎又咸象丨丨感而萬物化生聖人感人心而天下和平觀其所感而丨丨萬物之情可見矣又豐象丨丨盈虛與時消息又繫辭易與丨丨準注言聖人作易與丨丨相準謂準擬丨丨則乾健以法天坤順以法地之類是也又範圍丨丨之化而不過又廣大配丨丨又丨丨之道貞觀者也又丨丨之大德曰生又說卦丨丨定位山澤通氣書泰誓惟丨丨萬物父母惟人萬物之靈又周官少師少傅少保曰三孤貳公弘化寅亮丨丨弼予一人詩小序昊天有成命郊祀丨丨也禮記曲禮天子祭丨丨祭四方祭山川又禮運故聖人作則必以丨丨為本又樂記大樂與丨丨同和大禮與丨丨同節注言順丨丨之氣與其數又中庸致中和丨丨位焉萬物育焉又能盡物之性則可以贊丨丨之化育可以贊丨丨之化育則可以與丨丨參矣又鄉飲酒義賓主象丨丨也周禮大司徒日至之景尺有五寸謂之地中丨丨之所合也四時之所交也風雨之所會也陰陽之所和也左傳禮之可以為國也久矣與丨丨並注有丨丨則禮義與又經緯丨丨曰文孟子其為氣也至大至剛以直養而無害則塞乎丨丨之間周語夫利百物之所生也丨丨之所載也而或專之其害多矣又其餘以均分公侯伯子男俾各有寧宇以順及丨丨無逢其災害史記孟子傳騶衍深觀陰陽消息而作怪迂之變終始大聖之篇十餘萬言先序今以上至黃帝學者所共術大並世盛衰因載其機祥度制推而遠之至丨丨未生窈冥不可考而原也先列中國名山大川通谷禽獸水土所殖物類所珍因而推之及海外人之所不能睹稱引丨丨剖判以來五德轉移治各有宜而符應若茲又賈誼傳且夫丨丨為爐兮造化為工陰陽為炭兮萬物為銅又匈奴傳中行說令單于遺漢書以尺二寸牘及印封皆令廣大長倨傲其辭曰丨丨所生日月所置匈奴大單于敬問漢皇帝無恙又太史公自序易著丨丨陰陽四時五行故長於變漢書律曆志至治之世丨丨之氣合以生風丨丨之風氣正十二律定又司馬相如傳相如既奏大人賦天子大說飄飄有凌雲氣游丨丨之間意又魏相傳春夏秋冬天子所服當法丨丨之數中得人和又揚雄傳宓犧氏之作易也緜絡丨丨經以八卦文王附六爻孔子錯其象而彖其辭然後發丨丨之藏定萬物之基魏志高堂隆傳凡帝王徙都立邑皆先定丨丨社稷之位敬恭以奉之晉書成公綏傳綏以賦者貴能分賦物理敷演無方丨丨之盛可以致思矣歷觀古人未之有賦豈獨以至麗無文難以辭贊不然何其闕哉遂為丨丨賦齊書孔稚珪傳陛下嗣曆登皇乘圖踐帝丨丨更築日月再張莊子若夫乘丨丨之正御六氣之辯以遊無窮者彼且惡乎待哉又今一以丨丨為大鑪以造化為大冶惡乎往而不可哉又吾在於丨丨之間猶小石小木之在大山也方存乎見少又奚以自多又丨丨者形之大者也陰陽者氣之大者也又夫保始之徵不懼之實勇士一人雄入於九軍將求名而能自要者而猶若是而況官丨丨府萬物直寓六骸象耳目一知之所知而心未嘗死者乎又臣之事君義也無適而非君也無所逃於丨丨之間是之謂大戒又夫播糠眯目則丨丨四方易位矣淮南子丨丨未形馮馮翼翼洞洞灟灟故曰大昭法言或問神曰心請聞之曰潛天而天潛地而地丨丨神明而不測者也心之潛也猶將測之況於人乎況於事倫乎道德指歸論主如丨丨民如草木又頭足為丨丨肘膝為四海肝膽為吳越眉目為齊楚宣和書譜於丨丨山川得其方圓流峙之形於日月星辰得其經緯昭回之度籟記陰陽相薄而為雷丨丨之鼓也明一統志丨丨壇在順天府正陽門之南左繚以垣牆周迴十里又丨丨原在慶陽府環縣南九十里陳後主宣聖禮典詔祖述憲章之典並丨丨而合德樂正雅頌之奧

159.子史精華一百六十卷　〔清〕允禄等監修　

清宣統元年（1909）上海集成圖書公司石印本　八册一函

内封題“子史精華，上海朝記書莊發行”。牌記題“宣統元年春上海集成圖書公司印”。卷端題“子史精華”。

卷首依次有“御製子史精華序”；“御定子史精華監修校對總裁纂修監造諸臣職名”；“子史精華目録”。

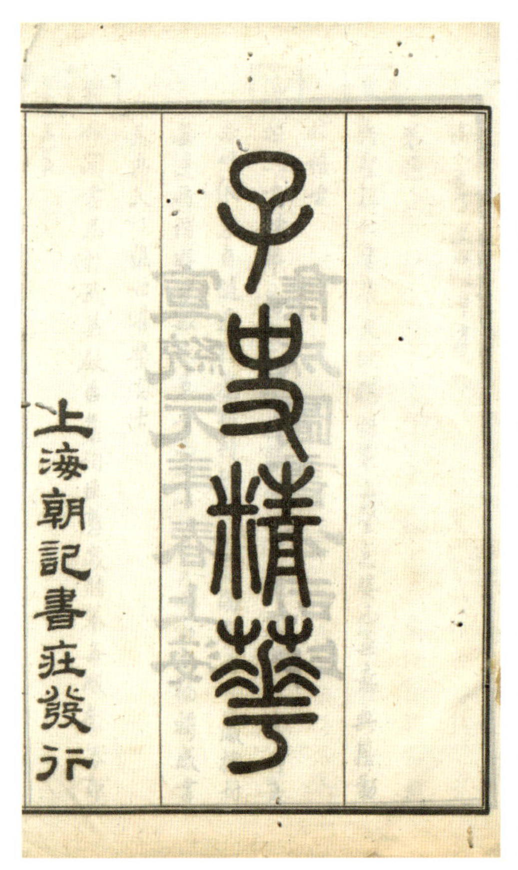

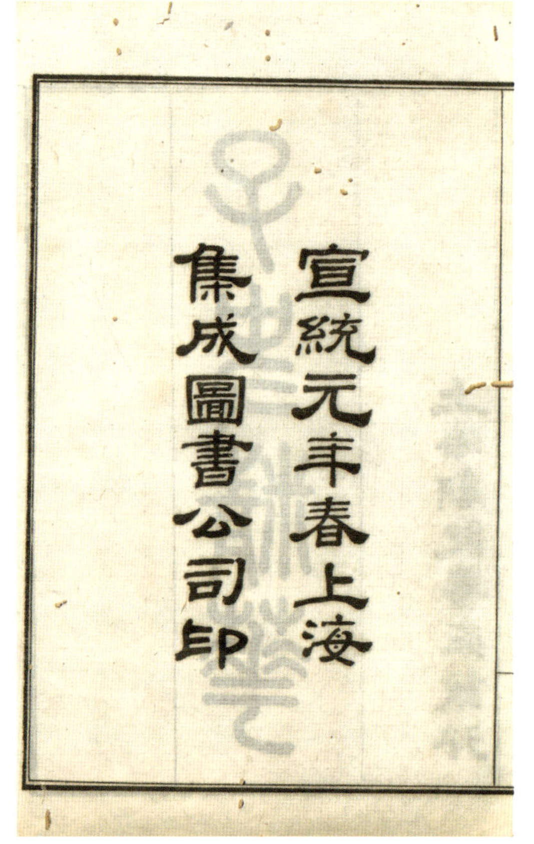

子史精華卷一

天部一

天

淯陽無計量(管子)天——————地化生無法崖(注)淯古育字天以陽氣育生萬物物生不可計量 若鼓有楟(管子)夫天地一險一易——之——擿擋則擊(注)楟當爲擊險易猶否泰夫天地否泰應德而至猶鼓之含響應擊而鳴者也 萬物橐(管子)天地——之——也天
地苴萬物故曰萬物之橐(注)苴裹萬物在天地之中故爲橐也 四時云下(管子)天不動————而萬物化(注)云運動貌也 常象(管子)天有——地有常形人有常禮一設而不更此謂三常 動化從新(管子)天地不可留故——故——(注)天施地化日夜不息故能生成不已
以天地覺不可留停故動化其故以就其新然亦猶代之四時周而復始無所易之也 虛滿合離(管子)夫運謀者天地之——也(注)言歷運之謀崇替相因若天地之有虛滿合離乃理之不可已者也春夏爲合秋冬爲虛 精氣有五(管子)且夫天地——不必爲沮(注)謂
五行之時也其時之氣不能必則爲沮敗也 虛其無形(管子)天之道——虛則不屈無形則無所位迕無所位迕故徧流萬物而不變(注)迕逆也 苞物眾(管子)——者莫大於天地化物多者莫多於日月 或維之(管子)天——地或載之天莫之維則天以墜矣地莫之
載則地以沈矣夫天不墜地不沈夫或維而載之也夫 以九制(管子)天道——地理以八制人道以六制(注)九老陽之數以老陽制天所以君長之也 粵宛(管子)天爲——草木養長五穀蕃實秀大(注)粵厚也宛順也天爲厚順不逆時氣也 因人(管子)天——聖人因天 主正
(管子)天——地主平人主安靜(注)平分四時天之正也 大圜(管子)人能正靜皮膚裕寬耳目聰明筋信而骨強乃能戴——而履大方(注)大圜天也 萬物母(老子)無名天地之始有名——之——(注)有名謂天地 橐籥(老子)天地之間其猶——乎虛而不屈動而愈出 能長生
(老子)天長地久天地所以能長且久者以其不自生故—— 法道(老子)人法地地法天天——道法自然 得一以清(老子)天————地得一以寧 不爭善勝不言善應(老子)天之道——而————而——不名而自來 道猶張弓(老子)天之——其
——乎高者抑之下者舉之有餘者損之不足者與之天之道損有餘而補不足 利而不害(老子)天之道——聖人之道爲而不爭 日暴夜息風乾露濡(文子)天致日月列星辰張四時調陰陽以——之——以——之——以——之——以——之 圓而無端(文子)天
——故不得觀其形 且冬且夏(文子)陰陽不能常——月不知晝日不知夜 元運無窮(子華子)——太初之中氣也天帝得之——乎 長贏隨以擎斂迺陰隨以斂榮(子華子)朱明——不能盡其所以爲溫也必——之——之氣而爲秋元
武——不能盡其所以爲寒也必——之之氣而爲春孰爲此者天也 出三入一(子華子)天之精氣其大數常——而——一之謂專二之謂耦三之謂化專者才也耦者幹也化者神也 徧覆包涵昭明顯融(子華子)——天之所以爲大也——帝之所以
爲功也 捭闔(鬼谷子)——者天地之道捭闔者以變動陰陽四時開閉以化萬物縱橫反出反覆反忤必由此矣 持樞(鬼谷子)——謂春生夏長秋收冬藏天之正也 左舒(尸子)天——而起牽牛地右闢而起畢昴 如彈丸(列子)天地既判而生兩儀轉
天形——半覆地上半隱地下其勢斜倚故天行健 相因爲氣相盈爲盒(慎子)天地之所以能長能久者以其陽中有陰下降極而生陽陰中有陽上升極而生陰二者交通合爲太和——而——以此施生化之功此變化之所以兆也 含精物生(列子)
清輕者上爲天濁重者下爲地故天地——萬——化—— 職生覆(列子)天地無全功聖人無全能萬物無全用故天——地職形載聖職教化物職所宜 密移(列子)運轉亡已天地——疇覺之哉 積氣(列子)杞國有人憂天墜身無所寄廢寢食者又有憂彼之所憂者因往曉之曰天——
——耳無處無氣若屈伸呼吸終日在天中行止奈何憂墜乎 煉石補闕(列子)天地亦物也物有不足故昔者女媧氏——五色——以——其——斷鼇之足以立四極 汸然無際漠然無分(列子)會——天道自運 清都紫微(列子)周穆王執化人
之袪騰而上者中天迺止暨及化人之宮王實以爲——鈞天廣樂帝之所居 蒼蒼正色(莊子)天之——其——邪其遠而無所至極邪其視下也亦若是則已矣 神而不可不爲(莊子)——者天也 無爲而尊(莊子)——者天道也 運而無
積(莊子)天道————所——故萬物成 晝夜有經(莊子)天德而出寧日月照而四時行若——之——雲行而雨施矣 六極五常(莊子)天有—— 機緘不得已運轉不能止(莊子)天其運乎地其處乎日月其爭於所乎孰主張是孰綱維是孰居無事推
而行是意者其有——而——邪意者其——而——自——邪 隆施(莊子)雲者爲雨乎雨者爲雲乎孰——是孰居無事淫樂而勸是(注)隆施居高而施也 萬物出乎無有(莊子)天門者無有也—— 不賜歲成(莊子)四時殊氣天——故—— 成體成

叢書類

160.經訓堂叢書二十二種　〔清〕畢沅輯　AC149 .P52 C55

清光緒十三年(1887)上海大同書局石印本　二十册二函

内封題“經訓堂叢書”。牌記題“光緒十三年仲夏大同書局石印”。

卷首有“經訓堂叢書總目”。

子目:

山海經十八卷　〔晋〕郭璞傳　〔清〕畢沅校注

夏小正考注一卷　〔清〕畢沅撰

老子道德經考異二卷　〔清〕畢沅撰

墨子十六卷　〔周〕墨翟撰　〔清〕畢沅校注

晏子春秋七卷附音義二卷　〔周〕晏嬰撰　〔清〕孫星衍校並音義

吕氏春秋二十六卷附考一卷　〔秦〕吕不韋撰　〔漢〕高誘注　〔清〕畢沅輯校

釋名疏證八卷補遺一卷續釋名一卷　〔漢〕劉熙撰　〔清〕畢沅疏證

篆字本釋名疏證八卷補遺一卷續釋名一卷　〔漢〕劉熙撰　〔清〕畢沅疏證

王隱晋書地道記一卷　〔晋〕王隱撰　〔清〕畢沅編

晋太康三年地記一卷　〔清〕畢沅編

晋書地理志新補正五卷　〔清〕畢沅撰

三輔黄圖六卷補遺一卷　〔清〕畢沅校並輯補遺

長安志二十卷圖三卷　〔宋〕宋敏求撰　(圖)〔元〕李好文繪　〔清〕畢沅校

易漢學八卷　〔清〕惠棟撰　〔清〕畢沅校

説文解字舊音一卷　〔清〕畢沅輯

明堂大道録八卷　〔清〕惠棟撰

禘説二卷　〔清〕惠棟撰

關中金石記八卷　〔清〕畢沅撰

樂遊聯唱集二卷　〔清〕畢沅輯

中州金石記五卷　〔清〕畢沅撰

音同字異辯一卷　〔清〕畢沅撰

經典文字辨證書五卷　〔清〕畢沅撰

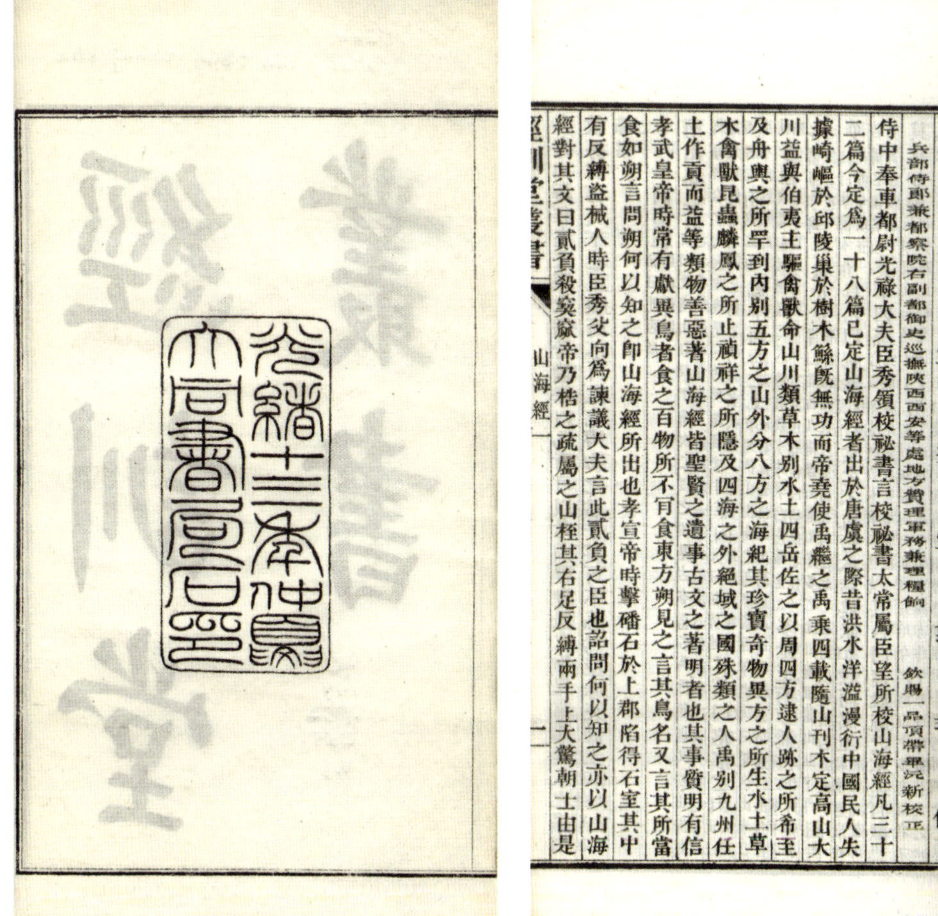

光緒十三年仲夏
大同書局石印

山海經第一

晉記室參軍郭璞傳

兵部侍郎兼都察院右副都御史巡撫陝西西安等處地方贊理軍務兼理糧餉欽賜一品頂帶畢沅新校正

侍中奉車都尉光祿大夫臣秀領校祕書言校祕書太常屬臣望所校山海經凡三十二篇今定為一十八篇已定山海經者出於唐虞之際昔洪水洋溢漫衍中國民人失據崎嶇於邱陵巢於樹木鯀既無功而帝堯使禹繼之禹乘四載隨山刊木定高山大川益與伯夷主驅禽獸命山川類草木別水土四岳佐之以周四方逮人跡之所希至及舟輿之所罕到內別五方之山外分八方之海紀其珍寶奇物異方之所生水土草木禽獸昆蟲麟鳳之所止禎祥之所隱及四海之外絕域之國殊類之人禹別九州任土作貢而益等類物善惡著山海經皆聖賢之遺事古文之著明者也其事質明有信孝武皇帝時常有獻異鳥者食之百物所不肎食東方朔見之言其鳥名又言其所當食如朔言問朔何以知之即山海經所出也孝宣帝時擊磻石於上郡陷得石室其中有反縛盜械人時臣秀父向為諫議大夫言此貳負之臣也詔問何以知之亦以山海經對其文曰貳負殺窫窳帝乃梏之疏屬之山桎其右足反縛兩手上大驚朝士由是

經川堂叢書　山海經一　二

161.初月樓四種二十五卷　〔清〕吴德旋撰　〔清〕康兆晋編　〔清〕吕璜輯

清光緒九年(1883)花雨樓刻本　六册一函

半框高12.7釐米,寬9.6釐米,左右雙邊。每半葉9行20字,小字雙行同。版心黑口,單黑魚尾,中鎸子目書名、卷次及葉碼,下鎸"花雨樓校本"。

内封題"初月樓四種,宜興吴氏師弟論著,慈水楊家騕署檢"。牌記題"光緒癸未孟春月刻"。

鈐印:"江紹銓印"。

子目:

初月樓文鈔十卷　〔清〕吴德旋撰

初月樓文續鈔八卷　〔清〕吴德旋撰

初月樓詩鈔四卷　〔清〕吴德旋撰

初月樓古文緒論一卷　〔清〕吴德旋撰　〔清〕吕璜輯

程子香文鈔二卷　〔清〕程德賚撰

按:本書屬清張壽榮《花雨樓叢鈔》本。

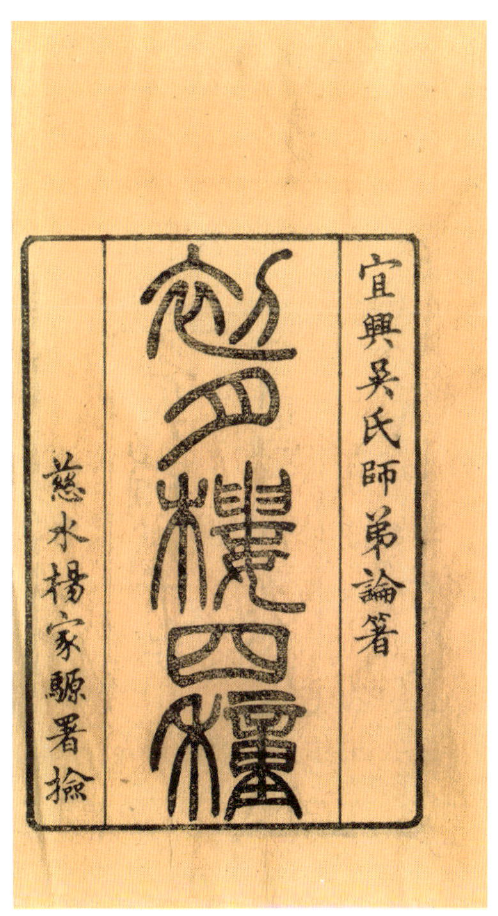

宜興吳氏師弟論著

慈水楊家騄署撿

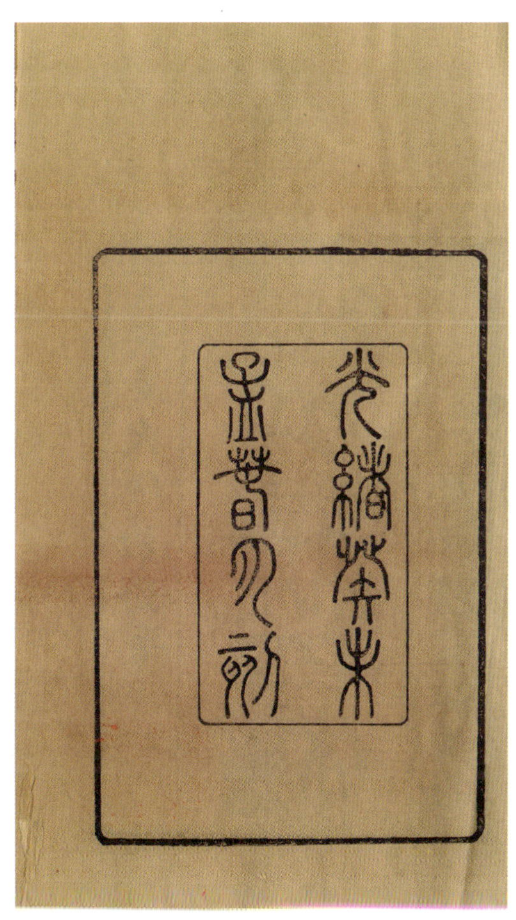

體源風騷疏瀹性靈而出之一切虛響浮藻屏絛都
盡可云不著一字盡得風流五言近體清華秀逸上
追太白平挹文房與吾邑一壑風煙集亦先後競爽
矣筠莊汪煥

余年十七始學爲詩無所師受徒自以其意求之
古人絕不敢自信二十六歲游於京師陸以寍學
博見余詩而善之以爲妙兼衆體必傳於後無疑
然余則甚自疑也自京師歸後悉焚棄之後間有
所作質之鄉先達汪筠莊先生獲此評語後數年

切問樓詩鈔　一　花雨樓校本

初月樓文鈔卷一

宜興吳德旋仲倫甫著

興縣康兆晉康侯原編

雜著

學校貢舉論

古者國有學鄉有校州有序黨有庠家有塾民八歲入小學教之以明父子之倫長幼之序灑掃應對進退之節十五入大學擇其才之可教者取之不肖者復之農畝其爲士者師教之以誠意正心修身齊家

162.式訓堂叢書初集十五種二集十三種　〔清〕章壽康編　

清光緒三年(1877)刻本　二十四册四函

半框高16.2釐米,寬12.1釐米,四周單邊。每半葉11行21字,小字雙行同。版心黑口,雙黑魚尾,中鎸子目書名及葉碼。

内封題"式訓堂叢書"。牌記題"會稽章氏式訓堂叢書"。

卷首依次有"式訓堂叢書序",署"光緒三年歲在彊圉赤奮若塞陽之月既生霸二日李慈銘書於京邸越縵行廬";"式訓堂叢書目"。

鈐印:"本城藏書"。

子目:

初集

古易音訓二卷　〔宋〕吕祖謙撰　〔清〕宋咸熙輯

傳經表一卷附通經表一卷　〔清〕畢沅撰

漢書西域傳補注二卷　〔清〕徐松撰

晋書地理志新補正五卷　〔清〕畢沅撰

乾道臨安志三卷　〔宋〕周淙撰

弟子職集解一卷　〔清〕莊述祖撰

吕子校補二卷　〔清〕梁玉繩撰

竹汀先生日記鈔三卷　〔清〕錢大昕撰

經籍跋文一卷　〔清〕陳鱣撰

對策六卷　〔清〕陳鱣撰

拜經樓藏書題跋記五卷附録一卷　〔清〕吴壽暘撰

曝書雜記三卷　〔清〕錢泰吉撰

溉亭述古録二卷　〔清〕錢塘撰

志銘廣例二卷　〔清〕梁玉繩撰

金石例補二卷　〔清〕郭麐撰

二集

春秋夏正二卷　〔清〕胡天游撰

家語疏證六卷　〔清〕孫志祖撰

鍾山札記四卷　〔清〕盧文弨撰

龍城札記三卷　〔清〕盧文弨撰

知聖道齋讀書跋二卷　〔清〕彭元瑞撰

平津館鑒藏記書籍三卷補遺一卷續編一卷　〔清〕孫星衍撰

廉石居藏書記二卷　〔清〕孫星衍撰

銅熨斗齋隨筆八卷　〔清〕沈濤撰

癖談六卷　〔清〕蔡雲撰

疑年表一卷太歲超辰表三卷　〔清〕汪曰楨撰

後甲集（躍雷館日記）二卷　〔清〕章大來撰

晚學集八卷　〔清〕桂馥撰

元魏滎陽鄭文公摩崖碑跋一卷　〔清〕諸可寶撰

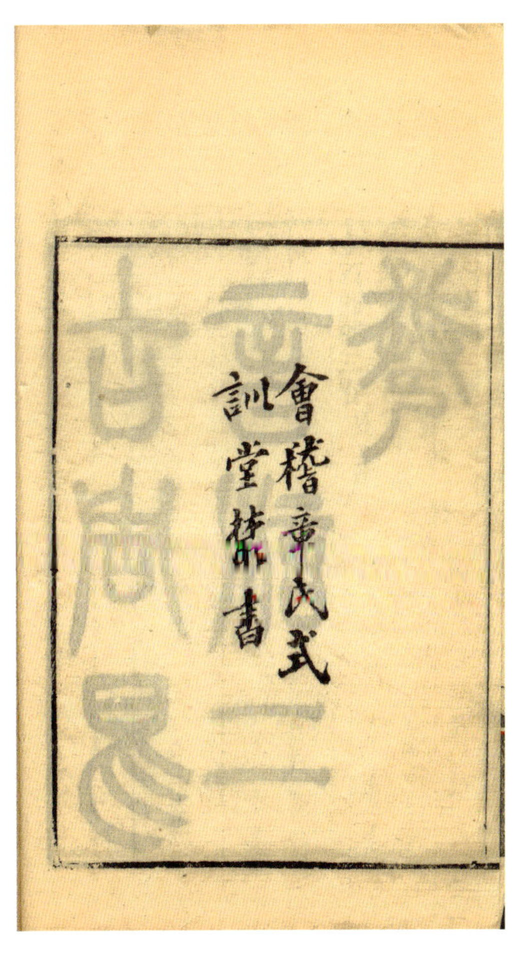

式訓堂叢書序

學問之事賾矣識大識小同源而異流其大至於彌六合窮天地其小者一名一物辨析至於極微蓋自周以降諸子鈲離百家雜出其遷流遞變不可究極而得其眞者雖大小萬殊其要歸皆一於道而能發明先王之教蓋事之所寓莫不有賢智之士悉其力以相赴故其精神不可磨滅而其事遂足持世而不敝此非高語性天者所能盡也經籍由竹簡而縑素而楮墨而槧刻愈紛而愈精愈精而愈亂降而至叢書之刻益末矣然自明之季至　國朝乾嘉之間而其事益盛其刻益精老儒大師咸孜孜而弗倦至於今士夫有志於古而稍有

古易音訓卷上

呂氏

仁和宋咸熙輯

上經　案前漢藝文志易經十二篇顏師古曰上下經及十翼故十二篇杜預春秋左氏傳集解後序曰汲郡汲縣有發舊冢者大得古書周易上下篇與今正同別有陰陽說而无彖象文言繫辭疑于時仲尼造之於魯尚未播之於遠國也然則戰國時易固分上下經矣繫辭上傳曰二篇之策萬有一千五百二十所謂二篇則上下二篇也然則孔子時易固分上下經矣以此考之易經之分上下必始於文王作周易之時近世晁氏編古周易乃合而爲一且謂後人妄有上下經之辨何其考之不詳哉

☰☰　乾下乾上

乾　陸德明釋文竭然反　亨　陸氏曰許庚反卦德也訓通　龍　陸氏曰喻陽氣及聖人　見　陸氏曰賢遍反象同　利見　陸如字下皆同　惕　陸它厤反　厲　陸力世反晁說之曰說文作夤敬惕也易夕惕若夤籀作夤　无　陸曰易內皆作此字

☷☷　坤下坤上

坤　陸氏曰本又作巛巛今字也同困魂反　牝　陸頻忍反　喪　陸息浪反

163.靈鶼閣叢書六集五十六種　〔清〕江標輯　

清光緒間元和江氏湖南使院刻本　八十二册八函

半框高16釐米，寬12釐米，左右雙邊。每半葉11行23字。版心黑口，單黑魚尾，中鎸子目書名及葉碼。

内封題“元和江氏靈鶼閣叢書”。牌記題“校刻於湖南使院”。

卷首依次有“總序”，署“光緒丁酉二月德清俞樾”；“叢目”。

子目：

第一集

韓詩遺説二卷訂訛一卷　〔清〕臧庸撰

尚書大傳七卷　〔漢〕伏勝撰　〔漢〕鄭玄注　〔清〕王闓運補注

皇象本急就章一卷　〔漢〕史游撰　〔清〕鈕樹玉校定

説文解字索隱一卷補例一卷　〔清〕張度撰

漢事會最人物志三卷　〔清〕惠棟輯

蕘友臆説一卷　〔清〕王筠撰

教童子法一卷　〔清〕王筠撰

汶民遺文一卷　〔清〕孫傳鳳撰

欽定四庫全書總目提要四部類叙一卷　〔清〕江標輯

先正讀書訣一卷　〔清〕周永年輯

第二集

朔方備乘札記一卷　〔清〕李文田撰

使德日記一卷　〔清〕李鳳苞撰

德國議院章程一卷　〔清〕徐建寅譯

英軺私記一卷　〔清〕劉錫鴻撰

新嘉坡風土記一卷　〔清〕李鍾珏撰

中西度量權衡表一卷　〔清〕闕名撰

光論一卷　〔清〕張福僖譯

人參考一卷　〔清〕唐秉鈞撰

積古齋藏器目一卷　〔清〕阮元撰

平安館藏器目一卷　〔清〕葉志詵撰

清儀閣藏器目一卷　〔清〕張廷濟撰

懷米山房藏器目一卷　〔清〕曹載奎撰

兩罍軒藏器目一卷　〔清〕吴雲撰

木庵藏器目一卷　〔清〕程振甲撰

梅花草盦藏器目一卷　〔清〕丁彦臣撰

簠齋藏器目一卷　〔清〕陳介祺撰

愙齋藏器目一卷　〔清〕吴大澂撰

天壤閣雜記一卷　〔清〕王懿榮撰

董華亭書畫録一卷　〔明〕董其昌撰　題〔清〕青浮山人輯

畫友詩一卷　〔清〕趙彦修撰

士禮居藏書題跋記續録一卷　〔清〕黄丕烈撰　〔清〕繆荃孫輯

江寧金石待訪目二卷　〔清〕嚴觀撰

山左南北朝石刻存目一卷　〔清〕尹彭壽撰

第三集

漢鐃歌十八曲集解一卷　〔清〕譚儀撰

碧城仙館詩鈔八卷　〔清〕陳文述撰

聽園西疆雜述詩四卷　〔清〕蕭雄撰

瓊州雜事詩一卷　〔清〕程秉釗撰

匪石山人詩一卷　〔清〕鈕樹玉撰

衍波詞一卷　〔清〕孫蓀意撰

第四集

文史通義補編一卷鈔本目一卷刻本所有鈔本所無目一卷　〔清〕章學誠撰

和林金石録一卷詩一卷附和林考一卷　〔清〕李文田撰　（和林考）〔清〕黄楙材撰

前塵夢影録二卷　〔清〕徐康撰

西遊録注一卷　〔清〕李文田撰

澳大利亞洲新志一卷　〔清〕吴宗濂、趙元益譯

張憶娘簪花圖卷題咏一卷　〔清〕江標輯

第五集

國語校文一卷　〔清〕汪中撰

嘉蔭簃藏器目一卷　〔清〕劉喜海撰

愛吾鼎齋藏器目一卷　〔清〕李璋煜撰

石泉書屋藏器目一卷　〔清〕李佐賢撰

雙虞壺齋藏器目一卷　〔清〕吴式芬撰

簠齋藏器目第二本一卷　〔清〕陳介祺撰

選青閣藏器目一卷　〔清〕王錫棨撰

藏書紀事詩六卷　〔清〕葉昌熾撰

第六集

沅湘通藝録八卷四書文二卷　〔清〕江標輯

日本華族女學校規則一卷

黄蕘圃先生年譜二卷　〔清〕江標撰

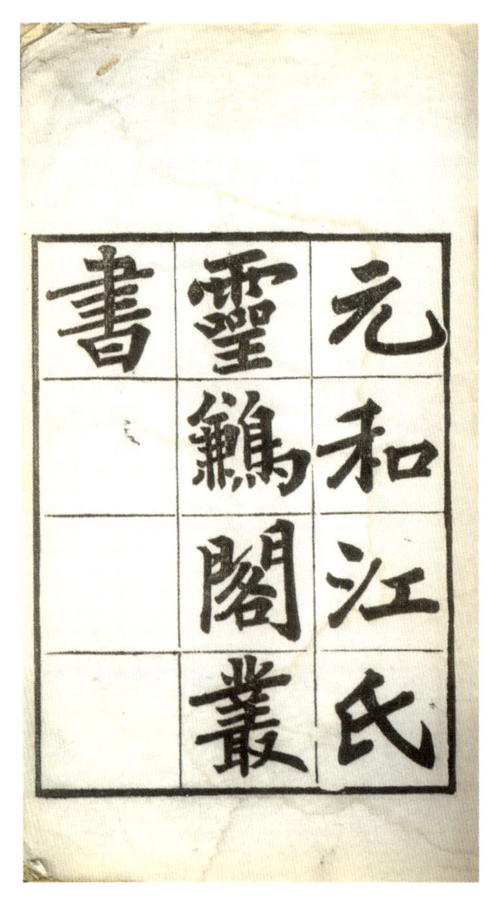

韓詩遺說卷上

武進臧庸用中述　會稽陶方琦紫縝校

周南關雎第一

韓詩國風春秋序正義曰毛公韓嬰之爲詩傳莫不經傳異處

其地在南郡南陽之間韓嬰敘詩　水經注卅四　案此二南總序

關雎關關雎鳩在河之洲

詩人言雎鳩貞絜慎匹以聲相求必于河之洲蔽隱無人之處故人君退朝入于私宮后妃御見去酉有度應門擊柝鼓人上堂退反宴處體安志明今時大人內傾于色賢人見其萌故詠關雎說淑女正容儀以刺時也薛夫子章句　後漢書注二又廿八下　案後漢書明帝紀應門失守關雎刺世李賢注春秋說題辭曰人主不正應門失守故歌關雎

164.經策通纂二種 〔清〕吴潁炎等輯 AC149.C4554 1894

清光緒二十年(1894)上海點石齋石印本 八十册十函

内封題“經策通纂”。牌記題“光緒二十年六月點石齋石印”。

子目:

經學輯要

易傳十七卷釋文一卷 〔唐〕李鼎祚集解 〔唐〕陸德明釋文 雅雨堂本

李氏易解賸義三卷 〔清〕李富孫撰 讀畫齋本

吕氏古易音訓二卷 〔宋〕吕祖謙撰 〔清〕宋咸熙輯

周易姚氏學十六卷 〔清〕姚配中撰 崇文書局本

尚書今古文注疏三十卷 〔清〕孫星衍撰

毛詩傳箋通釋三十二卷 〔清〕馬瑞辰撰

詩地理考六卷 〔宋〕王應麟撰 玉海附刻本

毛詩草木鳥獸蟲魚疏二卷 〔三國吴〕陸璣撰 〔清〕丁晏校 六藝堂校本

詩考一卷 〔宋〕王應麟撰 玉海附刻本

重訂三家詩拾遺十卷 〔清〕范家相撰 〔清〕葉鈞重訂 守山閣本

春秋異文箋十三卷 〔清〕趙坦撰 學海堂本

春秋釋例十五卷 〔晋〕杜預撰 〔清〕孫星衍校 古經解彙函本

春秋公羊通義十二卷叙一卷 〔清〕孔廣森撰 學海堂本

春秋公羊經何氏釋例十卷 〔清〕劉逢禄撰 學海堂本

穀梁禮證二卷 〔清〕侯康撰 粤雅堂本

春秋穀梁傳時月日書法釋例四卷 〔清〕許桂林撰 粤雅堂本

儀禮經傳通解二十三卷集傳集注十四卷 〔宋〕朱熹撰

儀禮正義四十卷 〔清〕胡培翬撰

禮記訓纂四十九卷 〔清〕朱彬撰

四書考異總考三十六卷條考三十六卷 〔清〕翟灝撰 知不足齋本

四書典故覈一卷 〔清〕凌曙撰

孝經鄭注輯一卷 〔清〕嚴可均撰 咫進齋本

孝經鄭注一卷 〔漢〕鄭玄撰 知不足齋本

爾雅郭注義疏二卷　〔清〕郝懿行撰

説文通訓定聲十八卷檢韻一卷古今韻準一卷説雅十九篇補遺一卷　〔清〕朱駿聲撰

策學備纂

經部四十二卷

史部九十四卷

天算十卷

方輿二十二卷

帝學（採大學衍義）八卷

官制三卷

選舉十二卷

循史三卷

儒林三卷

文苑三卷

禮學六卷

禮制三十三卷

樂律三卷

兵制二十二卷

刑法五卷

錢幣三卷

田賦三卷

徵榷五卷

鹽鐵[illegible]卷

農政二卷

荒政四卷

漕運二卷

河渠三卷

水利二卷

氏族六卷

四裔六卷

金石六卷

子部（採四庫提要）二十九卷

集部（採四庫提要）二十四卷

選學九卷

藝文九卷

考工六卷

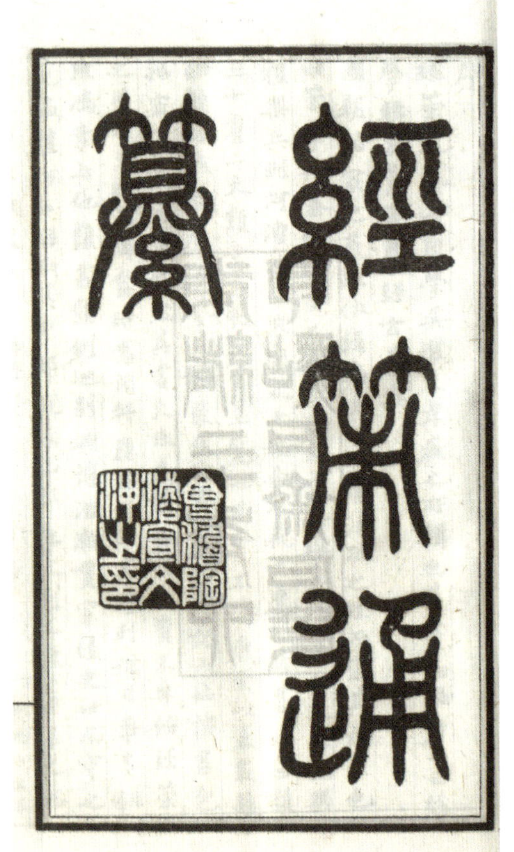

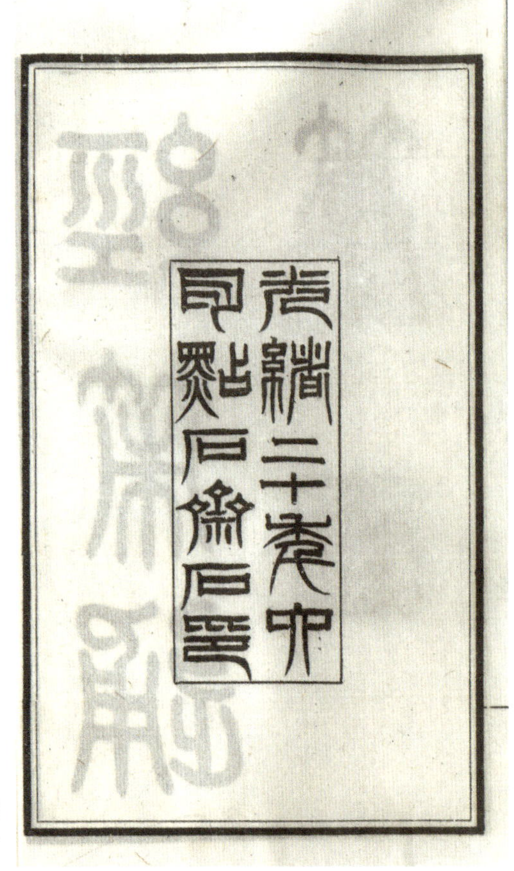

經學輯要卷一

易傳卷第一　　雅雨堂本

唐資州李鼎祚集解

☰乾下乾上乾元亨利貞　案說卦乾健也言天之體以健為用運行不息應化无窮故聖人則之欲使人法天之用不法天之體故名乾不名天也　子夏傳曰元始也亨通也利和也貞正也言乾稟純陽之性故能首出庶物各得元始開通和諧貞固不失其宜是以君子法乾而行四德故曰元亨利貞矣

初九潛龍勿用　崔憬曰九者老陽之數動之所占故陽稱焉潛隱也龍下隱地潛德不彰是以君子韜光待時未成其行故曰勿用　子夏傳曰龍所以象陽也　馬融曰物莫大於龍故借龍以喻天之陽氣也初九建子之月陽氣始動於黃泉既未萌牙猶是潛伏故曰潛龍也　沈驎士曰稱龍者假象也天地之氣有升降君子之道有行藏龍之為物能飛能潛故借龍比君子之德也初九既尚潛伏故言勿用　干寶曰位始故稱初重陽故稱九陽在初九十一月之時自復來也初九甲子天正之位而乾元所始也陽處三泉之下聖德在愚俗之中此文王在羑里之爻也雖有聖明之德未被時用故曰勿用

九二見龍在田利見大人　王弼曰出潛離隱故曰見龍處於地上故曰在田德施周普居中不偏雖非君位君之德也初則不彰三則乾乾四則或躍上則過亢利見大人唯二五焉　鄭元曰二於三才為地道地上即田故稱田也　干寶曰陽在九二十二月之時自臨來也二為地上田在地之表而有人功者也陽氣將施聖人將顯此文王免於羑里之日也故曰利見大人

九三君子終日乾乾夕惕若厲无咎　鄭元曰三於三才為人道有乾德而在人道君子之象　虞翻曰謂陽息至三二變成離離為日坤為夕　荀爽曰日以喻君謂三居下體之終而為之君承乾行乾故曰乾乾夕惕以喻臣謂三臣於五則疾修柔順危去陽行故曰无咎　干寶曰爻以氣表繇以龍興嫌其不關人事故著君子焉陽在九三正月之時自泰來也陽氣始出地上而接動物人為靈故以人事成天地之功者在於此爻焉故君子以之憂深思遠朝夕匪懈仰憂嘉會之不序俯懼義和之不逮反復天道謀始反終故曰終日乾乾此蓋文王反國大釐其政之日也凡无咎者憂中之喜善補過者也文恨早耀文明之德以蒙大難增修柔順以懷多福故曰无咎矣

九四或躍在淵无咎　崔憬曰言君子進德修業欲及於時猶龍自試躍天疑而處淵上下進退非邪離羣故无咎　干寶曰陽氣在四二月之時自大壯來也四虛中也躍者暫起之言既不安於地而未能飛於天也四以初為應淵謂初九甲子龍之所由升也或之者疑之也此武王舉兵孟津觀釁而退之爻也守柔順則逆天人之應通權道則違經常之教故聖人不得已而為之故其辭疑矣

九五飛龍在天利見大人　鄭元曰五於三才為天道天者清明无形而龍在焉飛之象也　虞翻曰謂四已變則五體離離為飛五在天故飛龍在天利見大人也謂若庖犧觀象於天造作八卦備物致用以利天下故曰飛龍在天天下之所利見也　干寶曰陽在九五三月之時自夬來也五在天位故曰飛龍此武王克紂正位之爻也聖功既就萬物既覩故曰利見大人矣

165.經韻樓叢書九種 〔清〕段玉裁撰 895.14 T79A2 1821

清道光間七葉衍祥堂刻本 二十四册四函

半框高16.4釐米，寬12.9釐米，左右雙邊。每半葉10行21字。版心白口，單黑魚尾，上鎸子目書名，中鎸卷次，下鎸葉碼。

《經韻樓集》内封題“經韻樓集，道光元年刊，儀禮漢讀考附”。牌記題“七葉衍祥堂藏版”。卷端題“經韻樓集，金壇段玉裁若膺”。

子目：

經韻樓集十二卷

儀禮漢讀考一卷

古文尚書撰異三十二卷

周禮漢讀考六卷

毛詩故訓傳定本三十卷

聲韻考四卷

春秋左氏古經十二卷附五十凡一卷

戴東原集十二卷 〔清〕戴震撰

年譜一卷

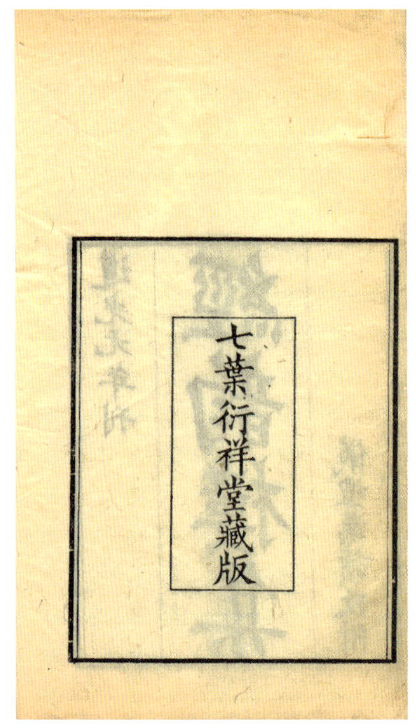

經韵樓集卷一

十三經注疏釋文校勘記序

金壇段玉裁若膺

六經猶日月星辰也無日月星辰則無以紀寒暑昏明無六經則無人道爲傳注以闡明六經猶羲和測日月星辰敬授民時也孔子既没七十子終而經多岐或漢初儒者各述所聞言之詳矣而書不盡傳迨鄭康成氏囊括百家折衷一是其功最鉅而其要在發疑正讀其所變易其所彌縫蓋善之善者也顧鄭氏於六經不盡注自是而後南北學者所主不一唐人就所主爲正義嵩貞

166.左文襄公全集一百三十五卷 〔清〕左宗棠撰

清光緒間萃文堂刻本 一百二十八册十二函

半框高20.1釐米，寬12.9釐米，左右雙邊。每半葉10行25字，小字雙行同。版心黑口，單黑魚尾，中鎸子目簡稱、卷次及葉碼。

内封題“左文襄公全集”。牌記題“光緒十六年庚寅仲春月開雕”。

子目：

卷首一卷

左文襄公奏稿六十四卷

左文襄公謝摺二卷

左文襄公書牘二十六卷

左文襄公批札七卷

左文襄公咨札一卷告示一卷

左文襄公文集五卷

左文襄公詩集一卷

左文襄公聯語一卷

藝學説帖一卷

時務説帖一卷

張大司馬奏稿四卷 〔清〕張亮基撰

駱文忠公奏稿十卷 〔清〕駱秉章撰

左文襄公年譜十卷 〔清〕羅正鈞撰

光緒十九年秋
傳忠書局開雕

遵　旨督辦浙江軍務據探省城失守敬陳辦理情形摺咸豐十一年十二月十五日

奏爲遵

旨督辦浙江軍務見據探報浙江省城失守敬陳辦理情形恭摺

奏祈

聖鑒事竊臣於十一月二十六日江西廣信營次准兩江督臣曾

國藩恭錄咨會兵部火票遞到咸豐十一年十月十八日內閣奉

上諭欽差大臣兩江總督曾國藩著統轄江蘇安徽江西三省幷

浙江全省軍務所有四省巡撫提鎭以下各官悉歸節制浙江軍

務著杭州將軍瑞昌幫辦幷著曾國藩速飭太常寺卿左宗棠馳

新學類

167.上海土音字寫法不分卷　（美）高第丕（Tarleton Perry Crawford）撰

清咸豐五年（1855）上海刻本　一册

半框高13釐米，寬9.5釐米，四周單邊，無界欄。每半葉6行10字。版心白口，單黑魚尾，下鐫葉碼。

外封題“上海土音字寫法”。卷端題“土音總目”。

卷首依次有“韻母”；“音韻”；“叙”。卷末附録學習範文。

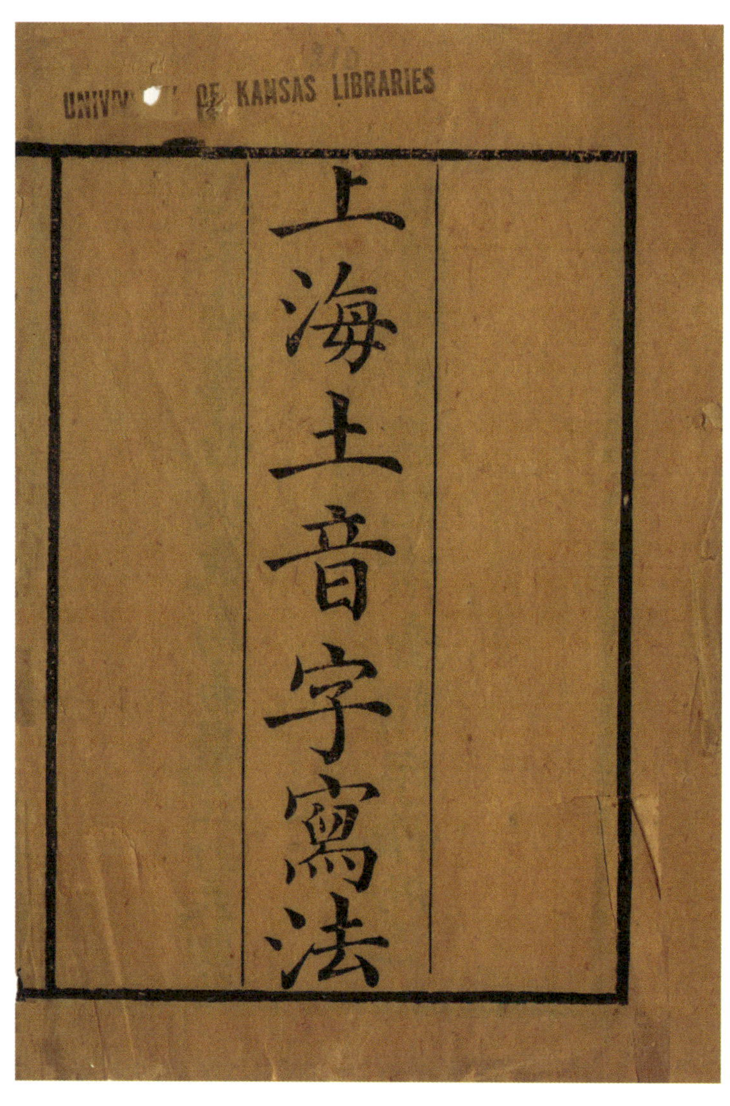

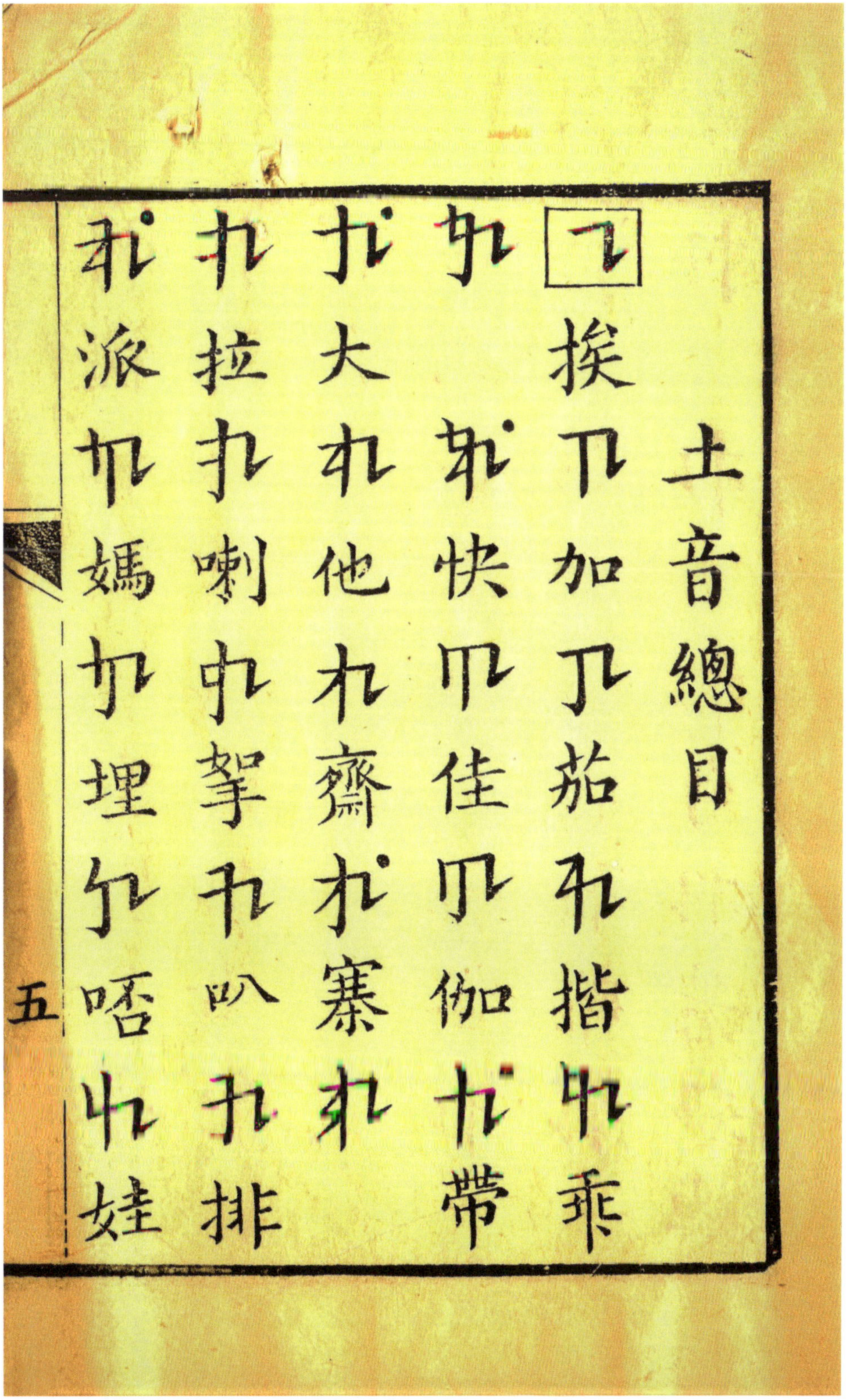

土音總目

挨 加 茄 指 乖

快 佳 伽 帶

大 他 齋 寨

拉 喇 拏 叭 排

派 媽 埋 唔 娃

五

168.博物新編三集　　（英國）合信氏（Benjamin Hobson）著　〔清〕陳修堂撰

C158 .H63 1854

清咸豐四年（1854）羊城西關惠愛醫館刻本　一册一函

半框高19.5釐米，寬14釐米，四周雙邊，無界欄。每半葉10行24字。版心白口，單黑魚尾，上鐫書名，下鐫葉碼。每類前有圖例。

内封題“博物新編三集，甲寅年新鐫，羊城西關惠愛醫館藏板”。卷端題“博物新編三集，西國醫士合信氏著，南海陳修堂同撰”。

甲寅年新鐫

博物新編三集

羊城西關惠愛醫館藏板

博物新編三集

西國醫士合信氏著　南海陳修堂同撰

鳥獸略論

天下昆蟲、禽獸、種類甚多、人知其名而識其性者、計得三十萬種、其有脊骨之屬、一爲胎生、二爲卵生、三爲魚類、四爲介類、四類之中、以胎生爲最靈、西人分其類爲八族、一曰韋族、如犀象豕馬是也、二曰脂族、如江豚海馬鯨鯢是也、三爲翻芻族、如牛羊駝鹿之類、四爲食蟻族、如穿山甲之類、五爲錯齒族、如貂蝟兎鼠之類、六爲啖肉族、如猫獅虎獺豺熊之類、七爲飛鼠族、如蝙蝠之類、八爲禺族、如獼猴之類、各種各族、皆有自然之性、如

博物新編 三集
胎生類
鯨
角魚

附録

日本漢籍

169.詩經四卷　　不題撰者　　

日本元禄十三年至嘉永三年間（1700—1850）刻本　四册一函

半框高19.5釐米，寬14.3釐米，四周單邊。每半葉10行20字。版心白口，單白魚尾及“○”，上鎸書名，中鎸卷次及葉碼。

卷端題“詩經”。

卷首依次有“詩傳序”，署“淳熙四年丁酉冬十月戊子新安朱熹書”；“詩經篇目”。

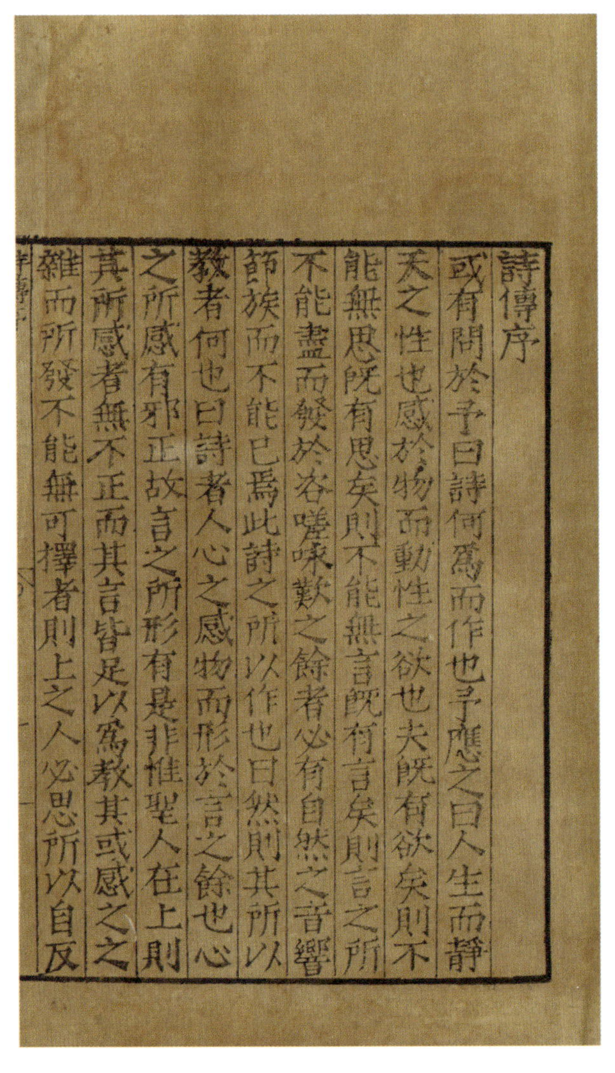

詩傳序

或有問於予曰詩何爲而作也予應之曰人生而靜天之性也感於物而動性之欲也夫旣有欲矣則不能無思旣有思矣則不能無言旣有言矣則言之所不能盡而發於咨嗟咏歎之餘者必有自然之音響節族而不能已焉此詩之所以作也曰然則其所以教者何也曰詩者人心之感物而形於言之餘也心之所感有邪正故言之所形有是非惟聖人在上則其所感者無不正而其言皆足以爲教其或感之之雜而所發不能無可擇者則上之人必思所以自反

詩經卷之一

國風

周南

關關雎鳩在河之洲窈窕淑女君子好逑參差荇菜
左右流之窈窕淑女寤寐求之求之不得寤寐思服
悠哉悠哉輾轉反側參差荇菜左右采之窈窕淑女
琴瑟友之參差荇菜左右芼之窈窕淑女鍾鼓樂之

關雎三章一章四句二章章八句

葛之覃兮施于中谷維葉萋萋黃鳥于飛集于灌木
其鳴喈喈葛之覃兮施于中谷維葉莫莫是刈是濩

170.新鐫校正增補字林玉篇大全不分卷　〔宋〕陳彭年等纂　（日本）三浦道齋、三浦茂樹編　

日本明治五年（1872）大阪浪華書房刻本　一册一函

半框高10.5釐米，寬14.4釐米，四周單邊。每半葉9行12字。版心白口，單黑魚尾，上鐫“新鐫字林玉篇”，下鐫葉碼。

卷端題“新鐫校正增補字林玉篇大全”。

卷首依次有“叙”，署“嘉永辛亥季秋藤澤甫識”；“自叙”，署“嘉永辛亥秋九月，三浦茂樹識於浪花復明窟，山秋英沖書”；“附言”，署“道齋茂樹記”；“檢字”；“新鐫字林玉篇大全目次”。

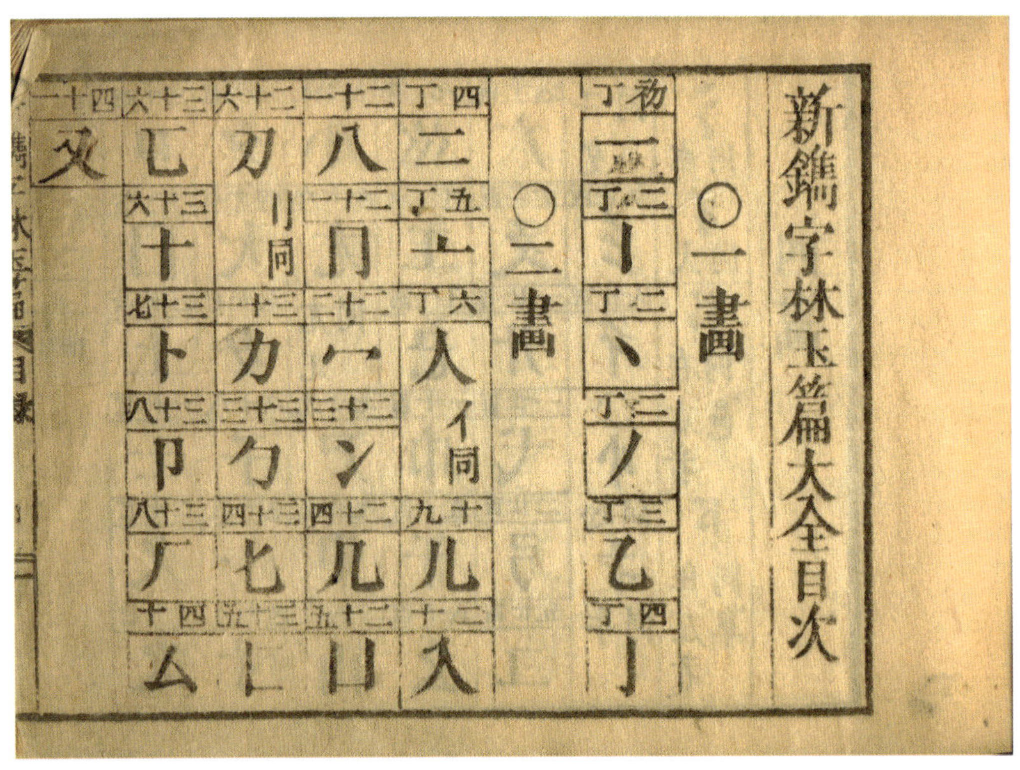

新鐫字林玉篇大全目次

○一畫

丁初 一　丁二 丨　丁三 丶　丁三 丿　丁三 乙　丁四 亅

○二畫

丁四 二　丁五 亠　丁六 人　亻同　九十 儿　十二 入

一十二 八　一十二 冂　二十二 冖　三十二 冫　四十二 几　五十二 凵

六十二 刀　刂同　一十三 力　三十三 勹　四十三 匕　五十三 匚

六十三 匸　六十三 十　七十三 卜　八十三 卩　八十三 厂　十四 厶

一十四 又

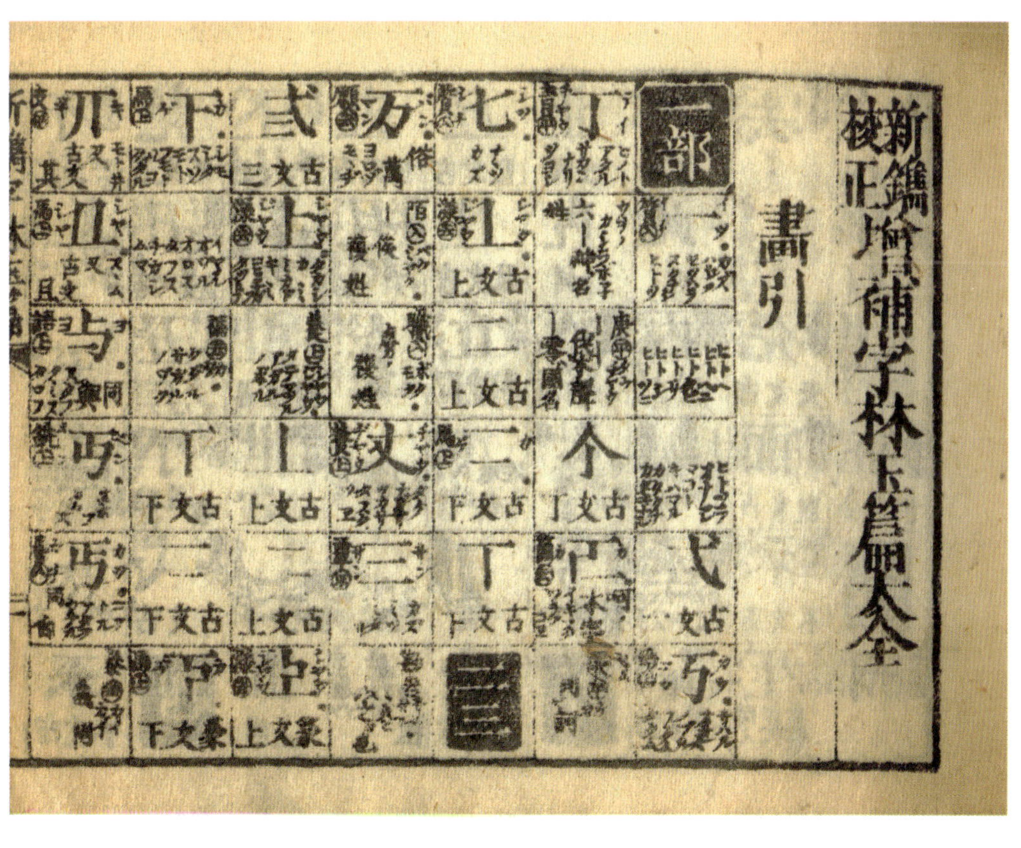

新鐫校正增補字林玉篇大全

畫引

一部

171.鼇頭音釋康熙字典四十卷補遺一卷　〔清〕張玉書等奉敕編（日本）石川鴻齋音釋　PL1420 .K3 1892

日本明治二十五年（1892）東京博文館銅板印本　六册二函

内封題“鼇頭音釋康熙字典，古梅題”。牌記題“明治壬辰十一月東京博文館刊”。卷端題“鼇頭音釋康熙字典”。

卷首依次有“音釋康熙字典序”，署“明治十五年鴻齋石川英撰”；“康熙四十九年三月初九日上諭”；總閲官、纂修官；凡例；總目；檢字；辨似；等韻；“補遺總目”；各集補遺、總目、備考。

一部

一 [韻]於悉切 又益悉切 又叶於利切 又叶弦經切 又於逸切

丁 [唐]當經切 又[廣]中莖切 又

鼇頭音釋康熙字典卷之五

子集上

一部

一 古文弌 [唐韻][韻會]於悉切[集韻][正韻]益悉切𠀤漪入聲[說文]惟初太始道立於一造分天地化成萬物[廣韻]數之始也物之極也[易繫辭]天一地二[老子道德經]道生一一生二 又[廣韻]同也[禮樂記]禮樂刑政其極一也[史記儒林傳]韓生推詩之意而爲內外傳數萬言其語頗與齊魯閒殊然其歸一也 又少也[顏延之庭誥]又[選]書務一不尚煩密何承天答顏永嘉書[書]竊願吾子舍兼而遵一也 又[增韻]純也[易繫辭]天下之動貞夫一[老子道德經]天得一以清地得一以寧神得一以靈谷得一以盈萬物得一以生侯王得一以爲天下正 又均也[唐書薛平傳]兵鎧完礪徭賦均一 又誠也[中庸]所以行之者一也 又正一[唐書司馬承禎傳]得陶隱居正一法逮四世矣 又一一[韓非子內儲篇]南郭處士請爲齊宣王吹竽宣王悅之廩食以數百人湣王立好一一聽之處士逃[韓愈詩]一一欲誰憐[蘇軾詩]好語似珠穿一一 又[星經]天一星在紫微宮門外太一星在天一南半度 又太一山名卽終南山一名太乙 又三一[前漢郊祀志]以太牢祀三一[註]天一地一泰一泰一者天地未分元氣也 又尺一詔版也[後漢陳蕃傳]尺一選舉[註]版長尺一以寫詔書又百一詩篇名魏應璩著 又姓明一炫宗 又三字姓北魏有一那蔞氏後改蔞氏 又一二三作壹貳叁[大學]壹是皆以修身爲本[史記禮書]總一海內[前漢霍光傳]作總壹[六書故]今惟財用出納之簿書用壹貳叁以防姦易 又[韻補]叶於利切音懿[左思吳都賦]藿蒳豆蔻薑彙非一江蘺之屬海苔之類 又叶弦雞切音兮[參同契]白者金精黑者水基水者道樞其數名一

丁 古文个 [唐韻][集韻][韻會][正韻]𠀤當經切音玎十幹名[說文]夏時萬物皆丁實丁承丙象人心[六書正譌]丁蠆尾也象形凡造物必以金木爲丁附著之因聲借爲丙丁字[爾雅釋天]太歲在丁曰彊圉[禮月令]仲春之月上丁命樂正習舞釋菜 又[唐書禮樂志]仲春仲秋釋奠於文宣王皆以上丁 又五丁力士[蜀記]秦惠王欲伐蜀

鼇頭康熙字典卷之五 一部 一畫二畫

172.戰國策正解十卷 （日本）横田惟孝撰

日本明治十七年（1884）内藤傳右衛門鉛印本 七册一函

内封題“戰國策正解，横田惟孝先生著，書肆内藤藏版”。卷端題“戰國策正解，横田惟孝著”。

卷首依次有“刊戰國策正解序”，署“文政九年歲在丙戌菊月江都太田善世子龍撰”；“戰國策正解序”，署“文政甲申仲冬冬至前一日，東都横田惟孝順藏叙”；“凡例”，署“横田惟孝識”。

鈐印：“大野藏書”。

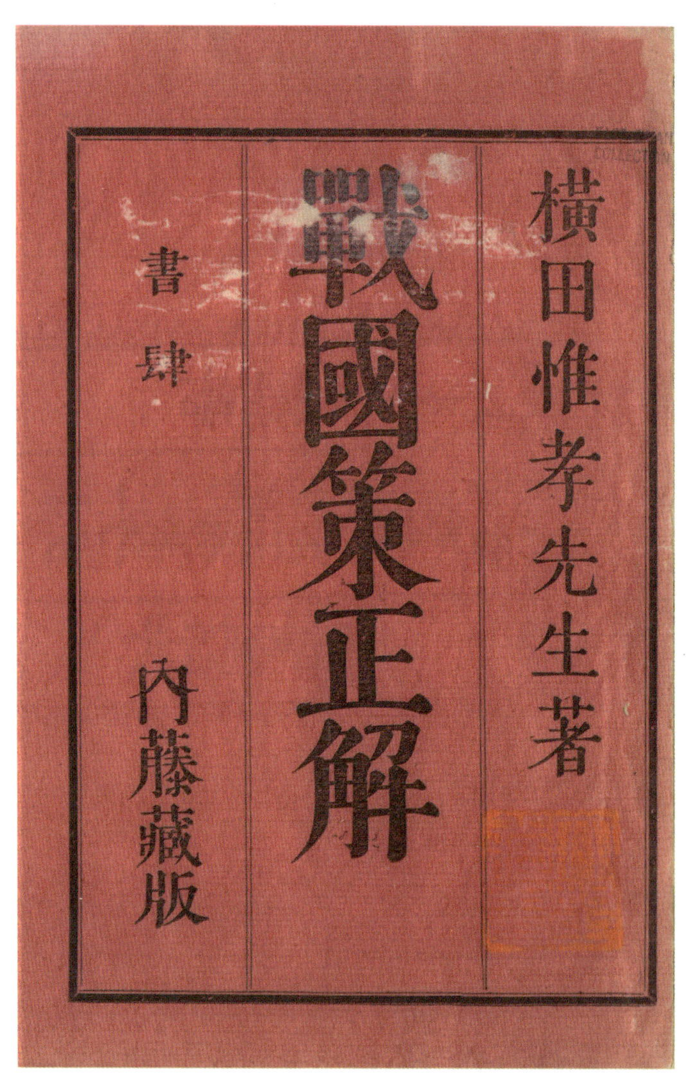

戰國策正解卷一

横田惟孝著

西周　周孝王封其弟於河南、其後河南惠公、復自封其少子於鞏、河南爲西周、鞏爲東周、顯王時、趙與韓、分周爲二、於是東西周各爲列國、周王徒守虚位、征代策謀、盡出於兩周

安王　凡一章

嚴氏爲賊。而陽堅與焉。與音預、下同。○嚴氏、嚴遂、爲賊、謂下嚴遂使聶政刺韓相傀、兼中哀侯上事、在韓烈侯策、又韓策作策曰、東孟之會、聶政陽堅、刺相兼君、是陽堅與也道周。周君留之十四日。載以乘車駟馬而遣之。乘繩證反。○道周、謂經出亡過周、乘車、謂非兵車也、按韓子、嚴遂不善周君、患之、馮沮曰、嚴遂相、而韓傀貴於君、不如行賊於韓傀、則君必以爲嚴氏也、由此觀之、堅蓋韓人而或嘗與周通謀者、故出亡道周、周君亦厚遇之也韓使人讓周。周君患之。讓、謂責以容厚陽堅客謂周君曰。正語之曰。寡人知嚴氏之爲賊。而陽堅與之。故留之十四日。以待命也。小國不足以容賊。君之使又不至。是以遣之也。語魚據反、使所

173.大明律三十卷附明律條例三卷　〔明〕劉惟謙等奉敕撰

（日本）荻生觀訓點　KNN32.A4 J37 1722

日本享保七年（1722）須原屋茂兵衛刻本　二册一函

半框高25釐米，寬17.5釐米，四周單邊，無界欄。每半葉8行22字。版心白口，單黑魚尾，上鎸“明律”，中鎸卷次，下鎸葉碼。

卷端題“大明律”。

卷首依次有“御製大明律序”，署“洪武三十年五月”；“進大明律表”，署“洪武七年月日刑部尚書等官臣劉惟謙等上表”；“喪服總圖”；“在京納贖諸例圖”；“收贖鈔圖”；“五刑獄具圖”；“六贓圖”；“八字之義”；“大明律目録”。卷末有“跋”；“題明律後”，署“享保七年壬寅十月東都講官物部觀叔達父跋”。

鈐印：“押鐘”。

按：書皮注乾、坤，分上下兩册。另有一手寫“斷獄則例”。須原屋茂兵衛是江户時代的出版商，家號千鐘房（堂）、月花軒。

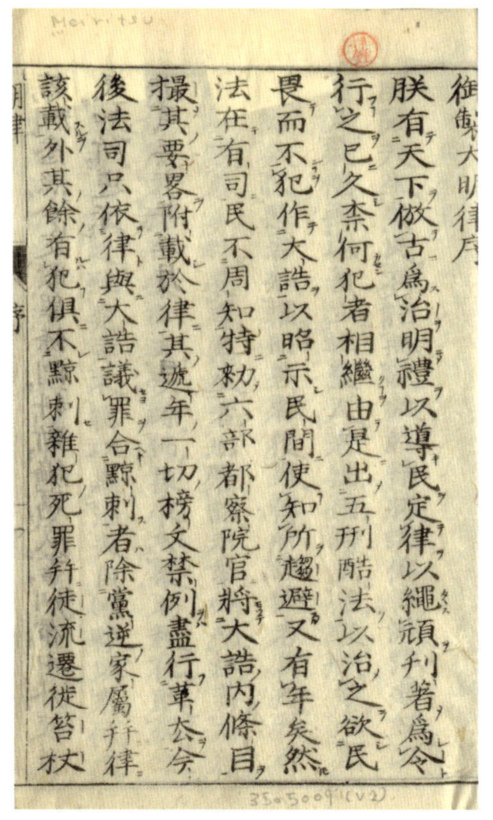
御製大明律序
朕有天下倣古爲治明禮以導民定律以繩頑刊著爲令行之已久奈何犯者相繼由是出五刑酷法以治之欲民畏而不犯作大誥以昭示民間使知所趨避又有年矣然法在有司民不周知特勅六部都察院官將大誥内條目撮其要畧附載於律其遞年一切榜文禁例盡行革去今後法司只依律與大誥議罪合黥刺者除黨逆家屬幷律該載外其餘有犯俱不黥刺雜犯死罪幷徒流遷徙笞杖
明律　序

進大明律表

臣聞天生蒸民不能無欲欲動情勝詭偽日滋強暴縱其
侵淩柔懦無以自立故聖人者出因時制治設刑憲以為
之防欲使惡者知懼而善者獲寧傳所謂獄者萬民之命
所以禁暴止邪養育羣生者也譬諸禾黍必刈稂莠而後
苗始茂方於白粲必去沙礫而後食可餐苟梗化敗俗之
徒不有以誅之雖堯舜不能以為治夫自軒轅以來代有
刑官而五刑之法漸著其詳弗可復知逮魏文侯師於李

斷獄則例

第一則　讞獄ハ至テ慎重ニス可クシテ輕率ニス
可カラス故ニ細事件ト雖モ判事必ス之ヲ反
覆推問シテ結案ス可シ然レトモ雖モ天下
廣キ獄訟ノ繁キ判事豈能獨リ枉ナキヲ保
シヤ今會同ノ員ヲ設テ傍聽ノ人ヲ容ルヽ者
於有司人私ナクシテ定讞亦其公正ナルヘキ
ヲ示ス所以ナリ

第二則　會同ハ員判事ト名ク撿事一名鞫部一名
判事專ラ推問ニ任シ鞫部口供ヲ筆記シ撿事

174.瀛環志略十卷 〔清〕徐繼畬撰 （日本）井上春洋、森荻園、三守柳圃訓點

DS703 .W35 1861

日本文久元年（1861）對嵋閣刻本 十册二函

半框高20釐米，寬14.7釐米，四周雙邊。每半葉10行24字，小字雙行同。版心白口，單黑魚尾，上鎸書名，中鎸卷次及葉碼，下鎸"對嵋閣藏"。

内封題"瀛環志略，文久辛酉仲秋新刊，徐繼畬著，井上春洋、森荻園、三守柳圃訓點，阿陽對嵋閣藏梓"。目録端題"瀛環志略，五臺徐繼畬松龕輯著，會嵇陳慶偕慈圃、福山鹿澤長春如參訂，沁水霍明高蓉生採譯"。

卷首依次有"瀛環志略叙"，署"道光己酉夏四月汶上年愚弟劉韻珂拜撰"；"序"，署"道光己酉孟春友人濰陽劉鴻翱撰"；"序"，署"道光二十八年歲在著雍涒灘長洲愚弟彭藴章拜撰"；"跋"，署"道光戊申秋八月會稽陳慶偕謹跋"；"序"，署"道光二十八年歲次戊申秋七月福山鹿澤長謹序"；自"序"，署"道光戊申秋八月五臺徐繼畬識"；"凡例"。"目録"，末注"崞縣續新德，堂弟繼壎，甥薄于逵校字"。

按："瀛環志略叙"首葉上方墨筆題"呈入沢（澤）學士，奚暇生"。

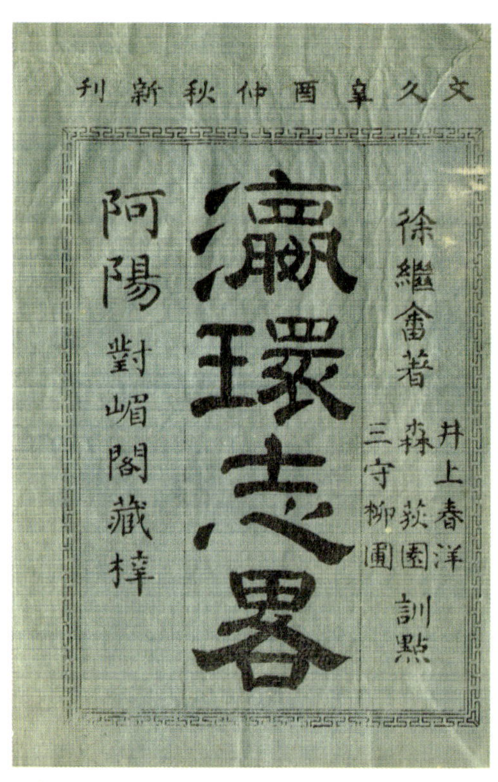

地球

地形如球以周天度數分經緯線縱橫畫之每一周得三百六十度每一度得中國之二百五十里海得十之六有奇土不及十之四泰西人推算甚詳茲不贅

地球從東西直剖之北極在上南極在下赤道橫繞地球之中日馭之所正照也赤道之南北各二十三度二十八分為黃道限寒溫漸得其平又再北再南各四十三度四分為黑道去日馭漸遠凝陰冱結是為南北冰海

地球從中間橫剖之北極南極在中其外十一度四十四分為黑道再外四十三度四分為黃道限再外二十三度二十八分

175.欽定天禄琳琅書目十卷　〔清〕于敏中等奉敕編校　016.951 C4415 18--

日本江户中期寫本　十册一函

半葉高27釐米，寬15.5釐米，素紙無界欄。每半葉9行，每行19至21字不等，小字雙行同。葉心上書書名，中書卷次及“○”，下書葉碼。

卷端題“欽定天禄琳琅書目”。

卷首依次有“提要”；“凡例”，署“乾隆四十年歲次乙未，新正上浣臣于敏中、臣王際華、臣梁國治、臣王杰、臣彭元瑞、臣董誥、臣曹文埴、臣沈初、臣金士松、臣陳孝泳奉敕編校”；“御製題昭仁殿詩”；“天禄琳琅鑒藏舊版書籍聯句”。

鈐印：“宗元館迎藏書”。

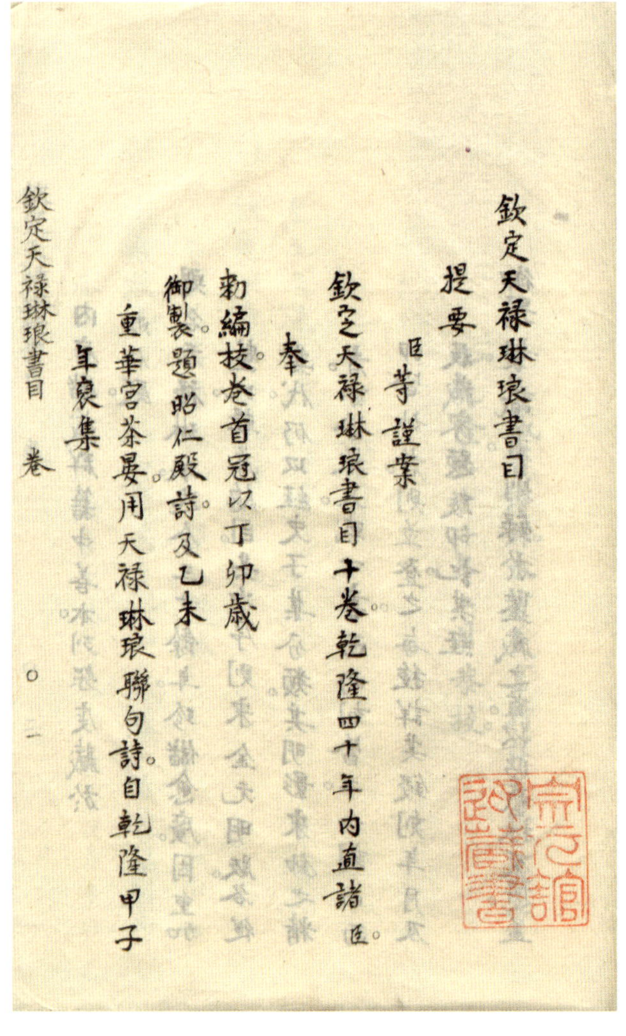
欽定天祿琳琅書目
提要
臣等謹案
欽定天祿琳琅書目十卷乾隆四十年内直諸臣
奉
勅編校卷首冠以丁卯歲
御製題昭仁殿詩及乙未
重華宮茶晏用天祿琳琅聯句詩自乾隆甲子
年裒集

欽定天祿琳琅書目　卷　○　一

欽定天禄琳琅書目卷一

宋版經部

周易 一函 五册

上下經六卷。魏王弼注。繫辭以下三卷。晉韓康伯注。周易畧例一卷。王弼著。唐邢璹注。唐陸德明音義。共十卷。

是書不載刊刻年月。而字法圓活。刻手精整。且於宋光宗以前諱皆缺筆。又每卷末詳記經注音義字數。宋版多此式。其爲南宋刊本無疑。

176.歷代名公畫譜四卷 〔明〕顧炳輯 （日本）谷文晁摹 ND 1042 .L5 1784

日本天明四年（1784）谷文晁摹刻本 三册一函

半框高26.6釐米，寬19釐米。版心上鎸書名，中鎸卷次及葉碼。

卷首依次有“顧氏畫譜序”，署“上古陳居恭書”；“譜例六則”，署“武林顧炳謹述”；“歷代名公畫譜目録”，署“武林顧炳黯然父纂，男三聘、三錫校刊”。顧愷之“山水仙人圖”左下角有“天明四年甲辰十二月文晁摹”。

鈐印：“大岡所藏”。

177.點注唐宋八家文讀本三十卷 〔清〕沈德潛編 （日本）川上廣樹纂評

C22460

日本明治十五年（1882）東京府山中市兵衛刻本 十六册二函

半框高19.3釐米，寬12.7釐米，四周雙邊。上下兩欄，上欄眉批有注解，下欄正文，下欄每半葉11行21字，並附漢文訓讀小字。版心白口，單黑魚尾，上鐫書名，中鐫卷次及葉碼。

内封題“唐宋八家文讀本，光緒戊寅七月沈文熒篆”。牌記題“明治十一年七月四日、同十五年二月十六日再版御届，纂評人川上廣樹，出版人山中市兵衛，發兑人山中孝之介、山中喜太郎”。卷端題“點注唐宋八家文讀本，韓愈退之著，清沈德潛確士評點，日本川上廣樹纂評”。

卷首依次有“大清欽差大臣何如璋之序”；“點注唐宋八家文讀本序一”，署“明治十一年江户敬宇中邨正直撰”；“序二”，署“乾隆十五年歲次庚午仲冬月長洲後學沈德潛撰”；“凡例十則”；“點注唐宋八家文讀本目録”。卷末有“點注八家文跋”，署“川上廣樹讀，松山林節書”。

鈐印：“林舒軒藏書印”。

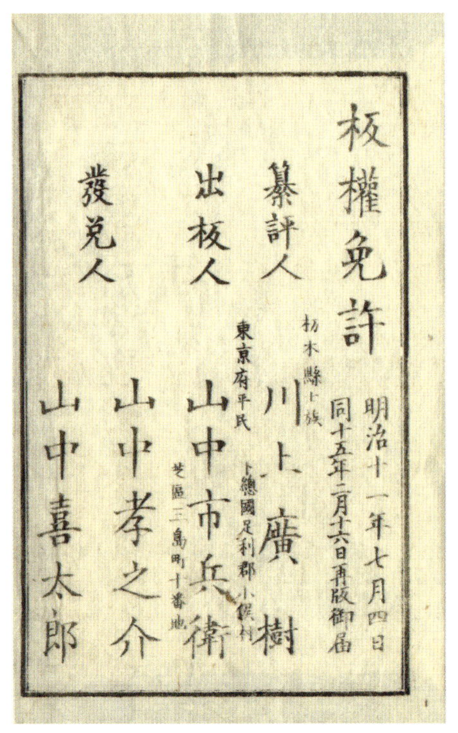

物徂徠云、韓文至者、凡文之法、皆具于此、賴山陽云、首段是釋仁義道德名義、非關老子也、昔人不言及此、故埋沒一篇好文法、

徂徠評、單提道德、而仁義帶說、又云、忽生譬諭、忙中有閑、

評點唐宋八家文讀本卷一

韓　愈退之著　清　沈德潛確士評點

日本　川上廣樹纂評

原道

博愛之謂仁、行而宜之之謂義、由是而之焉之謂道、足乎己無待於外之謂德、仁與義為定名、道與德為虛位、故道有君子小人、而德有凶有吉、老子之小仁義、非毀之也、其見者小也、坐井而觀天、曰天小者、非天小也、彼以煦煦為仁、孑孑為義、其小之也亦宜、其所謂道、道其所道、非吾所謂道也、其所謂德、德其所德、非吾所謂德也、凡吾所謂道德云者、合仁與義言之也、天下之公言

178.穆天子傳六卷漢武帝内傳一卷飛燕外傳一卷 〔晋〕郭璞注 〔明〕汪明際訂 （漢武帝内傳）〔漢〕班固撰 （日本）太神貫道訂 （飛燕外傳）〔漢〕伶玄撰

B126 .X8 1747

日本延享四年（1747）京都田中市兵衛刻本 一册一函

半框高20.2釐米，寬14釐米，左右雙邊。每半葉9行20字，小字雙行同。版心白口，單黑魚尾，上鎸書名，中鎸卷次及葉碼。

《穆天子傳》卷端題“穆天子傳，晋郭璞注，吴郡汪明際訂”。《漢武帝内傳》卷端題“漢武帝内傳，漢班固著，日本太神貫道訂”。《飛燕外傳》卷端題“飛燕外傳，漢伶玄著，武林陳斗垣閱”。

卷首有“穆天子傳序”，署“時至正十年歲在庚寅春二月二十七日壬子北岳王漸玄翰序”。卷末有跋，題“延享丁卯夏五月，平安芥焕彦章題”。《飛燕外傳》末題“延享四年丁卯五月吉旦，皇都書林田中市兵衛”。

鈐印：“白玉堂印”“鳳翔閣藏”“賴德源印”。

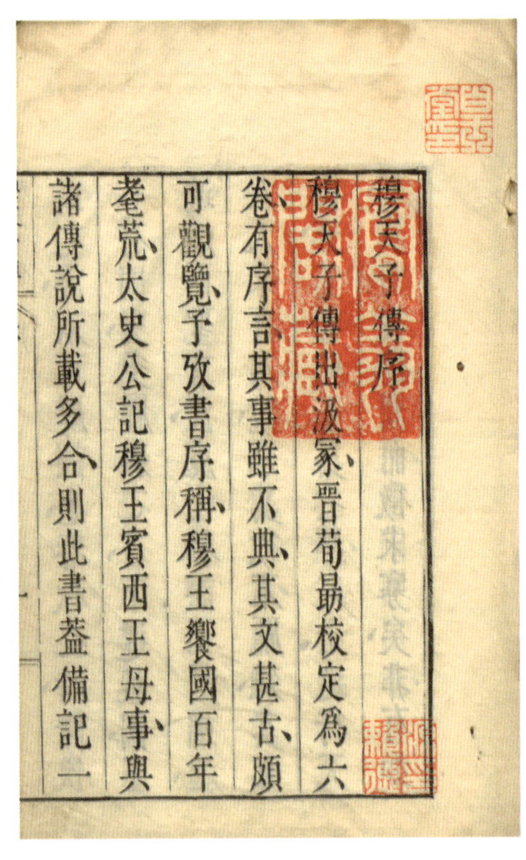
穆天子傳序
穆天子傳出汲冢，晋荀勗校定爲六卷，有序言其事雖不典，其文甚古，頗可觀覽。予攷書序稱穆王饗國百年，耄荒，太史公記穆王賓西王母事，與諸傳説所載多合，則此書葢備記一

陳深曰
曰飲曰觴
曰獵曰釣
曰賓曰祭
曰數字使得
雄宕

穆天子傳卷一

晉　郭璞註　吳郡汪明際訂

古文

飲天子蠲音涓山之上、戊寅、天子北征、乃絕漳水、絕猶截也漳水今在鄴縣庚辰至于□、觴天子于盤石之上、觴者所以進酒因云觴耳天子乃奏廣樂、史記云趙簡子疾不知人七日而寤曰我之帝所甚樂與百神遊于鈞天廣樂九奏萬舞不類三代之樂其聲動心廣樂義見此載立不舍、言在車上立不下也至于鈃山之下、即鈃山今在常山石邑縣鈃音邢癸未、雨雪、天子獵于鈃山之西阿、阿山陂也於是得絕鈃山之隊、隊謂谷中險阻道也

179.遊仙窟五卷 〔唐〕張鷟撰 〔日〕一指抄並注 PL2677.C37 Y87 1868

日本明治元年(1868)東京松山堂書店刻本 二册一函

半框高22釐米,寬14釐米,四周雙邊。上下兩欄,上欄日文注解,下欄正文,每半葉行數、字數不等,並附漢文訓讀小字。版心白口,無魚尾,上鎸"首書",中鎸書名及卷次,下鎸"○"及葉碼。

牌記題"東京松山堂書店"。卷端題"遊仙窟,寧州襄樂縣尉張文成作"。

卷首依次有"遊仙窟鈔序",署"元禄三年春三月東海散人書於休亭";"遊仙窟序",署"元禄三庚午季初春上弦一指無長蚌眼書";"遊仙窟後序",署"文保三年四月十四日授申圓禪庵序畢,文章生英房"。

書皮書簽名"頭書圖畫遊仙窟鈔"。

鈐印:"大野藏書"。

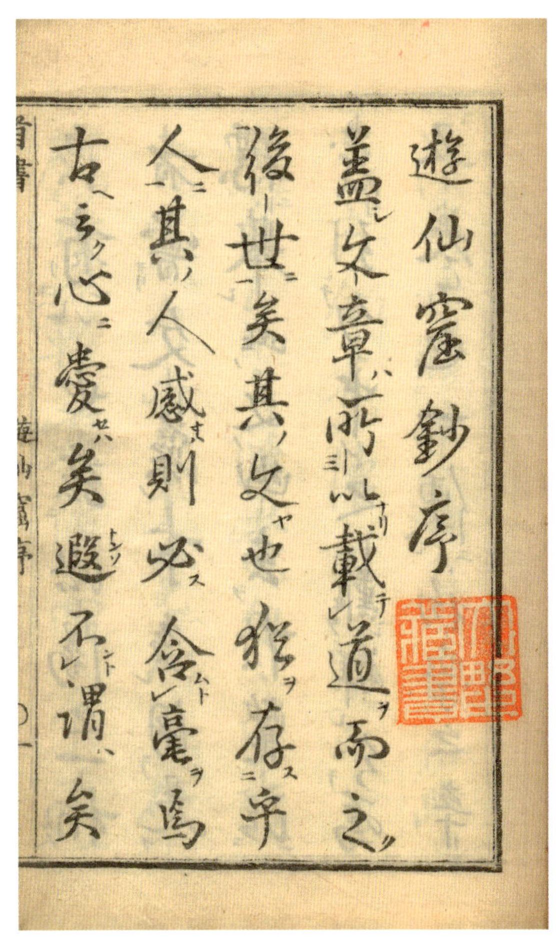

(イ)積石トナヅケレ山ハ山海経ニモ金城ノ郡河関トイヘル縣ノ西南ニアリトミヘリ。一説ニハ継州トニ云クニノ北龍門トイフアガタニアリ。黄河トイヘル河ノ上リヨリ。洛ヲサルコト四百里。洛水トテアレキ川ノ名ナリ。(ロ)金城ノ郡ハ京師ノニレニアリト。京師ハスナハチ洛陽ニテミヤコナリ。ソノ金城ノニレニナミニアタツテ。積石山アリトナリ西南トイヘバニレトモニナニモヒトカタニカタヅカズヤウニキコユレトモ畢竟ハヒツジサルノカタヲイフナレバ西南ヲ

遊仙窟巻一

寧州屬関内道在去京三百里西北也襄樂縣尉張文成作

若夫積石山者。山海經曰積石在金城郡河関縣西南羌中河水行塞外東北入塞内。一説云在継州北龍門縣從黄河上去洛四百餘里。在乎金城西南。漢書曰金城郡在京師之西。一説山名

頭角崢嶸神化升騰鰲龍上
筆花絢彩光芒直射斗牛間

朝鮮漢籍

180.劉向説苑二十卷(殘) 〔漢〕劉向撰 〔宋〕曾鞏編校 DS736 .L5347 17--

朝鮮王朝後期刻本 三册一函

半框高18.5釐米，寬14.5釐米，四周單邊。每半葉10行，每行字數不等。版心黑口，上白魚尾下黑魚尾，中鎸“苑”、卷次及葉碼。

卷端題“劉向説苑”。

卷首依次有曾鞏“劉向説苑序”；“目録”。

鈐印：“涉園”“張載華印”“芷齋圖籍”。

按：館藏存卷一至卷十五。

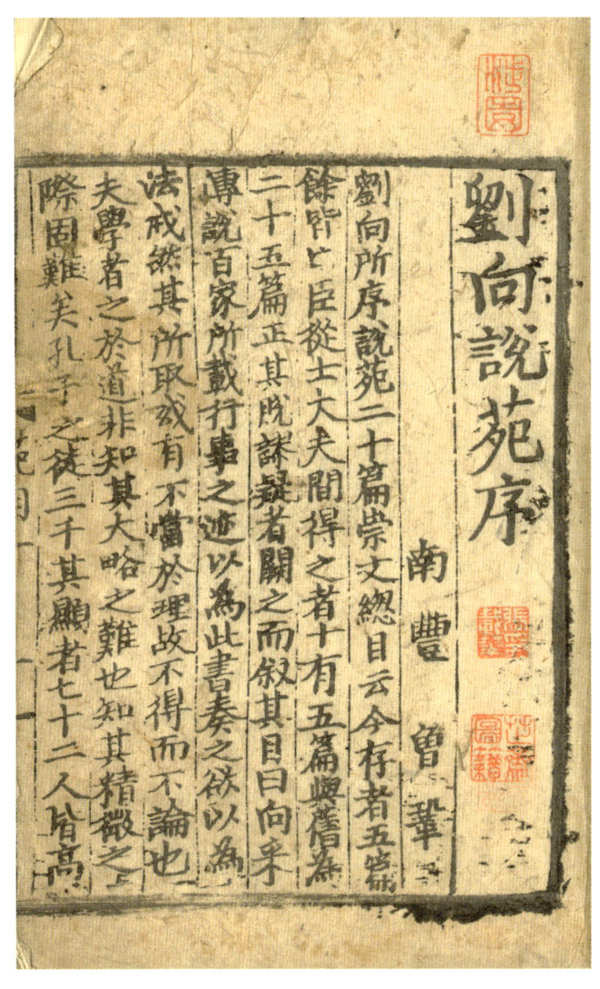
劉向説苑序 南豐 曾鞏

劉向所序說苑二十篇崇文總目云今存者五篇餘皆亡臣從士大夫間得之者十有五篇與舊爲二十五篇正其脫謬疑者闕之而敘其目曰向采傳說百家所載行事之迹以爲此書奏之欲以爲法戒然其所取或有不當於理故不得而不論也夫學者之於道非知其大略之難也知其精微之上際固難矣孔子之徒三千其顯者七十二人皆高

劉向說苑卷第一

君道

晉平公問於師曠曰人君之道如何對曰人君之道清淨無爲務在博愛趨在任賢廣開耳目以察萬方不固溺於流俗不拘繫於左右廓然遠見踔然獨立屢省考績以臨臣下此人君之操也平公曰善齊宣王謂尹文曰人君之事何如尹文對曰人君之事無爲而能容下夫事寡易從法省易因故民不以政獲罪也大道容

181.大方廣佛華嚴經第四十五卷 〔唐〕釋實叉難陀譯 MS D23

高麗中期十四世紀（約1350）特約僧人手繪寫照明佛經 一卷一函

經摺裝，每摺高32.4釐米，寬11.1釐米。變相圖四摺，經文六十七摺。每摺6行，每行字數不等，最多爲17字。上下有欄，無界欄。紺紙金粉泥寫經，金銀粉泥勾勒繪畫。

變相圖卷端題“大方廣佛華嚴經第四十五卷變相”。卷端題“大方廣佛華嚴經第四十五，于闐國三藏實叉難陀奉制譯”。

卷末題“大方廣佛華嚴經卷第四十五”。

按：此手繪寫經曾被邀參加2003年10月至2004年1月在美國舊金山由舊金山亞洲藝術博物館主辦的“高麗王朝：韓國的啓蒙時代，918至1392”展覽。此變相圖也被收於該展覽目録（與展覽同名）中。

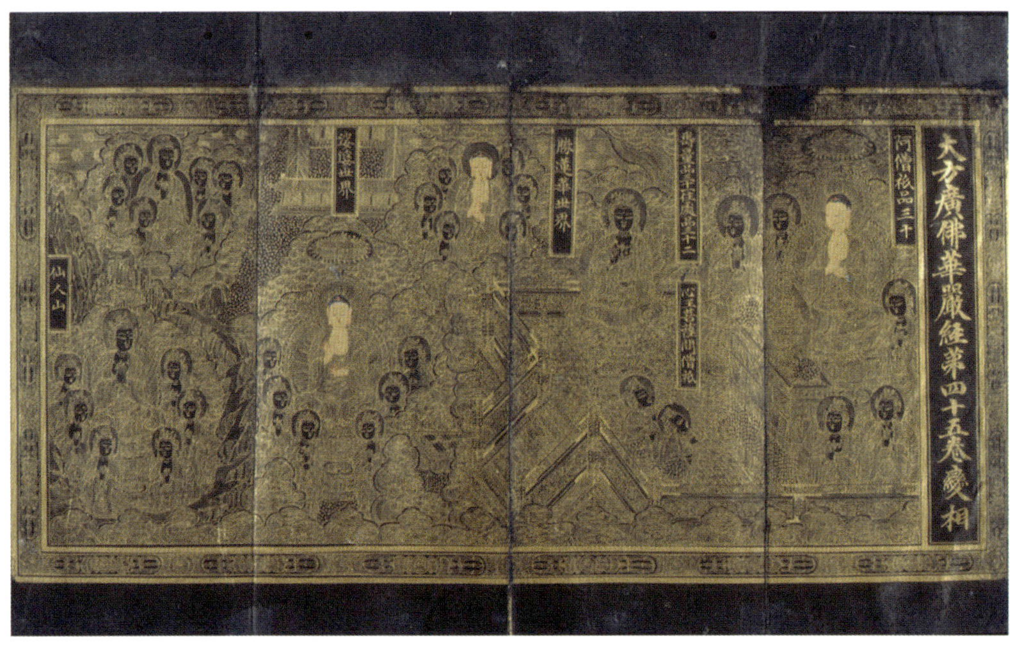

大方廣佛華嚴經卷第四十五

于闐國三藏實叉難陀奉　制譯

阿僧祇品第三十

爾時心王菩薩白佛言世尊諸佛如來演說
阿僧祇無量無邊無等不可數不可稱不可
思不可量不可說不可說不可說世尊云何
阿僧祇乃至不可說不可說耶佛告心王菩
薩言善哉善哉善男子汝今爲欲令諸世間
入佛所知數量之義而問如來應正等覺善
男子諦聽諦聽善思念之當爲汝說時心王
菩薩唯然受教佛言善男子一百洛叉爲一
俱胝俱胝俱胝爲一阿庾多阿庾多阿庾多
爲一那由他那由他那由他爲一頻婆羅頻
婆羅頻婆羅爲一矜羯羅矜羯羅矜羯羅爲
一阿伽羅阿伽羅阿伽羅爲一最勝最勝最
勝爲一摩婆(上聲呼)羅摩婆羅摩婆羅爲一阿
婆(上)羅阿婆羅阿婆羅爲一多婆(上)羅多婆
羅多婆羅爲一界分界分界分爲一普摩普
摩普摩爲一禰摩禰摩禰摩爲一阿婆(上)鈐
阿婆鈐阿婆鈐爲一彌伽(上)婆彌伽婆彌伽
婆爲一毗攞伽毗攞伽毗攞伽爲一毗伽(上)
婆毗伽婆毗伽婆爲一僧羯邏摩僧羯邏摩
僧羯邏摩爲一毗薩羅毗薩羅毗薩羅爲一
毗贍婆毗贍婆毗贍婆爲一毗盛(上)伽毗盛

182.佛説大報父母恩重經不分卷 D7891

朝鮮正祖二十年(1796)據花山龍珠寺藏本刻本　一册一函

半框高21.7釐米,寬16.1釐米,四周雙邊。每半葉8行16字。版心白口,單黑魚尾,上鐫"恩重經",中鐫葉碼。

卷端題"佛説大報父母恩重經"。

卷首依次有"佛説大報父母恩重經科判";"佛説大報父母恩重經圖"共七葉,每半葉一幅,共十四幅。卷末題"歲柔兆執徐仲夏開印藏於花山龍珠寺"。

鈐印:"宇西龍圖書"。

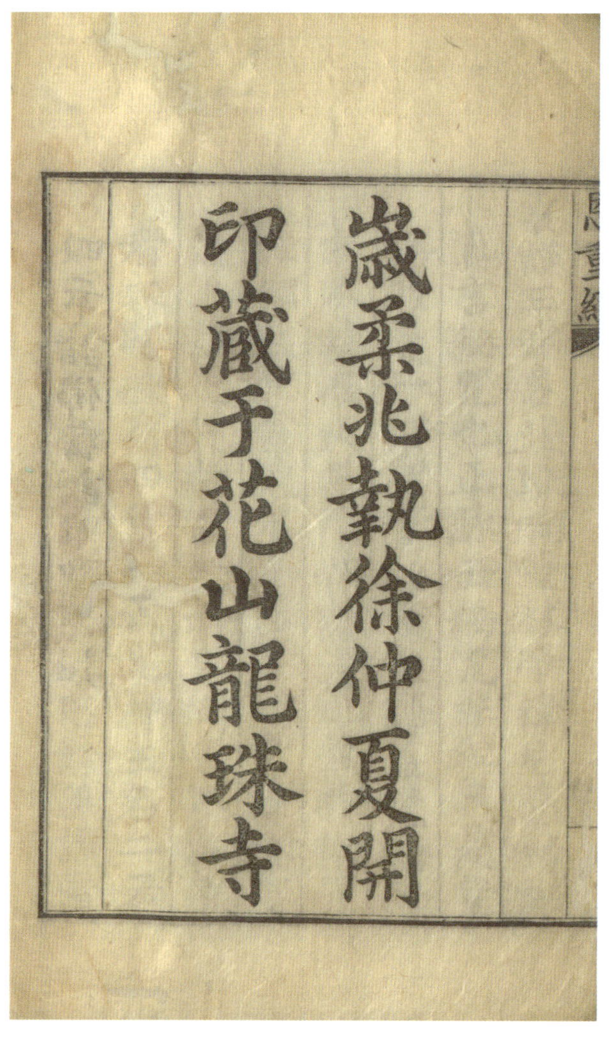
歲柔兆執徐仲夏開
印藏于花山龍珠寺

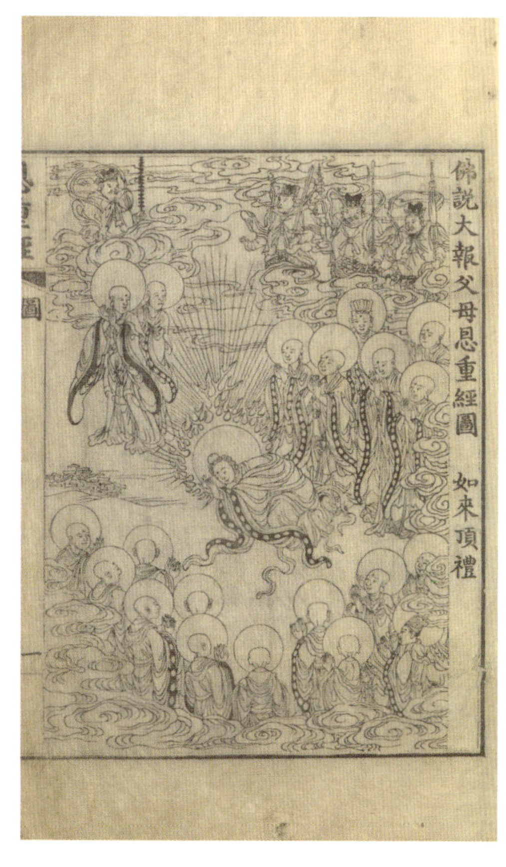

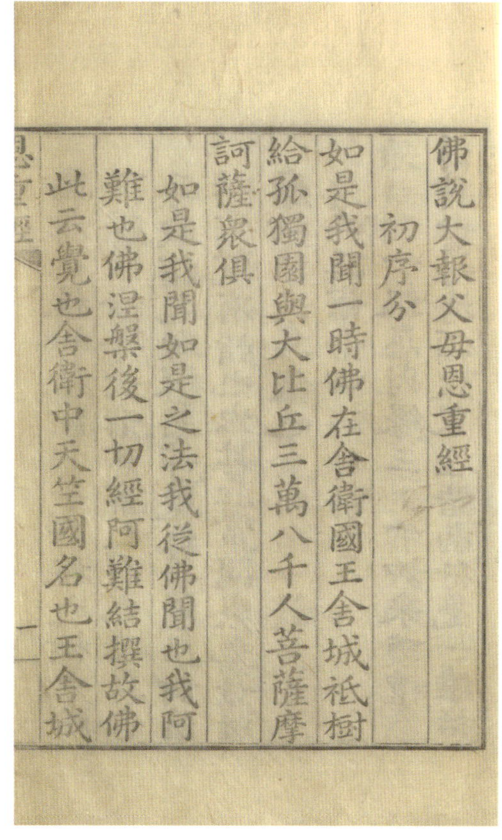

佛說大報父母恩重經

初序分

如是我聞一時佛在舍衛國王舍城祇樹給孤獨園與大比丘三萬八千人菩薩摩訶薩衆俱

如是我聞如是之法我從佛聞也我阿難也佛涅槃後一切經阿難結撰故佛此云覺也舍衛中天竺國名也王舍城

恩重經 一

183.朱子大全一百卷續集十一卷别集十卷（殘）　〔宋〕朱熹撰　（朝鮮）柳希春校

E436

朝鮮宣祖十四年（1580）漢城校書館刻銅活字本　一册一函

半框高22.3釐米，寬17.3釐米，四周雙邊。每半葉10行18字，小字雙行同。版心白口，雙花魚尾，中鎸書名及葉碼。

續集書籤題“朝鮮古版朱子大全續集”。續集卷端題“朱子大全續集”。

卷首有序，署“萬曆三年六月日嘉善大夫工曹參判兼同知經筵成均春秋館事臣柳希春校進”。

按：館藏存續集卷七至卷十一。

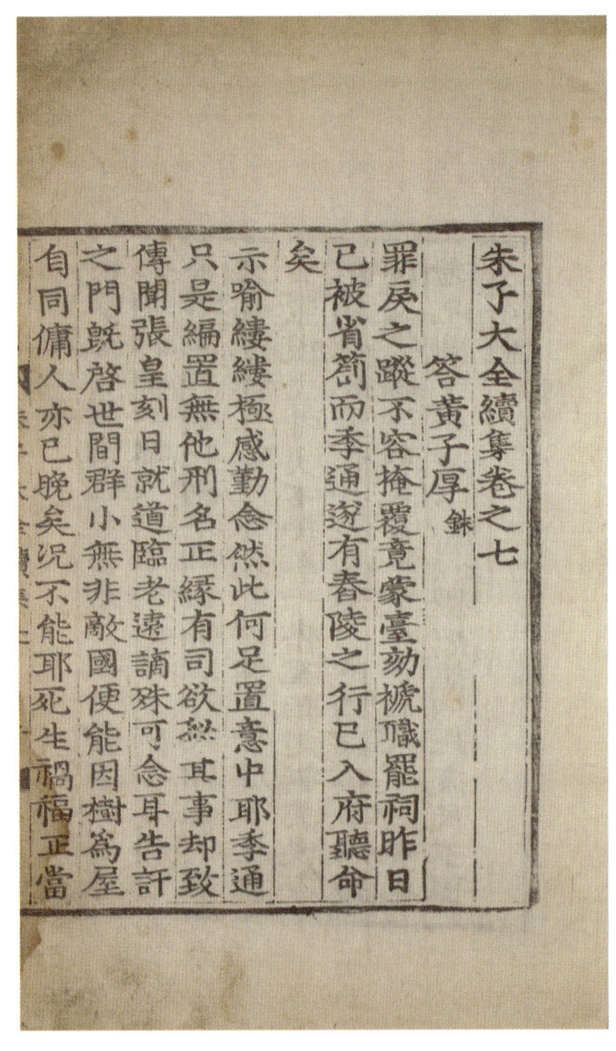

朱子大全續集卷之七
答黃子厚 銖
罪戾之蹤不容掩覆竟蒙臺劾褫職罷祠昨日
已被省劄而季通遂有舂陵之行已入府聽命
矣
示喻縷縷極感勤念然此何足置意中耶季通
只是編置無他刑名正緣有司欲殺其事却致
傳聞張皇刻日就道臨老遠謫殊可念耳告訐
之門既啓世間群小無非敵國便能因樹爲屋
自同傭人亦已晚矣況不能耶死生禍福正當

得贍拜不勝慰幸坐定茶畢再起敘晚学無知大人遣來從學之意竊聞先生至誠樂育願賜開允使某得早晚親炙不勝幸甚又云來時大人拜意有書投納即出書投之又進說大人再令拜禀限以地遠不得贍拜郎中公几筵令有香一炷令某拜獻令參拜之初未敢遽請容來日再詣門下令弟宣教大人亦有書并俟來日詣見面納揖退略就坐又揖而起如問宅事即隨事應答如將來宿食即云大人書中已具稟更聽尊旨次日將香再上仍

書名筆畫索引

四畫

五畫

六畫

七畫

八畫

九畫

十畫

十一畫

十二畫

十三畫

十五畫

十六畫

十七畫

十八畫

十九畫

二十畫

二十一畫

二十二畫

二十三畫

二十四畫

二十九畫

著者名筆畫索引

五畫

六畫

七畫

八畫

九畫

十畫

十一畫

十二畫

十三畫

十四畫

十五畫

十六畫

十七畫

十八畫

十九畫

二十畫

二十一畫

二十二畫